日本古代の官司と政務

佐々木恵介著

吉川弘文館

目次

第三部　地方官司と政務

第三章　牓示札・制札……三一〇

図表目次

凡例

一　本書所収の第一部以下の論文は、すべて既発表のものであり、内容については基本的に変更を加えていない。
二　ただし、既発表論文中の明らかな誤植については修正し、文章表現や表記についても全体を統一するために変更した箇所がある。
三　内容の変更や説明の補足については、当該箇所に補註の番号をつけ、本註の次に一括して説明を加えた。
四　各論考の発表の経緯や、発表後の研究動向等については、各章末に「補記」として記した。
五　参照した論文で、その後、論文集や著作集に収録されたものについては、註に「初出〇〇年、『書名』〈出版社、刊行年〉」という形で示した。
六　史料の引用については、下記の通りとする。
・引用した史料は、とくに断らない限り、以下の刊本に拠り、必要に応じてその刊本の頁数を示した。

日本書紀　日本古典文学大系（岩波書店）
続日本紀　新日本古典文学大系（岩波書店）
日本後紀　訳注日本史料（集英社）
続日本後紀・日本文徳天皇実録・日本三代実録・類聚国史　新訂増補国史大系（吉川弘文館）
律・令　日本思想大系『律令』（岩波書店）

令義解・令集解・類聚三代格・弘仁式・延喜式・延暦交替式・貞観交替式・延喜交替式・類聚符宣抄・別聚符宣抄・政事要略・朝野群載　新訂増補国史大系（吉川弘文館）

内裏式・儀式・西宮記・北山抄・江家次第　改訂増補故実叢書（明治図書出版）

貞信公記・九暦・御堂関白記・小右記　大日本古記録（岩波書店）

親信卿記　佐藤宗諄先生退官記念論文集刊行会編『『親信卿記』の研究』（思文閣出版）

権記　史料纂集（続群書類従完成会）

左経記・春記　増補史料大成（臨川書店）

・引用史料中、原文では細字双行の部分は原則として〈　〉で示した。

・史料の引用箇所を示すために、以下のような略記法を用いた。

　『大日本古文書（編年文書）』第一巻一五〇頁→古一―一五〇頁

　改訂増補故実叢書『西宮記　第一』一五〇頁→西一―一五〇頁

序　本書の視角と構成

本書は、これまで筆者が発表してきた論考のうち、『日本古代の官司と政務』という題目に沿った論考を三部に分けて収録したものである。これらは、必ずしも一貫した問題関心にしたがって発表してきたわけではないが、とくに第一部と第二部は、広い意味で日本古代の官僚制を対象とした研究ということになろう。

そこでまず本書所収の論考が、日本古代官僚制のどのような側面に焦点を当てたものなのかを確認しておきたい。一九七〇年代初め、石母田正氏は『日本の古代国家』と『日本古代国家論』で在地首長制を基盤とする律令国家像を描き、その後の日本古代史研究に大きな影響を与えた。(1)そのなかで古代官僚制にも言及し、これを官僚機構、官僚集団、官僚が準拠する規範（法規）という三つの側面から考察して、それらが多分に貴族制的要素を含みながらも、基本的には東洋的専制国家の特徴を示すものだと説いた。これらのうち、本書と密接に関連する側面である官僚が準拠すべき規範については、客観的な制度によって保障された昇進制度、すなわち考課と選叙のシステムの存在と、それが天皇の超越的権力によって支えられていることが日本古代官僚制の重要な特色であり、また法規のなかでは、先例をもとにした各官司での日常的な業務マニュアルともいうべき式や例がとくに重要であり、そのなかでは行政の非人格化を確立するため、行政における形式主義・文書主義の原則が貫かれたと指摘している。

上記の論点については、もちろんそれ以前にも重要な研究の蓄積があったが、(2)石母田氏の研究によって、古代官僚制総体のなかで、昇進制度や形式主義・文書主義がどのような意義を持つかがより明確となったのである。また一九六〇年代から、平城宮跡をはじめとする各地の遺跡で続々と発見された木簡は、古代官僚制研究の進展にとっても重要な原動力の一つとなった。例えば、平城宮式部省跡から出土した大量の考選関係木簡によって、八世紀における昇進制度の実態についての研究が深まり(3)、多様な文書木簡の出土は、公式令の規定からのみでは窺えない文書行政の実態や、文書と口頭伝達との関係を明らかにしていった(4)。

このような動きをふまえ、吉川真司氏は、一九七〇年代以後、古代官僚制研究のなかに、「政治の形式」の研究という新たな潮流が生まれたとし、さらにこの「政治の形式」研究は、政治行為を行う場合の手続・次第・作法についての「政治手続の研究」、政治行為を行う空間の構成を対象とする「政治空間の研究」、政治的地位や政治的意志を表象する事物を扱う「政治表象の研究」に分類できるとした(5)。吉川氏の整理にしたがえば、本書に収録した論考の多くは、「政治手続の研究」の流れに属するものということになる。個々の論点に関する先行研究は、それぞれの論考で触れているので、「政治手続の研究」全体の研究史は割愛するが、筆者がこれまで研究を進めてきたなかで、とくに強い示唆を受けた論文を二つ紹介しておきたい。

その第一は、橋本義則氏の「「外記政」の成立」である(6)。この論文は、平安時代初期に公卿の内裏侍候が一般化するとともに、嵯峨天皇の時代の儀式整備によって外記が内裏の儀式に関わるようになり、内裏のすぐ東隣に太政官候庁（外記庁）が成立したこと、その後まもなく外記庁で公卿聴政が行われるようになるが、弘仁十三年（八二二）に太政官曹司庁が儀式の場と位置づけられたことによって、外記庁における公卿聴政が制度的に成立したことを明らかにしたものである。橋本氏のこの論考は、先の吉川真司氏の分類によれば、「政治手続」と「政治空間」の双方にまたがる研究であり、公卿聴政を中心とした政務である「政」についての理解を飛躍的に深めたものと評価できる。また、橋本氏は考察の材料として、六国史や『延喜式』、あるいは儀式書等のみならず、従来あまり使われてこなかった『類聚符宣抄』所収の宣旨類を駆使している点も注目される。

もう一つは、吉川真司氏の「申文刺文考」である。(7) この論文では、『西宮記』をはじめとする儀式書の詳細な検討に基づき、太政官政務、とくに文書の上申とそれに対する決裁(与奪)の方式には、文書を読み上げ、それに対して口頭で決裁する読申公文方式と、決裁する者に対して文刺に挿した文書を奉り、文書を受け取った者がこれを見て決裁する申文刺文方式の二つがあること、前者は、律令制当初、さらにはそれ以前にも遡る伝統的な政務の方式であるのに対して、後者は八世紀後半から九世紀前半にかけて成立した新たな方式であるとした。両方式を文書行政の発展という面から捉えると、読申公文方式では、口頭伝達に依存する部分が大きいのに対して、申文刺文方式では、決裁する者が文書そのものの内容を確認すること、この方式のもとで決裁の結果を「目録」という形で記録することにより、文書行政がより正確で能率的なものへと深化したと評価する。しかし一方で、読申公文方式では政務の参加者全員が上申の内容とそれに対する決裁の結果を「共知」できたのに対して、申文刺文方式になると、例えば公卿聴政においては、決裁を下す上卿以外の公卿は、実質的に政務から疎外されていくという側面も重要であると指摘している。吉川氏のこの論考が、氏自身の整理にある「政治手続の研究」の流れのなかでも、とくに重要な業績であることは言を俟たない。とくに、木簡などの出土文字史料を用いることなく、従来から知られていた儀式書などによって、文書行政と口頭伝達との関係を鮮やかに描き出している点、第二に、より重要なこととして、二つの政務の方式とその特質が明らかにされたことにより、律令制当初、あるいはそれ以前から平安時代にいたるまでの文書行政の展開を見通すことが可能となった点が、この論考のすぐれた成果であると思う。

これらのすぐれた「政治の形式」研究の驥尾に付して、筆者もとくに「政治手続の研究」に重点を置きながら、細々と研究を続けてきたわけだが、あえて本書所収の論考の特徴を挙げるとすれば、次の二点になるかと思う。

第一は、とくに第一部の論考において、奈良時代から平安時代までの長い期間を極力通時的に捉えるよう心がけた点である。例えば第一章・第二章は、古代日本で任官の申請はどのような方法で行われ、どのように変遷したかという同じ問題関心のもとで、それぞれ十二世紀末に成立した『大間成文抄』所収の任官申請文書と、正倉院文書中の経師等貢進文や優婆塞貢進文を検討の対象とした。また第三章・第四章は、任官結果伝達の方式の特徴とその変遷について、律令制当初から十一世紀前半まで見通すことを目的としたものである。もっともこのような視点に基づいた研究には、上記の吉川真司氏の論文をはじめ、すでに豊富な蓄積があり(8)、格別に目新しいものではないが、第一部所収の論考は、まさにそのような研究動向を意識しながら、書き進めていったものである。

第二は、政務運営の姿により具体的に迫るために、とくに古記録の記事に焦点を当てた点である。「政治の形式」を研究する場合、もっとも頻繁に使用されるのは儀式書(ここでは、年中行事書・故実書と呼ばれるような史料も含んだ広い意味で用いる)であろう。たしかに儀式・饗宴・政務などの全体の構造を把握するうえで、儀式書が基本的な史料となることはいうまでもない。しかし貴族の日記の、儀式や政務に関する記述に比べれば、儀式書はそれらをより一般的、抽象的に記述していることも事実である。逆にいえば、儀式書からは抽出できない、より具体的な情報が古記録類には含まれている場合が多いのである。ここでは、そのような事例を一つだけ紹介しておきたい。

それは、さまざまな儀式で宣命を宣読する宣命大夫(宣命使)の立ち方についてである(9)。宣命の宣読は、元日朝賀、節会、譲国儀、即位儀、立后儀、立太子儀、任大臣儀など多くの儀式で行われ、宣命大夫の版位が置かれる場所は、各種の儀式書に記述されている。これを大雑把にいえば、天皇が出御する正殿(大極殿・豊楽殿・紫宸殿など)の南正面の庭中であり、参列者(群臣)は、節会の場合、その東西、あるいは東側に宣命大夫のほうを向いて列立するが(東側であれば西面北上)(10)、それ以外の儀式では宣命大夫の南側に北面して列立する。ここまではわかるのだが、宣命大夫がどちらを向いて宣命を読み上げるのかについては、儀式書に明確な記述がない。なお節会の場合には、『西宮記』巻一、節会に「王卿立㆓左仗南㆒、西面北上、異位重行、侍従立㆓幄前㆒、宣命使就㆑版、出㆑自㆓軒廊東二間㆒、南行、当㆓日華門北扉㆒揖、西折就㆑版、揖挿㆑笏右顧披㆑文、宣制一段」[11]、『江家次第』巻第一、元日宴会に「宣命使就㆑版、（中略）宣制一段、〈謂㆓押合右顧㆒也、宣命詞之、〉群臣再拝」[12]とあって、宣命使は「右顧」という動作の後に宣命を読み上げることになっている。この「右」というのは、参列者が西面北上で列立している方向と考えるのが自然だが、宣命宣読の前の一時的動作なのか、「右」すなわち参列者のほうを向いたまま宣読するのかは判然としない。

さて、それ以外の儀式、すなわち参列者が宣命大夫の南側に北面して列立する場合はどうだろうか。これまでの研究では、宣命が理念的には親王以下天下公民、具体的には儀式の参列者に対して呼びかける文言で始まることから、参列者に向かって南面して立ち、宣命を読み上げると理解する場合が多いようである[13]。しかし、日記の記述のなかには、宣命大夫は北面して宣命を読み上げていたのではないかと考えられるものがある。例えば、敦良親王の立太子儀を記す『小右記』寛仁元年（一〇一七）八月九日条は、宣命使である中納言藤原行成が宣命を読み上げた後、「宣命使右廻経㆓大臣上頭㆒復㆑列」と記している。また、藤原彰子の立后儀に関する『権記』長保二年（一〇〇〇）二月二十五日条には、宣命使中納言平惟仲について「納言右廻就㆓本位㆒」とあり、藤原威子の立后儀では、『小右記』寛仁二年十月十六日条に、「宣命使（権中納言藤原実成）就㆓宣命版位㆒、宣制両段、群臣毎㆑段再拝、了宣命使左廻復㆓本列㆒」とある。立太子儀・立后儀では参列者は宣命版位の南側に北面して列立しているから、宣命大夫が右または左に「廻」って本列に復するということは、宣命宣読の時点では北側、すなわち天皇が出御している紫宸殿のほうを向いていると考えるべきだろう。宣命大夫の立つ向きというのは細かいことではあるが、宣命を読み上げることの意味にも関わる重要な論点とすることもでき、それは古記録類を子細に検討することによって明らかになっていくものと考えられるのである。

このように、古記録類の記述を幅広く調査することによって、「政治の形式」あるいは「政治手続」を可能な限り具体的に復元することが可能であり、本書所収の論考、とくに第二部の論考では、それをかなり意識的に試みたつもりである。

最後に本書の構成を簡単に記しておく。

第一部「任官制度とその運用」には、任官の申請に関わる論文二編と、任官結果の伝達に関わる論文二編を収録した。ここでは前述したように、奈良時代から平安時代まで時代の幅を広く取り、古代日本における任官申請および任官結果伝達の特徴とその変遷を考察している。

第二部「中央官司と政務」は、おもに太政官政務に関わる第一章・第二章と、藤原実資の『小右記』によって近衛府・検非違使の政務を検討した第三章・第四章からなる。これも前述したように、古記録の記事によって、政務運営のありかたをなるべく具体的に復原することにつとめた。

第三部「地方官司と政務」は、摂関期における国司交替制度の特徴を、検交替使が派遣される場合に注目して考察した第一章、大宰府の西海道諸国支配の変遷を八世紀から十一世紀初めにかけてたどった第二章、石川県加茂遺跡・鹿児島県京田遺跡出土木簡を手がかりに、地方社会で国家の命令が庶民にどのように伝えられたのかを検討した第三章の三編からなる。第一部・第二部に比べると、ややまとまりに欠けるきらいもあるが、広い意味での「政治の形式」「政治手続」を扱ったものとして、あえて収録することとした。

註

(1) 石母田正『日本の古代国家』(岩波書店、一九七一年)第三章第三節「東洋的専制国家　天皇と太政官」、第四節「古い型の省と新しい型の省」、『日本古代国家論　第一部』(岩波書店、一九七三年)Ⅰ「古代官僚制」。
(2) 例えば、昇進制度については野村忠夫『律令官人制の研究』(一九六七年、吉川弘文館)所収の論考、式や例については虎尾俊哉『古代典籍文書論考』(一九八二年、吉川弘文館)第一部所収の論考など。
(3) 野村忠夫「平城宮跡出土の木簡をめぐって―考叙関係の木簡を中心に―」(初出一九六八年、『律令官人制の研究　増訂版』〈吉川弘文館、一九七〇年〉所収)、東野治之「成選短冊と平城宮出土の考選木簡」(『正倉院文書と木簡の研究』塙書房、一九七七年)、寺崎保広「考課・選叙と木簡」(初出一九八六年、『古代日本の都城と木簡』〈吉川弘文館、二〇〇六年〉所収)、同「考課木簡の再検討」(初出一九八九年、前掲書所収)など。
(4) 東野治之「木簡に現われた「某の前に白す」という形式の文書について」(『日本古代木簡の研究』塙書房、一九八三年)、早川庄八「公式様文書と文書木簡」(初出一九八五年、『日本古代の文書と典籍』〈吉川弘文館、一九九七年〉所収)など。
(5) 吉川真司『律令官僚制の研究』(塙書房、一九九八年)序章「律令官僚制研究の視角」。
(6) 橋本義則「「外記政」の成立―都城と儀式―」(初出一九八一年、『平安宮成立史の研究』〈塙書房、一九九五年〉所収)。
(7) 吉川真司「申文刺文考―太政官政務体系の再編成について―」(初出一九九四年、註(5)前掲書所収)。
(8) その代表的な成果としては、早川庄八『日本古代官僚制の研究』(岩波書店、一九八六年)、西本昌弘『日本古代儀礼成立史の研究』(塙書房、一九九七年)、玉井力『平安時代の貴族と天皇』(岩波書店、二〇〇〇年)などがある。
(9) この問題については、一九九〇年代の後半に、当時東京大学大学院で『西宮記』の演習を担当されていた石上英一氏から示唆を受けたことがあり、これを筆者なりに史料にあたって検討してみたのが本文の記述である。
(10) 『儀式』巻第六、元日御豊楽院儀(改訂増補故実叢書一六五頁)、『西宮記』巻一、節会(西一―七～八頁)。
(11) 西一―七～八頁(原細字双行)。
(12) 改訂増補故実叢書一八頁。
(13) 古瀬奈津子氏は、任大臣儀についての指図で、宣命大夫を南向きに記しており(「儀式における唐礼の継受―奈良末～平安初期の変化を中心に―」初出一九九二年、『日本古代の王権と儀式』〈吉川弘文館、一九九八年〉所収、同書六二頁)、藤森健太郎氏も元日朝賀についての指図を同様に記している（「日本古代元日朝賀儀礼の特質」初出一九九一年、『古代天皇の即位儀礼』〈吉川弘文館、二〇〇〇年〉所収、同書三三頁）。なお、藤森氏は譲国儀における宣命大夫も、「『江家次第』が明言するとおり、当然南面である」とするが（「平安期即位儀礼の論理と特質」初出一九九四年、前掲書所収、同書一三六頁）、『江家次第』には南面を明記した箇所は見当たらない。

第一部　任官制度とその運用

第一章　任官申請文書の類型とその系譜

はじめに

日本古代の任官申請文書というと、文人貴族によって華麗な文章で綴られた申文が有名であり、橘直幹や大江匡衡などの申文にまつわる説話も人口に膾炙している。しかし同時に、このような任官希望者本人が自らの任官を申請する申文は、任官申請文書のごく一部に過ぎず、申請文書としてはむしろ特殊な部類に属することも、平安時代の除目に関する史料をみていくと明らかになる。

このような任官申請文書に関する従来の研究のなかで、とくに重要な位置を占めているのが玉井力氏による一連の研究である。(1) 玉井氏は、平安時代中期以後の除目議で用いられたさまざまな文書・帳簿類を子細に検討され、①執筆大臣の手許に用意される七巻文書（京官諸司主典已上補任帳二巻・武官補任帳・諸国主典已上補任帳・令外諸司主典已上補任帳・内外文武官五位已上歴名帳各一巻）や欠官帳・大間といった書類は、おおむね八世紀段階までその存在が遡ること、②任官申請文書のうち、申文（この場合、任官希望者本人が書状にほぼ准じた形式で提出する自解申文）は弘仁年間（八一〇～八二四）にはすでに存在し、また一定の推挙枠を与えられた機関または個人がその枠を活用して候補者を推挙する請奏は九世紀中葉から用いられるようになったこと、③これらの任官申請文書は、官司における勤務の労によって任官を申請するというような場合には外記方に、蔵人所所管の組織からの申請や、天皇の権威に源を持つ個人の特別な資格および条件を給官の理由とする場合には蔵人方へと提出されていたこと、④しかし九世紀後半以後、摂関政治の成立と並行して蔵人所の機能が強化されると、有効な申請文書の大半は蔵人方に提出されるようになり、十世紀初頭には平安中期以後の除目議の基本的な形が完成することなどを明らかにされた。玉井氏の研究によって、除目議（任官会議）が律令制当初から平安時代にいたるまでどのような変化を遂げたのかについて、その展望が大きく開けたのである。

しかし一方で、玉井氏が論じ残された問題や、不明確なままになっている論点もあると思われる。その第一は、任官申請文書の類型の問題である。玉井氏は、任官申請文書を申文（自解申文）と請奏とに分けておられるが、自解申文のなかにも、実際は推挙する機関や個人を通して提出されるものがあり、また請奏については、より細かく分類することも可能だと思われる。第二は、申請文書の提出先の問題である。玉井氏が説かれた外記方から蔵人方への移行やその背景についての見解は、卓見であり継承すべきだが、外記方への提出は当初からのものと考えてよいのだろうか。これと関連して第三に、そもそも任官申請文書はいつ頃から存在するのかという問題がある。玉井氏は、叙位・任官において請奏のような申請文書を採用するようになったのは、律令制における考課・選叙方式が放棄され、年労方式が導入されるようになった九世紀中葉以後であり、律令制に基づく方式が健在な時には、全官人の任官および昇叙のデータは式部・兵部・中務省において統一的に把握され、外部からのデータは不必要だったとされている。[2]このような理解にしたがえば、九世紀前半までは任官申請文書は基本的には存在しなかったことになる。しかし一方で、外記方の代表的な申請文書である諸大夫四位以下申文は、弘仁年間以前から使用されていたともされており、[3]もちろん史料が非常に少ないということはあるものの、九世紀前半以前の状況は不明瞭な点が残されている。

以上のような問題について、本稿ですべて解答を出すことはできないが、平安時代的な除目議以前の任官のありかたを、とくに任官の申請という側面から検討していきたい。検討の順序としては、まず平安時代における任官申請文書全体を類型化する。それは、任官申請の方式を類型化することにもつながるだろう。ついで、正倉院文書のなかの任官申請に関わる史料をとりあげ、平安時代の任官申請方式と比較しながら、その特徴をみていく。さらに選叙令4応選条やその集解諸説を検討することによって、律令制当初の任官申請のありかたに迫っていきたい。

一　『大間成文抄』にみる任官申請文書の類型

(一)　『大間成文抄』の構成と成文の様式

除目議の場に提出された任官申請文書の全体像をみていくために、本稿では『大間成文抄』を主たる検討の対象とする。(4)『大間成文抄』は、九条良経（一一六九〜一二〇六）が十二世紀末に編纂したもので、任官の種類ごとに、過去の大間書の該当部分と、その任官の根拠となった申請文書（成文）を掲げた書物である。本書と同様の史料で、さらに浩瀚な書物として、洞院公賢（一二九一〜一三六〇）による『魚魯愚抄』『魚魯愚別録』もあるが、掲げられている成文は中世に入ってからのものが多く、また全体の構成もやや複雑なため、平安時代の成文をより多く収めている『大間成文抄』をとりあげることとした。

『大間成文抄』は十巻からなり、第一〜五は春除目（県召除目）の外官、第六〜九は春除目の京官、第十は秋除目（京官除目）と大間書の訂正方法という構成をとり、さらに各巻のなかは、任官の種類ごとに大項目・小項目が立っている。その構成を、表1によってもう少し詳しくみていくと、第一・二は、当年給から始まる年官関係の項目が続く。第三から第四の「所々奏」までは、主として官司に勤務した労によって諸国掾以下に任官するというものである。第四の「行事所申」以下の部分は、成功による国司任官、第五はおもに兼国と受領の任官に関する部分となる。第六は、年官による京官の任命、第七は、「府奏」までは官司に勤務した労による京官任官、次の「所々奏」は官司の労によるものと成功によるものが混在しており、第八も広い意味での労によるもの（「課試及第」～「摂政内舎人随身」）と、成功によるものの双方が含まれ、「譲」以下はその他の任官方式が掲げられている。第九には、「六位遷官」「顕官」「五位已上」「親王・公卿」が収められているが、任官申請文書（成文）は一切載せられていない。「親王・公卿」および殿上人は、玉井氏が指摘されているとおり、(5)少なくとも九世紀中葉以後は、申文を提出せず、自らの希望を天皇に伝える際には、奉行人に宛てた「消息申文」を提出したらしいが、それ以外については実際に申請文書が存在しなかったわけではない。例えば「顕官」については、受領とともに挙という方式で任官されるが、『西宮記』以下の儀式書では、公卿による推挙は申文を選ぶという形で行われているからである。(6)ただし、『大間成文抄』が摂関家に伝えられてきた過去の大間書と成文（これらは除目終了後、執筆大臣の手許に保管される）をもとに編纂されたものであることを考慮すれば、第九の任官は、申請文書が執筆の手許に残らない形をとっているのかもしれない。(7)さて末尾の第十は秋除目の大間と成文の例が、「外国」「京官」「春可レ任者秋任例」の順に収められているが、それらはいずれも第八以前に掲げられている任官方式のなかに含まれていたものである。

次にそれぞれの項目で、大間書の抜粋に続けて掲げられている任官申請文書の類型A～Dについて説明する。Aの名簿(8)は、任官申請文書としては、もっとも簡略な体裁で、任官希望者の位姓名、希望する官職が記され、これに簡単な本文、そして末尾に年月日が記されている。例として、『大間成文抄』第一「当年給、諸院」に引用された名簿を

表1 『大間成文抄』における任官申請文書の類型

(1) 成文の類型は，A：名簿，B：請奏，C：自解，D：労帳

(2) 下線は申請文書に勘申・勘文が付属するもの

(3) Bのゴチック体は任官希望者の款状を引用するもの

巻次	大項目	小項目	任官対象	成文の類型と件数
第一上	当年給	内給	諸国掾・目	AAA
		諸院	諸国掾・目	AAAAAAA
		諸宮	諸国掾・目	AAAAAA
		准后	諸国掾・目	AAAAAAAA
		親王	諸国掾・目	AAAAAAAAAAAAAAAA (巡給・当年別給を含む)
		女御・尚侍	諸国掾・目	AA
第一下		公卿	諸国目	AAAAAAAAAAAAAAAAAAAA AAAAAAAAAAAAAAAA
	二合	大臣	諸国掾	AAAAAAAAAAAA
		納言	諸国掾	AAAAAAAAAA
		五節	諸国掾	AAAAA
	臨時給	内給	諸国権守～目	AAAAAAA
		諸院	諸国介	A
		諸宮	諸国権守～権介	AA
		准后	諸国介・権介	A
		親王・褰帳親王・女御・尚侍・典侍従・御匣殿	諸国介～目	
		大臣	諸国介～掾	AA
		納言	諸国介～掾	A
	未給	内給	諸国掾～目	AAA
		諸院	諸国掾～目	A
		諸宮	諸国掾～目	A
		准后	諸国掾	
		親王	諸国掾～目	AAAA
		公卿	諸国掾～目	AAAAAAAA
		五節二合	諸国掾	AA
第二上	名替	内給	諸国介～目	AAAAAA
		諸院	諸国介～掾	AAAAA

		諸宮	諸国介～掾	AA
		親王	諸国掾	A
		女御・尚侍	諸国掾	
		公卿	諸国介～目	AAAA
	国替		諸国掾～目	AA
	名国共替		諸国介～目	AAAAAA
	秩満	名替	諸国介～目	AA
		国替	諸国掾～目	A
		名国共替	諸国介～目	AAAAA
	任符返上	名替	諸国掾～目	AA（ともに任符添付）
		国替	諸国掾～目	A（任符添付）
第二上		名国共替	諸国掾～目	A（任符添付）
	五節	名替	諸国掾	
		名国共替	諸国掾	A
	三重	名替	諸国介～目	AAAAA
		国替	諸国目	
		名国共替	諸国介～目	AAA
	四重		諸国掾～目	A
	五重		諸国介	
	更任		諸国介～目	AAA
		三重更任	諸国介～目	AAA
		任符返上	諸国掾～目	
	転任		諸国介～目	
		名替	諸国掾～目	
		任符返上	諸国介～目	
	以目替掾二合		諸国掾	
	停女爵申		諸国介～掾	
第二下	諸寺申	名替・国替・名国共替・任符返上・転任	諸国権守～掾	
	行事所申	名替・名国共替	諸国介～掾	
	成功	名替	諸国掾	
	前官	廃后	諸国掾	
		女御	諸国目・京官判官	A

第二下		典侍	京官主典	
		公卿	諸国掾～目・京官次官・内舎人	AAAA
	出家	女御	諸国介～目	AAA
		親王	諸国掾	A
		公卿	諸国介～目	A
	故者	諸院	諸国掾～目・京官次官～判官	AA
		諸宮	諸国掾～目・京官次官～判官	AAA
		准后	諸国掾～目・京官次官～判官	A
		親王	諸国掾	AA
		女御・尚侍	諸国掾	
		公卿	諸国介～目・京官次官	AA
		内給御処分	諸国掾～目	
第三上	四所籍	内豎	諸国掾～目	DDDDDDDDDDDDDDDDD
		校書殿	諸国掾～目	DDDDDDD
		大舎人	諸国掾～目	DDD
		進物所	諸国掾～目	DDD（上日のみ）
第三下	四道挙		諸国掾	BBBBBBBBBBB
		未給	諸国掾～目	B
	三院挙		諸国掾	BBBBBBBBB
	三局史生・官掌		諸国目	
	上召使		諸国目	BB
第四	内舎人外国		諸国掾	DD
	文章生外国		諸国掾	DDD
	文章生散位		諸国掾	
	相撲人外国・諸司奏・諸司史生		諸国掾～目	
	所々奏	御書所・大歌所・侍従所・画所	諸国掾～目	
		作物所	諸国掾～目	BB

第四		御厨子所・内給所・御願所・酒殿・神泉・穀倉院	諸国掾～目	
	行事所申		諸国権守～掾	B
	諸社申		諸国権守～介	B（損色注進状添付）
	諸寺申		諸国介～掾	
	請		諸国介～目	BBB
	料		諸国介～掾	A
	功・賞・譲・故者子孫		諸国介～目	
	雑々		諸国介～目	C
第五	兼国		諸国権守～掾	C
	出納兼国		諸国目	AC
	諸衛兼国		諸国掾～目	BBBB
	宿官		諸国権守～介	CC
	諸国権守介		諸国権守～介	AABCCCCC（Aは臨時内給，Bは装束使成功）
	受領		諸国守	CCCCCCCCCCC（成文はないが高橋朝臣の氏挙による志摩守任官はBによる可能性がある）
第六	臨時給	内給	京官判官～内舎人	AAAAAACCCCC（Cは成功の内容を記述）
		諸院	京官判官～内舎人	AA
		諸宮	京官判官～内舎人	AAA
		准后	内舎人	A
		親王・女御・典侍	京官次官～内舎人	
		公卿	京官主典～内舎人	AAAA
	未給	内給・諸院	京官次官～判官	
		諸宮	京官次官～判官	AAA
	一分代	（内給）	内舎人	A
	二分代	（内給～公卿）	内舎人	AAAAAAA（Aはいずれも未給）
	三分代		大宰監～内舎人	
	内舎人名替		内舎人	AA
	以外官替内舎人		内舎人	A
	以兼国替京官		京官判官～内舎人	

第六	以外国替京官		京官主典	
	以目替京官二合		京官次官	
	京官更任・京官改任・京官譲名替		京官判官～主典	
	京官二合		京官次官～判官	ABBBBBBB
	請		京官次官～内舎人	AABBBBBBBBB
	氏挙		主神・内膳典膳	B
	父給		音博士	B
	替		京官判官～主典	ABBBBC
第七上	三局史生		京官主典	B
	諸道挙		京官判官～主典・諸博士	BBBBBB
	本道挙		陰陽師・医師	
	諸司奏		京官判官～内舎人	B（推挙した斎院司への成功による）
	本司奏		京官主典・品官	BBBBBBBBBBBBBBBB
第七下	連奏	神祇官	神祇官副～史	BBB
		陰陽寮	陰陽助～属・陰陽師	BB
		道連奏（陰陽寮・典薬寮・主計寮・主税寮）	陰陽頭～属・陰陽師・陰陽博士・典薬允～属・医師・医博士・主計主税助～属・算師	BBBB
	府奏		衛府判官～主典	BBBB
	所々奏	内豎所	大主鈴・少典鎰	BB
		御厨子所・御書所・楽所・大歌所	京官判官～主典・品官	
		作物所	京官主典	C（成功による）
		画所	京官主典	C
		内給所・御祈願所・検非違使庁・防鴨河使・勧学院・穀倉院・諸社申	京官主典	
		諸寺申	京官判官～内舎人	AC（ともに成功）
		造御願所申	京官次官～内舎人	BBB
		行事所申	京官次官～内舎人	BBBBBBBBBBBBBBCC

第八上	課試及第		京官次官～主典	CCCCCCCCCCCCCDD（Dは式部省勘文）
	雑々得業生		品官	C
	文章生散位		京官判官～主典	CD（Dは式部省勘文，頭書に「不加成文」）
	当職文章生・舞人・楽人		京官判官～主典・品官	
	陪従		京官判官	C
	宮主		京官次官	C
	所衆瀧口		京官判官	CCCCDDDDDD
	雑色		京官判官	
	蔵人所出納		京官判官	C
	蔵人・非蔵人		京官次官～判官	
第八下	前坊		京官次官～主典	
		帯刀長	衛府判官	C
		帯刀	京官判官～主典・品官	
		史生	京官主典	C
		蔵人・喚継	京官主典・諸国掾	
	後院・旧労		京官次官～主典・諸国掾	
	所々蔵人		京官主典	C
	造八省所史生・乳母子		京官次官～主典	
	御冠師		京官主典	C
	勧学院別当		京官判官	C
	摂政内舎人随身		衛府判官	
	料		京官判官～主典	ABCC
	功		京官次官～内舎人	CCCCCCCCCCCCCCCCCCCCCCCC
		譲功	京官判官～内舎人	CC
	賞		鎮守府将軍・京官判官	
	譲		京官判官～内舎人	CCCCCCCCC
	相博		京官判官～主典・品官・諸国掾～目	C

第八下	還任		京官判官	CCC
	転任		衛府判官～主典	CCC
	雑々		京官主典・鎮守府軍曹	
第九	六位遷官			
	顕官			
	五位已上			
	親王・公卿			
第十	（外国）三省奏		諸国目	BBBBBB
	当年未給		諸国介～目	AAA
		二合	諸国掾	AAAAA
	名替		諸国介～目	AAAAAAA
	国替		諸国目	A
	名国共替		諸国介～掾	AA
	五節		諸国掾	A
	任符返上・故者		諸国掾～目	
	受領		諸国守	C
	（京官）当年給	諸院	京官次官～判官	AAAAAAAAA
		諸宮	京官次官～判官	AAAAAA
		准后	京官次官～判官	AAAAAAAA
	当年二分代		内舎人	AAA
	子息二合		京官次官	BBBBB
	当職文章生		京官次官～判官	CCC
	（春可任者秋任例） （外国）四所籍		諸国目	
	四道挙		諸国掾	B
	三院挙		諸国掾	
	文章生		諸国掾	D
	兼国		諸国守～目	
	宿官		諸国介	C
	（京官）所衆瀧口		京官判官	DD

左に掲げる。

冷泉院

正六位上清原真人重方

望二丹波掾一、

右当年　御給、以二件重方一可レ被レ任之状如レ件、

長保四年二月廿八日(9)

この例では、推挙者である冷泉院の名は文書の冒頭におかれているが、公卿給の場合には、日下に推挙する公卿の官位姓名が記され、親王給などでは、冒頭に「某親王家」、日下に親王家の別当の署名が記されていたようである。また内給や、天皇からの特別の恩典として院宮・公卿などに与えられる臨時給では、次に掲げる文書のように推挙者の名が文面には記されない。

左大臣臨時申、

正六位上藤原朝臣惟長

望二内舎人一、

長保元年正月廿八日(10)

右の文書の冒頭の「左大臣臨時申」は、もとから記されていたものではなく、除目議に先立ち蔵人がどこからの申請かを明らかにするために記した袖書であり、(11)内給・臨時給の名簿にはこのような袖書が付されることが多い。

さて、このように年官関係の申請に用いられることの多い文書は、一定の推挙枠を与えられた機関または個人がその枠を活用して候補者を推挙するための文書であるから、広い意味では玉井氏のいわれる請奏の範疇に属するもので

ある。しかし本稿であえて請奏とは別に一類型として独立させたのは、第一にはこれらの文書が実際に名簿と呼ばれていたためである。『大間成文抄』では、第一「臨時給、内給」に掲げられた治安三年（一〇二三）の文書に「臨時内給非望名簿例」、第七「所々奏、諸寺申」に掲げられた文書に「諸寺申名簿書例」という朱書の注記があるのみだが、[12]儀式書や日記では、『北山抄』巻第三、除目に「院宮御給名簿」とあるのをはじめ、名簿の呼称は一般的といってよい。[13]もう一つの理由は、任官申請文書としての名簿に注目することによって、それが除目議[補1]の場に提出される以前の任官申請ルートを考察することができると思われるからである。なお、この点については、次節で具体的に検討する。

Bの請奏は、任官希望者を推挙する機関または人物が提出する申請文書という点で名簿と共通するが、形式的には、

太政官

請㆘殊蒙㆓天恩㆒、因㆓准先例㆒、以㆓上召使従七位上藤井宿禰延国㆒、被㆖拝㆓任越前・加賀等目㆒状

右得㆓延国款状㆒偁、為㆓上召使㆒之者、被㆑任㆓諸国目㆒者、古今之例也、爰延国勤厚稟性、夙夜在㆑公、早被㆓挙奏㆒者、将遂㆓宿望㆒者、今加㆓覆審㆒、所㆑申有㆑実、仍注㆓事状㆒、謹請㆓処分㆒、

永久四年正月廿三日

正六位上行権少外記三善朝臣為景

（以下、外記・少納言の位署略）[14]

という文書のように、任官希望者の位姓名が独立して一行に記されるのではなく、二行目の申請内容を記した文章のなかにあらわれるという違いがある。また右に掲げた文書のように、任官希望者本人の「款状」が引用される場合があり、表1では、それらの文書をゴチック体で示した。

Cの自解は、文字通り、任官希望者本人が申請を行うという形をとる文書である。冒頭に触れたように文人による華麗な文章の自解申文も存在するが、『大間成文抄』にはそのような例はみられず、自らの労や功を淡々と列挙した実務的な文章が多い。

散位従五位下藤原朝臣泰信誠惶誠恐謹言、

請下殊蒙二天恩一、因二准先例一、被上拝二任山城国守闕一状

右泰信謹検二案内一、依二奉公之労一任二受領一者、古今不易之例也、訪二之竹帛一不レ遑二羅縷一、望請　天恩、被レ拝二任件国守闕一者、将知二憲章之不一レ空、泰信誠惶誠恐謹言、

久寿二年正月廿六日散位従五位下藤原朝臣泰信[15]

右に掲げた文書にもあるように、自解は冒頭と本文書きとめを「某誠惶誠恐謹言」とする書状の形式をとっている。

Dの労帳は、任官希望者の年労や場合によっては上日を、その者が所属する官司が調査して提出するものである。四所籍がその代表的なものであり、ここでは内豎所の籍を左に掲げる。

内豎所

頭籍労帳事

正六位上御野宿禰国次　　望二申備中国大掾一、

年労廿二年

上日二千百日

右年労・上日、注進如レ件、

永久四年正月　日六位別当治部少丞源盛定[16]

このような労帳は、文書中に申請文言が含まれていないので、厳密にいえば任官申請文書とはいえないのであるが、除目議の場では、A〜Cとほぼ同様の扱いを受けているので、一類型としてここに挙げた。

(二)　任官申請文書の類型と任官の種類

上記のように任官申請文書の類型を捉えたうえで、次に任官の種類との関係についてみていきたい。ここで任官の種類というのは、どのような根拠・理由で任官されるかということで、表2に掲げたように、大きく分ければ年官・官司の労・成功・その他の四つとなる。

これらのなかで、申請文書の形式と任官の種類の間に、ある程度明確な対応関係のあるものを挙げると、任官の種類の側から申請文書の形式をみれば、年官の申請にはほぼ名簿が用いられ、受領を望む者は必ず自解によるということができよう。逆に申請文書の形式からみると、当然ではあるが労帳は例外なく官司の労に基づく任官申請に用いられている。一方で、同じ任官でも複数の種類の申請文書が用いられる場合もある。第五の「出納兼国」では名簿と自解、同「諸国権守介」では名簿・請奏・自解の三種、第六の「臨時内給」では名簿と自解、同「京官二合」「請」「替」では名簿と請奏、第七の「所々申、諸寺申」では名簿と自解、第八の「料」では名簿・請奏・自解の三種といったようなケースである。

これらのすべてについて細かく検討することはできないが、一応ある程度の説明は可能である。まず年官と名簿との対応関係については、年官が給主にあらかじめ与えられた権利であり、被推挙者（＝任官希望者）がどのような者であるかは基本的には問われないという事情が考えられる。したがって、申請文書のなかには、位・姓・名という被推挙者に関するもっとも基本的な情報だけが含まれていればよいということになるのである(17)。逆にいえば、同じ推挙

表2　任官申請文書の類型と任官の種類

類型	任官の種類	巻・項目
A（名簿）	年官	第1「当年給」～「未給」，第2「名替」～「故者」
	官司の労	第5「出納兼国」
	成功	第4「料」，第5「臨時内給」，第7「所々奏，諸寺申」
	その他	第6「請」（長官が下僚を推挙）「替」
B（請奏）	官司の労	第3「四道挙」「三院挙」「上召使」，第4「所々奏，作物所」「請」，第5「諸衛兼国」，第7「三局史生」「諸道挙」「本司奏」「連奏」「所々奏，内豎所」，第10「三省奏」
	成功	第4「行事所申」「諸社申」，第5「諸国権守介」，第7「諸司奏」「所々奏，造御願寺所申・行事所申」，第8「料」
	その他	第6「京官二合」（公卿が子息を推挙），「請」「氏挙」「父給」「替」
C（自解）	官司の労	第4「雑々」，第5「兼国」「出納兼国」「宿官」「諸国権守介」「受領」，第7「所々奏，画所」，第8「課試及第」「文章生散位」「陪従」「宮主」「所衆瀧口」「蔵人所出納」「前坊，帯刀長・史生」「所々蔵人」「御冠師」「勧学院別当」「転任」
	成功	第5「諸国権守介」「受領」，第6「内給」，第7「所々奏，作物所・行事所申」，第8「料」「功」
	その他	第8「雑々得業生」（譜第）「譲」「相博」「還任」
D（労帳）	官司の労	第3「四所籍」，第4「内舎人外国」「文章生外国」，第8「課試及第」「文章生散位」「所衆瀧口」

の文書である請奏は、被推挙者に関して年労なり私功なりといった、推挙の理由を具体的に示す必要がある時に用いられるということができよう。

次に受領の任官申請に自解が用いられる点であるが、受領には通常特定の人物や機関からの推挙枠が存在せず、顕官を経て叙爵し、はじめて受領となる新叙と、すでに受領を経験した者である旧吏という枠によって任命されるから[18]、自解で申請するのは、いわば当然といえる。しかし『大間成文抄』第六の「受領」には、成功により受領の任官を望む者の自解も二点だけではあるが含まれており[19]、表2によれば成功による任官には名簿や請奏も用いられているから、受領の任官申請は自解によるという原則があった可能性が高い。

さて、このような任官申請文書の類型と任官の種類とが、ほぼ一対一の対応関係にあるものに対して、同じ任官でもさまざまな類型の申請文書が用いられる場合については、どのように考えればよいだろうか。この問題について、あらかじめ見通しを述べておくと、複数の類型の申請文書の存在は、必ずしもある任官について複数の申請のルートが存在したことを示すものではないと考えられる。そこで次節では、さまざまな類型の申請文書が、最終的に除目の場に提出されるまでのルートについて検討していきたい。

二　平安時代の任官申請のルートと方式

(一)　任官申請文書の提出ルート

『大間成文抄』には、さまざまな種類の任官申請文書がみられるのであるが、これらは結局のところ、任官を希望する者がその希望をさまざまなルートを用いて伝えようとしたものにほかならない。ここでは前節で掲げた文書の類型ごとに、そのルートがどのようなものだったかを検討したい。

まず自解についてみていく。自解申文は、任官希望者自身がその希望を文書の形にして直接除目議の場に提出したもの、すなわち任官申請のルートとしてはもっとも単純なものにみえる。しかし、実際には必ずしもそうとはいえない自解が存在する。

表3は、『大間成文抄』所収の自解について、年代、差出人の官位姓名、希望する官職、申請の理由を列挙したものである。申請理由には、年労によるものと成功によるものとの双方があることは表2にも記したが、このうち年労によるもののなかで、第八に収められている「課試及第」（表3―33〜45）に注目したい。これは対策（献策・方略試）、

あるいは明経試・明法試に合格して一定の年数を経た者が六位相当の京官に任命されるもので、叙位における策労と同様、年労による任官と考えてよい。『大間成文抄』第八では、この方式での任官申請について、一三通の自解申文を掲載しており、そのうち七通については、申文のあとに、申請者が得業生等に補された年月日、対策等に及第した年月日を掲げた式部省の勘文が副えられている（表1参照）。また、自解申文がなく、式部省勘文のみで任命された事例が二件挙げられている。したがって、自解に勘文が副えられるのがもっとも正規の方式であり、自解のみ、および勘文のみの申請は何らかの事情で略式の方法がとられたと理解することができる。このなかで、勘文のみの提出で任命されている事例に注目すれば、「課試及第」の申請は必ず式部省を通して行われると考えてよい。すなわち、任官希望者は自解を直接には式部省に提出し、そこで勘文が副えられて外記方に提出されるというのが正規のルートだったのである。[20]

次に成功による任官を申請した自解として、第六「臨時給、内給」（表3—22〜26）をみておきたい。この臨時内給は、広い意味では年官に属するのであるが、実際は尾上陽介氏が詳しく検討されたように、内給所が行事や造作の費用調達のために任料を募って任官を斡旋する成功にほかならない。さて『大間成文抄』第六では、臨時内給の申請には、自解とならんで名簿も用いられており、これらは申請者の地位（六位）、希望する官職（内舎人や寮の允など）、年代（一通のみ長久五年〈一〇四四〉とやや遡るが、それ以外はすべて十二世紀）のどれをとっても、自解による申請と変わるところがない。成功の手続について上島享氏は、摂関期には寺社や行事所などが朝廷から成功の権利を付与され、成功希望者から用途を進納させると同時に名簿を朝廷に提出して任官が果たされたとし、これに対して院政期になると、成功希望者が直接成功の申請を朝廷に行い、成功宣旨が下されると行事所等に用途を進納し、返抄を得た後に任官申文を希望者本人が朝廷に提出するとされている。[22]しかし内給所がいわば行事所として成功を運営する臨時内給に

希望官職	理由	理由の種類
諸国介	当職労	年労
諸国権守	医道労	年労
諸国目	蔵人所出納の労	年労
諸国権守	蔵人の労	年労
諸国介	史をつとめ叙爵	年労
諸国権守	公卿の子息で叙爵	その他
諸国権守	造大炊内裏行事所功	成功
諸国介	成業労	年労
諸国権守	賀茂祭女使用途料進納	成功
諸国権守	重代奉公労	年労
受領	以私物修造神祇官等	成功
受領	蔵人労効第一	年労
受領	検非違使巡第一	年労
受領	奉公労并民部丞巡第一	年労
受領	外記巡年第一労	年労
受領	官史叙爵第一并成業労	年労
受領	奉公労并民部丞巡第一	年労
受領	外記巡上日第一労	年労
受領	蔵人巡第一	年労
受領	民部巡年第一	年労
受領	蔵人巡第一	年労
左右馬允	仁安３年（1168）賀茂御禊等用途料進納	成功
内舎人	賀茂祭女使用途料進納	成功
刑部丞	中宮御座用途料進納	成功
勘解由主典	院御料丈六仏用途料進納	成功
諸司属	年労＋御仏行事所への私物進納	年労＋成功
侍医	成業労	年労
内蔵属	賀茂祭料鞍調進功	成功
修理進等	累祖譜第＋労	年労＋その他
修理進等	造法成寺料進納	成功
主計允	初斎院禊群行料進納	成功
宮内丞	後三条御法事料進納	成功
弾正忠	課試及第労	年労
弾正忠等	課試及第労	年労
修理進等	課試第一労	年労
諸司助	対策及第労	年労
修理進等	課試及第第一労	年労
衛門尉・検非違使	大業労	年労
大膳進等	課試及第第一労	年労
大学助等	課試及第労	年労
式部丞等	献冊労	年労

表3 『大間成文抄』所収の自解

番号	巻	大項目	小項目	年	西暦	差出人		
						位階	官職	姓名
1	4	雑々		安元2	1176	正六上	天文得業生	中原朝臣盛季
2	5	兼国		応徳2	1085	正四下	主税頭兼侍医	丹波朝臣雅忠
3	5	出納兼国		永久4	1116	正六上	出納・明法生	中原朝臣行親
4	5	宿官		安元2	1176	従五下	散位	藤原朝臣尹範
5	5	宿官		安元2	1176	従五下	左大史	三善朝臣清信
6	5	諸国守権介		永久4	1116	従五下	散位	藤原朝臣経定
7	5	諸国守権介		保安2	1121	従五下	散位	中原朝臣則兼
8	5	諸国守権介		安元2	1176	従五下	散位	惟宗朝臣顕基
9	5	諸国守権介		治承3	1179	従五下	散位	藤原朝臣保房
10	5	諸国守権介		治承4	1180	従五下	散位	ト部宿禰兼基
11	5	受領		永久4	1116	従五上	大蔵権少進	藤原朝臣成房
12	5	受領		永久4	1116	従五下	散位	藤原朝臣行佐
13	5	受領		永久4	1116	従五下	散位	平朝臣盛基
14	5	受領		永久4	1116	従五下	散位	藤原朝臣永俊
15	5	受領		永久4	1116	従五下	散位	惟宗朝臣時重
16	5	受領		永久4	1116	従五下	散位	中原朝臣重俊
17	5	受領		久寿2	1155	従五下	散位	藤原朝臣泰信
18	5	受領		久寿2	1155	従五下	散位	中原朝臣業俊
19	5	受領		安元2	1176	従五下	散位	藤原朝臣能頼
20	5	受領		安元2	1176	従五下	散位	藤原朝臣長親
21	5	受領		治承3	1179	従五下	散位	藤原朝臣親光
22	6	臨時給	内給	治承2	1178	正六上	(散位)	藤原朝臣佐貞
23	6	臨時給	内給	治承3	1179	正六上	(散位)	平朝臣盛季
24	6	臨時給	内給	治承3	1179	正六上	(散位)	藤原朝臣則親
25	6	臨時給	内給	承保3	1076	正六上	算生	安倍朝臣義任
26	6	臨時給	内給	承暦3	1079	従七上	蔵人所鋳物師	秦宿禰俊任
27	6	替		天喜3	1055	正六上	医得業生	丹波朝臣為清
28	7	所々奏	作物所	寛弘5	1008	正六上	作物所螺鈿道工	秦宿禰忠辰
29	7	所々奏	画所	承保3	1076	正六上	画所預	貞朝臣良則
30	7	所々奏	諸寺申	延久1	1069	正六上		中原朝臣定則
31	7	所々奏	行事所申	長和3	1014	正六上	蔭子	小槻宿禰泰倫
32	7	所々奏	行事所申	承保3	1076	正六上	蔭子	高階朝臣実国
33	8	課試及第		永久4	1116	正六上	前明経得業生	清原真人善定
34	8	課試及第		永久4	1116	正六上	前明法得業生	中原朝臣宗成
35	8	課試及第		永久4	1116	正六上	問者生	藤原朝臣盛貞
36	8	課試及第		元永1	1118	正六上	前文章得業生・加賀大掾	藤原朝臣国能
37	8	課試及第		元永1	1118	正六上	問者生	藤原朝臣惟兼
38	8	課試及第		元永2	1119	正六上	大舎人助	藤原朝臣国能
39	8	課試及第		元永2	1119	正六上	問者生	藤原朝臣兼季
40	8	課試及第		安元2	1176	正六上	前文章得業生・因幡大掾	藤原朝臣光章
41	8	課試及第		治承2	1178	正六上	前文章得業生・加賀少掾	菅原朝臣長守

右衛門尉	献策労	年労
雅楽助	献策労	年労
諸司助	献策労	年労
大舎人少允	課試第一労	年労
権陰陽博士	累葉譜第	その他
弾正忠等	散位第一労	年労
中務丞	陪従奉公之労	年労
大学助	奉公并宮主労	年労
治部丞等	上日第一労	年労
兵衛尉等	年労上日第一	年労
兵衛尉等	上日第一労并修造待賢門功	年労＋成功
衛門尉	上日第一労并成功	年労＋成功
主計・主税允	不明（本文省略）	不明
衛門尉	前坊帯刀労	年労
民部録等	前坊史生第一労	年労
主計・主税属	年労恪勤	年労
兵衛・馬等志	御冠師・馬官人代労	年労
近衛将監	当職奉公労	年労
西市佑	修造主水司等	成功
兵衛少尉	得長寿院御仏料用途料進納	成功
刑部丞	神祇官内殿舎造進	成功
治部丞	斎院内殿舎修造	成功
勘解由主典	園韓神社殿舎造進	成功
左右馬允	貴布禰社殿舎造営	成功
兵衛尉	左近衛府殿舎修造	成功
兵衛尉	伊勢大神宮金物用途料進納	成功
兵衛尉	伊勢大神宮遷宮行事所への私物進納	成功
左右馬允	豊受大神宮用途料進納	成功
八省丞等	鴨御祖御塔供養料進納	成功
左右馬允	熊野新宮御遷宮神宝用途料進納	成功
木工允等	嘉応 1 年（1169）石清水行幸殿舎造進	成功
兵衛尉	稲荷祇園社行幸殿舎造進	成功
兵衛尉	日吉社御幸神宝用途料進納	成功
木工少允	建春門院平野行啓殿舎造進	成功
兵衛尉	嘉応 2 年（1170）初斎院御禊用途料進納	成功
木工允等	大膳職御賀用途料進納	成功
内蔵允等	東大寺行幸殿舎造進	成功
監物等	東大寺供養料進納	成功
内舎人	尊勝院仏像等造進	成功
兵衛尉	仁安 2 年（1167）斎院禊祭料・承安 3 年（1173）石清水賀茂両社行幸用途料進納	成功
修理進等	大嘗行事所への諸司允任料進納	成功
諸司助	法勝寺殿舎造進	成功
兵衛尉等	七宝御塔所成功労	成功
衛門尉	円徳院内殿舎運造等功	成功

42	8	課試及第		治承 1	1177	正六上	前文章得業生・越後大掾	藤原朝臣家実
43	8	課試及第		承安 4	1174	正六上	散位	大江朝臣忠房
44	8	課試及第		承徳 2	1098	正六上	越後掾	藤原朝臣宗光
45	8	課試及第		安元 1	1175	正六上	前明経准得業生	清原真人良業
46	8	雑々得業生		応徳 2	1085	正六上	天文擬得業生	安倍朝臣泰長
47	8	文章生散位		保安 2	1121	正六上	散位	大江朝臣行範
48	8	陪従		治承 2	1178	正六上	蔭子	藤原朝臣憲頼
49	8	宮主		安元 2	1176	正六上	中宮宮主	ト部宿禰兼済
50	8	所衆瀧口		元永 3	1120	正六上	蔵人所衆	源朝臣俊貞
51	8	所衆瀧口		元永 3	1120	正六上	瀧口	粟田朝臣章員
52	8	所衆瀧口		治承 3	1179	正六上	蔵人所非雑色	大江朝臣基兼
53	8	所衆瀧口		治承 3	1179	正六上	瀧口・内舎人	宮道朝臣式国
54	8	蔵人所出納		延久 1	1069	正六上	蔵人所出納・散位	惟宗朝臣信経
55	8	前坊	帯刀長	承保 4	1077	正六上	前坊帯刀長	高階朝臣盛業
56	8	前坊	史生	長和 3	1014	従七上	前春宮坊史生	若湯坐宿禰忠親
57	8	所々蔵人		長徳 4	998	正六上	東三条院庁蔵人	酒部公方光
58	8	御冠師		延久 1	1069		御冠師・左馬官人代	伴国季
59	8	勧学院別当		治承 3	1179	正六上	蔭子	藤原朝臣康重
60	8	料		承安 4	1174	正六上		大江朝臣国房
61	8	料		建久 7	1196	正六上		大江朝臣盛基
62	8	功		元永 2	1119	正六上	蔭子	藤原朝臣惟長
63	8	功		元永 2	1119	正六上	明法生	大江朝臣貞孝
64	8	功		保安 2	1121	正六上	算生	中原朝臣重兼
65	8	功		安元 2	1176	正六上		藤原朝臣経平
66	8	功		安元 2	1176	正六上		藤原朝臣孝景
67	8	功		安元 1	1175	正六上		大江朝臣仲弘
68	8	功		治承 1	1177	正六上		藤原朝臣通吉
69	8	功		治承 3	1179	正六上		源朝臣邦範
70	8	功		安元 1	1175	正六上		中原朝臣時房
71	8	功		治承 2	1178	正六上		藤原朝臣重佐
72	8	功		安元 1	1175	正六上		紀朝臣兼季
73	8	功		安元 1	1175	正六上		平朝臣貞親
74	8	功		治承 1	1177	正六上		中原朝臣友光
75	8	功		安元 1	1175	正六上		中原朝臣重致
76	8	功		治承 3	1179	正六上	筑後掾	惟宗朝臣兼定
77	8	功		安元 2	1176	正六上		源朝臣行吉
78	8	功		建久 7	1196	正六上		中原朝臣景康
79	8	功		建久 7	1196	正六上		大江朝臣景資
80	8	功		建久 7	1196	正六上		藤原朝臣俊兼
81	8	功		安元 2	1176	正六上		平朝臣知家
82	8	功		承暦 2	1078	正六上	蔭子	紀朝臣久範
83	8	功		承暦 2	1078	正六上	蔭子	藤原朝臣仲季
84	8	功		寛治 2	1088	正六上		藤原朝臣経宗
85	8	功		康和 2	1100	正六上	蔵人所雑色・散位	源朝臣家重

内舎人	外祖父諸司三分功	成功
監物等	藤原盛重の春日御塔御仏料の譲与	成功
左馬允	父から子へ譲与	その他
内舎人	父から子へ譲与	その他
内舎人	親族源景実への譲与	その他
主水等佑	父から子へ譲与	その他
兵衛尉等	父から子へ譲与	その他
刑部丞等	父から子へ譲与	その他
神祇大祐	父から子へ譲与	その他
大膳少進	兄から弟への譲与	その他
三寮属	父の成功を子に譲与	その他
刑部少丞 左衛門少尉	相博	その他
修理少進	還任	その他
右馬少允	還任	その他
左馬少允	還任	その他
右近衛将曹	転任	年労か
左近衛将曹	転任	年労
左近衛将曹	転任	年労
能登守	最勝寺五大堂御仏造営	成功
弾正忠等	文章生第一労	年労
弾正忠	文章生第一労＋夙夜恪勤労	年労
民部少丞	文章生労	年労
肥前介等	官史上日第一労	年労

ついては、名簿も自解も、内給所からその所管である蔵人所へ提出されると考えるのが妥当だろう。すなわち、この場合の自解も、直接的には任官希望者から内給所へ提出されたとみられるのである。

以上のように、外記方あるいは蔵人方に自解が提出されるといっても、実際には任官希望者本人が直接提出するのではなく、官司や機関を通して提出するという場合があり、表3に掲げたそれ以外の自解のなかにも、これと同様の提出ルートが想定できるものも含まれている可能性がある。例えば、表3―1の天文得業生による自解や、105～107の文章生による申請は、「課試及第」と同様、陰陽寮や式部省を通じて提出されていたと推測できる。また成功に関するものでは、第七の大項目「所々奏」所収の自解（表3―28～32、ただし29は成功によるものではない）は、これらに対応する大間の尻付が「某所申」となっている点、31では斎宮所に下された成功を認める宣旨が自解に添付されている点などからみて、やは

86	8	功	譲功	保元 1	1156	正六上	蔵人所衆	大中臣朝臣知政
87	8	功	譲功	建久 7	1196	正六上		藤原朝臣高久
88	8	譲		永久 4	1116	正六上	左馬允	源朝臣盛行
89	8	譲		治承 2	1178	正六上	木工少丞	藤原朝臣忠経
90	8	譲		建久 7	1196	正六上	右兵衛少尉	惟宗朝臣光弘
91	8	譲		建久 7	1196	正六上	少監物	紀朝臣兼遠
92	8	譲		建久 7	1196	従五下	大和守	惟宗朝臣仲良
93	8	譲		治承 2	1178	従五下	散位	藤原朝臣基業
94	8	譲		応徳 3	1086	従五下	祭主神祇大副	大中臣朝臣頼宣
95	8	譲		永保 3	1083	正六上	大膳少進	惟宗朝臣季隆
96	8	譲		応徳 3	1086	従七上	木工権大工	紀朝臣経行
97	8	相博		康和 2	1100	正六上 正六上	左衛門少尉 刑部少丞	中原朝臣頼遠 橘朝臣説兼
98	8	還任		永久 5	1117	正六上	前修理少進	平朝臣季通
99	8	還任		建久 7	1196	正六上	前右馬少允	中原朝臣職保
100	8	還任		建久 6	1195	正六上	前左馬少允	大江朝臣康業
101	8	転任		承徳 2	1098	正六上	右近衛府生	秦宿禰兼方
102	8	転任		久寿 3	1156	正六上	左近衛府生	下毛野公敦忠
103	8	転任		永暦 2	1161	正六上	左近衛府生	狛宿禰季時
104	10	受領		元永 2	1119	正五下	武蔵守	高階朝臣経敏
105	10	当職文章生		永久 4	1116	正六上	文章生	大江朝臣泰基
106	10	当職文章生		元永 2	1119	正六上	蔵人所衆・文章生	源朝臣家清
107	10	当職文章生		仁平 3	1153	正六上	文章生	中原朝臣頼清
108	10	宿官		仁平 1	1151	従五下	散位	惟宗朝臣信弘

り「某所」を通じて自解が提出されたと考えられる。

次に請奏についてみていくことにする。前述したように、請奏のなかには、任官希望者本人が推挙する機関または個人に対して提出した「款状」を引用するものが少なくない。この「款状」の実例と思われる文書が『朝野群載』巻第四、朝儀上に収められている。

中宮職召使長清原国助解　申請庁裁事
請レ被下殊蒙二庁裁一、因二准先例一、拝中補諸国掾上状
右国助謹検二案内一、歴二件長労一之者、拝二補諸国掾一之例、不レ遑二羅縷一、拝補之処、誰謂二非拠一、望請庁裁、因二准先例一、被レ補二国掾一、将仰二奉公之節一矣、仍勒二在状一、謹解、
康和二年正月廿三日
召使長清原国助

中宮職の雑任である召使長が、その労によって諸国掾に補任されるよう、中宮職に推挙を申請したもの

である。この申請が認められた場合、『大間成文抄』でいえば、第四「諸司奏」というルートで請奏が提出されたと考えられる。

また、請奏が作成される前提として、任官希望者から推挙者へ名簿が提出されることもあった。『権記』長保二年（一〇〇〇）正月二十日条には、以下のような記事がある。

詣二弾正宮一、申二越前掾紀兼輔申台忠請奏之由一幷奉二名簿一、即給二御署一、附二和泉守道貞朝臣一、奉レ送二権中将御許一、是彼中将切々被レ示也、

『権記』の記主藤原行成は、当時従四位上蔵人頭・右大弁で、弾正尹為尊親王（冷泉天皇皇子）家の別当をつとめていた。その行成が、親王のもとを訪れ、弾正台の忠への任官を希望する紀兼輔について、任官申請のための請奏について申し、あわせて兼輔の名簿を奉ったという記事である。この任官については権中将源成信（源倫子の甥で道長の養子）が切に希望していたとあるので、紀兼輔はあるいは成信と関係の深い人物なのかもしれない。また「即給二御署一」とあるので、請奏はあらかじめ行成によって準備されていたようであるが、その形式は、『大間成文抄』第七「本司奏」に、

弾正台

請下殊蒙二　天恩一、因二准先例一、以二史生従七位上大原宿禰友長一、被上拝二任少疏闕一状

右得二友長款状一偁、（中略）今加二覆審一、所レ申有レ実、望請　天恩、因二准先例一、以二件友長一被レ拝二任少疏闕一者、弥令レ致二糺弾之勤一矣、仍勒二事状一、謹請二　処分一、

治承三年正月十七日

少弼従五位下藤原朝臣〈未到、〉

従四位上行大弼兼文章博士藤原朝臣敦周
　尹〈闕、〉
とあるものに相当しよう。もう一つ、請奏の前提となる名簿に関する史料を掲げる。『小右記』寛仁四年（一〇二〇）閏十二月八日・十日条には、以下のような記事がある。

（八日条）次官事恐喜申由以二長官光清朝臣一令レ申、小〔少〕時帰来云、可レ奉二名簿一者、明後日可〔申脱カ〕レ奉由了、

（十日条）藤原相通名簿以二斉〔斎〕院長官光清朝臣一奉レ院、可レ被レ任二次官一者也、従二彼院一可レ被レ奏也、

八日条だけではよくわからないが、十日条によれば、斎院選子内親王の推挙により、藤原相通を斎院次官に申任する手続について述べたものであることがわかる。任官希望者の藤原相通と実資との関係は不明であるが、ともかく任官希望者である相通の名簿が実資の手を通じて斎院に奉られ、それをもとに長官光清の名で請奏が作成され、それが『大間成文抄』第六「請」のルートで蔵人方に提出されたと考えられる。なお、『小右記』同年同月二十四日条によれば、この日の小除目で相通は斎院次官に任命され、実資は長官光清を通じて斎院に御礼を言上している。

このように請奏の場合には、その文面に「款状」が引用されていない場合でも、任官希望者が推挙する機関や個人に対して、申請文書や名簿を提出する場合があったのである。

最後に名簿について検討する。名簿による申請の代表である年官については、前述したように、給主の持つ推挙権自体が任官の根拠となっているから、除目議の場に提出される名簿自体には、給主がその人物を推挙する理由等について記す必要はない。しかし、任官希望者本人が給主に推挙を求める際には、請奏と同様の「款状」が推挙者に提出される場合もあっただろう。その実例の可能性のある文書が旧三条家本『北山抄』裏文書のなかにある。

　小舎人所内蔵有満解申請政所恩裁事

請レ被下特蒙二哀憐一、依二恪勤労一、拝中任諸国目闕上状、

右、有満参二仕殿下一以来、奔営之役無レ論二昼夜一、謂二其勤節一不レ劣二等倫一、方今倩見二所底傍輩之間一、或有下依二衆歴一而参仕□者上、□〔至カ〕二有満一者偏企二深誠一、忝献二拙身一、若優二微労一盍蒙二哀矜一乎、望請、政所恩裁、依二恪勤労一、拝二任諸国目闕一、且弥竭二中丹一、且将励二後進一、仍勒二事状一、謹解、

長保五年正月十一日　　小舎人所内蔵有満(23)

小舎人所に勤務している内蔵有満という人物が、恪勤の労によって諸国の目に任官されたいという希望を政所に伝えた文書である。現在京都国立博物館に所蔵されている旧三条家本『北山抄』巻第十、吏途指南は、藤原公任自筆稿本であり、それは仮名消息二通を含む二五通の文書の紙背に記されたものである。したがって、右の文書中の「殿下」は当時従三位中納言・左衛門督で検非違使別当を兼ねていた藤原公任その人である可能性が高く、「政所」も公任家の政所であろう。とすれば、内蔵有満は、主人である藤原公任が持っている公卿給の権利によって諸国目への任官を希望したと考えるのがもっとも自然である。

　このように、年官の申請文書提出の前提として、希望者から給主へ款状が提出されている可能性を指摘した。それでは請奏と同様、名簿が提出されることもあったのだろうか。これに関して、年爵については別稿で、叙爵希望者から給主へ叙料とともに名簿が提出されている事例を挙げたが(24)、年官については管見では任官希望者から給主への名簿提出を明確に示す事例を見いだせなかった。しかし、年官や年爵の申請文書を名簿と呼ぶ以上は、希望者から給主への名簿提出はむしろ一般的であり、給主はこれに必要事項を書き加えて叙位議や除目議の場に提出したのではないか(補2)。このような名簿の原文書が伝わっていないので結局は憶測に過ぎないのであるが、これも別稿でみたように、正倉院文書中の経師等の貢進文のなかに、被貢進者（経師になることを希望する者）が貢進文の文面の大半を用意し、貢進者

（推挙者）はそれに署名のみを加えて写経所に提出するという事例が少なからず存在したことを参考にすれば、時代も場面も異なるものの、年官・年爵の名簿についても同様のプロセスを想定することは充分可能だと思われる。こう考えることによって、年官・年爵等の申請文書の実体は叙位・任官希望者が給主に提出した名簿にほかならないという点から、この種の申請文書を名簿と呼ぶ理由の説明ができるからである。(25)

(二) 任官申請文書の提出方式

前項では、任官申請文書の類型ごとに、任官希望者がどのような方法・ルートで、その希望を除目議の場まで伝えたのかを検討してきた。ここでその検討結果を整理し、あわせて平安時代の任官申請方式の全体的特徴について考えてみたい。

まず自解については、もちろん任官希望者本人が蔵人所に提出する場合もあったが、一方で直接蔵人所に提出するのではなく、自らを所管する官司や成功の契約を結んだ機関を通じて自解が出される場合も少なくなかった。この場合、自解の提出を仲介する機関は、その自解をいわばオーソライズする役割を果たすことになろう。

次に請奏では、任官希望者から推挙者に、希望する官職やその根拠を記した款状が提出される場合が多かった。これに加えて、推挙者のもとに希望者の名簿が提出されることもあったが、名簿の提出は、希望者と推挙者との間に、それ以前に一定の関係が築かれていないような場合に行われた可能性がある。

最後に名簿については、任官希望者本人から推挙する機関または個人に、款状によってその希望を伝えることもあった。しかし、年爵の事例や正倉院文書の経師等貢進文の作成方法から類推すれば、むしろ希望者から推挙者に名簿、すなわち任官申請文書としての名簿の前提となる名簿を提出するのが一般的だったと考えられる。成功による任命が名簿で申請される場合でも、任官希望者から行事所などに用途が進納されるのと並行して、同様の手続が行われていた可能性もあろう。

以上のような任官申請のルートを図示すれば、大略図1のような形になる。

これをみると、任官申請の多くは、希望者本人がその希望を蔵人所・外記局に直接伝えるのではなく、推挙者を通すルートで行われていたことがわかる。推挙者とは、具体的には院宮・公卿、八省卿や衛府長官など、あるいは諸官司や行事所・内給所などであった。これに対して、希望者本人が直接申請するルートはごく限られており、『大間成文抄』でいえば、受領や権守・介の兼国、成功の一部に過ぎない。それ以外では、『本朝文粋』巻第六、中官爵や『朝野群載』巻第九、功労に収められているいわゆる文人の申文があるが、それらのほとんどは、受領か三〜五位相当の京官を希望する申文である。

このような任官申請ルートのありかたをみたとき、任官の希望を除目議の場に直接提出できたのは、原則として五位以上の者に限られていたのではないかという推論が導き出される。『大間成文抄』の六位の自解は、そのかなりの部分が推挙者を通じて提出されていたし、成功の自解（第八の「料」「功」など）は、前述の上島氏が示された成功手続によれば、朝廷からすでに成功宣旨が下されていたため、申請にあたって自解を直接出すことができたと考えられるので、そうなると、いわば任意に自解を提出できたのは五位以上にしぼられるのである。[補3][補4]

もっとも以上の推論は、あくまで『大間成文抄』所収の任官申請文書をみる限りという条件下のものである。『大間成文抄』では、大間書の抜書きや先例の挙示については、寛平十年＝昌泰元年（八九八）のものがもっとも古く、十世紀前半代の事例も散見するが、成文の実例という点では、寛和二年（九八六）が最古で、大部分は長徳年間（九九五〜九九九）以後、すなわち藤原道長が執筆をつとめるようになる時代以降のものである。したがって十世紀後半[26]

以前の状況は、これとは別個に考えなければならない。実際、玉井力氏が指摘されているように(27)、弘仁年間前半に除目議の場に外記方を通して提出される自解申文が増加して、除目の筥を増やすという事態があった。また鎌倉中期の成立とされる『除目抄(28)』には、「三筥申文多時ハ六位自解等入二別筥一、仍往古筥有レ四歟」という記述があり、「往古」は直接には「筥有レ四歟」を修飾する語ではあるものの、「往古」には「六位自解」も数多く提出されたので、四つめの筥が用意されることもあったと解釈することが可能だから、古くは六位官人が自解申文を用いて、あるいは自解申文を直接外記に提出することによって任官申請を行っていた時代があったということになろう。

これらの六位自解を含む自解申文は、外記方に提出されていたものであり、これも玉井氏が説くように、九世紀後半になると有効な申請文書の大半は蔵人方に提出されるようになったので、次第に姿を消すようになったということなのだろう。しかし、なぜ九世紀前半には自解申文が数多く提出されたのか、その申文はどのような官職を希望するものだったのかなどの問題については、史料の制約もあり、今後の課題とせざるを得ない。また、本稿冒頭で紹介したように、玉井氏は、請奏形式の申請文書が、叙位・除目における考課・選叙方式が放棄され、年労方式が導入されるのにともない、九世紀中葉以後に出現するとされている(29)。とすれば、九世紀前半に数多く提出された自解申文は、このような請奏

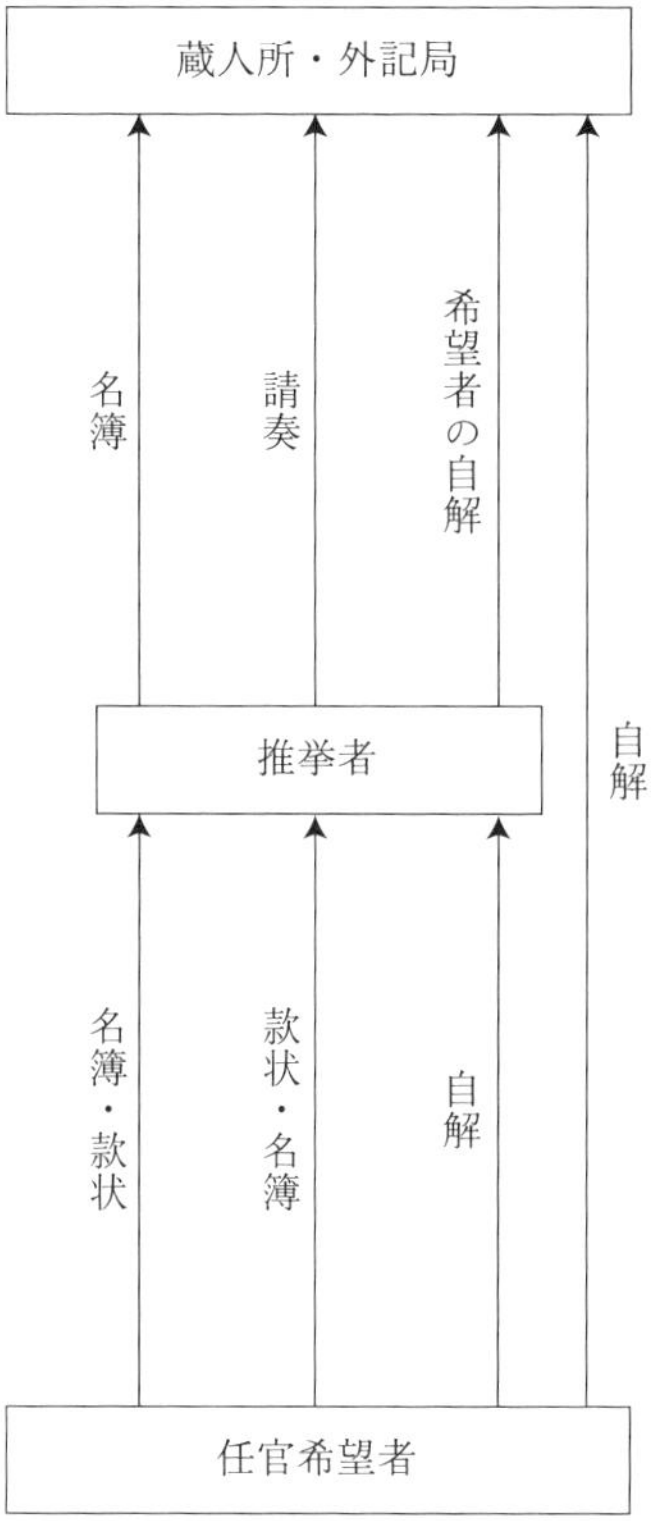

図1　平安時代の任官申請ルート

形式の申請文書に吸収されたという理解もできるだろう。ただし、請奏形式の申請文書については本稿ではやや異なる見通しを持っているので、それも含めて、八世紀から九世紀にかけての推移を次節で検討してみたい。

三　八世紀の任官申請方式

(一)　正倉院文書中の任官申請関係文書

正倉院文書のなかには、郡司への任官申請に関する文書が二点ある。そのうち一点は、天平二十年（七四八）の「海上国造他田日奉部直神護解[30]」であり、この文書についてはすでに多くの研究がある[31]。周知のように、下総国海上郡大領を希望する神護が、その譜第と自らの位分資人・中宮舎人としての勤務年数を、宣命体で記したものであり、前節までの分類によれば自解形式の文書ということになる。宣命体であるところから、式部省の銓擬、いわゆる「試練」に備えて作成されたメモであるとする説が有力である。

もう一点は、天平勝宝二年（七五〇）五月二十日付の「造東大寺司牒案[32]」である。

（前闕）

牒、得二中宮省牒一、前件千虫申云、当郡主帳、今闕二彼司一、望請被二省文牒一、欲レ申二主帳之司一者、然雖二名預レ省、身仕二奉造寺司一、仍注二事状一牒送、至乞二処分一者、司依二省牒一、放却已訖、其千虫祇二承司裏一、頻歴二数年一、立性恪勤、能成レ所レ任、今量二身労一、於レ事可レ矜、乞国察レ状、早与二処分一、故牒、

天平勝宝二年五月二十日　主典従七位上葛井連

次官従五位下兼行大倭介佐伯宿禰

造東大寺司から某国に宛てた牒の案文で、中宮省[33]からの「某姓千虫が某国某郡の主帳に任命されるため、「文牒」を出してほしいと希望してきたが、千虫は実際には造東大寺司で勤務しているので、そちらで善処してほしい」という牒をうけ、造東大寺司での真面目な仕事ぶりを記して、千虫を推挙する旨を伝えた文書である。文書の前闕部分には、千虫の官位姓名や「某郡主帳を望む」といった文言が記されていたと推定でき、宛所は千虫が主帳任官を希望する郡を所管する国であるが、形式的には平安時代の請奏に類似したものとすることができよう。

郡司は任官の区分でいえば、大領・少領は奏任、主政・主帳は判任であるが、前者は一般的な奏任官とは異なり、前述したように式部省での銓擬が任官手続上、重要な位置を占め、後者も任官の区分を定めた選叙令3任官条の『令集解』朱説によれば、式部省で任官候補者を記した文書を作成し、これを太政官が裁可するという手続で任命される。したがって両者ともに実質的な銓擬は式部省で行われるし、とくに後者の文書は、式部省に宛てたものではなく、その一歩手前の段階の文書であるから、平安時代の除目議の場に提出された申請文書と同列に扱うことはできない。しかし、奈良時代の任官申請にあたって、自解形式と請奏形式の文書がすでに存在していた可能性は、ここから推測できるのではないだろうか。

正倉院文書には、もう一点、これも任官申請文書そのものではないが、任官申請に関わる注目すべき文書がある。

奴咋麻呂恐惶謹頓首

欲レ望レ官事、〈左右兵衛・左右衛士府等一々末任、〉

右以二今日官召人名注烈一、諸人云、明日召与者、若垂二大恩一、預二此類賜一、一生喜何有、今不レ勝二望憑一、犯二輙貴所一、無レ功憑望、古人所レ厭、雖レ然尊公垂レ愁、今以レ状、恐懼謹頓首、死罪々々、謹状、不レ具、

十月廿三日奴上咋麻呂謹上[34]

上咋麻呂なる人物が、今日（十月二十三日）「官召人名注烈」があったので、明日「召与」があるという諸人の噂に基づき、衛府の「未任」に任命されるため、この書状の宛先の人物に力添えを依頼したという内容である。この文書については、近年馬場基氏が興味深い考察を加えられている[35]。馬場氏はまず、この文書と、「道守尊者」に「生鰯六十隻」を貢上した某年十月二十八日付の送り状とを関連づけ、食口案に関する西洋子氏[36]の研究成果をふまえて、ともに宝亀三年（七七二）のものとした。また『続日本紀』には、宝亀三年十月二十三日には任官記事がなく、十一月一日に記事があることから、右の文書に記された諸人の噂は不正確で、咋麻呂はあらためて二十八日に「道守尊者」に贈り物をして再度任官の口添えを依頼したと解している。さらに「道守尊者」が当時の奉写一切経所案主上馬養で、咋麻呂とは同族関係にあったという田中大介氏の指摘[37]によって、咋麻呂の一連の任官運動は、同族関係に基づく下級官人のネットワークを活用したものと位置づけている。

このように、馬場氏はこの文書を下級官人の任官運動に関わるものと理解されており、八世紀における任官申請のありかたをみていくうえで貴重な議論を提示されている。そこで本稿なりの関心に基づきながら、あらためて文書の内容や馬場氏の所論を検討してみたい。まず文書の年代については、馬場氏が説くように宝亀三年のものとみてよく、また右に掲げた二十三日付の文書の宛所も「道守尊者」である蓋然性は高いと考える。また本文中の「官召」を、馬場氏は「ツカサメシ」と訓み、「人名注烈」は任官された人物を注記していくこと、要するに後世の除目議で大間書に人名を記入していくのと同じことを示していると考え、「召与」は官召の発表、任官者の召喚、すなわち任官儀のことと理解されている。本稿では「官召」「召与」（「召しに与《あづか》る」と訓むのであろう）の解釈には異論がないが、「人名注烈」については別の考え方もできるのではないかと思う。本文冒頭部分を「今日官召の人名注烈を以て」と訓めば、諸人は今日の「官召人名注烈」によって、明日の「召与」のことを噂しあったという文脈になるから、「人名注烈」は諸人にとって公表されているものと解される。そこで、この「人名注烈」を、任官儀に先立ち、召される人々の人名を列挙したもの、すなわち後世の「下名」（「応レ任者名簿」「可レ任人歴名」）(38)に相当する帳簿が何らかの形で掲示されたものと考えられないだろうか。「下名」に相当する帳簿の存在が奈良時代に遡ることは西本昌弘氏によって指摘されている(39)ものの、平安時代にこれが掲示されたとする史料はなく、突飛な憶測になるのだが、「以二今日官召人名注烈一」を咋麻呂の周辺にいる諸人が任官儀を知る根拠としてみるならば、全くあり得ないことでもないと考え、あえて提示した。

次に咋麻呂が望んだ「左右兵衛・左右衛士府等一々末任」とはどのような官職なのか考えてみたい。馬場氏は、『続日本紀』の任官記事との関係などに言及されており、咋麻呂が望んだ官職を奏任官と考えておられるかにみえるが、これはいかがであろうか。上咋麻呂に関する史料は、上記二点のほかにもいくつかあるが(40)、彼の地位・肩書等は一切不明である。しかし衛府の主典以上を望んでいるというのは、やや無理があるように思う。彼が望んだ官職としては衛府の府生あたりが妥当なところではないだろうか。このように推測する理由として、奏任官を望んだとすれば、「今日」の「官召」に向けて口添えを依頼するというのは時間的にやや無理があるという点もある。

府生の補任については、『続日本紀』神亀五年（七二八）十一月壬寅条に「衛府々生兵部省補焉」という制が載せられ、『延喜式』巻第二十八、兵部省には「待二宣旨一補任」とある。また摂関期の近衛府では、番長が中文（款状）を大将に提出し、これに基づき近衛府が府生奏を作成して蔵人を通じて奏上、これが認められると、府生奏が上卿を経て兵部丞へと下されるという手続をとっていた(41)。宝亀年間（七七〇～七八一）の具体的手続は未詳であるが、申請文書が提出されるとすれば、その宛先は兵部省だったと考えてよい。ともかく、咋麻呂が望んだ官職が府生だったとすれば、「明日」の任官儀によって府生から主典に昇進した人物がいるのを確認したうえで、正式に推挙を依頼するという含みで、この文書を作成したのではないだろうか。さらに、この文書が「道守尊者」に宛てられ、それが上馬養であるとすれば、馬養自身が兵部省宛の推挙状を作成するとは考えにくく、さらに高い地位の人物、あるいは機関（例えば造東大寺司）への口添えを頼んだのであろう。

憶測に憶測を重ねたが、以上の検討から、奈良時代の府生（雑任、選叙令の任官区分でいえば式部判補であるが、上記神亀五年制からこの時点では兵部省の判補）の任官においても、平安時代でいえば請奏に類似した推挙状が、申請文書として作成・提出されていた可能性があると考えられるのである。

正倉院文書のなかには、平安時代の除目議で取り扱われるような任官申請文書に直接対応する文書は見いだせなかったが、数少ない関係史料から推測すると、奈良時代においても任官申請文書が存在すること、そのなかに特定の個人・機関が任官希望者を推挙するという、平安時代の請奏に類似した方式が含まれていたことは認められるのではないかと考える。

(二)　八世紀の奏任官任官手続

最後に、前節で検討した任官申請のありかたをふまえて、八世紀における奏任官の任官手続の復原を試みたい。選叙令4応選条は、奏任官以上の任官の基準・手続に関する唯一の令文である。この条文の大宝令から大宝元年格を経て養老令にいたる変遷については、すでに早川庄八氏の研究がある。(42) まずそれらの条文を掲げる。

大宝選任令応選条(43)

凡応レ選者、皆責レ状試練、曾有レ犯者、具注二犯由一、銓擬之日、先尽二徳行一、徳行同者、取二才用高者一、才用同者、

取二労効多者一

大宝元年格

凡選任之人、奏任以上者、以二名籍一送二太政官一、判任者、式部銓擬而送之、（『続日本紀』大宝元年七月戊戌条）

大宝元年七月廿八日太政官処分、夫選任者、奏任以上者注二可レ用人名一、申二送太政官一、但官判任者銓擬而申二太政官一、（『令集解』選叙令応選条令釈所引）

養老選叙令4応選条

凡応レ選者、皆審二状迹一、銓擬之日、先尽二徳行一、徳行同、取二才用高者一、才用同、取二労効多者一、

次に、上記規定の変遷を、早川氏の研究に基づいてまとめると、以下のごとくである。

①大宝選任令では、奏任官以上の任官について、式部省で試練を行い、その際の銓擬においては、徳行・才用・労効という基準を用いるよう規定していた。

②この規定は、唐制の吏部（文官）・兵部（武官）における試練に関する規定（身：容姿・言：弁舌・書：文字・判：文章という四科で行われる面接試験、『通典』巻十五、選挙三参照）を、ほぼそのまま継受したものである。

③大宝元年格では、式部省における試練の規定を削除し、奏任官以上については、式部省で候補者の名簿を作成して太政官に送ることになった。

④これをうけて養老選叙令では、大宝令の「皆責レ状試練、曾有レ犯者、具注二犯由一」を「皆審二状迹一」と改めた。

さて大宝元年格は、大宝令制定直後に出されており、養老令はそれをふまえて大宝令文を改変したものであるから、大宝元年格が八世紀を通じた奏任官（以上）の任官手続に関する法規定だったと考えてよい。そこで、大宝元年格の「名籍」（『続日本紀』）・「注二可レ用人名一」（『令集解』）について検討してみたい。これらは、右の③に記したように式

部省で作成して太政官に送られたもので、「名」とは当然任官候補者の姓名ということになり、大宝令の試練の規定が削除されたのだから、一つのポストにつき、複数の候補者の姓名が並んでいたと推測できる（試練があった場合でも同じかもしれないが）。それでは、その姓名はいったい何によって記されたのだろうか。これを法規定の変遷からみていくと、大宝令文から「皆責レ状試練、曾有レ犯者、具注二犯由一」が削除された眼目は、あくまで「試練」の廃止であり、「責レ状」は令文には残らなかったとしても、実際には存続していると考えれば、「状」に基づき記されたと考えることができるのではないだろうか。もっとも「責レ状」は唐令を継受したものなので、(44)日本令の制定者が、どの程度この語句を意識していたかは問題であるが、式部省で「名籍」を作成する際、省が全く任意に候補者の姓名を記したとはむしろ考えがたい。とすれば、削除された「状」は実態としては存続しており、それは任官希望者や推挙者から提出される申請文書のごときものと考えるのがもっともありうる推測ではないか。

次に養老令文の「皆審二状迹一」についてみると、この語句は大宝令の「責レ状試練」云々を削除してつけ加えられたものであるから、主語は式部省である。したがって、大宝元年格と養老令が基本的には同じ手続を規定しているとすれば、式部省は「皆審二状迹一」という作業を行ったうえで太政官に「名籍」を送ることになる。「状迹」について『令集解』諸説はみな「考状」によって、それを審らかにすると説明している。すなわち、式部省で候補者の考状に基づいて「状迹」を調査し、それを記したメモ（平安時代でいえば勘文のごときもの）を副えて、「名籍」を太政官に送付するという手続が想定されていたと考えられる。

最後に太政官の「銓擬」であるが、『令集解』選叙令3任官条の「余官奏任」に付された跡記に「謂官任定奏聞耳、皆為二奏任一」とあることからすれば、太政官では式部省から送られてきた一つのポストにつき複数の候補者を、「徳行」「才用」「労効」の基準を考慮して一人に絞り、それを奏聞するという手続が規定されていると理解できる。

以上の検討をふまえて、大宝元年格・養老令で想定されていた奏任官任官手続を整理すると、以下の通りである。

①任官希望者・推挙者が式部省に「状」(任官申請文書)を提出。

②式部省で、任官ポストごとに候補者の名簿を作成。

③候補者の名簿に、それぞれの候補者の「状迹」を調査して作成した資料を添付し、太政官に送付。

④太政官で候補者を一名に絞り、天皇に奏上。

⑤天皇が太政官の奏上を裁可することによって任官を決定。

上記の手続は、あくまで令・格で想定されていたそれであり、実際に行われていたかどうかは一応別個の問題である。また、仮にこのような手続が実際行われていたとしても、それが唯一のものであったというわけではおそらくなく、任官申請については、「状迹」によらない申請や、相対的に高い地位にある者が申請を行う場合は、太政官や天皇に直接提出された可能性もあるし、希望者・推挙者の申請によらず、太政官や天皇が決定する場合も当然あったと考えられる。しかし、律令制当初から任官申請文書が任官の一連の手続のなかに存在し得たことは、一応確かめられたと考える。そして、その任官申請文書は、前項の正倉院文書の検討などからみて、任官希望者を特定の人物や機関が推挙する形式のもの、平安時代の類型でいえば、請奏や名簿に相当する文書が多かったのではないだろうか。

おわりに

本稿では、『大間成文抄』にのこされた任官申請文書をおもな材料として、それらを類型化し、類型ごとに任官希望者がどのようなルートを用いてその希望を除目議の場に伝えたのかを検討した。さらに正倉院文書中の任官申請に関わる文書と選叙令・大宝元年格を検討して、律令制当初から任官申請文書が存在した可能性を指摘した。

　とくに後半部分については、憶測に憶測を重ねた議論に終始したことは充分自覚しており、今後さまざまな角度から考察を重ねていきたいと考えている。

　最後に、本稿での検討をふまえて、二点ほどつけ加えておきたい。まず『大間成文抄』の成文のなかに、第三節で復原した律令制当初の任官手続の姿を比較的よくのこしていると考えられるものがあるという点である。それは、第二節で自解申文が必ずしも直接除目議の場に提出されてはいない事例として挙げた「課試及第」である。これらは任官希望者の自解が式部省に提出され、これに式部省で勘文を副え、外記方に提出したと考えたものである。自解を提出した者の大半はその時点で前得業生・問者生などの肩書で提出しているから、式部省が所管する者だと考えられ、そのために自解を式部省に提出したとも解釈できるのだが、一点だけ大舎人助として自解を提出している者がいるの(45)が注目される。あるいは任官申請一般が式部省に提出され、そこで勘文が添付されて太政官に送付された名残と考えられるかもしれない。

　もう一点は、第三節の推論が認められるとすれば、任官申請文書の多くが外記方に提出されるようになるのはいつ頃なのかという問題である。この問題については、第二節の末尾で紹介した、九世紀前半に自解申文が増加するという玉井力氏の指摘と関連づけて理解できるかもしれない。この時期、考課という基準が放棄されつつあるなかで、任官希望者が旧来の考課を基準とした式部省ルートではなく、直接外記局に申請文書を出すようになったという想定である。この推論を裏づけるようなたしかな史料を現段階では用意できていないのであるが、一応の見通しとして提示し、より詳しい検討は今後の課題としたい。

註

（1）玉井力『平安時代の貴族と天皇』（岩波書店、二〇〇〇年）所収の諸論考、とくに「平安時代の除目について―蔵人方の成立を中心として―」（初出一九八四年）、「『紀家集』紙背文書について―申文の考察を中心として―」（初出一九八四年）、「平安時代の請奏」の三論考が主要な研究である。

（2）註(1)前掲書二五五頁。

（3）註(1)前掲書二八五頁。

（4）本稿では、吉田早苗氏による校訂本（吉川弘文館、一九九三・九四年）を用いる。

（5）註(1)前掲書二八八～二八九頁。

（6）『西宮記』巻二、正月、除目「(上官）挙事」（西一―四三頁）によれば、天皇から申文が執筆大臣に下され、列席する公卿に回覧されて、挙が行われている。

（7）『魚魯愚鈔』第七、顕官挙所引「綿書」によれば、不成文は執筆大臣の前の筥に入れて、簾中に返すことはしないとある（古代学協会編『史料拾遺』第五巻一〇八頁）が、成文については明確な記述がなく、どのように処理されたのかは、なお検討したい。

（8）名簿についての著名な研究として、中田薫「「コムメンダチオ」と名簿捧呈の式」（初出一九〇六年、『法制史論集　第二巻』〈岩波書店、一九三八年〉所収）がある。中田氏は、名簿の奉呈を封建的主従関係の形成と関わらせて論じ、叙位・除目の場で用いられた名簿を考察の対象から除外されている。しかし、平安時代の史料にもっとも頻繁に登場する名簿は、まさに叙位・除目に関するものであり、名簿についてはこれらを含めて多様な角度から検討する余地がのこされているだろう。平安時代の史料にあらわれる名簿については、別の機会に論じたい。

（9）『大間成文抄』第一「当年給、諸院」（吉田早苗校訂本四頁）。

（10）『大間成文抄』第六「臨時給、公卿」（同前三一九頁）。

（11）尾上陽介「内給所について」（虎尾俊哉編『日本古代の法と社会』吉川弘文館、一九九五年）。

（12）註(9)前掲書七五・四一五頁。なお、後者の文書については、上島享「成功制の展開―地下官人の成功を中心に―」（『史林』七五―四、一九九二年）で検討が加えられている。

（13）『北山抄』巻第三（拾遺雑抄）、除目事（改訂増補故実叢書三四三頁）。なお年官・年爵の申請文書は、ほかに「申文」（『西宮記』

巻二、正月、除目〈西一―四二頁〉など)、「請文」(『北山抄』同前〈改訂増補故実叢書三四五頁〉・『小右記』万寿元年〈一〇二四〉十月十六日条など)とも呼ばれており、申文・請文は文書の機能に即した呼称、名簿はその体裁に即した呼称と考えることができよう。

(14)『大間成文抄』第三「上召使」(註(9)前掲書二二〇頁)。

(15)『大間成文抄』第五「受領」(註(9)前掲書三〇〇頁)。

(16)『大間成文抄』第三「四所籍」(註(9)前掲書一六七頁)。

(17)ただし、推挙者(給主)の権利行使のありかたが通常とは異なる場合、例えば二合・未給・名替などの場合には、本文にその旨が説明され、これに対して外記の勘申が行われることになる(表1でAに下線を引いたもの)。

(18)玉井力「受領巡任について」(初出一九八一年、註(1)前掲書所収)。

(19)『大間成文抄』第五「受領」、永久四年正月廿三日藤原朝臣成房申文(註(9)前掲書二九六頁)・同第十「受領」、元永二年十一月廿七日高階朝臣経敏申文(註(9)前掲書五五〇頁)。

(20)『魚魯愚鈔』巻第一によれば、「諸道課試勘文」は外記方第一筥に入れられる。

(21)尾上陽介氏註(11)前掲論文。

(22)上島享氏註(12)前掲論文。

(23)『大日本史料』第二篇之四、長保五年(一〇〇三)正月三十日条(八〇三頁)所収。

(24)拙稿「正倉院文書中の経師等貢進文について」(『正倉院文書研究』一二、二〇一一年、本書第一部第二章)に『小右記』長保元年(九九九)十二月九日条の記事を挙げた。

(25)註(24)に同じ。

(26)寛和二年(九八六)正月二十三日付の円融太上天皇から出された年官申文(名簿)(『大間成文抄』第一、註(9)前掲書五頁)がもっとも古い成文である。

(27)玉井力「平安時代の除目について―蔵人方の成立を中心として―」(註(1)前掲書所収)二八四～二八五頁。

(28)『群書類従』公事部所収。成立年代については時野谷滋「除目抄(師弘除目抄)」(『律令封禄制度史の研究』吉川弘文館、一九七七年)参照。

(29) 玉井力「平安時代の請奏」(註(1)前掲書所収)二五五〜二五六頁。

(30) 正倉院文書正集四四―二(古三―一五〇頁)。紙背は天平宝字六年八月始の造石山寺写経所食物用帳(古五―二三〜二四頁)。

(31) 例えば、吉田孝「律令時代の交易」(初出一九六五年、『律令国家と古代の社会』〈岩波書店、一九八三年〉所収)・西山良平「「律令制収奪」機構の性格とその基盤」(『日本史研究』一八七、一九七八年)・岡藤良敬『日本古代造営史料の復原研究―造石山寺所関係文書―』(法政大学出版局、一九八五年)・山本幸男「造石山寺所の帳簿に使用された反故文書」(『古代中世史料学研究上』吉川弘文館、一九九八年)・森公章「郡司補任請願文書とトネリ等の郡領就任」(初出一九九六年、『古代郡司制度の研究』〈吉川弘文館、二〇〇〇年〉所収)などを参照。

(32) 正倉院文書続々修一七―七ウラ(古一一―二五二〜二五三頁)。表は神護景雲二年(七六八)二月二十日付の牒断簡(古一七―一〇二頁)。

(33) 『大日本古文書』(註(32)参照)では「中宮省」の「宮」に「マヽ」という校訂註を付けているが、山田英雄「中宮省について」(『続日本紀研究』八―九、一九六一年)によれば中宮省でよい。この点については、古藤真平氏より御教示を頂戴した。御礼申し上げる。

(34) 正倉院文書続々修三九―四ウラ(古二二―二二二〜二二三頁)。表は宝亀三年二月始奉写一切経所食口案(古一九―二三五頁)。

(35) 馬場基「上咋麻呂状と奈良時代の官人社会」(『奈良史学』二三、二〇〇五年)。

(36) 西洋子「食口案の復原―正倉院文書断簡配列復原研究資料1―」(『正倉院文書研究』四・六、一九九六・九七年)。

(37) 田中大介「写経所文書に現れる「道守」について」(『続日本紀研究』三三九、二〇〇二年)。ただし栄原永遠男氏の御教示によれば、この人物比定については議論の余地があるとのことである。

(38) 「下名」の名称は『西宮記』巻二、除目などにみえ、「応レ任者名簿」は『内裏式』下、任官式に、「可レ任人歴名」は『延喜式』巻第十九、式部下、任官条にみえる。後二者によれば、内裏で行われる任官儀に先立ち、式部・兵部官人が建礼門外で、これに基づき、任人の点呼を取ることになっている。

(39) 西本昌弘「八・九世紀の内裏任官儀と可任人歴名」(初出一九九五年、『日本古代儀礼成立史の研究』〈塙書房、一九九七年〉所収)。

(40) 某年七月一日に私願写経のために「道守尊者」(上馬養)に助力を請い、乾脯などを送ったことを記す書状(正倉院文書続修四八—一二、古二二—二一一〜二一二頁、裏は宝亀六年正月始奉写一切経所食口案の同年七月二〜八日条〈古二二—二三〇〜二三二頁〉）、某年十二月十二日に衣服の洗濯のため参向できないことを陳弁した文書（正倉院文書続々修四〇—四裏、古二二—二一一頁、表は宝亀六年正月始奉写一切経所食口案の同年十二月二十三〜二十六日条〈古二三—二七一〜二七二頁〉）の二点。

(41)　拙稿「『小右記』にみる摂関期近衛府の政務運営」（『日本律令制論集』下、吉川弘文館、一九九三年、本書第二部第三章）。

(42)　早川庄八「選任令・選叙令と郡領の「試練」」（初出一九八四年、『日本古代官僚制の研究』〈岩波書店、一九八六年〉所収）。

(43)　仁井田陞著・池田温編集代表『唐令拾遺補』（東京大学出版会、一九九七年）の「唐日両令対照一覧」による。

(44)　『令集解』考課令13式部之最条令釈に「唐令云、応レ選者、皆責レ状試練」云々とあり、「責レ状」は唐令を引き写したものであることがわかる。

(45)　『大間成文抄』第八「課試及第」、元永二年正月八日藤原朝臣国能申文（註(9)前掲書四三八頁）。

補註

(補1)　初発表時には「蔵人所（少なくとも『大間成文抄』をみる限り、名簿はすべて蔵人方に提出されたと考えてよい）」としていたが、「除目議の場」に改めた。名簿と呼ばれる任官申請文書のなかには、例えば臨時給のように、蔵人所に提出され、それがさらに除目議で天皇の手から執筆大臣へと下されるというものもある。しかし、代表的な名簿ともいえる年官（当年給）の申請文書は、『西宮記』巻二、除目に、内舎人労帳などによる任官の後、

任二両三人一後、大臣奏下〈置レ筆執レ笏、〉可レ取二遣院宮御申文一由上、勅許、大臣召二参議一、々々参進、居二大臣後簀子一、大臣仰二事旨一、〈召二当年給一、旧年内奏、〉参議称唯、出二殿上侍一、召二将監等一仰、〈於二議所一可レ仰、〉将監帰参、進二御申文一、〈宮司加二封字一〉取集進二大臣一、々々進二御簾中一返給、随レ闕依レ仰任、（西一—四一〜四二頁）

とあるように、除目議の途中で「御申文」、すなわち年官名簿を給主のところから集めてきて、それらを執筆大臣が天皇に奏上、返給というプロセスを経ることになっていた。なお、年官（当年給）以外の名簿は、少なくとも『大間成文抄』をみる限り、すべて蔵人方に提出されたと考えてよい。

(補2)　ただし、一通の文書で複数の者の任官を申請する場合、具体的には複数の主典以上を推挙できる権利を持つ院宮給の場合には（『大間成文抄』第一「当年給」にはそのような申請文書が多数掲げられている）、希望者から提出された名簿に必要事項を書き加

えるという形はとれないので、院宮司があらためて申請文書を作成したのであろう。

（補3）　本文では、成功宣旨を受けた者は、自解申文を除目議の場に直接出すことができたとしたが、それはあくまで「出すことができた」ということであり、本節㈠（二七頁以下）で述べたように、表3の22〜26（「臨時給、内給」）や28〜32（「所々奏」）は成功の主体を通じて提出されているから、実際には六位以下の者が除目議の場に直接自解を提出する場合は少なかった可能性が高い。

（補4）　『大間成文抄』所収の六位以下の自解申文については本文で述べた通りだが、それ以外の史料にみえる六位以下の自解申文についても、みておきたい。

まず『本朝文粋』巻第六「奏状中」に掲げられた二一通の任官申請申文のうち、延長三年（九二五）の大江朝綱（正六位上民部大丞）、正暦五年（九九四）の大江成基（正六位上近江掾、ただし作者は紀斉名）による申文が六位の自解である。これらは、希望する官職やその理由などをみる限り、他の一九通の五位以上の申文と大きく変わるところはない。また巻第六の構成は、冒頭の目録と、本文中に記された項目立てによれば、①一通目から一五通目までが「申㆓官爵㆒〈付㆓申執政人㆒〉」、②一六通目から二一通目までが「申㆓官爵㆒」となっており（ただし本文中にはこの項目は立てられていない）、その後③「申㆑譲㆑爵」として二通、④「申㆓学問料㆒」として三通の奏状が載せられており、大江朝綱の奏状は①、大江成基の奏状は②に含まれている。①の「付㆓申執政人㆒」は、官位の希望を「執政人」すなわち大臣を通じて申すという意味だと思われ、①に含まれる大江朝綱の奏状は、その他の五位以上の自解と同じく大臣を通じて除目議の場に提出されたと解することが可能である。一方大江成基の奏状は、この注記がない②に含まれているから、除目議の場に直接提出された可能性もないわけではない。しかし②の末尾にある三善道統（従五位上勘解由次官）の奏状は、目録に「上㆓執政人㆒請㆑被㆑挙㆓達弁官幷左右衛門権佐㆒状一首」とあり、本文には「上㆓執政人㆒」の文言はないものの、申請の文言が通常の「望請天恩」云々ではなく、「望請、特蒙㆓恩恤㆒、挙㆓達件闕㆒」となっているから、厳密には奏状ではなく、大臣に推挙を依頼した文書と考えられる。したがって②のグループにも、直接には大臣宛に提出された文書が含まれているのであり、大江成基の自解も同様のものであった可能性がある。結局、『本朝文粋』巻第六所収の六位以下の自解申文（さらには五位以上も含めた全体）は、大臣を通じて除目議の場に出されたものと解することができると思う。

次に『朝野群載』巻第九所収の自解申文について検討する。表4は、本文の表3と同様の形式で、これらの自解申文を一覧したものである。これらのうち、f・g・hは成功によるもので、おそらく『大間成文抄』所収の文書と同様、成功の主体を通じて提出されたものである可能性が高い。k・lは「前坊労」による任官希望で、これは『大間成文抄』にも同様の自解申文があり（表

3―55・56）、前坊を通じて提出されたと考えられる。また年労等に基づく任官希望の自解（i・j・m・n）についても、『大間成文抄』所収の自解と同じく、所属官司を通じて提出されたとみてよい。b～eは検非違使を希望するものであるが、これについては本書第二部第四章第一節で言及するように、『朝野群載』巻第十一、廷尉に、希望者自身の款状を引用し、別当・佐の位署がある請奏形式の申請文書があり（新訂増補国史大系二五七～二五八頁）、これと提出のルートは同じだったと考えられる。のこっているのはaで、判断がむつかしい。式部丞を希望する自解申文であることから、顕官挙の場に提出されたのかもしれない（文書は四月二十九日付で、五月二日に小除目が行われている）。顕官挙の詳細については、別途検討の課題とし、この文書については保留としておきたい。

以上を要するに、少なくとも六位以下の自解申文は、希望者本人から除目議の場に直接提出されたのではなく、推挙者（所属官司・成功の主体など）の手を通じて提出されるのが原則だったと考えることができる。

補記

本稿は、『聖心女子大学論叢』第一一六集（二〇一一年二月）に発表したものである。本文冒頭に記したように、奈良時代から平安時代にかけての任官の方式とその変遷については、玉井力氏の一連の研究によって、相当程度明らかになっている。そこで本稿では、玉井氏の研究成果に学びつつ、とくに任官の申請方式に注目し、『大間成文抄』に収録された任官申請文書がどのようにして除目議の場に提出されたのかという問題を出発点として、律令

表4 『朝野群載』巻第九所収六位自解申文一覧（新訂増補国史大系239頁以下）

	年	西暦	差出人（位・官・姓名）	希望官職	理由	種類
a	長治1	1104	正六上大炊権助源朝臣敦経	式部丞	諸宮給により諸司助に任じた者の遷任	先例
b	永久2	1114	正六上典膳菅原朝臣有隣	左右衛門志・検非違使	本姓惟宗に改姓	先例
c	寛治3	1089	正六上式部少録上野朝臣義定	右衛門志・検非違使	前任者の転任	先例
d	保安5	1124	正六上少判事中原朝臣範光	明法博士・検非違使	前任者の転任・遷任	先例
e	康和2	1100	正六上左衛門少尉紀朝臣定遠	検非違使	年労・上日第一労	年労
f	康和2	1100	正六上蔵人所雑色源朝臣家重	左右衛門尉	円徳院殿舎造営	成功
g	康和2	1100	正六上左馬少允紀朝臣久俊	左右衛門尉	殿舎造営	成功
h	康和3	1101	正六上左馬権少允平朝臣清房	左右衛門尉	斎院修理	成功
i	延久4	1072	従五下散位藤原朝臣惟房	八省少輔・諸司長官	陽明門院侍所長の労	年労
j	延久4	1072	正六上弾正少疏安倍朝臣時信	大炊・雅楽等允	成業并当職労	年労
k	延久3	1071	正六上前坊帯刀藤原朝臣永守	左右兵衛尉	前坊労	年労
l	延久3	1071	正六上前坊属中原朝臣資行	二寮允	前坊労	年労
m	延久3	1071	正六上瀧口源朝臣基通	左右馬允	上日第一労	年労
n	永久2	1114	正六上瀧口大江朝臣遠兼	左右馬允	犯人逮捕の功	功

制当初から平安時代後半にいたるまでの任官申請のありかたの特徴とその変遷についての検討を試みた。第三節「八世紀の任官申請方式」は、推測にわたる部分が大半であり、今後詰めなければならない課題は数多くのこされている。ただ、正倉院文書をこのような問題の検討材料として活用できることがわかったのは、大きな収穫であった。本書第一部第二章も同様の問題関心に基づき、正倉院文書中の経師等貢進文や優婆塞貢進文について検討したものである。

ところで、本稿では任官申請文書の一つとして名簿と呼ばれた書類をとりあげた。中田薫氏が「「コムメンダチオ」と名簿捧呈の式」(本註(8)参照)で、いわゆる封建的主従関係を結ぶために奉呈されたとする名簿について論じた際、この種の名簿は性格が異なるとして考察の対象から外している。しかし、平安時代の史料にもっとも頻繁に登場するのは叙位・任官に関わる名簿であり、これらと中田氏の説く名簿とがどのような関係にあるのかは、重要な検討課題だと思われる。この問題については、第一部第一章・第二章での考察をふまえ、「古代日本の名簿に関する試論」(佐藤信編『律令制と古代国家』吉川弘文館、二〇一八年三月)で論じているので、あわせて参照していただければ幸いである。

なお、第二節で自解申文を任意に提出できたのは五位以上に限られたのではないかと推測し、これについては(補4)でもやや詳しく再検討を加えた。この問題に関連して虎尾達哉氏は、律令制下では五位以上の者は天皇によってその名を把握されるべき階層であったのに対して、六位以下はその必要のない、員数で把握されるべき階層であると指摘されている(「律令官人社会における二つの秩序」〈初出一九八四年、『律令官人社会の研究』塙書房、二〇〇六年所収〉・「「律令官人社会における二つの秩序」補考」〈『律令国家史論集』塙書房、二〇一〇年〉)。本章の初発表時には迂闊にも見落としており、まことに申し訳なく思う。この虎尾達哉氏の研究も、是非参照してくだされば幸いである。

第二章　正倉院文書中の経師等貢進文について

はじめに

正倉院文書は、写経所の実務を担った経師・校生等の活動を記録した史料群といっても過言ではない。井上薫氏の研究によれば、これらの経師らは、初期の写経所では、もっぱら他の官司の下級官人を動員し、のち写経事業が繁忙になると、民間から写経所勤務を希望する者を貢進させるようになった(1)。この希望者を推挙し、貢進する際に作成されるのが、経師等貢進文、貢状などと称される文書で、正倉院文書中に二〇通あまりのこされている。本稿は、これらの経師・校生等写経所職員への推挙文書について、若干の検討を加えようとするものである。

具体的な検討に入る前に、本稿でこれらの文書をとりあげる視点について述べておきたい。筆者は平安時代の記録や儀式書等を用いて、当時の官司の業務がどのように行われていたかについて調べており、その一環として、叙位・任官などの人事制度の運用に関心を持ってきた。そのなかで、叙位・任官の申請がどのように行われたのかという点も重要な検討課題の一つとしており、別稿でその調査結果の一端を発表している(2)。このような人事制度が奈良時代にはどのように運用されたかということは、史料の不足、あるいは史料の性格の違いといった点から、なかなか明らかにしがたいのであるが、それを克服するための一つのトレンチとして、経師等貢進文をとりあげたいと考えたのである。したがって、経師等貢進文そのものの検討を行ったうえで、平安時代の叙位・任官の申請のありかたとの関連についても言及できればと考えている。

一　経師等貢進文の基本的性格

表5は、正倉院文書中の経師等貢進文について、その基本的なデータを掲げたものである。(3) 文書は年代順に並べ、21以下には年代の不明なものを一括して掲げたが、紙背文書や、文書に登場する人物の活動時期から、おおよその年代を推定できる。(4) 結局全体としては、23・24が天平年間（七二九〜七四九）に遡る可能性が高いものの、それ以外は天平宝字年間（七五七〜七六五）と宝亀年間（七七〇〜七八一）にやや集中する傾向がみられる。また9は、天平宝字六年（七六二）の二部大般若経書写に関わる解移牒案中に収められている案文であり、貢進文の原本ではない。

これらの貢進文については、すでに井上薫氏が検討を加えられているが、(5) 本稿でも文書の様式・貢進者・被貢進者・文書の宛所などについてあらためて考えてみたい。

文書の様式については、千差万別であるといってよい。例えば冒頭の書き出しに注目すると、解（1・2・23）、牒（5）、啓（3・6・7・8・10・21・22・24）、貢または貢上（9・11〜19）など、さまざまである。ただし上記の番号でもわかるように、比較的古い文書に解で始まるものが多く、一方宝亀年間になると、もっぱら貢または貢上で始められるようになる。また宛所を記す一一通のうち、2・3・7・20・21・24・25は文書の奥にそれを記すのに対して、その他の1・6・8・22は、例えば1の「下僧平仁謹解　伊予次官殿門」のように、冒頭の解または啓の文字の下に記す場合もあった。一通の文書で貢進される経師・校生等の人数は一名が一般的であるが、3・9・14・23の四通で

宛所	正倉院文書	大日本古文書	紙背	備考
伊予次官殿門	続々 8-19 ウラ	13／331	13／291〜3 宝字 2・6 始写千巻経所食物用帳	
五百瀬尊	続 30	4／275	13／267〜8 宝字 2・6 始雑物下充帳	池原粟守の別筆添え状あり
東大寺第四殿門	続 46	4／314	14／108〜9 宝 字 2・11 雑物下充帳	
	正 44	4／407	空	
	続別 7	4／453	16／498〜9 宝 字 8 ? 悔 過所油注文	奥に別筆で「使坤官舎（人脱カ）高真鳥」
書写務所	続々 18-6	14／376	14／257〜8 宝 字 2・11 造営東寺司写経目録案	
貴門	続 48	15／307	(空)	奥書切封上書あり
(勝部) 小黒尊	続々 44-6 ウラ	15／460	15／333〜4 宝字 6・1 始雑物用帳	奥に異筆で「益田縄手」
	続々 4-21	16／112	(空)	二部大般若経解移牒案中の案文
	続 47	5／332	16／41〜2 宝字 6・12 始奉写灌頂経所食口案	
	続々 39-1 ウラ	17／174	17／329〜333 景 雲 4・7 始奉写一切経所食口案	
	続々 39-1 ウラ	17／198	17／329〜333 景 雲 4・7 始奉写一切経所食口案	
	続別 47	6／126	19／195〜6 宝亀 3・2 始奉写一切経所食口案	
	続別 47	6／129	19／172〜3 宝亀 3・2 始奉写一切経所食口案	奥に異筆で「判入　案主上馬養／別当法師『奉栄』」
	続別 47	6／273	22／326〜7 宝亀 4・12 始奉写一切経所食口案	貢進者（推挙者）の姓名なし→史料 25 と同じか
	続々 39-4 ウラ	20／63	19／182〜3 宝亀 3・2 始奉写一切経所食口案	
	続々 39-4 ウラ	20／63〜4	19／182〜3 宝亀 3・2 始奉写一切経所食口案	16 に追筆
	続々 40-4 ウラ	22／39	23／283〜4 宝亀 6・1 始写一切経所食口案	奥に異筆で「勘知　寺主玄愷」
造東大寺司	続々 40-4 ウラ	22／371〜2	23／277〜9 宝亀 6・1 始写一切経所食口案	奥に異筆で「判収　次官佐伯宿禰真守」
東大寺判官尊	続 47	6／583	23／279〜281 宝 亀 6・1 始奉写一切経所食口案	奥書に封墨あり
道守	続 48	25／344	15／442〜3 宝字 5・3〜4 造石山寺所造寺料銭用帳	推挙文は 5 箇条中の 1 条
道守尊者	続々 24-7	22／39	(空)	裏切封あり

表5　正倉院文書中の経師・校生の貢進文書（補1）

番号	年月日	文書名	被推挙者	希望の職	推挙者
1	宝字2・6・22	僧平仁経師進上解	散位寮散位少初位下若倭部益国	経師	僧平仁
2	宝字2・7・17	長背広足経師貢進解	少初位上秦勝常陸	経師	長背広足
3	宝字2・9・12	坤宮後坐三尾隅足書生貢進啓	左大舎人大初位上土師五百国・大初位上丸部人主	書生	坤宮後坐三尾隅足
4	宝字4・1・19	池原禾守啓	上毛野名方麻呂	校生	池原禾守（坤宮官少疏）
5	宝字4・11・19	池原禾守牒	文部省額外位子津守宿禰長川	校生	池原禾守（坤宮官少疏）
6	宝字4?・?・27	僧脩浄啓	宇陀郡人舎人大網清人	校生	僧脩浄
7	宝字6・1・20	土師名道書生貢進啓	十市正月・他田豊足	書生	土師名道
8	宝字6・4・16	大工益田縄手経師貢進啓	左大舎人□□□秦男公	経師	外従五位下益田縄手
9	宝字6・12・23	史生土師名道経師貢進啓	右舎人无位土師宿禰文依・位子无位大田宿禰名継	経師	史生土師名道
10	宝字6・⑫・9	和雄弓啓	左京下生和雄弓	経師	左京下生和雄弓
11	景雲4・6・14	大僧都法進経師貢上文	上総国武射郡畔代郷人矢作廣嶋	経師	大僧都法進
12	景雲4・6・27	一切経司主典念林老人経師貢進文	念林宅成	経師	一切経司主典念林老人
13	宝亀2・3・8	沙弥慈窓経師貢進文	相模国高座郡人矢作部広益	経師	沙弥慈窓
14	宝亀2・3・17	凡海連豊成経師貢進文	河内国志紀郡人県犬甘宿禰真熊・近江国犬上郡人飽波飯成	経師	凡海連豊成
15	宝亀3・2・14	貢状	山背国紀伊郡人秦正月麿	?	
16	宝亀3・5・4	上馬養書生貢進文	紀山村臣足公	書生	上馬養
17	宝亀3・5・5	上馬養書生貢進文	山部臣諸人	書生	上馬養
18	宝亀4・6・8	僧興弁経師貢上文	上総国市原郡江田郷人刑部稲麻呂	経師	僧興弁
19	宝亀4・12・14	藤原種嗣校生貢進啓	左京一条二坊人坂本朝臣松麻呂	校生	近衛員外少将藤原朝臣種嗣
20	宝亀6・2・28	葛直継啓	不明	一切経校生	式部下官葛直継
21	?・4・20	秦家主啓	尾張足人	経師	秦家主
22	?・1・22	広田清足経師貢進啓	八千万呂（姓闕）	経師	広田清足

	続々26-5ウラ	22／40	8／205〜6 天平18・3 一切経間校帳	書出「謹解　申貢舎人事」
経所諸尊	続49	22／372	10／367〜8 天　平20・8 上日案	
小黒卿	正44	22／373	（空）	

被貢進者	被貢進者の経歴	両者の関係	宛先
若倭部益国	天平20・9以後写経に従事．貢進時には散位・少初下．宝亀1以後の写経所文書にみえるも，宝字〜景雲には見えず．		伊予次官殿門
秦勝常陸	貢進時，少初上．他に見えず．		五百瀬尊
土師宿禰五百国	宝字2・7以後写経に従事．貢進時には左大舎人，大初上．同年，東大寺写一切経所より写御書所に遣わされた（13／336）．		東大寺第四殿門
丸部人主	勝宝4・③東大寺厨子の彩色に従事（12／245）．宝字2・6以後，中嶋写経所・写御書所で写経に従事．貢進時，左大舎人，大初上．以後，おもに東大寺写経所に出仕．		
上毛野名方麻呂	宝字2・6以後校生としてみえ，同2・11には坤宮官未選（14／227）．宝字4〜5にも経師・校生としてみえる．	同族か	
津守宿禰長川	貢進時，文部省額外位子．宝字5・4奉写一切経所校生としてみえる（15／117）．		
大網清人	大和国宇陀郡人．宝字2・7校生として上日（13／430），同2・9には造東大寺司未選舎人とみえる（4／310）．	被貢進者が貢進者の私庄の近くに居住	書写務所
十市正月	宝字2・9以後写経に従事，同5・4奉写一切経経師（15／112）．景雲1阿弥陀悔過知識銭8文を進上（17／113）．		貴門
他田豊足	勝宝6・8以後宝字4頃まで，写経に従事．		
秦男公	勝宝6・8写経に従事．貢進時，左大舎人．宝亀年間に手実が見える．		小黒尊
土師宿禰文依	貢進時，右大舎人．他に見えず．	同族か	
大田宿禰名継	貢進時，位子．他に見えず．		
倭畫師雄弓	左に同じ．		
矢作廣嶋	貢進時，上総国武射郡人．他に見えず．		
念林宅成	宝字7・4写経に従事．宝亀1・7以後写経に従事．	同族か	

23	?	氏名闕経師貢進解	田上史嶋成（右京八条二坊）・陽胡史乙益（左京九条一坊）	経師？	?
24	?・7・26	川村福物校生貢進啓	式部蔭孫若桜部朝臣梶取	校生	川村福物
25	?・9・10	田辺真人校真貢進状	大舎人田辺岡麻呂	校生	田辺真人

表6　経師等貢進文にみえる貢進者・被貢進者・宛先

番号	年月日	文書名	貢進者	貢進者の地位・経歴
1	宝字2・6・22	僧平仁経師進上解	僧平仁	東大寺僧か．他に見えず．
2	宝字2・7・17	長背広足経師貢進解	長背広足	もと狛連．宝字2・6賜姓長背連．この時，散位大属・正六上．
3	宝字2・9・12	坤宮後坐三尾隅足書生貢進啓	三尾隅足	宝字4・6土師男成銭用文に史生（造東大寺司か）とある（14／349）．
4	宝字4・1・19	池原禾守啓	池原禾守	もと上毛野君．当時坤宮少疏．宝字5・1には外従五下大外記・坤宮少疏とある（4／493）．
5	宝字4・11・19	池原禾守牒	池原禾守	同上
6	宝字4?・?・27	僧脩浄啓	僧脩浄	東大寺僧か．天平14・10金光明寺写一切経所の奉請経を受領（2／313）．
7	宝字6・1・20	土師名道書生貢進啓	土師名道	当時造東大寺司史生．従七上（4／398）．
8	宝字6・4・16	大工益田縄手経師貢進啓	益田縄手	越前国足羽郡人．当時造東大寺司大工・外従五下．
9	宝字6・12・23	史生土師名道経師貢進啓	土師名道	7に同じ．
10	宝字6・⑫・9	和雄弓啓	倭畫師雄弓	宝字2から写経に従事，左京史生，無位（4／303）．同4・6文部省から東寺写経所に遣わされる（14／398）．この時も左京史生．景雲1阿弥陀悔過知識銭10文を納める（17／112）．
11	景雲4・6・14	大僧都法進経師貢上文	僧法進	鑑真とともに来日．東大寺僧．宝字5・3には律師（4／191）．
12	景雲4・6・27	一切経司主典念林老人経師貢進文	念林老人	天平11から写経に従事．景雲2・12奉写一切経司移に主典・正八上として署（17／135）．

矢作部広益	相模国高座郡人．宝亀2・3以後，奉写一切経所で写経に従事．		
県犬甘宿禰真熊	河内国志紀郡人．他に見えず．		
飽波飯成	近江国犬上郡人．他に見えず．		
秦正月麻呂	山背国紀伊郡人．宝亀3・3以後写経に従事．		
紀山村臣足公	他に見えず．		
山部臣諸人	他に見えず．		
刑部稲麻呂	上総国市原郡人．宝亀4・8以後奉写一切経所で写経に従事・		
坂本朝臣松麻呂	左京一条二坊人．他に見えず．		
不明		昔より相知	東大寺判官尊
尾張連足人	宝字2・6以後写経に従事．同2・8散位少初下（4／306）．同5・4奉写一切経所に出仕（15／111）．		道守
八千万呂	他に見えず．		道守尊者
田上史嶋成	右京八条二坊人．天平11・8写経司に上日，時に未選（7／418）．同17・12以後写経所経師として活動，宝字年間には写御書所に所属か（13／335など）．その頃左大舎人・大初下．		
陽胡史乙益	左京九条一坊人．天平16・12以後写経に従事，宝字年間前半まで見える．		
若桜部朝臣梶取	貢進時，式部蔭孫．天平20・7以後，写経所で校経に従事，勝宝37式部省散位少初上（3／435），宝字5従八上（15／133）とある．宝字8には造東大寺司案主としてみえる（5／483など）．		経所諸尊
田辺史岡麻呂	貢進時，右大舎人．宝字2・7以後，写経所で校経に従事，同5・1にも右大舎人とある（15／6）．	親族	小黒卿

13	宝亀2・3・8	沙弥慈窓経師貢進文	沙弥慈窓	東大寺沙弥．宝亀1から経典の校勘に従事．
14	宝亀2・3・17	凡海連豊成経師貢進文	凡海連豊成	宝亀2から奉写一切経所で写経に従事．
15	宝亀3・2・14	貢状	なし	
16	宝亀3・5・4	上馬養書生貢進文	上馬養	当時奉写一切経所案主，散位正六上．
17	宝亀3・5・5	上馬養書生貢進文	同上	同上
18	宝亀4・6・8	僧興弁経師貢上文	僧興弁	他に見えず．
19	宝亀4・12・14	藤原種嗣校生貢進啓	藤原朝臣種継	当時従五下近衛員外少将・山背守．
20	宝亀6・2・28	葛直継啓	葛直継	当時式部下官．他に見えず．
21	?・4・20	秦家主啓	秦家主	伊勢国朝明郡人．天平18以後，写経所に出仕．宝字年間には式部留省・大初下．
22	?・1・22	広田清足経師貢進啓	広田清足	宝字4以後，写経に従事．同5・1奉写一切経所に経師として召される（15／2）．時に文部省書生・大初上．神護初年まで正倉院文書にみえる．
23	?	氏名闕経師貢進解		
24	?・7・26	川村福物校生貢進啓	川村福物	天平17・12彼の弥勒経を忍海広次が書写（8／581）．天平年中，下総などの布を進上（24／560）．
25	?・9・10	田辺真人校真貢進状	田辺史真人	天平7以後，写経所に出仕．同18・12造東大寺司判官（11／325）．宝字1・5叙外従五下（続紀）．押勝の乱で官位を奪われたが，景雲1・1復位，同2・2造東大寺司大判官（続紀）．

は二名が貢進されている。また、5ではまず大隅公足の名を挙げ、彼が他所に異動する替りとして津守宿禰長川を貢進するという文面になっており、21では五箇条の消息の中の一箇条として、尾張足人を経師に推挙している。このように、経師等貢進文には、書き出しについて年代的な変化が一応認められるものの、全体の様式にはとくに定まったものはなかったとすることができよう。

さて、これらの文書にあらわれる貢進者（経師等を推挙する者）と被貢進者（経師等になることを希望する者）について、表6に掲げたデータをみながら検討していきたい。まず被貢進者をみると、貢進時に位階を持っていた者が1・2・3（二名とも）と四名おり、年次不明の21も有位者であった可能性がある。また無位でも右大舎人（9・25）・左京史生（10）などの雑任に就いていた者や、文部省額外位子（5）・位子（9）・未選（23）・式部蔭孫（24）などの肩書を持つ者がいた。一方貢進時に明らかに白丁身分だった者は11・13・14（二名）・15・18・19の七名で、これは井上薫氏が天平宝字二年（七五八）九月五日の東寺写経所解[6]によって調査された、経師に占める白丁身分の比率三〇％に対してやや低い数値となっている。[7]

次にこれらの貢進文によって、被貢進者が経師等として採用されたのかどうかについてみていきたい。写経所関係の文書によって貢進文提出直後から経師としての活動が知られるものとして、3（二名とも）・4・5・12・13・15・18・21・23（二名とも）・24・25などがある。彼らは首尾よく経師等に採用された可能性が高い。一方、2・9（二名とも）・11・14（二名とも）・16・17・19・22の被貢進者は、貢進文以外の史料に全く登場しない。もちろん史料が伝わらなかった可能性も考慮しなければならないが、彼らのなかには貢進されたものの、経師等に採用されるにはいたらなかった者が多く含まれていると考えられよう。ところで表5の備考欄をみると、14・18・19の三通には、文書の奥に本文とは別筆で判文ともいうべき文言、具体的には14には「判入　案主上馬養／別当法師奉栄」、18には

「勘知／寺主玄愷」、19には「判収／次官佐伯宿禰真守」という文言が記されている。このうち18は被貢進者のその後の経師としての活動が確認できるので、経師として採用するという趣旨の文言と解釈しうるが、14・19の被貢進者については前述のように他の史料にみえないので、単に貢進文を受領したとの意味である可能性もあろう。なお、1・4・7（二名とも）・8・12の被貢進者は、貢進文提出以前から写経所での活動が知られる。したがって、貢進文は写経所の経師一般に希望者を推挙するのではなく、個々の写経事業ごとに、それに従事する経師等を推挙するのが原則だったということになる。実際、1の若倭部益国、7の十市正月・他田豊足は、貢進文提出以前、あるいは提出時からかなり年数を経過した後の活動は確認できるが、貢進文提出直後には経師としての活動を示す史料がなく、過去に経師としての経歴を持つ者でも、貢進文提出の対象となる写経事業には採用されなかった場合もあったことがわかる。

次に貢進者についてみていこう。二五通の貢進文のうち、15・23は貢進者が文面に登場しない。しかし15については、切断された左側は「貢小長谷嶋主」と記す断簡に接続する可能性が高いとされており、(8) 23も二名の被貢進者が列挙されたすぐ左側のところで紙が切断されているようであるから、本来は切断された部分に日付や貢進者の姓名が記されていた可能性もある。(9) また、10は和雄弓という人物が、自ら経師に採用されることを願い出た文書で、平安時代の任官申請文書でいえば自解申文という体裁をとっている。

貢進者の身分・地位をみると、1・6・11・13・18の五通は僧侶である。その多くは東大寺僧であり、11の法進は鑑真とともに来日し、貢進文に大僧都として署名しており、他に比して飛び抜けて地位が高い。俗人では、19の藤原種嗣（継）が当時従五位下近衛員外少将でもっとも地位が高いが、このほかにも2・4（5も同じ）・8・25など、諸司の四等官・品官クラスの地位にある者もおり、3・7（9も同じ）・10・16（17も同じ）・20・22などは諸司の雑任である。その一方、写経所で経師として活動していることは確認できるが、位階や官職（広義）を持っていなかった者もおり、14・15・21・24がそれにあたる。このように、貢進文の文面をみる限りでは、経師等を貢進、すなわち推挙するのに、一定の資格や条件は存在しなかったと考えられる。

貢進者と被貢進者との関係に目を向けると、6・20・25には貢進文中にそれを明記しており、具体的には、6は被貢進者の大網清人が貢進者脩浄の私庄の近隣に居住していること、20は昔から互いによく知っていること、25は親族関係にあることを挙げている。このほかにも、4・9・12などは双方の姓などから親族関係にあったことが推定できよう。

最後に貢進文の宛所についてみていきたい。二五通の貢進文のうち、宛所を記すものは一一通ある。このうち、6の「書写務所」、24の「経所諸尊」は、写経所に宛てたものと考えてよく、3の「東大寺第四殿門」、20の「東大寺判官尊」は写経所を所管する造東大寺司のそれぞれ主典・判官と解釈できよう。すなわちこれらは経師の採用に関わる機関・人物に直接提出されたものであることがわかる。また21・22の「道守」「道守尊者」は奉写一切経所案主の上馬養とする説が出されており[10]、そうであるならば、これらも同様の事例とみなせる。

これに対して、1の「伊予次官殿門」、2の「五百瀬尊」、8の「小黒尊」、25の「小黒卿」は、人物を特定しがたい。1は、天平宝字二年六月当時、伊予介だった人物であることはほぼ間違いないものの、具体的に誰だったかということになると史料上確認できない。2は天平宝字二年に行われた千手千眼経の写経に関わる貢進文であり、文書の奥に当時の坤宮官少疏池原粟守の添え書きがあるので、「五百瀬尊」も坤宮官（紫微中台）の関係者と推測されているが[11]、具体的な人名までは特定できない。8の「小黒尊」について、『大日本古文書』では「勝部」の姓を校訂註として付しているが[12]、勝部小黒は天平宝字二年八月の知識大般若経書写に関わる人々の名を記した造東大寺司解で[13]、散位寮散位正八位下としてみえ、同年九月の造大殿所解(14)にも知識大般若経のために銭・紙を進上した人物として登場する。この二つの文書には、8の文書の貢進者である益田縄手も、造東大寺司大工外従五位下で知識としてみえるので、これによって『大日本古文書』は、四年後の貢進文の宛所を勝部小黒と解したのかと思われる。しかし、勝部小黒と益田縄手の地位や、8の貢進文が知識大般若経書写の四年後であることなどを考えると、「小黒尊」を勝部小黒と断定するのは躊躇される。また年代不明の25も貢進者・被貢進者の活動期間から天平宝字年間のものと推測されるので、勝部小黒の可能性もないわけではないが、こちらは貢進者が当時の造東大寺司判官田辺史真人であり、勝部小黒との地位の上下関係からより蓋然性は低いだろう。この時期、小黒という名を持つ人物では、天平十九年（七四七）・天平勝宝二年（七五〇）の文書に写経所が「田辺小黒私経」「田辺小黒御経」を奉請したという形でみえる田辺小黒なる人物もいるが(15)、詳細は不明である。

以上、煩瑣な考察を重ねたが、結局貢進文の宛所についてはわからない点が多い。しかし宛所のなかには、当然のことながら造東大寺司や写経所の官人が含まれている一方で、これらの組織とは直接関係のない人物がいた可能性もある点に注意しておきたい。

二　貢進文の動きと機能

前節では貢進文の形式、貢進者・被貢進者・宛所などについてみてきたが、ここでは経師等の採用という一連の事務手続のなかで、貢進文がどのように動き、どのような機能を果したのかについて考えていきたい。

そこでまず問題となるのが、経師等の採用はどこでどのように行われていたのかという基本的な点である。これを直接明確に示す規定等は管見の限りみられず、また時期による変遷や写経事業ごとの違いも念頭に置かなければならないが、ここでは貢進文の年代を考慮して、写経所が造東大寺司管下に入ってから後の時期についてみていくことにする。

本稿冒頭に記したように、経師等は、おもに他司からの出向と貢進とによって供給されていた。このうち前者については、造東大寺司と写経所の双方が移または牒によって他官司に出向を要請している(16)。他官司との交渉であるから、律令制的文書行政のありかたからいえば、造東大寺司がより前面に出てくるようにも思われるのであるが、写経所も自ら出向要請の文書を出している点が注目される。すなわち出向要請という官司間の交渉を必要とする場合でも、写経所の意向が実質的には重視されている状況が推測できるのである。また、経師の採用にあたっては候補者に試字(17)が課されたことも、採用が写経所で実質的に決定された傍証となろう。もっとも試字に付された「未定」「不定」などの判定を誰が行ったのかは不明なのであるが、日常的に写経を行っている写経所で判定されたと考えるのがもっとも自然だろう。さらに写経所そのものについてではないが、天平宝字年間の造石山寺所の案主・領・工などの編成は、造石山寺所が主体となり、これを所管する造東大寺司の決裁は形式的なものだったとする鷺森浩幸氏の指摘(18)も参考となる。

本稿では以上のような点から、経師等の採用には当然造東大寺司が一定程度関与していたにしても、その実質的な決定は写経所で行っており、貢進文も最終的には写経所に提出されたと解しておきたい。したがって、前節で触れた「東大寺第四殿門」「東大寺判官尊」という宛所を持つ貢進文も、最終的には写経所に送られたと考えられる。

そこでこのように考えた時、貢進文の奥に記された判文の意味はどのように捉えられるのかについても、あらためて考えることにする。前節で述べたように、現存する貢進文のなかで、判文が付されているものは三通ある。このうち14は奉写一切経所案主の上馬養と別当法師奉栄が連署している。奉栄は神護景雲四年（七七〇）五月、東大寺写経所が活動を再開した後、宝亀二年（七七一）十月まで実に多くの写経所の文書に署名を加えている僧で、写経所に常駐していたと考えられている(19)。したがってこの判文は、前述したように貢進されている二名がこの後経師として活動した形跡がないことを考慮すれば、写経所が貢進文をたしかに受領したという意味で付されたものであろう。次に19は造東大寺司次官の佐伯真守の判文である。当時真守は正五位下で兵部大輔を兼ねており(20)、貢進者の従五位下近衛員外少将藤原種嗣よりやや上位にあった。両者の関係は不明だが、種嗣は貢進文を直接的には真守に送り、真守がたしかに造東大寺司次官の手を経たということを示すために判文を加えて写経所に転送したと考えられる。のこる18は、前二者に比べて少しわかりにくい。判文を加えている玄愷は、東大寺法相宗の僧で、天平勝宝年間（七四九～七五七）以後三綱の地位にあり、東大寺と写経所との間の経典の貸借に関わる文書に登場する(21)。ただし14の奉栄のように写経所の運営に直接関わっている形跡はなく、あくまで寺家の側で経典の管理などにあたっていたようである。したがって玄愷の判文は、前節では貢進者を経師として採用することを示すものと考えうるとしたが、やはり19と同様、貢進者の興弁が貢進文をまず玄愷に送り、彼の手を経て写経所に転送される際に、玄愷がこの件については承知しているという意味で付されたものとみたほうがよい。以上のように、判文のうち18・19については、貢進文が貢進者から直接写経所に提出されるのではなく、いったん別の人物の手を経て転送される場合に、その人物がたしかに自分の手を経たということを示すために記したものと考えられる。

ここまで貢進文の動きの最後に近い部分について検討してきたので、次に貢進文作成の時点に目を向けることとする。経師等に採用されることを希望する者がもっとも直接的にその旨を写経所に伝えるためには、自ら文書をしたためて写経所に提出するという手段がある。10の和雄弓の啓は、一応そのようなものと考えられる可能性があろう。し

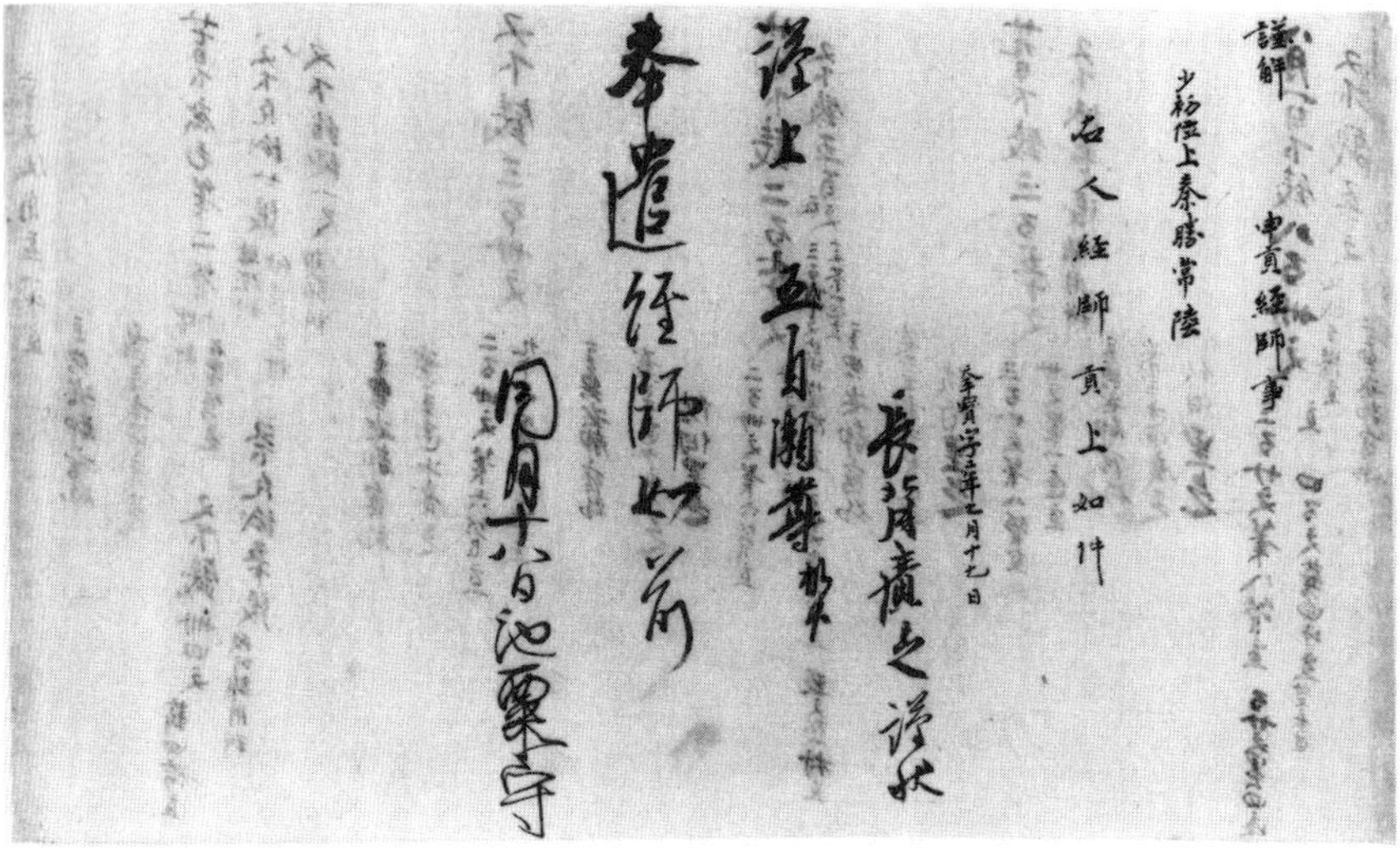
図2　天平宝字2年7月17日長背広足経師貢進解（正倉院文書）

かし、このようないわゆる自解申文的文書が一通しかのこされていないことを考えると、一般的には、希望者は自分を推挙してくれる人物に、貢進文の作成を依頼する場合が多かったのであろう。その依頼は、口頭で、あるいは書状を送ってとさまざまな方法があり得るが、貢進文のなかには依頼の方法をみていくうえで注目すべき文書が何通かある。

例えば、表5—2の長背広足の貢進文（図2）では、冒頭から日付までは端正な楷書で記され、「長背広足謹状／謹上　五百瀬尊机下」はかなり太い墨痕の行書で記されている。また4の池原禾守啓（図3）も、冒頭の「上毛野名形麻呂」から日付までが一筆で記され、日付の「八」を「九」と訂正した箇所と「池原禾守」は別筆である。これらの貢進文は、2では秦勝常陸、4では上毛野名形麻呂、すなわち被貢進者が冒頭から日付までの文章を記して貢進者のもとに提出し、貢進者は自らの署名等をこれに加えたものと考えるのがもっとも自然であろう。これらと同様の貢進文としては、ほかに11・13・14・18（図4）などがあり、(22)経師等に採用されることを希望する者が自ら貢進文の文面を用意し、これを推挙してくれる貢進者のもとに

図3　天平宝字4年正月19日池原禾守啓（正倉院文書）

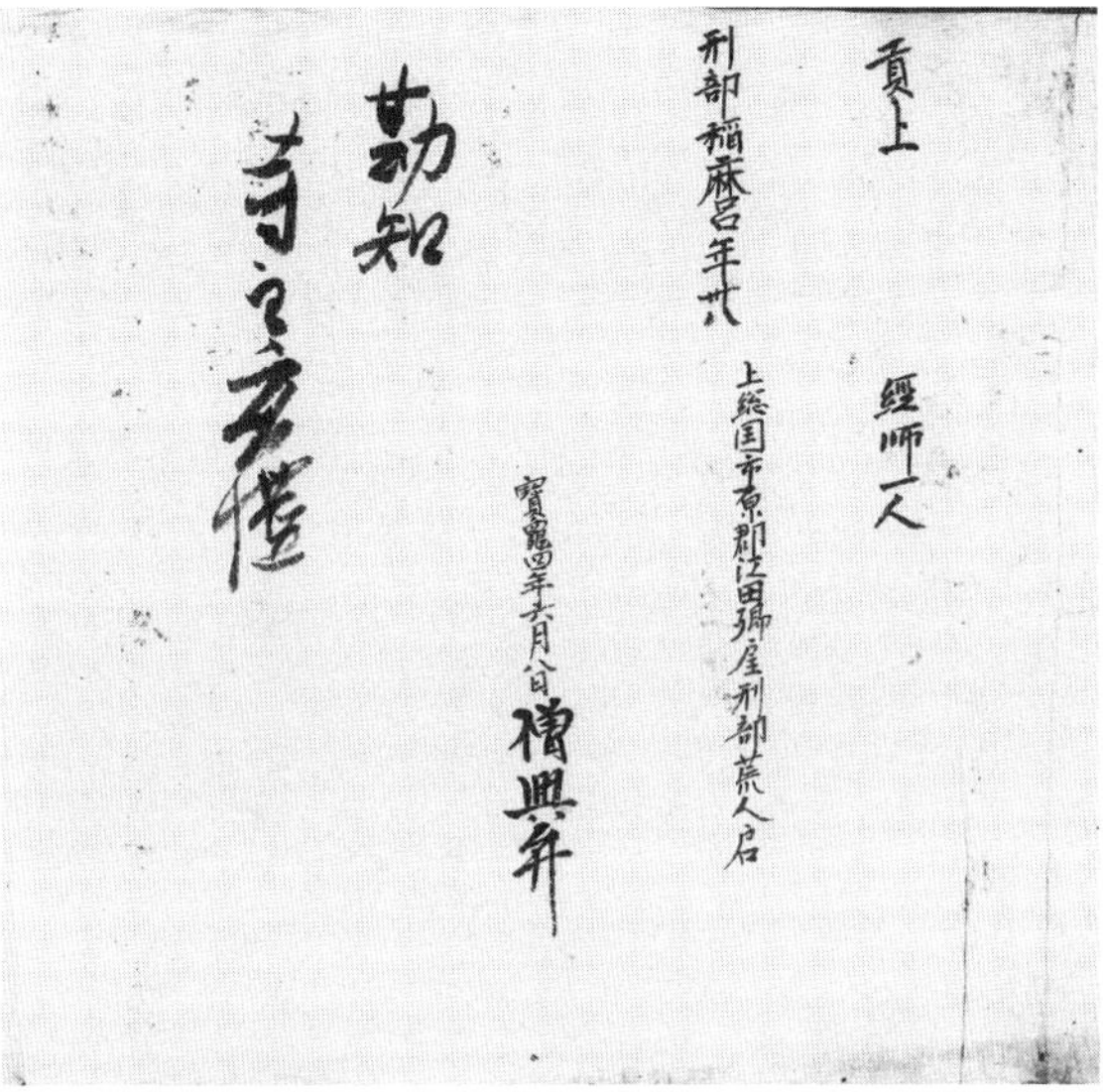

図4　宝亀4年6月8日僧興弁経師貢上文（正倉院文書）

提出して署名をもらうという方式が、しばしば用いられたことがわかる。なお、以上のようなタイプの貢進文では、被貢進者が用意する文面の部分は端正な楷書で記されることが多かった点にも注意しておきたい。単なる憶測だが、このような貢進文が写経所に提出された際、被貢進者の書写の能力をみる材料、換言すれば実質的な試字としての役割をも果したのではなかろうか。これに対して、貢進者自身が作成したと考えられるタイプでは、相対的に崩れた書体で記される場合が多く、また本文に推挙する理由を詳しく記すことが多いのが特徴である。

　ところで上記のタイプのうち18（図4）については、筆跡の判断がむつかしいが、初行の「貢上　経師一人」と日下の「僧興弁」が同筆であったともみられる。とすれば被貢進者の刑部稲麻呂は、自らの姓名・本貫・日付のみを記して興弁のもとに持参し、興弁に冒頭の一行と署名を加えてもらったことになる。そのように判断するのは、ここで興弁の筆と考えた箇所を除

図5　宝亀4年9月28日氏名闕貢進文（正倉院文書）

いた部分のみの文書が一点存在するからである。『大日本古文書』に「氏名闕貢進文」というタイトルで収録されている文書[23]（図5）で、本稿では貢進を示す文言が記載されていないので、表5には掲げなかったが、文書作成の目的としては貢進文と考えて誤りないものと思われる。その文面は、

道守朝臣三虎左京八条四坊

宝亀四年九月廿八日

というもので、紙背は宝亀六年（七七五）正月から始まる奉写一切経所食口案[24]に再利用されているから、写経所に提出された文書であると考えてよい。ということは、この文書は、貢進文そのものとして写経所に提出されたか、写経所の誰かに貢進者となってもらう目的で写経所に提出され、何らかの理由でそのままになってしまった、すなわち未完成の貢進文かのいずれかであろう。写真を見ると、日付の左側の部分に

余白が大きく空けられていることがわかり、また宝亀年間（七七〇～七八一）の貢進文は、前節で述べたように、「貢」または「貢上」と書き出すのが一般的であることからすれば、後者である可能性もある。しかし一方で、次節でみる優婆塞貢進文のなかに、このような体裁のものが複数存在する（ただし姓名・本貫の後に読誦可能な経典名などが記されるが）点からすれば、貢進文としてこれで完結しているとみることもでき、ここでは判断を留保しておきたい。

以上、被貢進者が自ら貢進文の文面を記す方式についてみてきたが、これは平安時代の任官申請の方式とのつながりを考えるためで、具体的には第四節でもう一度触れることにする。

ここでこれまでの検討をふまえて、貢進文の動きについて整理しておきたい。経師等に採用されることを希望する者（貢進文では被貢進者としてあらわれる）は、貢進者に口頭または書面で貢進＝推挙を依頼する場合と、貢進文の文面の大半を自ら記し、貢進者に署名等をもらう場合とがあった。貢進文が作成されると、それが写経所に提出され、場合によっては試字が行われて経師としての採否が決定される。これがもっとも一般的な貢進文の動きであり、表5に掲げた貢進文の大半はこれに該当する。しかし宛所等を含む貢進文の文面からみて、より簡略な、あるいは逆により複雑な動きを取るものがあった。簡略なものとは、10の和雄弓の文書で、文面からみる限りでは、雄弓自らが写経所に勤務する希望を述べた文書を作成し、貢進者＝推挙者を介さず直接写経所に提出している。一方、宛所を記す貢進文のうち6（書写務所）と24（経所諸尊）以外は、一般的なタイプに比べて動きがやや複雑である。例えば1は、被貢進者から貢進者に推挙の依頼があった後、貢進者が貢進文を作成して「伊予次官」に送り、「伊予次官」から写経所へと転送されている。すなわち、写経所からみれば、被貢進者を貢進者である僧平仁と「伊予次官」とが二重に推挙するという形になっているのである。2はもう一段階加わっており、被貢進者の秦勝常陸が文面を作成して、これに貢進者である長背広足が署名を加え、坤宮官少疏の池原粟守の手を経て「五百瀬尊」に送られ、そこから写経所に提出されている。すなわち最終的な提出まで、三名の人物の手を経ることによって、秦勝常陸が作成した貢進文面がいわば三重にオーソライズされているのである。前述した18（玄愷）・19（佐伯真守）の判文も同様の機能を持つものである。このように貢進文は、そこに記された貢進者以外の人物の手を経て、換言すればさらにそれらの人物の推挙を経て写経所に提出される場合があった。ここまでは貢進文の文面から判明することであるが、さらに推測を重ねれば、貢進文の文面にはあらわれない推挙者が存在した可能性もある。11の大僧都法進や19の藤原種嗣の貢進文は、前節で指摘したように、他の貢進文に比べて貢進者の地位が相当高い。これに対して被貢進者をみると、両者ともにいわゆる白丁身分の者であって、双方に面識があった可能性を全く否定することはできないものの、ごく常識的にみれば、被貢進者が直接法進や種嗣に推挙を依頼するとは考えにくい。つまり、被貢進者と法進・種嗣との間を介する人物の存在が想定できるし、場合によってはそれが一人ではなく複数の手を経ている可能性もあろう。また、これまで何度か触れてきた10の和雄弓の文書についても、彼は10の文書提出以前に写経所に出仕していた実績があったから、直接写経所にこの文書を提出したとも考えられるのではあるが、一方ではこの自解形式の文書が誰かの手を経て、すなわちその人物の推挙を経て写経所に提出された可能性も否定できないと考えられる。

以上憶測を重ねてきたが、経師等貢進文は、被貢進者→貢進者→写経所というルートを基本としながらも、文面にあらわれるか否かは別として、他にも被貢進者を推挙する人物が何人か介在して写経所に提出される場合があったのである。

三　優婆塞貢進文との比較

経師等貢進文に類似する文書として優婆塞（夷）貢進文がある。優婆塞貢進文に関する研究にはさまざまな角度から多くの蓄積があるが[25]、本稿と同様の関心からの検討はあまりなされていないように思われるので、本節ではこれまでの考察をふまえて、優婆塞貢進文についてもみていきたい。

まず優婆塞貢進文の様式など、その基本的性格について、中林隆之氏の研究を参考にしながら、確認しておく。中林氏によれば、現存する優婆塞貢進文は、天平十五年（七四三）初頭以前は皇后宮職、以後は造東大寺司政所もしくはその前身機構に提出されていた。両者をⅠ・Ⅱとすると、Ⅰは臨時得度申請のために提出され、その様式は被貢進者の姓名・本貫・年齢と修業の内容（読誦可能な経典名など）を列挙するが、貢進者名を明記しないものが少なからず存在した。一方Ⅱは、a得度申請、b造東大寺司における労役奉仕（知識への参加）、c未選舎人としての出仕という三つの目的で提出されており、様式については読誦可能な経典名を列挙しないものが多い一方で、貢進者名を明記した文書がⅠに比べると多いという特徴がある。

このうち文書中に読誦可能な経典名を挙げるかどうかという点については、Ⅰがすべて出家得度を目的として提出された貢進文であるのに対して、Ⅱにはそれ以外の目的で提出された文書が相当数含まれるということから一応の説明が可能である。しかし、貢進者名の記載の有無という点はどのように考えればよいのだろうか。中林氏が作成された表によれば、Ⅰに含まれる三七通のうち、貢進者の記載があるものは一四通、記載のないものが一六通、不明七通であるのに対して、Ⅱに属する一八通では、記載ありが一三通、なしは一通、不明四通となっている[27]。この違いも、経典名の列挙の有無と同様に、Ⅰでは必ず試業が実施されるから貢進者（推挙者）が誰であるかということは、優婆塞（夷）が得度できるかどうかには基本的には関わらないのに対して、Ⅱではとくに知識・舎人としての採否に貢進者が誰であるかが相対的に重要な意味を持ってくるという説明が可能かもしれない。しかしここでより重要なのは、Ⅰでも貢進者（推挙者）が存在するはずである、換言すれば貢進文は優婆塞（夷）自身が提出するのではなく、必ず貢進者の手を経て皇后宮職に提出されるはずであるにもかかわらず、貢進者名が文面にあらわれないという点である。またⅠについては、前節でとりあげた「氏名闕貢進文」と同様に、「貢」「進上」などの貢進を示す文言が文面になく、優婆塞（夷）の姓名・年齢・本貫・修業の内容と日付のみという文書も何通かみられる。

そこでまず、貢進者名が文面にあらわれない文書や貢進文言が記されていない文書について検討していきたい。貢進者名・貢進文言がともにない文書としては、例えば次のようなものがある。

鴨県主黒人〈年廿三、山背国愛宕郡賀茂郷岡本里戸主鴨県主呰麻呂戸口、〉
読経　法花経一部　最勝王経一部
（中略）
雑経　合十三巻
誦経　方広経上巻　観世音経
（中略）
八名経陀羅尼　七仏八菩薩陀羅尼
結界唱礼具　浄行八年
天平六年七月廿七日(28)

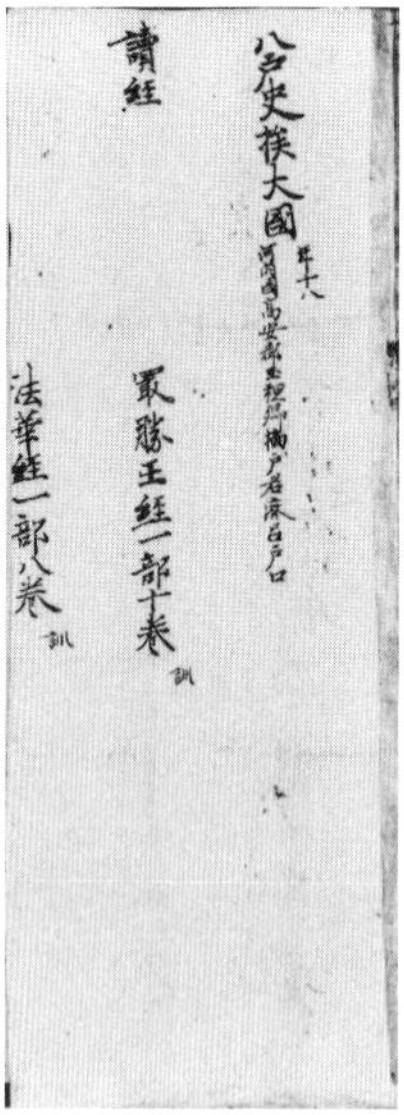

この文書は幅五七・九㌢の紙に端正な楷書体で記され、前後欠であるが、初行の右約三㌢と末行の左約一六・五㌢は空白となっているので、[29]文字のある部分はこれで完結していると考えられる。このような文書はほかにも何通かあるが、[30]これに貢進者の署名が加えられたのが以下の文書である。

八戸史族大国〈年十八、河内国高安郡玉祖郷楠戸君麻呂戸口、〉

読経　　最勝王経一部十巻〈訓〉

（中略）

誦義　　三宝義

　　　　浄行六年

天平十五年正月

「宣教」[31]（図6）

この文書は現在二断簡に分かれており、中間に欠行がある可能性はあるものの、初行の右と末行の左は一行分以上の空白があるので、首尾に文字の欠損はないと考えてよい。全体に細身の文字で記されているが、末尾の「宣教」の署名は明らかに別筆で太く記されている。このほか、貢進者の署名とそ

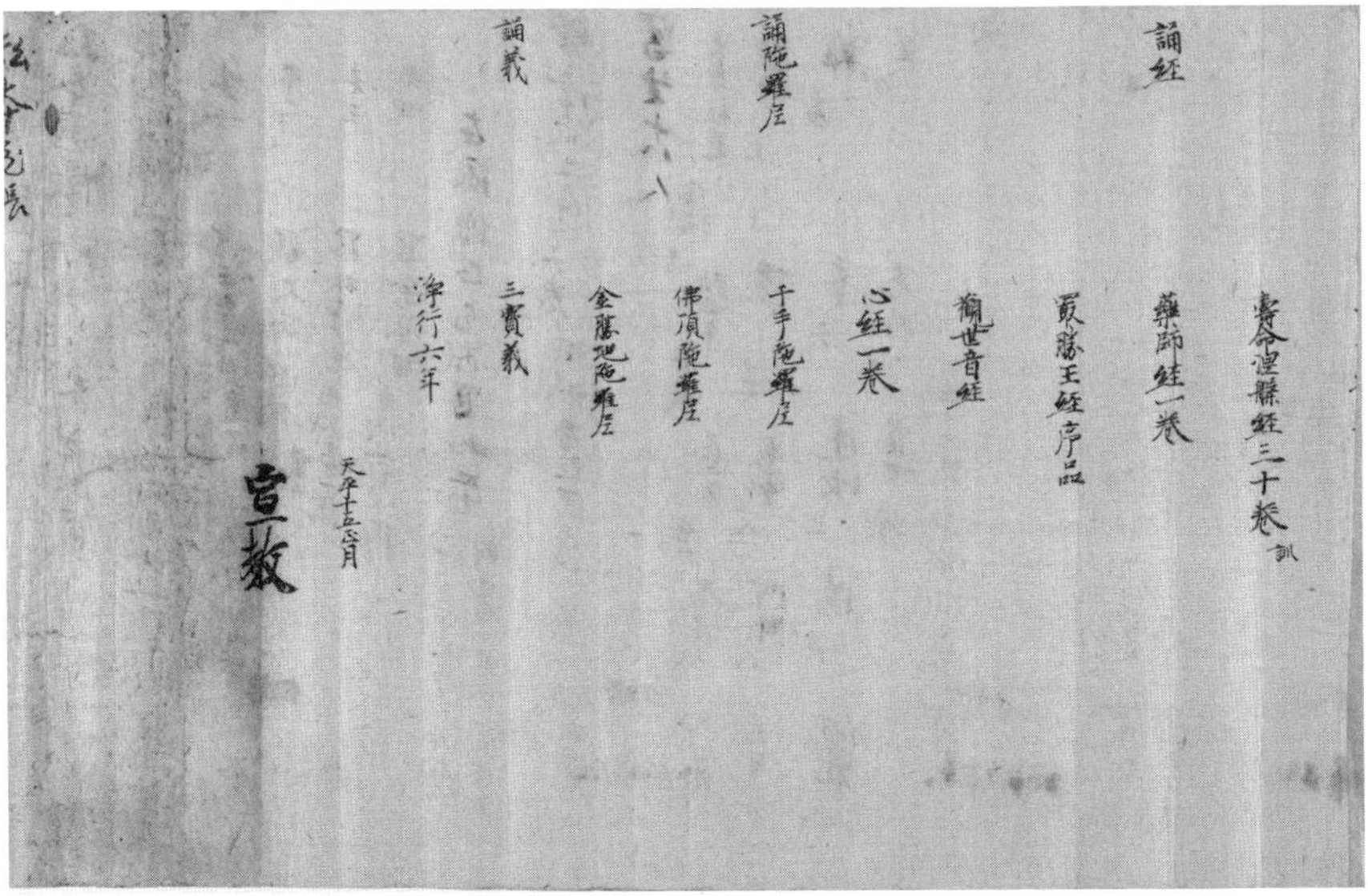

図6　天平15年正月優婆塞八戸史族大国貢進文（正倉院文書）

れ以外の部分の筆跡の異同について判別しがたいものを含めれば、やはり何点かの同じ様式の文書が存在する(32)。

このように優婆塞（夷）貢進文のなかには、貢進に関わる文言がなく、優婆塞（夷）の姓名・年齢・本貫と修業の内容、および年月日のみを記したものや、これに貢進者もしくは師主の署名を加えたものが存在するが、これらはすべて皇后宮職に提出され、紙背の利用のされ方も、貢進文言を持つ文書との間にとくに違いは見いだされないので、いずれもいわば正式の貢進文として機能したと考えられる。

なお、ここで師主と貢進者との関係についてみておきたい。現存する優婆塞（夷）貢進文のうち、師主と貢進者の名がともに文面に記された文書はわずか四通に過ぎず(33)、当然ではあるがすべて師主は僧侶、貢進者は俗人である。優婆塞（夷）本人以外の人物の名が一名しか出てこない場合、それが俗人であれば貢進者の立場にある者であることは明白だが、僧尼でしかも「師主」と明記されていない場合には、判断がむつかしい。ただ、右に掲げた八戸史族大国の貢進文にみられる「宣教」や、天平四年三月二十五日優婆塞秦公豊足貢進文（註(32)参照）で日付の下に記された「僧智首」などの場合は、彼らがそれぞれの優婆塞の師主であったかどうかは不明だが、署名の位置から考えて貢進者であったことは間違いない。さらに「師主」と明記されている場合でも(34)、優婆塞の修業内容の後に記されるではなく、文書の奥に記される場合には、師主であると同時に貢進者でもあるということになろう。

さて、以上のような点をふまえて、右に紹介したような貢進文は誰の手によって記され、どのようにして皇后宮職に提出されたのかを考えてみる。貢進者の名も貢進文言もない文書については、優婆塞（夷）自身が自分の姓名や修業内容・年月日を記したとみるのがもっとも自然であり、これに貢進者あるいは師主の名が加えられた文書についても、少なくとも年月日までは優婆塞（夷）の筆である可能性が高い。八戸史族大国の貢進文については、姓名から年月日までを優婆塞の大国自身が記して、貢進者（＝推挙者）である宣教のもとに提出し、宣教が署名を加えて皇后宮職に提出したという経緯を想定できよう。そしてもしこの推測が当を得たものであるとすれば、鴨県主黒人の貢進文のように、貢進者の署名もない文書についても、優婆塞（夷）が貢進者に文書を提出し、貢進者がそのまま署名を加えることなく皇后宮職に送付したものと想定することができる。さらに、貢進者の手によって作成された貢進文の場合にも、優婆塞（夷）は自らの姓名・年齢・本貫と修業内容等を記した文書、すなわち鴨県主黒人の貢進文のごとき文書を貢進者に提出し、貢進者はそれをもとに貢進文を記した可能性も充分考えられよう。すなわちⅠの貢進文のさまざまな形態は、優婆塞（夷）が貢進者に提出した文書を、貢進者がそのまま皇后宮職に提出するか、署名を加えて提出するか、文書をもとに貢進文を作成して提出するかの相違とみることができるのである。

これまでおもに皇后宮職に提出されたⅠの貢進文についてみてきたが、造東大寺司政所（もしくはその前身機構）に提出されたⅡについても検討していきたい。とはいえ、Ⅱのかなりの部分は断片的な丹裏文書であって、写真で確認することもできないので、ここでは二点の文書にしぼってみていくことにする。

まず、神護景雲四年六月二十五日優婆塞賀茂部秋麻呂貢進文を左に掲げる。

貢　　優婆塞舎人事

　賀茂部秋麻呂、年廿、〈伯耆国会見郡賀茂郷戸主賀茂部馬戸口、〉

　　　　神護景雲四年六月二十五日

　　　　　　持経師位法師「恵雲」

　　　　「七月九日」[35]（図7）

　「少鎮実忠」

この文書は、写真で明らかなように、冒頭から「持経師位法師」までは一筆で記され、「恵雲」「少鎮実忠」「七月九日」は別筆である。中林隆之氏は、『大日本古文書』にしたがい、「少鎮実忠」「七月九日」を同筆として、七月九日

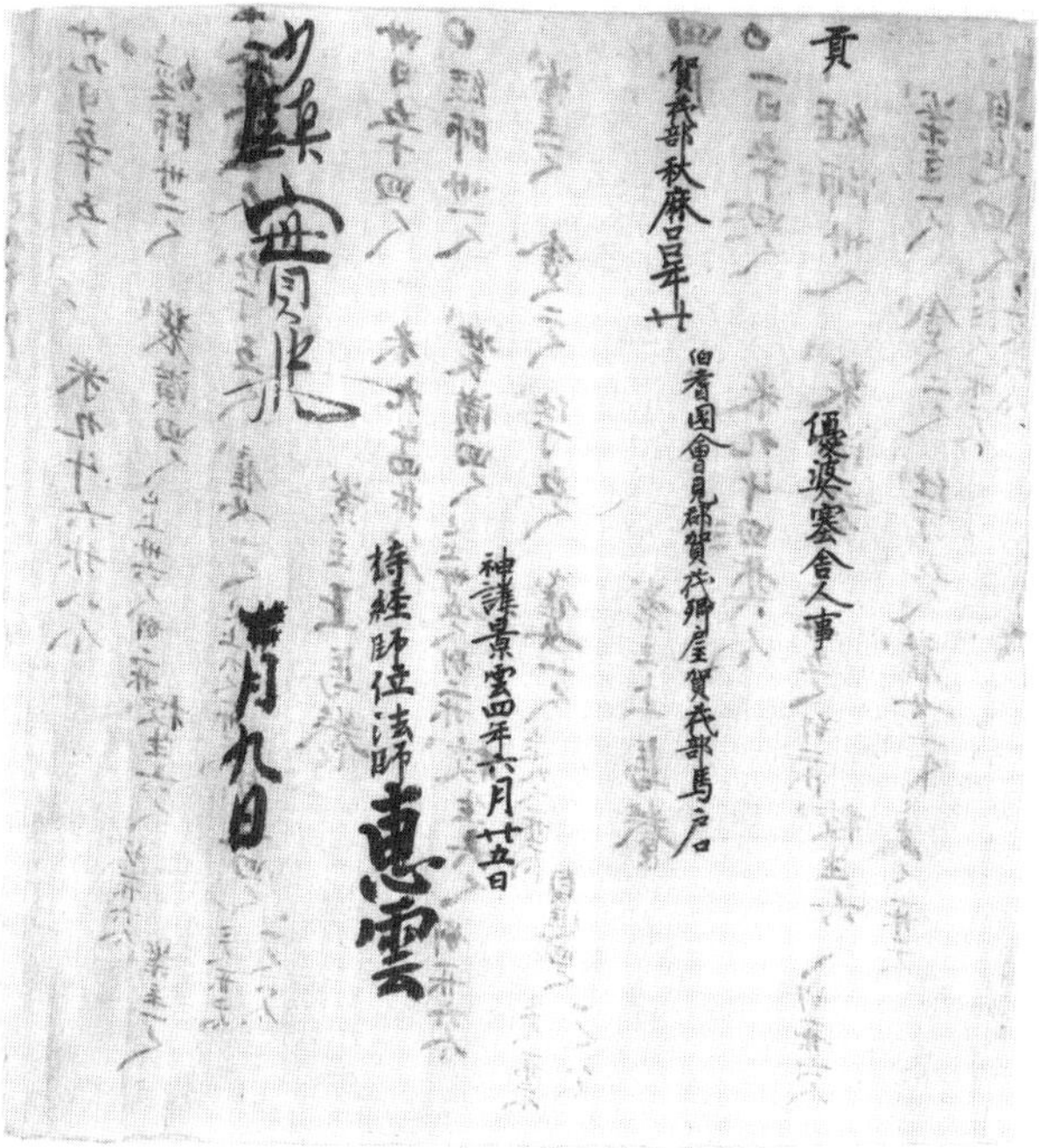

図7　神護景雲4年6月25日優婆塞賀茂部秋麻呂貢進文（正倉院文書）

付で東大寺少鎮の実忠が、賀茂部秋麻呂が優婆塞舎人として出仕することを判許した文言とされている。[36]たしかに実忠が神護景雲年間（七六七～七七〇）から宝亀四年（七七三）頃まで造東大寺司および管下の写経所の運営に深く関わっていたことなどからすれば、[37]右の解釈がもっとも穏当なものであろう。しかし写真版を見ると、いくつかの疑問がでてくる。まず日付の「七月九日」であるが、墨痕の太さからすると「少鎮実忠」よりは「恵雲」の筆跡に近いとも思われる。実忠が優婆塞舎人の採用を判許したと考えると、一般に経師等貢進文や請仮解の判許に日付が付された事例が見あたらないという点も気になるところである。そこで「恵雲」と「七月九日」を同筆と考えたらどう解釈できるだろうか。恵雲という僧は、正倉院文書には天平宝字二年九月二十三日付の書状（宛所に「佐官〈御所〉／経坊司」とあるので造東大寺司宛てであろう）の差出人としてみえるのみで、[38]そこには「唐僧」とあるので、鑑真とともに来日した僧と考えられる。彼と伯耆国に本貫を持つ賀茂部秋麻呂との関係は不明だが、ともかく恵雲が秋麻呂を推挙したということは間違いない。そこで、これまでの経師等貢進文や優婆塞

（夷）貢進文についての検討をふまえて、文書冒頭から「持経師位法師」までを秋麻呂が記して恵雲のもとに提出し、恵雲は署名を加え、七月九日に実忠のもとにこの文書を送ったと想定できないだろうか。冒頭の貢進文言までを秋麻呂が記すというのはやや不自然ではあるが、一つの可能性として提示してみたい。さらに実忠の署名の意味についても、判許であることはたしかなのだが、舎人の採用は実質的には実忠よりは下のレベル、すなわち写経所の案主などによって行われるとすれば、彼らに対して採用を認めるよう指示する意味で記されたと考えることもできよう。とすれば、秋麻呂は恵雲と実忠の二人によって二重に推挙される形で舎人に採用されたとみることができる。

もう一点は、丹裏文書中の次の史料である。

大宅諸姉誠恐誠惶謹啓

宗我部人足〈年十九、備前国邑久郡須恵郷戸主宗我部赤羽戸口、〉

読〈法華経一部、最勝王経一部、〉

右人、蒙聖大恩欲成僧、誠恐誠惶謹啓、

天平十七年四月十八日(39)

聖大尼公御座下

大宅諸姉は宮人として著名な女性で、この当時従四位下典侍の地位にあった。また前年十二月十日には、もう一人の優婆塞漆部連豊嶋を貢進している(40)。右の文書は優婆塞貢進文としては珍しい書状形式であり、直接的には「聖大尼公」（具体的には誰なのか未詳）に宛てられたものである。しかしこの文書は、他の貢進文とともに丹裏文書として伝えられてきたのだから、提出先も同じく造東大寺司政所（の前身機関）であったと考えるべきだろう。したがって、大宅諸姉から「聖大尼公」に送られたこの書状は、さらに「聖大尼公」から造東大寺司政所へと転送されたのであり、諸姉と造東大寺司との間をいわば仲介した「聖大尼公」は、同時に宗我部人足を推挙するもう一人の人物としての役割も果たしたと考えられるのである。

以上、優婆塞（夷）貢進文について、おもにその提出の方式という観点から検討を加えてきた。それによれば、経師等貢進文とさまざまな点で共通する特徴がみられた。その第一は、貢進者が提出するという形をとる貢進文でも、実際にはその文面の大半を被貢進者が作成し、それを受け取った貢進者は署名や若干の文言を加えて提出するという方式が、少なからずみられるという点である。さらに優婆塞（夷）貢進文の場合には、貢進者は何もつけ加えずにそのまま提出先にこれを送るという場合さえあった。第二は、具体的な方式はさまざまであるが、ある人物を経師や優婆塞（夷）として貢進する場合、文書上の貢進者以外にも複数の推挙者が存在する場合があったという点である。それは文書の宛所や判文など、文書の文面やそれに加えられた文言にはっきりと示されることもあったし、文面にはあらわれないものの、その存在が推測できるケースもあった。いずれにしても、経師や優婆塞（夷）の貢進は、複数の人物の推挙を経て行われる場合が少なくなかったのである。

四　平安時代の推挙状との比較

最後に、これまで検討してきた経師・優婆塞等の貢進文の動きと、平安時代の叙位・除目等の申請文書の動きとを比較してみたい。

叙位・除目等の申請文書の原本は、少数の例外を除いてほとんどのこされていないが(41)、別稿でも一部そのような試みをしたように、日記の記事等から文書の動きやもとの姿をある程度推測することは可能である。さらに前節までで検討した奈良時代の貢進文書の動きを参考にすれば、より具体的に叙位・任官の申請方式の実態に迫れる可能性もあるのではないかと考える。そこでまず、奈良時代の貢進文の動きから、平安時代の申請文書の動きがより具体的に推測できる例をいくつか挙げてみよう。

以下に掲げる史料（『吏部王記』逸文）は、天慶七年（九四四）四月二十二日に皇太弟となった成明親王の帯刀試に関するものである。

天慶七―五―十三―、太相公云、廿三日可レ試二東宮帯刀一、諸家多進二所望人一、若有下堪二才可一レ挙者上即報云々、
廿一日、送二紀清名々簿於春宮大夫一、兼案下内可レ加二貢名一乎上、〈簿注二蔭位・姓名・年及故中務少輔恒躬孫一〉
廿二日、大夫報云、諸家所レ奉之名簿不二加署一、但以二何才一可レ試乎、即報下以二歩射一可レ試由上、
二十四日［廿三日カ］、参議師氏朝臣奉レ勅、於二右近馬場一試二東宮帯刀一、騎射之者十四人、依二所レ貢人次一試之、
廿四日、於二朱雀院東対一、可レ試二歩射一之、(42)

帯刀試とは、立坊にともない、東宮を護衛する帯刀舎人を補任するために行う実技試験のことである。(43) 親王・公卿などの然るべき人物に推薦された候補者が、騎射または歩射の試験を受けて、採否が決定された。右の記事によれば、五月十三日、『吏部王記』の記主重明親王は太政大臣藤原忠平から、二十三日の帯刀試を受験する適当な人物があれば推挙するようにとの知らせを受け、二十一日には紀清名という人物の名簿を春宮大夫藤原師輔のもとに送っている。その名簿の体裁は、同日条末尾の注記から、

蔭孫正六位上紀朝臣清名〈年若干、〉
故中務少輔恒躬孫
天慶七年五月廿一日

というようなものだったと推測される。「案下内可レ加二貢名一乎上」の部分は、翌二十二日の春宮大夫の返答から考えると、名簿に貢進者（推挙者）の重明親王の名を加えるのかどうかという問い合わせだったと解することができ、春宮大夫からは、諸家から送られてきた名簿にはそれがないので不要であるとの返答があったのである。この史料からは、帯刀試を受験する者は、親王・公卿などのしかるべき地位にある者を通じて、名簿を春宮坊に提出する必要があったこと、名簿の体裁は、推挙者が必要だったにもかかわらず、文面にはそれがあらわれず、受験を希望する本人の名しか記されないものだったことがわかる。また一方で、重明親王の問い合わせによれば、受験希望者が推挙者に提出した名簿に、推挙者が署名を加えて提出するという方式も想定されていることが注目される。その場合、二十一日条の「加二貢名一」、二十二日条の「加署」は、文字通り名簿に推挙者の姓名を記入することなのか、それとも名簿をもとに推挙者が自らの署名を記した文書をあらためて作成するのかは、右の記事だけでは確定しがたい。しかし、経師や優婆塞の貢進文のなかに、貢進文の本文を被貢進者が用意し、貢進者はそれに署名を加えるだけで写経所等に提出していた事例が少なからず存在しており、そのような方式が平安時代にも継承されたと考えれば、『吏部王記』における「加二貢名一」「加署」も、同様だった可能性が高くなる。

そして、もしそのように考えることができるならば、叙位・任官の申請文書として史料に登場する名簿の作成・提出方式についても、より具体的な検討が可能となろう。例えば年爵に関する『小右記』長保元年（九九九）十二月九・十一日条の記事をみてみよう。

（九日）常陸介維幹［叙カ］朝臣先年所二申給一、華山院御給爵料不足料絹廿六疋及維幹名薄［簿］等送之、以二維幹一可レ預二栄爵一者、維幹余僕也、進二馬三疋毛付一、以二院判官代為元一令レ奉二絹及維幹名薄［簿］等一、

（十一日）為元朝臣来、院仰云、常陸介維叙朝臣進絹令レ納給了、但以二明年御給栄爵一可レ給二維幹一之由可二仰遣一

者、

ここでは維幹と維叙との間に錯綜があるようであり、『尊卑分脈』の記述や当時の常陸介の補任状況と整合的に解釈するのがむつかしい記事なのであるが(44)、ともかく藤原実資の「僕」である平維幹が、花山院の年爵によって叙爵するため、叙料（これは維叙が負担したらしい）に加えて名簿を花山院に奉っている点が注目される。年爵の申請文書の実例は、『朝野群載』巻第四、朝儀上に、

　前女御源朝臣基子家

　　正六位上行式部少丞大江朝臣匡時

　　　望二栄爵一、

　右当年給未レ補、所レ請如レ件、

　　　長治元年四月廿九日　別当散位従四位上源朝臣行宗(45)

という文書が載せられ、新訂増補国史大系本頭注には「女御家申文」とあるが、この種の文書は平安時代の記録や儀式書では「名簿」「請文」などとも呼ばれており、上記の平維幹の年爵申請文書も、同様の書式であったと考えてよい。なお年爵の名簿は、恒例の正月五日の叙位議の際には、執筆大臣が勅許を経た後、近衛次将を派遣して、給主である院宮から取り集め奏上することになっている(46)。ここでも経師や優婆塞の貢進文の作成方式を参考にすれば、平維幹は自らの官位姓名、叙爵を望む旨の文言、年月日を記した名簿を花山院に提出し、院家ではこれに冒頭の給主名、申請文言、院司の署名を加えて奏上した可能性が想定できるであろう。

「名簿」と呼ばれる叙位・任官申請文書は、年給による申請をはじめとして、叙位・除目に関する史料に広くみられるものである。これらの文書すべてに、上記のような作成方式が用いられたと主張するつもりはないが、少なくと

も「名簿」と呼ばれる文書のなかに、叙位・任官希望者が自らの姓名や希望する位階・官職、年月日などを記した文書を推挙する人物または機関（年給の場合は給主）に提出し、推挙者はこれに必要な文言や署名を加えて申請文書として提出したものが、一定程度は含まれていたと推測することは充分可能ではないだろうか。そして、むしろそう考えることによって、これらの申請文書が「名簿」と呼ばれることの説明がつくのではないかと思う。叙位・除目の場に提出された申請文書は、文面の上では推挙する人物・機関が提出するという形をとるが、文書の実体は叙位・任官希望者が推挙者に提出した名簿に他ならないからである。

次に、これまでとは逆に、平安時代の叙位・任官申請文書の動きから、経師・優婆塞の貢進文の作成・提出方式についてより具体的に跡づけることが可能な例をみていきたい。

まず別稿で指摘したように、任官申請文書のうち、任官希望者本人が提出するという体裁をとるいわゆる自解申文のなかには、実際には希望者を推挙する機関によって除目の場に提出される文書が含まれている。例えば、『大間成文抄』第八には、対策（方略試）または明経試・明法試に合格した者が六位の京官を希望する場合の申請文書が、「課試及第」という項目に掲げられているが[47]、それらの多くは、任官希望者本人の自解申文に式部省の勘文が副えられている。すなわちこれらの自解申文は、任官希望者から式部省に提出され、式部省での勘査を経た後、外記方に提出されたと考えられるのである。このほか、成功による任官を希望する自解申文のなかにも、実際には希望者から成功を申請した機関に提出され、その機関の手を経て蔵人所に提出されたと思われる文書が存在する。また叙位についてみていくと、氏爵の申請文書には叙爵希望者の姓名、簡単な申請文言、年月日と氏長者の署名からなる名簿形式の文書とともに、叙爵希望者本人による自解申文も存在するが[48]、後者も氏爵の性格から考えて、本人が直接提出したというよりは、氏長者の手を経ていると考えたほうが自然だろう。これら平安時代の叙位・任官に関わる自解申文をみていくと、第二節でしばしば触れた和雄弓の文書（表5―10）は、自解の形式をとっているものの、やはり誰か推挙者の手を経て写経所に提出された可能性が高いと思われるのである。

同様のことは名簿についても指摘できる。前述したように、帯刀試を受験するための名簿は、受験希望者が親王・公卿などの推挙者のもとに提出し、彼らの手を経て春宮坊に提出されていたが、『吏部王記』の記事によれば、推挙者の署名は加えないのが原則だったようである。すなわち、実際には推挙者が春宮坊に提出しているにもかかわらず、名簿の文面にはその推挙者があらわれていないのである。第一節で触れた貢進者の署名のない道守朝臣三虎の貢進文（図5）や、第三節で紹介した貢進者の名があらわれない優婆塞貢進文も、このような文書の提出方式を参考にすれば、実際には貢進者の手を経たものと考えることができよう。

おわりに

本稿では、正倉院文書中の経師等貢進文について、とくにその作成・提出の方式という面から検討を加え、これと優婆塞（夷）貢進文との共通性、さらには平安時代の叙位・任官申請文書等の提出方式との比較を試みた。

その結果、被貢進者（叙位・任官等であればその希望者）自身が貢進文（申請文書）の文面の大部分を作成し、貢進者（推挙者）がこれに署名や若干の文言を加えて提出するという方式が、経師・優婆塞（夷）の貢進文と平安時代の叙位・任官申請文書の双方で、かなり広く用いられていたことを確認できたと思う。もちろん一方では、被貢進者（叙位・任官等の希望者）が貢進者（推挙者）に書面または口頭で推挙を依頼し、それに基づき貢進者（推挙者）が貢進文（推挙状）を作成して提出するという方式も存在したのであり、経師・優婆塞の貢進においても、叙位・任官等の申請においても、この二つの方式が基本的なものであったといえよう。さらに上記二方式に加えて、被貢進者（叙位・任官等の希望者）が名簿や自解申文を作成して貢進者（推挙者）に差出し、貢進者（推挙者）はこれをそのまま提出するという方式も存在した。この場合、文書の文面には貢進者（推挙者）の存在が全くあらわれないが、名簿や自解申文を受け取った機関等は、それらが被貢進者（叙位・任官等の希望者）から直接提出されるのではなく、貢進者（推挙者）の手を経て提出されたことで、実質的には推挙の意味を持つと認識したのである。

以上のように、奈良時代の経師・優婆塞貢進の方式と平安時代の叙位・任官申請の方式に共通点があるとすれば、奈良時代の叙位・任官申請がどのように行われたかという、具体的史料がほとんどのこされていない問題にも、一定の見通しを得る可能性が開けるのではないかと考える。それを今後の課題として、ここでひとまず筆を擱くこととしたい。

註

（1）　井上薫『奈良朝仏教史の研究』（吉川弘文館、一九六六年）第六章「写経事業の展開」第二節「写経所の機構」。ただし、この変化は大まかな趨勢を述べられたものと思われ、他司からの出向要請は天平宝字年間（七五七～七六五）以後も行われたし、貢進文のなかには天平年間（七二九～七四九）に遡る可能性が高いものも含まれている。
（2）　拙稿「平安時代の任官申請文書の類型とその系譜」（『聖心女子大学論叢』一一六、二〇一〇年、本書第一部第一章）。以下、本文中に「別稿」とあるものは、すべて右の拙稿を指す。
（3）　表の作成にあたっては、井上薫註（1）前掲書四〇二～四〇三頁の表を参考とし、これに若干の追加と取捨選択を加えた。
（4）　21は紙背文書から天平宝字年間、22・25は貢進者・被貢進者の活動時期から同じく天平宝字年間、23・24は紙背文書や被貢進者の活動時期から天平年間に遡るものと推測される。なお、貢進者・被貢進者に関するデータを掲げた表6も参照。
（5）　井上薫註（1）前掲書。

(6) 古四—三〇一～三一一頁。

(7) 井上薫註(1)前掲書三八八頁。

(8) 古二〇—六四頁、続々修四〇—二ウラ。

(9) 東京大学史料編纂所編『正倉院文書目録四　続修別集』（東京大学出版会、一九九九年）四七二頁では、本文のような接続関係を記し、15の文書名を「小長谷嶋主経師貢進文」としており、宮内庁正倉院事務所編『正倉院古文書影印集成十三　続修別集巻二三～五〇』（八木書店、二〇〇〇年）解説六〇頁でも同じ文書名を掲げている。

(10) 田中大介「写経所文書に現れる「道守」について—古代人名論への視座として—」（『続日本紀研究』三三九、二〇〇二年）。

(11) 山本幸男「天平宝字二年における御願経・知識経書写関係史料の整理と検討」（初出一九九三・九四年、『写経所文書の基礎的研究』〈吉川弘文館、二〇〇二年〉所収）三二一頁。

(12) この写経事業と関連文書については、山本幸男氏註(11)前掲論文を参照。

(13) 古四—三九七～三九八・二九三～二九六頁。

(14) 古二五—二三九～二四〇頁。

(15) 天平十九年三月七日常疏写納幷櫃乗次第帳（古九—三四五頁）・天平十九年十一月十日令知山足所条制（古二—七一四頁）・天平勝宝元年八月十九日検定経幷雑物等帳（古一一—四六頁）。

(16) 事例は井上薫氏註(1)前掲書三八七頁に挙げられている。具体的には、造東大寺司については天平宝字二年六月二十六日、右大舎人寮に経師の出向を要請した移（古一四—三三四頁）、同四年二月、散位寮と左大舎人寮に宛てた移（古一四—三六七頁）、写経所については、同二年十月三日、嶋院に宛てた牒（古二五—二四四頁）、同四年閏四月二十一日、左右大舎人寮に宛てた移（古一四—三九三頁）などである。

(17) 経師の試字は、国立歴史民俗博物館編『正倉院文書拾遺』（便利堂、一九九二年）にまとまった形で収められている。

(18) 鷺森浩幸「天平宝字六年石山寺造営における人事システム—律令制官司の一側面—」（『日本史研究』三五四、一九九二年）。

(19) 山下有美『正倉院文書と写経所の研究』（吉川弘文館、一九九九年）三一四～三一五頁。

(20) 『続日本紀』宝亀三年十一月丁丑朔条。

(21) 『日本古代人名辞典』玄愷の項参照。

(22) このほか15も、日付までの部分と貢進者の部分が現在別断簡となっており、筆跡の判別がむつかしいが、同じタイプだった可能性がある。
(23) 古二二—二一五頁。続々修四〇—三ウラ。
(24) 古二三—二三五〜二三七頁。
(25) 代表的な研究として、堀池春峰「優婆塞貢進と出家人試所」（初出一九五七年、『南都仏教史の研究　上』〈法蔵館、一九八〇年〉所収）・鬼頭清明「天平期における優婆塞貢進の社会的背景」（初出一九七三年、『日本古代都市論序説』〈法政大学出版局、一九七七年〉所収）・同「奈良時代民間写経についての二、三の問題」（初出一九七四年、前掲書所収）・根本誠二「優婆塞貢進解について」（『史元』一七、一九七四年）・同「古代における優婆塞・優婆夷について」（『日本史における民衆と宗教』山川出版社、一九七六年）・佐藤文子「優婆塞貢進の実像とその史的意義」（初出一九九三年、『日本古代の政治と仏教』〈吉川弘文館、二〇一八年〉所収）・中林隆之「優婆塞（夷）貢進制度の展開」（『正倉院文書研究』一、一九九三年）などがある。
(26) 中林隆之氏註(25)前掲論文。
(27) ただし中林氏作成の表のなかには、貢進者の欄に師主名を掲げているものが含まれており、それらは師主の欄に「同左」とあるから、師主が同時に貢進者でもあると解釈されているようである。もちろんそのような可能性は否定できないが、一方で貢進者、すなわち貢進文を提出した者が師主とは別に存在した可能性もあり、もしそうであれば、これらも貢進者の記載がない文書ということになる。
(28) 古一—五八三〜五八四頁。続修別集四七。
(29) 東京大学史料編纂所編『正倉院文書目録　四続修別集』（東京大学出版会、一九九九年）四四八頁。
(30) 天平六年七月二十七日優婆塞葛井連広住貢進文（古二四—四二〜四三頁、続々修二八—三ウラ）・同年月日優婆塞石上部忍山貢進文（古二四—四三〜四四頁、続々修二八—三ウラ）・天平十四年十二月五日優婆塞物部人足貢進文（古八—一四八〜一四九頁、続々修一五—一ウラ）・年月日未詳優婆塞石上部君嶋君貢進文（古二—三一六〜三一七頁、続修別集二五ウラ）。三番目の文書は読誦経典を列挙した箇所の左約一四センチが空白となっており（註(29)前掲書二九九頁）、年月日も記されていない。
(31) 古八—一六四〜一六五頁。続々修一—三ウラ・一一—一ウラ。
(32) 天平四年三月二十五日優婆塞秦公豊足貢進文（古一—四四七〜四四八頁、続修一六ウラ）・天平十四年十一月十五日優婆塞柿本

臣大足貢進文（古二―三一四頁、続修別集四七）。前者は末行が「天平四年三月二十五日僧智首」となっており、「僧」までと「智首」は字の大きさが異なり、別筆の可能性もあるが、同筆で字の大きさを変えたという可能性もある。後者は日付のあとに「師主興福寺僧仁誠」とあり、これはそれまでの行と同筆である。

(33) 天平十四年十二月二十三日優婆塞船連次麻呂貢進文（古二―三二三～三二四頁、続修一八、師主興福寺僧善光、貢進者治部少録船連多麻布）・同十五年正月七日優婆塞秦三田次貢進文（古八―一六一～一六二頁、続々修四二―五ウラ、師主僧浄林、貢進者治部少録粟田朝臣馬養）・同年月日優婆塞辛国連猪甘貢進文（古二―三三一～三三二頁、続修一八、師主礼明僧・恵任僧、貢進者外従五位下日根造大田）・同十五年正月八日優婆塞日置部君稲持貢進文（古二―三三二～三三三頁、続修後集九ウラ、師主薬師寺僧平註、貢進者出雲国守多治比真人国人）。

(34) 天平十四年十一月十四日優婆夷小治田於比売貢進文（古八―一三三～一三四頁、続々修二三―五ウラ）・同年十一月十五日優婆塞県犬養宿禰大岡貢進文（古八―一三八～一三九頁、続々修二七―三ウラ）。また天平十五年正月九日優婆塞荒田井直族子麻呂貢進文（古八―一六二頁、続々修一―三ウラ）は、修業内容の後に優婆塞の本貫が「右人尾張国愛智郡（中略）戸口」と記され、その後に「師主元興寺僧賢璟」、次行に年月日と、やや特殊な形式で記されている。

(35) 古六―四九頁。正集七。

(36) 中林隆之氏註(25)前掲論文七二頁。

(37) 註(19)に同じ。

(38) 古二五―二四一～二四二頁。続々修四四―六ウラ。「恵雲」の署名は賀茂部秋麻呂の貢進文と同筆と考えてよく、貢進文は自署であると考えられる。

(39) 古二五―一二六～一二七頁。丹裏文書七二内包オモテ。

(40) 古二五―一六四頁。丹裏文書一二七外包ウラ。

(41) 宮内庁書陵部所蔵『紀家集』紙背文書には、十世紀初めの叙位・任官申請文書が含まれており、貴重な例外といえる。これについては玉井力「『紀家集』紙背文書について―中文の考察を中心として―」（初出一九八四年、『平安時代の貴族と天皇』〈岩波書店、二〇〇〇年〉所収）に詳しい考察がある。

(42) 『西宮記』巻十一裏書、立皇后太子任大臣勘物所引『吏部王記』逸文（西二―一八六頁）。

（43）帯刀舎人および帯刀試については、笹山晴生「春宮坊帯刀舎人の研究」（初出一九七二年、『日本古代衛府制度の研究』〈東京大学出版会、一九八五年〉所収）参照。

（44）『尊卑分脈』によれば、維叙は貞盛の子、維幹は貞盛の弟繁盛の子となっており、両者はイトコ関係にある。ただし同書の新訂増補国史大系本の頭注に「按二前田本系図一貞盛子」とあり、両者は兄弟だった可能性もある。また、この時期の常陸介についてみると、維幹を常陸介（守）とする史料は本文の『小右記』以外にみられず、当時常陸介に任命されている者は、すでに叙爵しているはずであるから、『小右記』の「常陸介維幹」は誤りとみてよい。一方維叙については、『今昔物語集』巻第十九―第三十二に、陸奥守の後常陸守（介）となったとあり、陸奥守の後任は長徳元年（九九五）正月十三日に任命された藤原実方とされているから（『中古歌仙三十六人伝』等）、この説話が史実に基づいているとすれば、維叙は長保元年（九九九）十二月当時、見任の常陸介、あるいは前常陸介であった可能性が高い。したがって、『小右記』の記事は、実資の「僕」であった維幹の叙爵のため、その兄弟またはイトコであった常陸介維叙が叙料を負担したものと考えておきたい。

（45）新訂増補国史大系七九頁。給主の後三条天皇女御源基子は、延久四年（一〇七二）十二月に准三宮の待遇を受けている。

（46）『西宮記』巻一、五日叙位儀・『北山抄』巻第一、五日叙位議事など。

（47）吉田早苗校訂『大間成文抄』（吉川弘文館、一九九三・九四年）四三一～四四八頁。

（48）『朝野群載』巻第四、朝儀上、申氏爵（新訂増補国史大系八七～九〇頁）。

〔付記〕本稿は、二〇〇九年一〇月三一日の正倉院文書研究会で、「任官申請文書の類型とその系譜」と題して報告したものの一部をもとにしている。当日、参加者の方々から多くの貴重なご教示を賜わったことを、末筆ながら御礼申し上げたい。

補註

（補1）表中の「紙背」欄については、初発表時には不正確、曖昧な箇所があったので、今回再録するにあたり、可能な限り修正した。

補記

本稿は、『正倉院文書研究』第一二号（二〇一一年一一月）に発表したものである。第一部第一章で検討した平安時代の任官申請文書と、本章で扱った経師や優婆塞の貢進文は、希望する地位にかなりの違いはあるものの、ある地位に就くことを希望する者を推挙する文書という点では共通する部分がある。また、前者は『紀家集』紙背文書（宮内庁書陵部所蔵）などごく一部の例外を除き、編纂された史料に引用された形で伝わっているのに対して、後者は原本であるという特徴を持つ。そこで、経師等に採用されることを希望する者が、自らの希望をどのように伝えたのかを、文書に対する追記などを検討することによって具体的に明らかにできるのではないかと考えたのである。さらに平安時代の叙位・任官の申請文書との比較も行い、相互に補完できる点についても指摘した。

ただ、この三〇年あまり飛躍的に高められた正倉院文書研究の水準からみれば、不充分な点が多いだろうし、すでにわかりきっていることを述べた部分もあるかもしれない。しかし、第一部第一章の補記でも述べたように、正倉院文書と平安時代の任官申請文書とを結びつけて、同じ課題について検討することができたのには、一定の意味があったと考える。

第三章　古代における任官結果の伝達について

はじめに

近年の古代日本の人事制度をめぐる研究のなかで、正倉院文書中の官人歴名を手がかりとした早川庄八・西本昌弘両氏による研究(1)は、任官儀礼や、そこで用いられる各種の文書の性格を明らかにしていくうえで、特筆すべき成果といえる。両氏の研究によれば、『西宮記』などによって知られる十世紀以後の任官儀礼や、そのために作成される文書の骨格は、すでに八世紀段階から存在していた。すなわち、天皇の面前に召し出された被任官者（以下、任人の語を用いる）に対して、『西宮記』などにいうところの除目（召名）によって、その名を読み上げるという儀礼が、八世紀以後一貫して行われていたとされているのである。このような儀礼が行われる場や、考察の手がかりとなった官人歴名をどのようなものと捉えるかについては、相互に見解の違いがあるが(2)、ともかく両氏の研究によって、任官儀礼やその特質の変遷を、奈良時代から平安時代まで見通せるようになった意義は大きい。

本稿では、両氏の研究に導かれながら、任官儀礼や任官結果の伝達に関して、以下の二点を検討したい。第一は、任官儀礼そのものの目的・意義についてである。右に記したような任官儀礼は、一見すると任人に任官結果を伝達するために行われたかのように思われる。任官儀礼が結果として任人当人に任官結果を伝達する役割を持ったことまでは否定できないにしても、はたしてそれが任官儀礼本来の目的であったのだろうか。

第二は、右の任官儀礼も含めて、任官結果が任人本人に伝達されるルートを、具体的に検証したい。『西宮記』巻二、正月、除目には、任官儀（下名儀）について、内裏南殿で行うものと太政官庁で行うものとの二種の次第が記されているが（西一―四三〜四四頁）、西本氏も指摘されているように、後者では任人の参入が記されておらず、上卿以下の太政官の官人と、式部・兵部二省の官人のみで儀が執り行われている。一方南殿儀については、そもそも十世紀に入ると行われること自体まれになっていったようで、管見では天暦六年（九五二）正月十一日の事例を最後に、南殿における下名儀はみられなくなる。したがって、十世紀半ば以後には、任官の結果が、少なくとも任人の前で除目（召名）を読み上げるという形では伝えられなくなっていくのである。とすれば、当時の貴族・官人たちは、任官の結果をどのようにして知り得たのだろうか。本稿では、この問題をおもに摂関期（十世紀〜十一世紀半ば）の史料を対象として考えていきたい。[3]

一　任官結果の伝達に関わる令の規定

まず最初に、令の規定から、任官結果の伝達についてどのようなことがわかるのかを、早川・西本両氏の見解をふまえながら概観し、その意義や特徴をみておきたい。

任官結果の伝達に関連する令の条文としては、a選叙令20官人至任条、b公式令68授位任官条、c同84任授官位条がある。このうちcは、任官簿の作成・体裁などに関する規定であり、任官簿とは、早川氏が説くように、『延喜式』式部上、兵部に、毎年正月一日・七月一日に太政官に進上されることが規定されている補任帳にあたる（新訂増補国史大系四八二頁・七〇三頁）。この帳簿自体は、任官後の異動を記録して次回の任官の参考とするためのものであり、任官結果の伝達とは直接関係ないが、当然のことながら、このような帳簿が作成されるためには、任官結果が「所㆓任授㆒之司」、すなわち式部省・兵部省[4]などに伝達されることが前提となっている点を確認しておく。任官簿作成のもととなった資料を『延喜式』の規定から推測すると、式部上に「凡除目簿案一通、除目後五日内加㆓勘合㆒進㆓弁官㆒」（新訂増補国史大系四六九頁）とあり、本来の「除目簿案」とは、同式部下の任官儀についての規定（同五〇三頁）で、大臣から式部省官人に下される「除目簿」の写しであるから、任官簿はこれを五日以内に「勘合」する作業の過程で作成されるものと考えられる。

次にaは、「凡官人至㆑任、若無㆓印文㆒者、不㆑得㆓受代㆒」（養老令、「若無㆓印文㆒者」以下は本条古記により、大宝令文としても確認できる）というもので、印文を官人交替の証とする規定である。本条の「官人」については、市大樹氏が、「至㆑任」という表現や、令制当初の公印制度のありかたなどから、本来の令意としては外官に限定して考えるべきであり、「印文」とはいわゆる任符を指すものとされている[5]。一方『令集解』（新訂増補国史大系四九四〜四九五頁）をみると、古記が印文の発給は畿外の国司・郡司に限られるとするのに対して、令釈は外官のほかに、「今時行事、京官之中、武官有任、〔文脱カ〕文官无㆓任文㆒」としており、また跡記・穴記は、京官の雑任以上はみな印文があるとして、諸説一致していない。実例としては、さきに挙げた任符が代表的なものであり、これはある人物が国司に任命された旨を、その国に通達する太政官符である。また、坂上康俊・武光誠氏や早川氏も指摘されているように、『延喜式』兵部には、「凡補㆓任武官番上以上㆒者、移㆓送本司㆒、其式如㆑左」（新訂増補国史大系七〇二頁）として、ある人物が某司の某官に任命されたことを「本司」に通達する移の書式が載せられている[6]。したがって本条の「印文」を含めて、官人交替の証となる文書は、人事を担当する官司から、新任者が新たに所属することとなる官司に宛てて出されており、現存

表7　公式令68授位任官条の「喚辞」

	三位以上	四位	五位	六位以下
授位任官	藤原麻呂朝臣	藤原朝臣麻呂	藤原朝臣麻呂	（藤原麻呂）
以　外	藤原朝臣	藤原麻呂朝臣	藤原朝臣麻呂	藤原麻呂
太政官	藤原大夫	藤原朝臣	藤原朝臣麻呂	（藤原麻呂）
寮以上	（藤原大夫）	藤原大夫	藤原朝臣	藤原朝臣麻呂
司・中国以下	（藤原大夫）	（藤原大夫）	藤原大夫	（藤原朝臣麻呂）

（　）は，集解諸説等から類推したもの．

史料による限り、これが発給されたのは外官と武官であったということになる。ただし注意しておきたいのは、たとえば右に掲げた令釈の説にしても、延暦年間（七八二〜八〇六）の実態として、印文（任文）が京の文官については作成・発給されなかったことを述べているのであって、それ以外の形で、任官の事実が、任人が新たに所属することとなる官司に連絡された可能性を否定するものではない点である。むしろ、唐のように本人に対する辞令というべき告身の制度を持たない日本にあっては、さまざまな事務手続上、新任者の所属官司への連絡は不可欠のものであったと考えられ、aの規定の背景には、印文の発給という形以外での連絡・通達手続が存在した可能性を想定する余地は充分にあろう。なお、この問題については、十世紀以後の史料を対象として第三節であらためて検討したい。

bは、政務・儀式の場で官人を「喚す」、すなわち口頭で呼ぶ方式についての規定で、授位・任官をはじめとする政務や儀式が行われる場と、喚される官人の位階の高下とによって、その喚し方の区別を定めたものである（具体的な喚し方については、表7参照）[7]。このような規定はもちろん中国の令には存在しない、日本独自のものであり、それだけ日本では官人を喚すという行為に重要性が認められていたとすることができる。しかも任官（および授位）の際の喚し方が冒頭に置かれていることは、平安時代に「召物」「大臣召」「郡司召」「一分召」などの語が用いられるようになることとあわせて、任官と「召」という行為との密接な関連を示している。ともかく本条は、早川・西本両氏も指摘されているように、任官結果を任人の名を呼ぶという形で示す儀礼が大宝令当初まで遡ることを示す重要な規定である。さらに本条全体の構成をみると（表7参照）、「授位任官之日」と「以外」は、天皇の面前という場（それは義解や令釈などの説く「御所」すなわち内裏でも、それ以外の場所でもかまわない）での喚し方を指していると考えられるから、任官儀礼が本来天皇の面前で行われるべきものとされていたこともわかる。なお西本氏も指摘されているように、任人の名を召すためには、それが記された書類の存在を想定すべきであり、本条の集解諸説にも、それを考える手がかりとなる記述があるが、この問題については、第二節で検討することとしたい。

以上、令制当初の任官結果伝達のありかたを、令の規定や『令集解』諸説、『延喜式』などから推測してきたが、あらためてその特徴をまとめておきたい。任官結果の伝達について、令が直接規定しているのは、bのみであり、それは天皇の面前でその名を「喚す」という儀礼を前提としたものだった。しかしa・cの規定によれば、それ以外にも、「所㆓任授㆒之司」や任人が新たに所属することとなる官司へも任官結果が伝達されていたことが推測できる。次節では、このうち、任人の名を「喚す」任官儀の意義や変遷について考えていきたい。

二　任官儀礼の意義と変遷

『内裏式』や『儀式』から知られる九世紀の任官儀については、西本昌弘氏が詳細に検討され、その基本的構造が八世紀に遡ることも明らかにされている。そこで本稿では、氏の研究に多くを学びながら、任官儀礼が持つ意義やその変遷について考えていきたい。

内裏任官儀の構造をごく簡単に示せば、以下の通りとなる。

Ⅰ建礼門以南において、式部・兵部二省官人が「応㆑任者名簿」に基づき、任人を点呼する（任人の唱計）。

Ⅱ紫宸殿に天皇が出御し、その前庭に任人が列立して、式部・兵部二省官人が「除目」に基づき、任人の名を読み上げる（任人の唱名）。

なお、Ⅰで用いられる「応レ任者名簿」は、『延喜式』式部下の任官についての条（新訂増補国史大系五〇三頁）にみえる「可レ任人歴名」と同じ書類で、『西宮記』等にみえる「下名」にあたり、Ⅱの除目は、『延喜式』の「除目簿」、後世の「召名」にあたるものである。

さて、このように任官儀では、内裏外での任人の唱計と、内裏内での任人の唱名の二つの段階があったわけだが、このうちⅠの唱計は、なぜ行われたのだろうか。これについて西本氏は、Ⅱでは不参の任人に代わって式部官人などが称唯していることから、唱計によって任人の参集状況を点検し、どの任人が不参であるかを事前に把握するためであるとされ、任官儀にすべての任人が参列するという前提がある限り、任人の唱計は儀式全体のなかで重要な役割を果たすものだったとされている。任官儀全体のなかでの唱計の意味については異論がないが、「任官儀にすべての任人が参列するという前提」が存在したかという点については、やや違う考えかたもできるのではないかと思う。すなわち、不参者の確認が儀礼の次第に当初から組み込まれているということは、むしろ逆に不参者の存在を前提としているとも考えられるからである。

是日、被レ任レ官者、多不レ会レ庭、省掌代レ之称唯、於レ是、詔、式部・兵部省掌、始賜二把笏一、

（『続日本紀』神護景雲二年〈七六八〉十一月癸未条）

右の史料は、八世紀における任官儀の具体的な姿を知る手がかりとなる数少ない史料であり、早川・西本両氏も言及されているが、「被レ任レ官者、多不レ会レ庭」という事態に対して、任人の参列を促すのではなく、式部・兵部省掌の把笏を聴すという対策がとられている点に注目したい。そもそも、「除目」や「応レ任者名簿」が作成された直後に

任官儀を行うとすれば、すべての任人が自身の任官の情報を得て儀礼の場に参集するのは、物理的に不可能といわねばならない。とすれば、任官儀は任人本人への告知・伝達を少なくとも第一義的目的とする儀礼ではないという評価も可能であろう。そこで、この点をもう少し詳しくみていくために、任大臣儀について検討してみたい。

任大臣儀の次第は、『内裏式』下・『儀式』巻第八の、それぞれ任官式・任官儀の次第を述べた後に記されており、紫宸殿に天皇が出御し、任人（大臣、および同時に任官される公卿）と刀禰参列のもとに、宣命大夫が任大臣の旨の宣命を読み上げるものである。[8] この任大臣儀については、すでに古瀬奈津子氏が、奈良末〜平安初期における唐礼継受の様相を検討する材料としてとりあげられており、氏によれば、任大臣儀は八世紀後半に唐の冊命の儀礼の影響を受けながら成立したものとされている。[9] たしかに、受冊対象者の範囲や、太極殿に皇帝が臨御し、その前庭に受冊者および群官が参列して、中書令が冊書を読み上げる次第などをみれば、[10] 任大臣儀の成立に唐礼の継受が大きく影響を及ぼしたことは事実であろう。

しかし一方で、とくに宣命と冊書の形式や、その宣読の際の次第を比較すると、任大臣儀独自の性格も指摘できる。任大臣儀で宣読される宣命を、『内裏式』下（改訂増補故実叢書五六〜五七頁）によって示せば、

天皇我詔旨良万止勅命乎、親王・諸王・諸臣・百官人・天下公民衆聞食止宣、（刀禰共称唯再拝、更宣云、）食国之法止定賜部留国法随、先立先立止某姓名乎、某官任賜久止勅布、天皇大御命乎、衆聞食止宣、

となっており、後段については「臨時変改無二定詞一」と注記されていて、任人によりさまざまに変化した。ここで第一に注目したいのは、「某姓名」の部分が、実例によれば一貫して公式令68授位任官条の規定に則っている点である。たとえば貞観十二年（八七〇）、藤原氏宗を右大臣に任じた際の宣命では、正三位の氏宗を「藤原氏宗朝臣」とするのに対して、このとき同時に参議となった正四位下源勤らは「源朝臣勤」などと表記されている。[11] したがって当然の

ことではあるが、任大臣儀は、一方では公式令の規定の前提となっていた令制当初からの任官儀礼の系譜を引くものであったとすることができる。第二に注目すべきは、冊命と宣命の宣読される対象の違いである。すなわち、藤森健太郎氏が日唐の即位儀礼の比較のなかで明快に指摘されたように[12]、唐の冊命が皇帝から個人に対してある地位への就任を命じる形式であるのに対して、日本の宣命は就任者個人ではなく、親王以下天下公民までを対象に告げられているのである。したがって冊命の儀礼では、冊書を読み上げる際に再拝するのは受冊者のみだが、任大臣儀では宣命に対して称唯・再拝するのはむしろ任人以外の参列者であり、任人は宣命が終わってから、参列者とは別に拝舞を行うのである。任大臣儀の儀式としての核心が、宣命の宣読にあるとするならば、やはりここでも任人本人への任官の告知は第一義的目的ではないとすることができ、この特徴が一般の任官儀よりもさらに鮮明な形であらわれているといえよう。実際に、任大臣儀に大臣任官者本人が参列する例は、承平七年（九三七）正月二十二日に右大臣に任命された藤原恒佐を最後に[13]、以後みられなくなるのである。

それでは、任官儀や任大臣儀の第一義的目的とは何か。それは、あたりまえのことになるかもしれないが、除目や宣命を一定の次第にしたがって読み上げることにより、任官の事実を公表し、確定するところにあったと考えられる。西本昌弘氏は、『公卿補任』の任官の日付などから、除目（召名）の清書・奏覧の段階で任官の事実はすでに確定しているとし、そのような意味において、任官儀の第二義的・非実効的性格を指摘されているが、十世紀以後については妥当な評価だとしても、令制当初からそうであったかどうかは別に検討する必要があろう。

かなり後の史料になるが、『小右記』長元五年（一〇三二）十月二十九日条には、二十六日から始まった除目で（『日本紀略』同日条）、兵部録から式部録に遷任した済任なる人物が、この日の下名儀に兵部録として参列するよう外記の召しがあったと申してきたのに対して、実資が「雖レ任二式部録一、召名以前猶是兵部録也、早参レ役尤可レ宜、除目召名了也可レ知二式部録一、古昔未レ召二除目一之前、不レ申レ慶」と仰せている記事がみえる。実資のこの発言は、召名の清書・奏覧の時点ではなく、これを任官儀で読み上げた時点で任官の事実が発効するという考えかたが、「古昔」には存在した可能性を示唆する。また、後世の下名にあたる名簿を、『儀式』では「応レ任者名簿」、『延喜式』では「可レ任人歴名」というように、「任ズベキ」名簿としているのも、内裏外で唱計が行われる段階では、任官が確定していないという意識を示していよう。

右のことと関連して、もう一つ、召名の書式（とくに人名表記法）について、考えておきたい。後世の召名にあたる書類の存在が、天平年間（七二九〜七四九）まで遡ることは、これも西本氏が、鎌倉中期成立の『除目抄』や、公式令68授位任官条の集解古記の記述によって明らかにされている。このうち後者には、「問、先レ名後レ姓名〔者カ〕、未レ知、注書乎、答、記書也、言亦同」とあり、また同じ箇所の朱説は「喚辞、謂只以レ言称也、於二録文一姓名具称者」と述べている。これらの「注書」「記書」「録文」が、任官文書＝除目（召名）にあたることは、西本氏の指摘の通りだと思われるが、ここで注目したいのは、古記が「注書」「記書」と「言」、すなわち文書と喚しかたは同じだとするのに対して、朱説では両者が異なると主張しているらしい点である。これらの議論が、それぞれの時代の実態をどの程度反映しているかについては慎重に検討すべきであるが、『西宮記』の召名の書様（西一―四四〜四六頁）をみると、三位〜五位はすべて「ウヂ・カバネ・ナ」の順で位階による区別がみられない（ただし六位以下はカバネを記さず区別している）ことからすると、除目（召名）の任官者の人名表記法が、ある時点で変化した可能性を推測できる。変化の時期を特定することはできないものの、除目（召名）が、任官儀で公式令の規定に基づき任人を唱名するための書類であるとすれば、位階によって表記が異なるほうがふさわしく、一方、唱名よりも任官の確定という点に重きが置かれる書類になったとすれば、人名表記は一様であるほうがのぞましいと考えられるから、人名表記の変化は、任官の事実が確定する時点の変化と対応しているのではなかろうか。

以上、憶測を重ねたが、本節では、任官儀礼本来の目的は、任官文書を一定の次第にしたがって読み上げることにより、任官の事実を確定する点にあったこと、これに関連して、任官文書の役割が、読み上げるための書類から、その作成自体で任官の事実を確定させる書類へと変化したことなどを指摘した。

三　摂関期における任官結果の伝達――任官確定以後

本節以降では、任大臣儀を含めた任官儀に任人が参列しなくなった十世紀後半以降、任官結果が任人や関係者にどのような形で伝わったのかを検討したい。当時における任官の事実の発効・確定の時点は、すでに西本昌弘氏の見解によって述べたように、除目（召名）の清書・奏覧の段階であった。そこでまず本節では、清書・奏覧された召名のその後の動きに沿って、任官結果の伝達の様相をみていきたい。

『西宮記』巻二、正月、除目によれば、議所で清書上卿によって清書・奏覧された召名は、下名儀に向かう上卿に従って外記が持参し、式部・兵部官人に授けられた。唱名が行われ、それが終わると、「召名、二省以二正文一上二外記一、写二一通一上二任符所一、又写二一通一進二蔵人所一」(14)（西一―四四頁）という措置がとられている。すなわち、召名の正文は外記局が管理するが、その写しは式・兵二省、任符所（弁官局）、蔵人所の計四ヵ所に保管されたことになる。

このうち、外記局に保管されることになる召名の正文をもとに、任官結果が外部に伝えられたことを示す史料として、『小右記』長和二年（一〇一三）六月二十三日条を挙げることができる。この日の小除目に参入しなかった実資に対して、「西尅許資平自レ内書二送除目一、其後大外記敦頼朝臣注送、大納言・中納言如二云々一、除書注レ右[左ヵ]」と、養子の資平（当時侍従）と家人であった大外記菅野敦頼[15]から除目の情報が伝えられており、その日の条の末尾に、公卿の任官・親王の任官・公卿の衛府長官兼官の三種の勅任除目と、奏任除目の写し[16]を掲げている。これらは当時の官職からみて、資平からというよりも敦頼からの情報に基づいて記したものと考えられよう。このほかにも『小右記』には、実資が除目に参入しなかったときに、外記から任官結果を伝えられている記事が散見し[17]、外記が親しい公卿などに召名に基づく任官結果の情報を送ることがあったものと考えられる。

式・兵二省については後述することとして、次に任符所についてみると、ここにもたらされた召名の写しが、外官を対象とする任符作成の資料とされたことはいうまでもない。しかし、召名は京官・外官を区別せずに記すから、任符所＝弁官局の官人は、任官結果の大要をこれによって知ることができた。『左経記』寛仁四年（一〇二〇）九月十九日条には、当時右中弁だった源経頼が「左右両府幷諸卿被レ参レ陣、有二除目一〈左兵衛督能信、常陸守［ママ］平維衡、出羽守大江時棟、大隅守源義忠、右大弁執筆〉」と記しており、勅任の武官が冒頭にあるので、弁官局にもたらされた召名を勅任・奏任の順に見て書き留めた可能性があり、同寛仁三年十二月二十一日条でも、除目の結果を公卿・公卿の大宰権帥兼官・弁官以下の京官の順に記しているので、やはり召名をもとにしていたと考えられる。したがって弁官局官人が、任符作成のためにもたらされた召名の記述に基づいて、任官結果を関係者などに伝達することもあったと考えられる[18]。また、蔵人所に保管された召名は、いわば天皇の御覧に供するという意味があったと思われるが、蔵人らが召名をもとに任官結果を他所に伝達したことを明確に示す史料は見当たらなかった。蔵人からの任官結果の伝達は、むしろ任官の事実が確定する以前の問題として、次節で後述する。

さて、召名に基づく任官結果の伝達をめぐり、最後に式・兵二省のルートについて検討したい。二省と召名との関係は、まず第一に下名儀で任人の唱名を行うためであり、第二には一節で述べた補任帳作成のためである。さらに武官については、これも一節で述べたように、任官結果を移式文書で新任者の所属官司に伝達するためにも、召名が用いられた。この兵部充（宛）文の実例を挙げると、『小右記』長和二年六月二十八日条に、二十三日の除目で権中納言となり左衛門督を兼ねることになった藤原教通について、舅の藤原公任が「上達部帯剣若待二兵部宛文一乎否」と尋ねたのに対して、実資は「報二不レ待之由一、又公卿宛文有無不レ覚耳」と記している。また、同寛仁三年十二月二十二日条では、前日の除目で左兵衛佐に任じられた資房を連れて、養子の資平が実資のもとを訪れ、資平は「兵部充文持来」と実資に語っている。このうち前者の「公卿宛文」については、他に所見がなく、あるいは公卿で衛府の長官を兼任した者についての兵部充文の有無という意味かとも思われるが、ともかく右の史料から、当時兵部充文と呼ばれた文書が、武官任官の通知、あるいは任官の事実の確認のために、任人本人にもたらされていたことがわかる。その伝達経路は、第一節で述べた文書の様式からすれば、兵部省から新任者の所属官司、さらには本人へと考えるのが自然だが、院政期の事例では、兵部省官人が任人本人のもとに直接持参しており(19)、摂関期でも同様だったと推測したほうがよいかもしれない。しかしそうだとしても、兵部省から所属官司への伝達も、何らかの形で行われていたと考えるべきである。『親信卿記』天延元年（九七三）四月十九日条には、「府物節以下来、進二見参一」とあって、十七日の直物で右衛門少尉に任命された親信のもとに、右衛門府生・番長らが見参を進めており、当然その前提として、兵部省から右衛門府に親信の任官についての通達があったものと考えられるからである。

　さらに、この見参を進めるという行為に注目すると、武官だけではなく文官の場合にも同様の任官伝達経路を想定することができる。例えば『左経記』寛仁四年三月二十九日条には、「早旦兼二内蔵頭一之由云々、又長門元愷朝臣任云々、余官被レ召云々、及二午剋一寮官人已下雑色已上来向、奉二見参一、頃之、参二入入道殿・関白殿・内・中宮・大宮御方等一、事〔衍カ〕申レ慶」とあって、前日の小除目に参入しなかった経頼のもとに、早朝から自らの内蔵頭兼任を含む任官情報がもたらされ、昼頃には内蔵寮官人が来て見参を進めている。経頼は、一方では別のルートで自己の任官を知りながら、他方ではおそらく式部省から知らせを受けたと考えられる内蔵寮官人が来訪して見参を進めることにより、任官の事実を確認し、その後道長などに申慶しているのである。このほかにも延長八年（九三〇）十二月十七日の除目で弾正尹となった重明親王のもとに、十九日に弾正台の忠以下が見参を進めている例[20]、治安元年（一〇二一）八月二十九日の除目で東宮傅を兼ねた藤原実資に、春宮坊の属が史生・蔵人・坊掌らの見参を持参している例[21]などがあり、一般に式部・兵部両省から新任者の所属官司に何らかの形でその旨の通達があったと考えてよいと思う[22]。それでは、具体的にはどのような形で式部・兵部二省から所属官司に通達されたのだろうか。これを直接示す史料は見いだせなかったが、『小右記』治安元年七月二十八日条の記述が参考になると思われる。実資が七月二十五日に右大臣に昇進した三日後の記事であり、この日参内した実資は、「衛黒蔵[人脱カ]弁章信来云、只今被[下脱カ]兼官如レ先宣旨了者、（中略）将曹正方参来云、大外記文義仰云、大将如レ先者、仰下可レ差二進府生・近衛一人一之由上了、章信云、件宣旨中納言道方奉下之」と記している。まず蔵人から、いま「兼官如レ先」の宣旨を下したところだという知らせを受けており、引用箇所の後半からみてその伝達経路は、蔵人→上卿（中納言道方）→外記→近衛将曹というものだった。さらに実資は宣旨を外記から伝えられた将曹の報告を受け、随身についての指示を与えているのである。このうち、蔵人からの連絡は、宣旨伝達に関わった者からの、いわば非公式なものであり、将曹からの報告が、前述の兵部充文・見参進上に相当するものだと考えられるが、その前提となる外記から近衛府への伝達が、口頭の仰せだった点に注目したい。右の場合は外記から兼官の所属官司に宣旨が口頭で下されているが、「兼官如レ先」の宣旨は、上卿が式部・兵部官人を召して仰せることもあり[23]、その場合はさらに兼官の所属官司に口頭で宣旨が伝達されたと考えてよいと思う。まわりくどい説明を連ねたが、要するに式部・兵部二省から新任者の所属官司への通達は、二省が各官司の官人を召して、口頭により行われたものと推測することができる。[24]

以上、任官確定以後の任官結果の伝達の様相を検討してきた。ここで指摘した式・兵両省から新任者の所属官司、さらにはそこから任人本人へというルートは、第一節で触れた選叙令20官人至任条とも関わるものであり、令制当初から存在した可能性も充分に想定できると考えられる。また摂関期においては、除目をめぐる政務に関与しうる人々にとってみれば、既知の情報の確認という意味以上のものではなかったが、そうでない人々にとっては、任官儀（下名儀）が形骸化していった状況のもとで、自己の任官結果を知る手段として一定の意味を持ちつづけたのではないかと思われる。

四　摂関期における任官結果の伝達——任官確定以前

本節では、任官確定以前、すなわち召名の清書・奏覧より前の段階で、任官「結果」がどのように伝達されるのかについて、みていきたい。

まず召名の清書直前の段階はどうであろうか。恒例の除目議では、天皇の御前で執筆大臣が大間の空欄に、臨時除目では「除目」「除書」などと呼ばれる書類に任官者名を書き入れて日付を記し、これをいったん奏覧したのち、議所に持参して、大間・除目をもとに召名の清書が行われる。[25]この清書直前の大間等をもとに、任官結果を記した除目聞書という書類が作成されたことは、早川・西本両氏の指摘にある通りである。とくに西本氏は、『小右記』寛弘八年（一〇一一）二月一日条の記事まで遡って、その存在を明らかにされ、除目に不参または早退した公卿に対して、除目の結果を速報するために作成された文書であると、的確にその性格を述べておられる。さらに中世以後の事例も紹介されながら、院政期以降、除目聞書は相当広い範囲の堂上公家に配布された、公的な性格の強い文書となったとされているが、この点については、富田正弘氏も中世の公家諸家で作成・保存されていた補任・歴名（『公卿補任』のごとき記録）との関係で聞書の機能について言及されている。(26)

さて摂関期に話を戻すと、除目聞書の名称の有無にかかわらず、除目に不参の公卿に対して、参列した公卿から任官結果の情報が送られることは、とくに珍しいことではなかった。たとえば、『小右記』長保元年（九九九）九月二十五日条には、「払暁藤相公告送云、除目議丑剋了、淡路守文佐、〈扶範依二州民愁一被二召替一〉自余京官不レ記」とあり、このときの京官除目に参入しなかった実資のもとに、実兄の参議藤原懐平から任官の情報が送られている。この情報が、前節で述べた召名に基づくものか、大間に基づくものかは不明だが、これも西本氏が指摘されているように、除目に参入した公卿は清書直前の大間を披見する慣行があったことを考えると、大間に基づく情報である可能性が高い。この大間の披見については、西本氏は院政期の『中右記』の事例を紹介されているが、摂関期においてもかなり一般的に行われたことがわかる。右の長保元年の記事も、その慣行を推測させるものだが、ほかにもたとえば、『春記』長久元年（一〇四〇）正月二十五日条には、正月除目の入眼の次第を記した後、「公卿等開二見大間一如レ例」とあり、『小右記』長和四年（一〇一五）十月二十八日条には、「宛〔亥カ〕始議了、新中納言経房為二清書上一、召二彼卿一給二大間・成文等一、執レ筥退出、卿相等披見、中納言実成、参議親信、左大将権大納言頼通」などとあって、前者では「如レ例」とあるのが注目されるし、後者では「披見」の後に実資が主要な任官結果を列挙している点が興味深い。(27)

このように公卿による大間の披見が行われた目的としては、第一に大間の内容の確認・点検ということが考えられる。『小右記』逸文長保三年正月二十五日条（『魚魯愚別録』巻第八所引、大日本古記録一一―六二頁）によれば、清書の上卿をつとめることとなった実資が議所に下された大間を見ると、平惟仲の大宰帥任官のことが記されておらず、右大臣顕光や内大臣公季も、除目議ではたしかに任じられたはずで、書き漏らしたのではないかという意見だったので、当人の惟仲がこれを奏上したところ、たしかに任命したので清書には載せるようにという仰せが下された。そこで実資は、まず大間に書き入れ、その後に清書したとある。このように大間の不備を点検するには、清書の上卿だけでなく、除目議に参列した公卿たちによって、内容の確認が行われる必要があったと思われるのである。第二に、前述した中世の除目聞書の機能や、摂関期の日記に、大間披見の後に主要な任官結果を書き留めている例が散見される点などから、公卿が任官結果の大要を記録し、把握するためという目的があったと考えられよう。さらに第三には、自己や関係者の任官をいち早く知り、その後の奏慶などにそなえるという目的も存在した。『権記』寛弘六年（一〇〇九）三月四日条には、この日の臨時除目で参議から権中納言に昇進した行成が、「入レ夜事了、除目被レ下、予見レ之、未二清書一之前退座、立二壁後一、両大納言又同退、待二清書一欲レ奏二慶賀一」と記しており、清書前の除目を見て、自身の任官を確認し、奏慶にそなえている。また同じく『権記』寛弘七年十一月二十五日条では、この日の小除目で子息の実経が左兵衛佐に任じられるという確証を左大臣道長からつかんだ行成は、夜になってから実経を内裏から退出させ、「除目清書、遣レ人喚、令レ申二慶賀一〈内・中宮・若宮・左府、〉」と、清書の時点で人を実経のもとに遣して、諸所に慶賀を申すよう指示している。この場合、厳密には清書の前か後かは判断できないが、なるべく早く知らせるという点では、清書直前の除目を見て実経に知らせた可能性は充分にあるだろう。

　以上、摂関期には清書直前の大間・除目を公卿が披見するという慣行が存在し、そこから任官結果が外部に伝達される可能性を指摘した。次に、これよりさらに早い段階を考えてみたい。大間・除目の全体を清書の段階より早く実見できる者として、執筆大臣と大間・除目の奏覧に関わる蔵人がいる。このうち執筆大臣については、大間や除目に任官者の姓名を記入するかたわら、これとは別に任官結果をメモしていることを示す史料は見当たらない。(28) そもそも、

『西宮記』巻二、正月、除目に「成文・大間執筆随身」（西一―四三頁）とあるように、大間は除目終了後、執筆大臣が持ち帰ることになっていたから、[29]任官結果の大要を把握・記録するという意味では、大間からさらにメモを取る必要はないわけである。一方、蔵人については、『権記』長保三年（一〇〇一）八月二十五日条に、この日の除目で参議となった蔵人頭行成が、「見二大間一之後、於二宿所一著二隠文白玉帯一、自二殿上前一於〔出カ〕二宜陽殿一、大納言・中納言・宰相中将・左中将・右中将相共奏二慶賀一」と記している。蔵人頭という職務からすれば、奏上された大間を見て、自己の任官を確認したものと考えられる。

この蔵人については、摂関期の記録のなかに、蔵人自身が除目の結果を書き留めている記事を数多く見いだすことができるが、[30]そのなかには大間や召名とは大幅に異なる順序で任官者名を列挙している例が目立つ。たとえば『親信卿記』天延二年（九七四）四月十日条（記主平親信は当時六位蔵人）では、除目の次第を簡単に記した後、任官結果を参議・中宮亮・春宮亮・伊豆守・壱岐守・左近衛将監・兵庫少允と、大間や召名の順に沿って記しているが、一方で同年五月二十三日条では、皇太后宮大夫・尾張守・主殿允・中宮少進・采女令史の順に記している。その極端な事例は、『春記』長久元年（一〇四〇）正月二十五日条で、後朱雀天皇の蔵人頭藤原資房が列挙した正月除目の任官結果は、受領（丹波・但馬・美濃・備後と国名の順も不同）・京官（右京大夫・右少弁・左少将・右少将・右兵衛佐・式部丞などと、これも順不同）という順だった。このような蔵人による任官結果列挙のもととなる資料を考える際に参考となるのは、玉井力氏が院政期の人事制度の特徴を述べるなかで指摘された任人折紙である。[31]玉井氏は、院政期における院の人事権強化の梃子となる任人折紙は、本来除目の際の天皇の仰せを蔵人が書き留めたもので、それが執筆大臣に下されて、大間や除目に任人を記入するためのもっとも基本的な資料になったとされている。また、『春記』長暦三年（一〇三九）閏十二月二十日条の記事を挙げて、[32]このような任人折紙は、中文のない補任者について、誤りを避けるための方便として作成されたのに始まるとも指摘され、任人折紙の先蹤が摂関期まで遡れることも明らかにされている。とすれば、その前提として、蔵人が天皇の仰せを執筆大臣に下す際、誤りのないようにその内容を書き留める慣行が存在したことも充分に想定できよう。『権記』長徳四年（九九八）八月二十七日条には、「依レ召参二御前一、承二除目之事一、仰二民部卿一」とあり、この日の小除目に先立ち、蔵人頭行成が、天皇の仰せを執筆の権大納言藤原懐忠に伝えているが、その直後に、大炊頭・典薬頭・造酒正・山城守・摂津守・播磨介・土佐守・左衛門大志の順に、任官者と任官事由を詳しく列挙している。この順は結果的には大間のそれに一致するが、列挙されている位置や任官事由の注記の存在から考えると、天皇から承った「除目之事」についてのメモに基づくものと考えられよう。（補1）

さらに、蔵人による天皇の仰せのメモをもとに、任官の「結果」が外部の関係者に伝達される場合もあった。養子の資平が蔵人頭だった時代の『小右記』には、「行二直物一、又有二小除目一云々、臨レ夜資平従レ内示送云、小除目於レ陣行之、図書頭有隣・中務少丞源懐信〈蔵人、〉・木工允大中臣頼成・上野介定輔」（長和四年〈一〇一五〉八月二十七日条）、「今日直物・除目（中略）入レ夜頭中将注二送除目一、右衛門督頼宗〈中納言、〉・左衛門佐藤惟忠・右兵衛佐藤基房・図書頭藤通範・兵庫頭平孝明・侍従藤経任・長門守高階業敏〈有家死闕、〉・肥前守源同[聞カ]（注略）」（同五年四月二十八日条）などとあって、実資が除目に不参だった場合に資平から任官の情報が送られているが、任官者の順序が大間・召名と大幅に異なっていることからみて、天皇の仰せをメモしたものが情報源だった可能性が高い。

永祚元年（九八九）二月二十三日に待望の参議昇進を果たした藤原実資は、それ以前に蔵人頭として、実資を強力に推挙する円融上皇と、これに消極的な摂政兼家との間を使者として往復することにより、三日前の二十日には昇進の確証をつかみ、大納言道隆や権中納言道兼のもとを訪れて慶賀を申している（『小右記』同日条）。第二節に引用した長元五年（一〇三二）十月二十九日条で「古昔未レ召二除目一之前、不レ申レ慶」と述べた彼が、四〇年以上前の自身の行動をどう弁解するのか興味深いところだが、それはともかく、このように蔵人は、天皇・摂関を除けば除目に関する情報をもっとも早く入手できる存在だった。したがって、任官情報をいち早く入手したい人々にとってみれば、親族や関係者に蔵人がいるのは大変有利な条件だったと思われるし、そうでなければ蔵人と何とか接触をはかろうとしたと想像される。『小右記』寛仁元年（一〇一七）十一月十六日条には、前日の直物・小除目に関する参議資平からの情報として、「去夕除目如二散楽一、摂政差二近江守惟憲一、数度被レ申二大殿一、往還之間、随二人々問一、漏二談除目事一、頭・蔵人之外、非二職事一除目往反、未二曾有一」と記している。除目に関する折衝で摂政頼通と道長との間を往復した家司藤原惟憲の行動が非難されているわけだが、本来このような職務を行うべき蔵人の場合でも、「随二人々問一、漏二談除目事一」という事態が全く生じなかったとは、むしろ考えにくいのである。

以上、本節では、正式な任官発効以前の任官「結果」伝達について、とくに蔵人からの情報の重要性について指摘したが、これに関連して、あと二点ほど補足しておきたい。その第一は、任大臣・大将に関する兼宣旨の問題である。兼宣旨は、大臣・大将任官に先立ち、当人に任官の旨を通知し、あわせて任官の日時の勘申を仰せるものである。このようないわば任官の内示が行われたのは、任大将兼宣旨についてのもっとも古い史料と考えられる『小右記』長徳元年六月二十一日条に、「被レ任二大将一之事、先預兼日被レ仰二其人一、然後被レ任者也、依レ有二其儲一」[33]とあるように、一つには任大臣・大将大饗の準備のためだった。ただし、任大臣大饗の初見は延喜十四年（九一四）八月二十五日に右大臣に任じられた藤原忠平の例（『貞信公記』同日条）[34]であるが、[補2]兼宣旨の初見は、天暦元年（九四七）四月二十六日に右大臣に任じられた藤原師輔に対して、十四日前の四月十二日に「内内被レ仰下任二大臣一事上」（『九暦』逸文同日条）とあるもので、両者の間には三〇年以上の時間差があり、しかもこの場合「内内」というかなり非公式なニュアンスを持つ表現が用いられているので、兼宣旨は任大臣大饗成立後、しばらくたってから、徐々に慣行として整備されていったものと考えられる。ともかく兼宣旨の特徴は、任官の旨をまえもって当人に直接仰せるところにあり、しかもそれは太政官（上卿）を通じることなく、多くの場合蔵人頭によってなされる点にあった(35)。本節では、任官「結果」をいち早く入手するという点で、蔵人からの情報の重要性を指摘したが、兼宣旨は、まさに大饗の準備のため、いち早く情報を得る必要のある人物に、蔵人から直接任官の内示を与えるものだったのである。

第二は、富田正弘氏が明らかにされた中世の口宣案との関係である(36)。富田氏によれば、十三世紀半ばの後嵯峨院政期以後、恒例除目や任大臣の場合を除き、任官された当人に、職事蔵人から口宣案という様式の文書が発給されるようになった。口宣案は、人事に関する院の仰せを職事が書き留めて上卿に下す口宣の案文であり、したがって口宣は、玉井力氏がその存在を明らかにされた任人折紙と基本的に同じものとみてよいだろう。そして本節で検討したように、任人折紙、あるいは蔵人による任官に関する天皇の仰せのメモの存在が、摂関期においても珍しいものでなかったとすれば、やはり本節でみた蔵人から関係者への任官情報の伝達を、中世の口宣案の源流とみなすことも不可能ではないだろう。その意味では第二節で紹介した、藤原実資の右大臣任官にともなう右近衛大将の「兼官如レ先」の宣旨に関して、宣旨を上卿に下した蔵人が、実資に対して、いま宣旨を下したところだと語っているのは、実質的には中世の口宣案と同じ機能を果たしているものと評価できるのではないだろうか。

おわりに

本稿では、古代における任官儀礼の意義や、任官結果の伝達の諸相を検討してきたが、最後に若干の補足や憶測を交えながら、検討結果をまとめておきたい。

令制当初から行われていた任官儀礼は、天皇の面前で任官文書を読み上げるという形で、任官結果を公表し、確定させるために行われた儀礼であった。したがって、任人本人の参列は、必ずしも絶対必要な条件ではなく、むしろ任人参列の意義を求めるとすれば、『内裏式』に、親王以外の任人が唱名されると「位列」に就くとあるように（改訂増補故実叢書五六頁）、任官結果を位階の秩序にしたがって儀式の場で視覚的に示すという点にあったのではないかと思われる。一方、任官文書＝除目（召名）の本来的機能は、当初このような儀礼の場で読み上げるための文書としてのそれであった考えられるが、吉川真司氏が太政官政務の読申公文方式から申文刺文方式への変化を通じて説かれたように(37)、文書行政の成熟・深化が進行するのにともない、次第にその作成自体が任官結果の確定を意味するようになり、ここに任官儀礼は西本氏の説かれる非実効的性格を帯びるにいたったのである。

次に任官結果の本人への伝達ルートについては、まず律令制当初の状況をみていくと、任官の伝達は、それが本来の目的ではないにせよ、天皇の面前で行われる任官儀で、任人を唱名するという形で行われたほか、当然人事関係官司へも伝達され、そこから新任者が所属することになる官司へも伝えられて、さらには所属官司から当人へという伝達経路も存在したと考えられる。この人事関係官司から新任者の所属官司へというルートは、平安時代に入ってからも存続し、そこから新任者当人への伝達も、断片的な史料からではあるが、確認できる。しかし主に摂関期の日記史料をみる限りでは、当時の日記の記主（公卿・殿上人・弁など）やその関係者は、右のルートからの伝達以前に、召名・大間など除目に関する文書をもとにして、さまざまな形で任官結果に関する情報を得ていた。とりわけ蔵人からの情報は、もっとも早い任官「結果」の情報として、当時の人々に重視されたものと思われ、それが中世の口宣案を成立させる出発点となったとも考えられるのである。

以上が本稿で一応得た結論であるが、検討の対象とした史料や時代が限られていることから、残された問題も多い。

まず、第三・四節で検討した事柄が、院政期にはどのような状況になっていくかを考えなければならない。また摂関期までの時代においても、除目をめぐる政務に直接関わった人々やその関係者以外が、任官結果に関する情報をどのように得ていたのかも問題である。たとえば、『枕草子』第二十二段「すさまじきもの」に登場する「除目に司得ぬ人」が使いに遣った「もの聞きに宵より寒がりわななきをりつる下衆男[38]」が、具体的にはどのようにして任官情報を得ようとしたのか、ぜひとも知りたいところだが、これらは今後の課題として、ひとまず擱筆することとしたい。

註

（1）早川庄八「八世紀の任官関係文書と任官儀について」（初出一九八一年、『日本古代官僚制の研究』〈岩波書店、一九八六年〉所収）、西本昌弘「八・九世紀の内裏任官儀と可任人歴名」（初出一九九五年、『日本古代儀礼成立史の研究』〈塙書房、一九九七年〉所収）。以下、両氏の見解はすべてこの二つの論考による。

（2）早川氏は、八世紀の任官儀礼は、天皇が大極殿に出御し、その前庭に任人が列立して行われたとするのに対して、西本氏は大極殿での儀はむしろ例外的で、八世紀半ば頃からは九世紀以降と同様、内裏での任官儀が一般的になっていたとする。また、正倉院文書中の官人歴名（一通は続々修二四―五ウラ、古二四―七四〜七五頁、もう一通は続々修四六―五、古一五―一二九〜一三二頁）については、早川氏が院政期の記録などにみえる除目聞書の先駆的なものとするのに対して、西本氏は後世の除目下名につながる任官文書の案文または写しとする。

（3）『西宮記』巻二、正月、除目の「二度除目下名例」に「天暦六年正月十一日、於二南殿一有二任官事一云々」とある（西一―四八頁）。『北山抄』巻第一、正月十一日除目事に付された「南殿儀、見二清涼抄幷天暦六年私記一」（改訂増補故実叢書二五五頁）という注記も同じ日のことを指すものと思われる。

（4）「所レ任授レ之司」を、義解は太政官・中務省・式部省の類とし、古記は式部・兵部、令釈・跡記・穴記は中務・式部・兵部とする。

（5）市大樹「国司任符に関する基礎的考察」（初出一九九八年、『日本古代都鄙間交通の研究』〈塙書房、二〇一七年〉第九章に「国司任符の伝達と受信」と改題して所収)。

(6) 坂上康俊・武光誠「日本の任官文書と唐の告身」(『史学論叢』七、一九七七年)・早川庄八氏註(1)前掲論文。この文書は摂関期以降の記録に「兵部充(宛)文」としてみえるもので、第三節であらためて検討する。

(7) 表は養老令文に基づくものであり、大宝令では「寮以上」の部分が「弁官八省」となっていた(仁井田陞著・池田温編集代表『唐令拾遺補』〈東京大学出版会、一九九七年〉一三〇二～一三〇三頁)。この違いは、その前の「太政官」の意味にも影響を及ぼし、ひいては八世紀の任官儀礼の場所の問題にも関わってくる可能性があるが、この問題については今後の課題としたい。

(8) 任大臣儀の成立や変遷などの詳細については、別稿「任大臣儀について─古代日本における任官儀礼の一考察─」(本書第一部第四章)を参照されたい。

(9) 古瀬奈津子「儀式における唐礼の継受─奈良末～平安初期の変化を中心に─」(初出一九九二年、『日本古代王権と儀式』〈吉川弘文館、一九九八年〉所収)。

(10) 『大唐開元礼』巻一〇八、臨軒冊命諸王大臣。なお同書には、朝堂で行われ、皇帝の臨御・文武官の参列のない朝堂冊命諸臣の儀も記されている。また、唐の冊命儀や冊授告身については、大庭脩「唐告身の古文書学的研究」(『西域文化研究第三─敦煌敦魯番社会経済資料(下)─』法蔵館、一九六〇年)・中村裕一『唐代制勅研究』(汲古書院、一九九一年)第四章第一節「冊書」(初出一九八八年)参照。

(11) 『日本三代実録』貞観十二年(八七〇)正月十三日条。このほか三位以上と四位以下の表記の違いがわかるものとして、同貞観十四年八月二十五日条がある。これ以外の宣命も、三位以上を「ウヂ・カバネ・ナ」の順で記す点では一貫している。ただし、道鏡を法王とし、藤原永手を左大臣、吉備真備を右大臣に任じた『続日本紀』天平神護二年(七六六)十月壬寅条の宣命だけは、三位以上の永手・真備を「藤原朝臣」「吉備朝臣」と、授位任官条の「以外」の方式で表記している。この宣命は、隅寺で出現した仏舎利を法華寺で百官に礼拝させた際に出されているので、あるいはそのためかとも考えられる。

(12) 藤森健太郎「平安期即位儀礼の論理と特質」(初出一九九四年、『古代天皇の即位儀礼』〈吉川弘文館、二〇〇〇年〉所収)。

(13) 『西宮記』巻二、正月、大臣召(西一─五三頁)、および同書所引『九記』逸文同日条(同五六頁)。

(14) ここに記された召名の動きは、第一節で挙げた「凡除目簿案一通、除目後五日内加₂勘合₁進₂弁官₁」という『延喜式』式部上の条文と異なるが、両者の関係については未詳である。

(15)『小右記』万寿二年（一〇二五）二月十六日条に「親昵家人」とある。渡辺直彦『日本古代官位制度の基礎的研究　増訂版』（吉川弘文館、一九七八年）二五一頁以下参照。

(16)ただし『小右記』に載せられている奏任除目の写しには、文官と武官が併記されており、敦頼が実資に伝える際に合叙したらしい。

(17)寛弘八年（一〇一一）三月二十日条・同年九月十七日条・長和三年（一〇一四）三月二十八日条・寛仁元年（一〇一七）十一月十五日条・長元四年（一〇三一）三月二十八日条など。

(18)弁官局官人は下名儀に参列するから、その時点で任官結果を知ることもできるが、そこで得られる情報も召名に基づいたものである点に変わりはなく、また前述したように当時の下名儀はかなり形骸化していたから、書類を実見できる任符作成の時点のほうが、より確実に任官結果を知り得たと考えられる。

(19)『兵範記』久寿三年（保元元年、一一五六）二月五日条には、前月二十八日に権中納言となった藤原基実が、同日左衛門督に任じられたことを通達する正月三十日付の兵部省移が載せられているが、これは「省官教正」が基実邸に持参している。

(20)『西宮記』巻六、十二月、荷前事裏書所引『吏部王記』逸文（西一―二四三頁）。

(21)『小右記』治安元年（一〇二一）九月三日条。

(22)ただし、必ず所属官司から新任者に充文や見参を持参するなどの形で連絡をしたかどうかは疑問である。そもそも本文に挙げた事例では、任官者本人は見参進上などが行われる以前に、みな自己の任官の情報を得ているのであり、現存する当時の日記の記主たち（公卿・殿上人・弁など）にあっては、それがごく当然のことであって、見参進上などが自己の任官を知る唯一の手段ではなかったからである。実際、長和四年十月二十七日の除目で弾正少弼となった藤原資頼（実資の養子）は、翌年二月十九日に初めて弾正台に登庁したとき、下部たちから見参を進められている（『小右記』）。

なお本稿では、いわゆる除目官を対象として任官結果の伝達の様相を検討しているが、蔵人補任や昇殿についても、ここで簡単にみておきたい。蔵人補任や昇殿者決定の手続については、儀式書や実例の間で多少の異同があるが、基本的には、所別当または頭が天皇の御前で定文を書いて蔵人または出納に下し、蔵人・出納があらためてそれを宣旨に書き留めるというものである（『西宮記』巻十三、諸宣旨〈西二―二四一頁〉・『侍中群要』第一、被補蔵人事〈目崎徳衛氏校訂本五頁〉など）。さらに『侍中群要』によれば、「差二御蔵小舎人一〈一人、下部一人、〉召遣、即向二其家一、令レ申二只今参入之由一」とあって、小舎人を当人のもとに派遣してその由を告げ、これに対して蔵人に補任された者、あるいは昇殿を聴された者は、小舎人に酒肴・禄を与えるとしている。『小右記』永祚元年（九八九）三月六日条には、二月二十三日に参議に昇進した実資に対して、「従レ内小舎人来云、被レ聴二昇殿一、可二参入一者」とあり、『左経記』寛仁四年（一〇二〇）正月九日条には、同年正月五日の叙位議で従四位下に昇叙された経頼の還昇について、「及二亥刻一、小舎人来□□〔還カ〕之由、即給二絹二疋一」とあるなど、実例も数多い。この一連の手続を、除目官のそれと対比すれば、定文は大間、蔵人・出納が書き留める宣旨は召名、小舎人による召しは、新任者の所属官司からの連絡に擬することもできよう。

（23）例えば、康保四年（九六七）十二月十九日の左大臣源高明と右大臣藤原師尹の兼官については、「大納言在衡奉レ勅、召二兵部少丞藤原師衡一、給下左大臣如レ旧兼二左近大将一、右大臣如レ旧兼二右近大将一宣旨上、召二式部丞藤原弘頼一、給下右大臣如レ旧兼二皇太弟傅一宣旨上」（『初任大臣大饗雑例』還宣旨事）とある。

（24）武官についてのみ、兵部省から所属官司宛の文書が発給されたのは、本文に掲げた『小右記』長和二年（一〇一三）六月二十八日条にもみられるように、帯剣のことがあるため、より確実な文書による通達という方法がとられたものと推測しておきたい。

（25）この「除目」の書式については、『小右記』治安三年（一〇二三）十二月十五日条が参考となる。この日の小除目で執筆をつとめた実資は、任官者を公卿・大弁・中弁・大宰大弐・播磨守・武官の順に記入しており、これを清書の上卿源道方に下す際には、大弁已上・中弁已上〔下カ〕・武官の三紙に分けて清書するよう指示している。これによれば、大宰大弐と播磨守の順が逆になっているが、基本的には勅任・奏任を区別せず、大間と同じ順で任官者が列挙されたものと考えられる。

（26）富田正弘「口宣・口宣案の成立と変遷―院政＝親政と天皇＝太政官政との接点―」（初出一九七九・八〇年、『中世公家政治文書論』〈吉川弘文館、二〇一二年〉所収）。

（27）同様の事例として、『小右記』寛仁四年十一月二十九日条がある。京官除目の次第を清書まで記した後、「除目要官注耳」として、公卿・左右大弁・中少弁・民部卿・大蔵卿・修理大夫・大宰権帥の順に任官結果を記すが、勅任・奏任を区別せず官職の順に記しているので、やはり大間を見て記した可能性が高い。

（28）『御堂関白記』寛弘二年（一〇〇五）六月十九日条には、「申時依レ召参二上御前一、召二紙筆一書二大間一」と記した後、この日の小除目で任官された人物を、公卿・中弁・少将・兵衛佐・内蔵頭・民部大輔・摂津守の順に記すが、武官の位置から考えて大間・除目によるものではない。これは本文で後述するように、蔵人から下された任官に関する天皇の仰せのメモに基づくものだった可能性が高い。

(29) 治安元年（一〇二一）七月以降の『小右記』には、右大臣となり、除目の執筆をつとめることが多くなった実資のもとに、成文・大間が保管されていたこと、それをしばしば関白頼通等が借りていたことが記されている（治安元年九月三日条、万寿元年〈一〇二四〉十月十七日・十八日条、同二年二月十四日・二十五日条、同四年正月二十八日・二月一日・二日条、長元元年〈一〇二八〉九月二十九日・三十日条）。なお、関白頼通への貸し出しについては、万寿二年の場合、除目から約半月後であることからしても、任官情報の提供という理由ではもちろんなく、おそらく尻付などをはじめとする大間を書く作法を学ぶためであると考えられる。

(30) 例えば、『小右記』寛和元年（九八五）九月十四日条には、「有㆓小除目事㆒、秉燭左大臣〈雅信、〉参㆓上御前㆒、及㆓丑剋㆒罷出、所㆑任官在㆑別」とあり、以下、任官についての所感が書き連ねられているが、当時花山天皇の蔵人頭だった実資が、除目の際に任官結果を書き留めていたことがわかる。

(31) 玉井力「「院政」支配と貴族官人層」（初出一九八七年、『平安時代の貴族と天皇』〈岩波書店、二〇〇〇年〉所収）。

(32) この日の小除目が始まる前に、蔵人頭資房が執筆右大臣実資に申文を下した際、「右府云、口宣者等注㆓懐紙㆒可㆑給者、予更出注㆓懐紙㆒奉之、仰旨一々仰畢」とあって、「口宣者」すなわち申文のない任官者を懐紙に記して実資にわたしている。これと同じ内容の記事は、『春記』長久二年（一〇四一）三月二十七日条にもみえる。

(33) この記事は、この日右近衛大将に任じられた藤原顕光に、兼宣旨がなかったことを批判したものであり、任大将兼宣旨自体は、これ以前からあったと考えられる。

(34) 任大臣大饗の史料的初見や成立の状況などについては、松本裕之「平安時代の内大臣について」（渡辺直彦編『古代史論叢』続群書類従完成会、一九九四年）・神谷正昌「任大臣大饗の成立と意義」（『国史学』一六七、一九九九年）参照。なお、（補2）参照。

(35) 『定家朝臣記』康平四年（一〇六一）十二月十三日条に、藤原頼通の任太政大臣兼宣旨の先例として、「清慎公御時、康保四年十二月四日、以㆓蔵人頭㆒〈大入道也、〉被㆑仰之」とあり、藤原実頼が太政大臣となった際の兼宣旨は、蔵人頭藤原兼家が仰せている。また、永祚元年（九八九）二月二十三日に内大臣となった藤原道隆には、その二〇日前の三日に蔵人頭藤原実資が兼宣旨を仰せ（『小右記』同日条）、治安元年（一〇二一）七月二十五日に、それぞれ右大臣・内大臣となった藤原実資・同教通に対しては、九日に蔵人頭藤原朝任が兼宣旨を仰せている（『小右記』同日条）。それ以外では、天延二年（九七四）二月二十八日に太政大臣となった藤原兼通に対する兼宣旨は、二十四日に加賀命婦が伝え（『親信卿記』同日条）、寛仁元年（一〇一七）十二月四日に同じく太政大臣となった藤原道長に対する兼宣旨は、十一月二十七日に摂政藤原頼通が仰せている（『御堂関白記』同日条）。

(36)　富田正弘氏註(26)前掲論文。

(37)　吉川真司「申文刺文考―太政官政務体系の再編成について―」（初出一九九四年、『律令官僚制の研究』〈塙書房、一九九八年〉所収）。

(38)　新日本古典文学大系本（岩波書店、一九九一年）三〇～三一頁。

補註

（補1）　玉井力氏が任人折紙の事例として紹介された『中右記』長承三年（一一三四）三月七日条では、蔵人弁藤原資信から下された任人折紙の内容を、当日の直物・小除目の上卿藤原宗忠が書き写している。その官職の順序は、中宮大夫・同権亮・式部録・治部卿・雅楽允・大炊属・医博士・女医博士・修理属・河内権守・下総介・右近衛権中将と、大間書の順に一致したものである。本文で記したように、蔵人の職にある者が任官結果を日記に書き留める際、大間書の順に一致する場合と、大間書とは大幅に異なる場合とがあったが、任人折紙が除目の執筆（上卿）にとって任人を大間に記入するためのもっとも基本的な資料であったことを考慮すれば（玉井氏註(31)前掲論文）、任人折紙の記載順は、大間のそれにあわせたものだった可能性が高い。したがって、蔵人が任人折紙またはその前身となる書類をもとに日記に任官結果を書き留めた場合は、大間と同様の記載順となり、それ以外、具体的には天皇の仰せを書き留めた書類（すなわち任人折紙の一歩手前の書類）をもとにした場合は、大間とは異なる記載順となったのではないだろうか。

（補2）　任大臣大饗の初見については、渡邊誠氏の指摘により、昌泰二年（八九九）二月十四日の藤原時平任左大臣、菅原道真任右大臣の時点まで遡ることが明らかとなった（「大臣大饗沿革考」『史人』三、二〇一一年）。したがって兼宣旨の初見との時間差は、本文で述べたよりも一五年ほど広がることとなる。なお、大臣大饗の特質と変遷については、近年末松剛氏が包括的に論じている（「一〇～一一世紀における饗宴儀礼の展開」『日本史研究』六四二、二〇一六年）。

補記

本稿は、笹山晴生編『日本律令制の展開』(吉川弘文館、二〇〇三年五月)に発表したものである。唐の告身を位記という形で継受したため、官職に任命された者にそれを告知する書類を持たなかった古代日本では、任官の結果が本人に対してどのように伝えられるのか、というのが本稿の主要な課題であった。その前提として、本文冒頭に紹介した任官儀礼とそれに用いられる書類についての早川庄八氏・西本昌弘氏の研究を参考にしながら、任官儀礼が本人に任官結果を告知するものではなく、任官結果を広く公表するために行われる儀礼だったことを指摘し、さらに『延喜式』や儀式書などをみる限り、制度としては、任官結果が本人に伝えられるルートは存在しないことを確認した。そのうえで、任官が決定していく各段階で、それがいわばinformalな形で本人に伝わっていくプロセスを検討したのが本稿である。とくに記録にのこされた任官結果の記載順を、大間書や召名などのformalな書類の記載順と比較して検討した点が特徴といえばいえよう。

今後の課題としては、本稿で検討した摂関期における「informalな伝達」のありかたがそれ以前の時代ではどうだったのかという点がある。具体的には、正倉院文書中の官人歴名や、第一部第一章でとりあげた上咋麻呂状(四一頁)などが検討の素材となるが、第一部第一章・第二章の任官申請に比べてもかなり史料が限られており、慎重に検討していきたい。

第四章　任大臣儀について

――古代日本における任官儀礼の一考察――

はじめに

任大臣儀とは、大臣任官の旨を宣命によって布告する儀礼であり、『内裏式』にその式次第がみえるから、遅くとも九世紀初め以後は、一般の任官儀礼とは区別して行われていた。この任大臣儀については、すでに古瀬奈津子氏の研究がある。(1)古瀬氏は、唐礼継受のありかたを検討する具体的材料としてこれをとりあげ、任大臣儀は、八世紀後半に唐の冊命儀礼をモデルとしてその式次第が整備されたものとしている。たしかに任大臣儀が唐礼の影響を受けて整備された儀礼であることは氏の指摘の通りであり、八世紀後半に唐礼の本格的受容の端緒を見いだすという論考全体の趣旨も、概ね首肯できるものである。しかし一方で、任大臣儀の次第を唐の冊命儀礼と比較すると、看過できない重要な違いも存在する。その違いは、古代日本の任官儀礼全体の特徴に由来するものとも考えられ、さらにはそこから、ある人物を大臣に任じるということの意味の一端も窺い知ることができるのではないかと思われる。

そこで本稿では、第一節で任大臣儀の次第を唐の冊命儀礼と比較して、その違いを指摘したうえで、第二節では平安期の実例の検討を通じて、任大臣儀の特徴をさらに追求し、第三節ではその成立や起源を考え、大臣任官の意味についても考えていくことにしたい。(2)

一　任大臣儀の構造

前述したように、任大臣儀の次第を記す最初の儀式書は『内裏式』である。[3] 同書では、任官式（内裏任官儀）の記述に続いて、「其大臣者以₂宣命₁任、不₂更用₁此式₁〈参議已上或宣命任ᴸ之、〉」とした後に、任大臣儀の次第を記している。古瀬氏の論考と重複するが、その次第を箇条書きに整理すると、以下の通りとなる。

①承明・建礼門を開く。
②大臣（内弁、大臣がいなければ中納言以上が行事）が殿上で舎人を召す。
③殿庭に入り立った少納言に対して、大臣が「刀禰召せ」と宣する。
④少納言は門外に出て大臣の宣を伝え、式部官人が刀禰を率いて参入、五位以上は承明門を入って殿庭に列し、六位以下は建礼門を入って承明門外に列する。
⑤応任者が参入する。
⑥大臣が宣命を宣命大夫（参議以上）に授ける。[4]
⑦宣命大夫が版位に就く。なお、内弁の大臣が遷転する場合は、[5] 宣命を授けた後、殿庭に下り、刀禰の列に就き、宣命大夫はこれを待って版位に就く。
⑧宣命大夫が宣制し、刀禰は段ごとに称唯・再拝し、退出する。
⑨その後、任じられた者が拝舞し、退出する。
⑩任じられた者の親族があれば、日華門以東で拝舞する。

このように任大臣儀は、除目（召名）に基づき任人の名を読み上げる一般の内裏任官儀[6]とは異なり、宣命が読み告げられる点に大きな特徴があった。その宣命を、やはり『内裏式』によって示せば、

天皇我詔旨良萬止勅命乎、親王・諸王・諸臣・百官人等・天下公民衆聞食止宣、（刀禰共称唯再拝、更宣云、）食国之法止定賜部留国法随、先立先立止某姓名乎、某官任賜久止勅布天皇大御命乎、衆聞食止宣、

となっているが、二段目は「臨時変改無㆓定詞㆒」とあるように、任人によってさまざまに変化した。

次に、古瀬氏が任大臣儀のモデルとされた唐の冊命儀礼の次第をみておきたい。この場合の冊命儀礼とは、任官の際、冊書を読み上げ、これを授ける儀式で、その対象となった官は、時代によって変化があるが、概ね職事三品以上、文武散官二品以上だった[7]。その次第は、『大唐開元礼』巻一〇八に、皇帝が太極殿に臨御し、文武官を召集して行う「臨軒冊命諸王大臣」（汲古書院本五〇七頁以下）と、朝堂で行われ、皇帝の臨御・群官の参列がない「朝堂冊命諸臣」（同五〇八頁）の二つが記され、前者について古瀬氏が詳しく説明を加えられている。ここでも重複になるが、古瀬氏の研究を参考に、その次第を箇条書きにして掲げることにする（なお、群官の参入、皇帝の臨御までの次第は省略し、受冊者の参入からの次第を掲げる）。

ⅰ通事舎人が受冊者を率いて太極殿前庭に入り、位に就かせる。
ⅱ典儀が「再拝」と告げ、賛者が承伝し、群官が皆再拝する。
ⅲ中書舎人が受冊者の東北に立ち、西を向く。
ⅳ中書侍郎が冊案を持って、中書令の南やや後方に立てる。
ⅴ通事舎人が受冊者を率いて、中書令の前に北向きに立たせる。
ⅵ中書侍郎が冊書を中書令に進める。

ⅶ中書令が「有制」と告げ、受冊者は再拝する。
ⅷ中書令が冊書を読み上げ、終わると受冊者はまた再拝する。
ⅸ通事舎人が受冊者を中書令のもとに連れていき、冊書を授ける。
ⅹ典儀が受冊者を率いて位にもどす。（複数の受冊者があれば⑤〜⑨を繰り返す。）
ⅺ中書令以下が侍位にもどり、案を片づける。
ⅻ典儀が「再拝」と告げ、賛者が承伝し、群官が皆再拝する。
xiii通事舎人が受冊者を率いて退出する。
xiv侍中が儀の終了を皇帝に奏上する。（以下、皇帝・群官の順に退出。）

右に掲げたように、太極殿とその前庭で行われる冊命儀礼では、中書令が冊書を読み上げ、終わるとこれを受冊者に授けることとなっていた。冊書の実例は、『唐大詔令集』巻六一・六二等に載せられており、このうち大庭脩氏が「冊斉国公無忌為司空文」（巻六一、上海商務印書館本三三三〜三三四頁）を紹介されているが[8]、ここでは巻六二所収の「冊唐臨吏部尚書文」（同上三三八頁）を掲げることにする。

（a）維顕慶二年歳次丁巳十月丁亥朔十九日乙巳、皇帝若曰、（b）昔虞膺機揆之任、当塗受命、崔盧処銓綜之重、故能翊宣景化、吐賛時雍、（c）惟爾度支尚書唐臨、器識沈敏、操履貞潔、誉満周行、效章官次、損益機務、爰著循声、藻鑑流品、実資清識、（d）是用命爾為吏部尚書、（e）爾其懸衡処物、虚心待士、求賢審官、循名責実、祗承朝寵、可不慎歟、

この冊書は、吏部尚書に任命する際のものであるから、儀礼としては「朝堂冊命諸臣」にあたるが、冊書の構成・形式は「臨軒冊命諸王大臣」と基本的に同じである。すなわち、（a）「年月日、皇帝若曰」で始まり、（b）前文の後

に、（c）受冊者の資質やこれまでの功績が述べられ、（d）某官に任じる旨を記して、（e）今後の活躍・忠誠を期することを命じるという構成になっていた。

このようにみてくると、古瀬氏が説かれたように、紫宸殿とその前庭で、天皇の出御・刀禰の参列のもとに、宣命大夫が大臣任官の旨を記した宣命を読み上げる任大臣儀の次第が、太極殿とその前庭で、皇帝の臨御・群官の参会のもとに、中書令が冊書を読み上げる冊命儀礼を参考にして整えられたものであることは、まず間違いないものと思われる。しかし一方で、両者の間には、日本の任官儀礼の特質を考えるうえで見過ごすことのできない重要な違いも存在する。

そのもっとも基本的な相違は、儀礼の場で、冊書と宣命が誰を対象に読み告げられるかという点である。すなわち、すでに藤森健太郎氏が、日唐の即位儀礼を比較するなかで明快に論じられたように(9)、唐の冊書が、右に掲げた実例に「爾」という二人称代名詞を含むことからわかるように、皇帝から個人に対してある地位への就任を命じるものであるのに対して、日本の宣命は、就任者個人ではなく、冒頭部に明記されているごとく、親王以下天下公民を対象に告げられているのである。また、これに関連して、唐の冊書は受冊者一人に一通ずつ作成されて、各人に交付されるのに対して（前掲次第ⅸ）、日本では、その時に任命される大臣や大納言以下の公卿すべての名が、一通の宣命に記されている。さらに、冊書と宣命の体裁の違いは、儀礼の構造にも影響しており、唐では中書令が冊書を読み上げた際に再拝するのは、受冊者のみであり（前掲次第ⅶⅷ）、群官は儀の開始と終了の時点で再拝することになっているのに対して、日本では宣命に対して称唯・再拝するのは、むしろ任人以外の参列者＝刀禰であり（前掲次第⑧）、任人は宣命の儀が終わり、参列者が退出してから、彼らとは別に拝舞を行うのである。

それでは、任大臣儀が唐の冊命儀礼をモデルとして整備されたのだとしたら、その儀礼の場で読み上げられる文書に、なぜ親王以下天下公民を宣告の対象とするような形式の宣命を選んだのであろうか。冊書についての知識は、すでに八世紀初めにはもたらされており、それがここで問題としている宣命にも少なからぬ影響を与えたことは、森田悌氏・東野治之氏によって指摘されており[10]、任大臣儀に漢文体の冊書を用いようと思えば、それは不可能ではなかったはずである[11]。また、漢文体の冊書が日本語での宣読に不適当なのであれば、任人本人を宣告の対象とする宣命体を採用することもできたはずで、事実『続日本紀』所収の宣命のなかには、任官についてではないが、特定の個人を対象とする形の宣命も散見される[12]。にもかかわらず、大臣任官の旨が、当人ではなく、親王以下天下公民に向けて宣告されていることは、任大臣儀が、唐の冊命儀礼とは異なり、任官者本人に任官の旨を告知するのを目的とした儀礼ではなかったことを意味していると考えられる。

　このように、任大臣儀が唐の冊命儀礼をモデルに整備されながら、なおあえて宣命の布告の対象を任人本人とはしなかったのだとすれば、それは日本の任官儀礼固有の特質に規制されたためだと考えられる可能性があろう。そこで注目されるのは、任大臣儀の宣命の人名表記である。例えば、『日本三代実録』貞観十四年（八七二）八月二十五日条（次節表8—38）には、源融を左大臣、藤原基経を右大臣に任じた際の宣命が載せられているが、正三位の源融を「源融朝臣」など、三位以上の官人を〈ウヂ・ナ・カバネ〉の順に記すのに対して、この日同時に参議となった従四位上菅原是善を「菅原朝臣是善」などと、四位の官人は〈ウヂ・カバネ・ナ〉の順に記している[13]。これは、公式令68授位任官条の「凡授位任官之日喚辞、三位以上、先ㇾ名後ㇾ姓、四位以下、先ㇾ姓後ㇾ名、（下略）」[14]という「喚辞」の方式に合致するものである。授位任官条は、儀式・政務等の場で、官人を「喚す」、すなわち口頭で呼ぶ場合の呼び方を定めたものだが、右に引用した冒頭部分は、令文全体の構造からみて、義解や令釈など同条集解諸説が説くように[15]、「御所」における授位任官の際の「喚辞」と解することができ、早川庄八・西本昌弘両氏が指摘されたように、天皇の面前で任人の名を呼ぶという任官儀礼が、大宝令当初まで遡る可能性を示す規定である。したがって、任大臣儀における宣命の人名表記が、令制当初からの任官儀礼の「喚辞」にならったものであることは、任大臣儀自体も、このような任官儀礼の一環にほかならないことを示している。

それでは、令制当初からの任官儀礼はどのような目的で行われたものなのか。この問題については別稿[16]で論じたので、結論だけを簡単に述べておくと、天皇の面前で任官結果を記した書類を一定の方式にしたがって読み上げることにより、任官結果を公表・確定することに、儀礼の第一義的目的があったと考えられる。これは換言すれば、任官儀礼は必ずしも任人本人への任官結果の伝達・告知を目的として行われたわけではないということである。このように考えれば、任大臣儀の宣命が、唐の冊書とは異なり、任人本人ではなく、親王以下天下公民を対象に布告されているのは、まさに日本における任官儀礼の特質を端的に示すものといえよう。

二　任大臣儀の展開

本節では、十世紀以後の任大臣儀について、実例を含めて検討し、この儀礼の特質についての理解をさらに深めていきたい。

任大臣儀は、『西宮記』『新儀式』『北山抄』『江家次第』など[17]、十世紀以後の儀式書にもみえているが、その次第は、六位以下の官人の参列がみられなくなるほかは、基本的な構成は『内裏式』や『儀式』のそれと同様である。前節で触れた宣命と参列者・任人との関係についても、宣命に対しては参列者のみが再拝し、任人は宣命の宣読が終わってから、新任者の標（版位）に就いて拝舞することが、これらの儀式書にはより明確に記されている。

一方、十世紀以後の儀式書で新たにみられる記述として、以下の四点が指摘できる。第一に、当日の次第を記す前に、『西宮記』に「有レ勅、仰二擬任人一令レ申二可レ任日一」、『江家次第』に「撰二吉日一召二擬任人一、令レ申二可レ任日一〈前一月許歟、〉」とあるように、いわゆる兼宣旨のことが加えられている。第二に、天皇出御の前に宣命の草・清書を奏覧する次第が記されている。第三に、『新儀式』に「任人若遅参不レ加レ列者、還御之後、参二射場殿一、令三近衛次将奏二慶賀一、拝舞退出」、『江家次第』に「新任人立レ列、進二新任標一、拝舞退出、新任予参入候二便所一、不レ立レ列、闈司還閉レ門、近仗退也」とあるように、任人が宣命宣読の儀に参列しない場合を想定した記述がある。さらに第四に、紫宸殿前庭での儀が終了した後、新任大臣が奏慶し、あわせて饗・禄のこと、すなわち任大臣大饗開催の勅許を奏請する次第も加えられている。このように、十世紀以後の儀式書では、兼宣旨にはじまり、任大臣大饗へと続く次第が一連のものとして記されており、九世紀の儀式書に比べて、大臣に任官される者のためのマニュアルとしての性格がより顕著である。

さて、本稿にとって右の諸点のうち、とくに注目されるのは、第三の任人不参列を想定した記述である。なぜなら、前節で強調したように、任大臣の宣命は、任人本人に対してではなく、親王以下天下公民に対して宣読されるものであるから、任人の参列は、任大臣儀を成り立たせるために、必要不可欠の条件ではないともいえるからである[18]。そこで次に、任大臣儀の実例を、任人参不の問題を中心に検討してみたい。

表8は、八世紀から十一世紀前半までの大臣任官に関する史料を一覧にしたものである。任人の参不など、次第が具体的に判明するのは、九世紀末の43以後であるが、このうち、大臣任官者本人が任大臣儀の宣命の場に参列しているのが確認できる事例は、43・48・50の三例あり、43・50は大納言から右大臣に昇進した菅原道真・藤原恒佐がそれぞれ自ら内弁をつとめており、48は左大臣藤原忠平が内弁をつとめた任大臣儀に、右大臣に昇進した藤原仲平が参列

表8　8世紀〜11世紀前半の大臣任官

(1)「年月日」欄：年については，便宜的に和暦にほぼ対応する西暦の年で示した．

(2)「宣命」欄：◎は宣命の内容が判明するもの，○は宣命が出されたことは確かめられるが，内容はわからないもの．詔・勅とあるのは，詔文・勅文がなく，単に「詔・勅により某を某官に任ず」とするものを含む．また，同日に宣命が布告されても，任大臣のことに直接言及しないものは「—」とした．

(3)「内弁の官職」欄：名を記した者は，この時任官されている者（任官後の官職を掲示）．

(4)「他の任官」欄：Ⅰは単独で大臣任官があった場合，Ⅱは同時に公卿の任官があった場合，Ⅲは同時に公卿以外の任官もあった場合．

(5)「出典」欄：39までは公卿補任と六国史を，補任・続紀・後紀・続後紀・文実・三実の略号で掲げ，40以降は，大日本史料の編・冊・頁数を掲げた．

	年月日	任官者	官職	宣命	内弁の官職	任官者の参列	兼宣旨	他の任官	備考	出典
1	701/ 3/21	阿倍御主人	右大臣	—	—	—	—	Ⅱ	叙位あり	補任・続紀
2	704/ 1/ 7	石上麻呂	右大臣	詔	—	—	—	Ⅰ	叙位あり	補任・続紀
3	708/ 3/13	石上麻呂 藤原不比等	左大臣 右大臣	—	—	—	—	Ⅲ		補任・続紀
4	721/ 1/ 5	長屋王	右大臣	—	—	—	—	Ⅱ	叙位あり	補任・続紀
5	724/ 2/ 4	長屋王	左大臣	—	—	—	—	Ⅰ	聖武即位と同日，叙位あり	補任・続紀
6	734/ 1/17	藤原武智麻呂	右大臣	—	—	—	—	Ⅰ	叙位あり	補任・続紀
7	737/ 7/25	藤原武智麻呂	左大臣	—	—	—	—	Ⅰ	勅使派遣	補任・続紀
8	738/ 1/13	橘諸兄	右大臣	—	—	—	—	Ⅰ	叙位あり	補任・続紀
9	743/ 5/ 5	橘諸兄	左大臣	—	—	—	—	Ⅱ	叙位あり	補任・続紀
10	749/ 4/14	藤原豊成	右大臣	詔	—	—	—	Ⅰ	叙位あり	補任・続紀
11	757/ 5/20	藤原仲麻呂	紫微内相	—	—	—	—	Ⅱ	叙位あり，同日紫微内相を大臣に准じる旨の詔あり	補任・続紀
12	758/ 8/25	藤原仲麻呂	大保	—	—	—	—	Ⅱ	同日仲麻呂に恵美押勝の名を賜う等の勅あり	補任・続紀
13	760/ 1/ 4	恵美押勝	大師	◎	—	—	—	Ⅲ	叙位あり	補任・続紀
14	764/ 9/14	藤原豊成	右大臣	—	—	—	—	Ⅰ	復任，復任のことは15と同日の宣命にあり	補任・続紀
15	764/ 9/20	道鏡	大臣禅師	◎	—	—	—	Ⅰ	叙位あり	補任・続紀
16	765/⑩/ 2	道鏡	太政大臣禅師	◎	—	—	—	Ⅰ		補任・続紀
17	766/ 1/ 8	藤原永手	右大臣	◎	—	—	—	Ⅱ		補任・続紀
18	766/10/20	道鏡	法王	◎	—	—	—	Ⅱ	叙位あり	補任・続紀

		藤原永手 吉備真備	左大臣 右大臣							
19	771/ 3/13	大中臣清麻呂	右大臣	詔	—	—	—	Ⅲ	藤原良継任内臣	補任・続紀
20	777/ 1/ 3	藤原良継	内大臣	—	—	—	—	Ⅲ		補任・続紀
21	779/ 1/ 1	藤原魚名	内大臣	—	—	—	—	Ⅰ		補任・続紀
22	781/ 6/27	藤原魚名	左大臣	—	—	—	—	Ⅲ		補任・続紀
23	782/ 6/21	藤原田麿	右大臣	○	—	—	—	Ⅲ	叙位あり	補任・続紀・西宮記
24	783/ 7/19	藤原是公	右大臣	詔	—	—	—	Ⅱ	叙位あり	補任・続紀
25	790/ 2/27	藤原継縄	右大臣	詔	—	—	—	Ⅱ	叙位あり	補任・続紀
26	798/ 8/16	神王	右大臣	—	—	—	—	Ⅱ	叙位あり	補任
27	806/ 5/19	藤原内麻呂	右大臣	—	—	—	—	Ⅰ		補任
28	812/12/ 5	藤原園人	右大臣	—	—	—	—	Ⅲ	叙位あり	補任・後紀
29	821/ 1/ 9	藤原冬嗣	右大臣	—	—	—	—	Ⅱ		補任
30	825/ 4/ 5	藤原冬嗣 藤原緒嗣	左大臣 右大臣	—	—	—	—	Ⅰ		補任
31	832/11/ 2	藤原緒嗣 清原夏野	左大臣 右大臣	—	—	—	—	Ⅱ	叙位あり	補任
32	838/ 1/10	藤原三守	右大臣	—	—	—	—	Ⅱ		補任・続後紀
33	840/ 8/ 8	源常	右大臣	詔	—	—	—	Ⅱ		補任・続後紀
34	844/ 7/ 2	源常 橘氏公	左大臣 右大臣	◎	—	—	—	Ⅰ		補任・続後紀
35	848/ 1/10	藤原良房	右大臣	勅	—	—	—	Ⅱ	叙位あり	補任・続後紀
36	857/ 2/19	藤原良房 源信 藤原良相	太政大臣 左大臣 右大臣	◎	—	—	—	Ⅰ		補任・三実
37	870/ 1/13	藤原氏宗	右大臣	◎	—	—	—	Ⅱ		補任・三実
38	872/ 8/25	源融 藤原基経	左大臣 右大臣	◎	—	—	—	Ⅱ	叙位あり	補任・三実
39	880/12/ 4	藤原基経	太政大臣	◎	—	—	—	Ⅰ	(補 1)	補任・三実
40	882/ /10	源多	右大臣	◎	—	—	—	Ⅱ		補任・三実
41	891/ 3/19	藤原良世	右大臣	勅	—	—	—	Ⅱ		1-1-487
42	896/ 7/16	藤原良世 源能有	左大臣 右大臣	—	—	—	—	Ⅰ		1-2-348
43	899/ 2/14	藤原時平 菅原道真	左大臣 右大臣	詔	右大臣 道真	(×) ○	— —	Ⅱ	任大臣大饗初見 (補 2)	1-2-659

44	900/ 1/28	藤原高藤	内大臣	—	—	—	—	Ⅱ		1-2-724
45	901/ 1/25	源光	右大臣	◎	—	—	×	Ⅰ	右大臣道真左降と同日	1-2-797
46	914/ 8/25	藤原忠平	右大臣	詔	—	—	—	Ⅱ		1-4-634
47	924/ 1/22	藤原忠平 藤原定方	左大臣 右大臣	◎	—	× —	— —	Ⅰ		1-5-560
48	933/ 2/13	藤原仲平	右大臣	詔	左大臣	○	—	Ⅱ		1-6-705
49	936/ 8/19	藤原忠平	太政大臣	○	右大臣	×	—	Ⅰ	当時摂政	1-7-40
50	937/ 1/22	藤原仲平 藤原恒佐	左大臣 右大臣	○	右大臣 恒佐	× ○	— —	Ⅰ		1-7-96
51	944/ 4/ 9	藤原実頼	右大臣	○	—	×	—	Ⅱ		1-8-333
52	947/ 4/26	藤原実頼 藤原師輔	左大臣 右大臣	○	中納言	(×) (×)	— ○	Ⅱ	公卿任官者は参列	1-8-941
53	960/ 8/22	藤原顕忠	右大臣	○	左大臣	×	—	Ⅱ	公卿任官者は参列	1-10-753
54	966/ 1/16	源高明	右大臣	○	大納言	(×)	—	Ⅲ		1-11-651
55	967/12/13	藤原実頼 源高明 藤原師尹	太政大臣 左大臣 右大臣	—	—	— — —	○ — —	Ⅱ		1-12-125
56	969/ 3/26	藤原師尹 藤原在衡	左大臣 右大臣	○	—	— —	× ×	Ⅲ	叙位あり，左大臣源高明左降の翌日	1-12-367
57	970/ 1/27	藤原在衡 藤原伊尹	左大臣 右大臣	詔	中納言	(×) (×)	— —	Ⅱ		1-13-84
58	971/11/ 2	藤原伊尹 源兼明 藤原頼忠	太政大臣 左大臣 右大臣	—	中納言	(×) (×) (×)	— — —	Ⅱ	叙位あり，伊尹は当時摂政	1-13-342
59	972/11/27	藤原兼通	内大臣	○	右大臣	—	×	Ⅱ	大饗なし	1-14-202
60	974/ 2/28	藤原兼通	太政大臣	○	大納言	×	○	Ⅰ	叙位あり	1-14-378
61	977/ 4/24	藤原頼忠 源雅信	左大臣 右大臣	○	—	— —	— —	Ⅱ	叙位あり	1-16-204
62	978/10/ 2	藤原頼忠 源雅信 藤原兼家	太政大臣 左大臣 右大臣	—	—	—	○ — ○	Ⅱ	頼忠は当時関白	1-17-70
63	986/ 7/20	藤原為光	右大臣	—	—	—	—	Ⅱ		2-1-19
64	989/ 2/23	藤原道隆	内大臣	○	右大臣	×	○	Ⅱ		2-1-374
65	989/12/20	藤原兼家	太政大臣	—	左大臣	(×)	—	Ⅰ	当時摂政	2-1-498
66	991/ 9/ 7	藤原為光 源重信	太政大臣 右大臣	◎	中納言	× ×	— —	Ⅱ	公卿任官者は参列	2-1-810

		藤原道兼	内大臣			×	—			
67	994/ 8/28	源重信 藤原道兼 藤原伊周	左大臣 右大臣 内大臣	○	中納言	× × ×	— — —	Ⅲ	公卿任官者は参列	2-2-207
68	995/ 6/19	藤原道長	右大臣	○	大納言	×	○	Ⅱ	公卿任官者は参列	2-2-432
69	996/ 7/20	藤原道長 藤原顕光	左大臣 右大臣	○	大納言	× ×	— —	Ⅱ	公卿任官者は参列	2-2-794
70	997/ 7/ 5	藤原公季	内大臣	○	大納言	×	○	Ⅲ	公卿任官者は参列	2-2-958
71	1017/ 3/ 4	藤原顕光 藤原公季 藤原頼通	左大臣 右大臣 内大臣	○	大納言	(×) (×) ×	— — ○	Ⅱ		2-11-118
72	1017/12/ 4	藤原道長	太政大臣	○	左大臣	×	○	Ⅰ		2-13-1
73	1021/ 7/25	藤原公季 藤原頼通 藤原実資 藤原教通	太政大臣 左大臣 右大臣 内大臣	○	大納言	× × × ×	— — ○ ○	Ⅱ	頼通は当時関白	2-17-187

したものである。しかし、藤原実頼が右大臣に任じられた51以後、大臣任官者は宣命の場に姿を見せなくなる。これは、大臣任官者に何らかの故障があって参内できないという偶然が重なったわけではもちろんなく、この時期の任大臣儀においては、彼らは宣命宣読の最中には、内裏内の宿所に控えており、宣命の儀の終了を待って、射場に赴き、奏慶するのが例となっている。[19] すなわち十世紀以後になると、大臣任官者本人は意識的に任大臣儀に参列しなくなっていくのである。[20]

その理由を、行事の運営という側面からみれば、一般に自らの任官に関わる行事の上卿（内弁）をつとめるのを避けようとする傾向を挙げることができる。前掲50の事例では、紫宸殿およびその前庭での儀式の内弁は、この時右大臣に昇進した藤原恒佐がつとめたものの、これに先立って行われた宣命の奏上には摂政太政大臣藤原忠平があたっている。[21] 忠平のごとき地位にある者がこのような政務を行うのは極めて異例であり、それだけ公卿が自らの任官手続に関与するのを忌避する傾向が強かったことを示すものといえよう。任大臣儀以外の場合でも、天暦四年（九五〇）七月二十三日、憲平親王が立太子した際、御前で坊官除目の執筆をつとめた左大臣藤原実頼が、自身の東宮傅任官のことについては、大納言藤原顕忠に天皇の仰せを奉らせているのも、[22]そうした意識のあらわれとみられる。そしてこのような意識が存在したとすれば、とくに複数の大臣が任命される場合、内弁は大納言以下がつとめることが多くなるから（表8「内弁の官職」欄の、とくに52以降を参照）、内弁より上臈となる大臣任官者自身は、必然的に任大臣儀に参列しえなくなるのである。

このような傾向が、いつ頃からあらわれ、強まったかについては、不明の部分が多く、今後検討していくべき問題である。しかし、あくまでこれは政務に携わる公卿のいわば個人的な意識の問題であって、制度的に自らの任官手続に関与することを禁じる原則が存在したわけではない点にも注意しておく必要がある。任大臣儀の内弁に関しては、前述したように、大臣任官者自身が内弁をつとめるのは、50の藤原恒佐が最後であるが、大臣以外では、十世紀末の69で、大臣任官と同時に中納言から大納言に転じた藤原時中が内弁をつとめた例がある。[23]また、これも右に掲げた坊官除目に関しては、延長三年（九二五）十月二十一日の寛明親王立太子の際に、左大臣藤原忠平を傅とする醍醐天皇の仰せを、執筆忠平が御前を退出した後、右大臣藤原定方が奉っているが、[24]一方で天慶七年（九四四）四月二十二日の成明親王立太子の際には、執筆の大納言藤原師輔が、自身の春宮大夫任官を御前で除目に記したようであり、[25]寛仁元年（一〇一七）八月九日の敦良親王立太子の際にも、執筆の右大臣藤原公季が自らの傅任官を除目に記して、藤原実資から批判されている。[26]

したがって、右に指摘したような意識の存在が、任大臣儀に大臣任官者自身が参列しなくなる唯一の、またはもっとも主要な理由とすることはできない。そこで註(20)で触れたように、任大臣儀で同時に大納言以下に任官される者は、参列する場合が多いことを考慮し、大臣任官者はあらかじめ兼宣旨によって任官のことが内示されているためと考えるのはどうであろうか。たしかに兼宣旨が史料にあらわれはじめる時期と、任大臣儀に大臣任官者が参列しなくなる時期とはほぼ同じである(表8「兼宣旨」欄参照)のは、一応注目されてもよいだろう。しかし兼宣旨は、任大臣儀と同日に行われる大饗の準備のために仰されるのであって、これと宣命宣読の場への参不との間には直接的な関係はないとすべきである。また、大納言以下の任官者の参列についていえば、公卿はまさに「刀禰」、すなわち宣命の宣読を親王以下天下公民を代表して聞く中核的存在であって、(27)任官者が大臣と同じようにすべて参列しなくなれば、宣命宣読の意義自体が失われてしまうため、彼らは宣命の場に参列したと考えられるのではなかろうか。

このように考えてくると、任大臣儀に大臣任官者本人が参列しなくなる理由は、結局任官の旨を記した宣命が、任官者本人ではなく、親王以下天下公民、具体的には公卿を中心とする「刀禰」を対象として宣読されるからであるという、前節以来繰り返してきた任大臣儀の特質に帰着せざるをえない。唐の冊命儀礼では、皇帝・群官のいないところで行われた「朝堂冊命諸臣」においても、受冊者の参列は儀を成り立たせる必要不可欠の要素であったのに対して、日本の任大臣儀では、任官者本人よりも、むしろ宣命を聞く「刀禰」の存在こそが不可欠であったのである。

三 任大臣儀の成立と起源

古瀬奈津子氏は、宣命による大臣任官の初見である前節表8—13や、同じく宣命で大臣を任じた15~18の記事に注目し、中国趣味の藤原仲麻呂と宣命を好んだ孝謙(称徳)天皇の時代に、天平勝宝六年(七五四)正月帰朝報告を行った遣唐使(28)によって、冊命儀礼の記述を含む『大唐開元礼』がもたらされ、唐礼をもとに任大臣儀が他の任官儀礼とは区別されて整備されたと考え、さらに当初は大臣のみが宣命で任じられたが、桓武天皇の頃になると、『内裏式』にあるように、任大臣宣命のなかに、大納言以下の公卿任官のことも含まれるようになったとされている。このように、任大臣儀が八世紀後半に唐礼を参考に整備されていったことは、本稿冒頭で述べたように大筋としては首肯できるが、一方で任大臣儀に唐礼とは異なる日本独自の要素が多分に存在しているという本稿の立場からすれば、あらためて任大臣儀の成立や起源の問題を考える必要がある。そこで本節では、八世紀後半における任大臣儀の整備の過程について再検討を加え、さらに大臣を任命するということの意義についても、考えてみたい。

そこでまず、第一節に掲げた『内裏式』にみられる任大臣儀の姿を一応の完成形と考え、これがどこまで遡れるかについて、検討していきたい。とはいっても、儀式の行われる場所や参列者については、『続日本紀』などでは具体的にわからないので、宣命の形式と、同時に大納言以下の任官が宣命で行われるかどうかの二点を検討の対象とする。

『内裏式』に載せる宣命の形式は、第一節で紹介したように、初段が天皇の詔を親王以下天下公民が聞くようにというものであり、二段目が具体的に大臣任官の旨を述べた部分である。九世紀以後の実例（表8「宣命」欄の◎印）をみると、二段目はこれも前述したごとく『内裏式』に「臨時変改無二定詞一」とあるように多様であるが、初段の形は一貫している。これに対して、八世紀の宣命をみると、表8―13・15〜18はこのような形で始まっておらず、「今勅久」などで始まり、いきなり二段目にあたる内容が述べられている（23については後述）。したがって、称徳天皇の時代までは、宣命で大臣を任命することはあっても、その形式は一定していなかったとすることができる。

次に同時任官についてであるが、古瀬氏は表8―17の藤原永手の任右大臣の際には、同時に大納言以下も任命されているにもかかわらず、宣命のなかにはそれが含まれていないこと、これに対して23では、『続日本紀』延暦元年（七八二）六月壬申条の記事が、

詔以二大納言正三位藤原朝臣田麻呂一為二右大臣一、中納言正三位藤原朝臣是公為二大納言一、従四位下紀朝臣家守為二参議一、又以二従四位下紀朝臣家守一為二中宮大夫一、内蔵頭如レ故、従五位下佐伯宿禰鷹守為二左兵衛佐一、（下略）

となっていることから、「又」より前の右大臣・大納言・参議はおそらく宣命で任じられ、中宮大夫以下は宣命には含まれていなかったと推測して、桓武天皇の時から任大臣宣命のなかに大納言以下の公卿任官のことも含まれるようになったとされている。しかしこの時の任官については、『西宮記』巻二、大臣召の勘物にある康保三年（九六六）正月十六日付不知記（『村上天皇日記』逸文か、西一―五七頁）に、54の任大臣宣命に関して、

民部卿藤原朝臣令㆓延光朝臣㆒申云、今朝左大臣申㆘送可㆑令㆑勘㆓送大臣一人任宣命㆒之由㆖、即令㆑奏［作カ］㆘天応元［二カ］年、藤原田麿一人任㆓右大臣㆒宣命㆖、令㆑仰云、已有㆓件例㆒、又昌泰四年有㆓光朝臣一人任之例㆒、宜㆑令㆑仰㆘大納言源朝臣可㆑為㆓右大臣㆒宣命㆖、

とあるのが注目される。この史料からは、第一に、『続日本紀』では右大臣・大納言・参議がともに「詔」によって任命されたかのように記されているにもかかわらず、宣命には田麻呂の任右大臣のことのみが載せられていたこと、第二に、任大臣儀が確立していた十世紀半ばに、この時の宣命が拠るべき先例として採用されたことの二点が判明する。このうち第一点については、康保三年の時点で23の宣命がのこっていたなら、24・25（いずれも同時に大納言以下の公卿の任官もあり）の宣命ものこっていたと考えられ、しかしながらそれらは「大臣一人任宣命」ではなかったという推測が可能であろう。とすれば、任大臣宣命のなかに、同時に大納言以下の公卿の任官の旨も含まれるようになるのは、古瀬氏の想定よりも一段階遅く、24以降ということになる。一方第二点を、宣命の形式という点から考えると、23の時の宣命そのものが伝わらないので確実なことはわからないが、宣命初段の形式が確立していた時期に、23の宣命が先例として採用されていることから、親王以下天下公民に対する呼びかけで始まる宣命の形式は、23以前に整えられていたと考えられるのではなかろうか。以上を要するに、『内裏式』にみられるような任大臣儀の形は、光仁天皇の頃から桓武天皇の頃にかけて整備・確立されていったとすることができよう。

それでは、宣命で大臣を任命していたことが確認できる称徳天皇の時代、およびそれ以前はどのように捉えるべきであろうか。任大臣宣命が伝えられている表8―13・15〜18をみると、17の右大臣に任じられた藤原永手を除き、宣命で任じられている地位そのものがかなり特殊であるという共通点がある。13の大師（太政大臣）は、臣下で初の任命であり、15・16・18の道鏡の地位の特殊性はいうまでもない。また18の藤原永手・吉備真備が任じられた左右大臣自体は特殊なものではないが、この時の宣命では道鏡に法王の地位を授けたのに加え、円興を法臣、基真を法参議とするという、前後に類をみない措置がとられている。これまで繰り返し述べてきたように、古代日本の任官儀礼は、任官結果を任人当人に伝達するというよりは、任官の事実を広く公表し確定することを目的として行われたものだった。したがって、右の事例のような特殊な地位に、ある人物をつける場合、儀礼の場でその理由等を説明する必要があり、そのために宣命という形がとられたと考えることができる。

となると、17をどう説明するかということになるが、この問題を考えるために、表9を作成した。表9は、宣命による任官記事の初見である表8―13より前に、詔（勅）によってある人物をある地位につけたとする記事を掲げたものである。[29]このうちⅳ・ⅷ・ⅹⅰは、その時点で将軍・造離宮司・問民苦使という地位そのものが設けられ、これにそれぞれの人物をつけるというもので、詔（勅）はまさにその事情を説明したものにほかならない。[30]またⅶは、議政官の多くが死亡・老病という状況のなかで、諸司主典以上に適任者を推挙させる方式により、藤原宇合らを参議としたものであり、[31]ⅹは、当時正五位上大宰少弐であった藤原乙麻呂を、宇佐八幡神の命によって従三位に昇叙したうえで大宰帥とするというものである。これらは地位自体特殊なものではないが、任命の方式や理由が特殊であり、詔とあるのはその事情を説明したものと考えられる。したがって、これらの事例は表8―13・15・16・18と共通する性格を持つもので、とくにⅶ・ⅹは詔文そのものは伝わらないが、本来は宣命が宣読された可能性も否定できないと思われ

表9　詔勅による任官記事（750年代以前）

	年月日	詔勅の別	官職・地位	任官者	備考
i	703/ 1/20	詔	知太政官事	刑部親王	
ii	704/ 1/ 7	詔	右大臣	石上麻呂	叙位あり，表8-2に同じ
iii	705/ 9/ 5	詔	知太政官事	穂積親王	
iv	711/ 9/ 4	勅	将軍	石上豊庭ら	任命の理由を述べた勅文あり
v	720/ 8/ 4	詔	知太政官事・知五衛及授刀舎人事	舎人親王・新田部親王	
vi	721/10/24	詔	内臣	藤原房前	詔文あり，註(11)参照
vii	731/ 8/11	詔	参議	藤原宇合ら	諸司挙による
viii	742/ 8/11	詔	造離宮司	智奴王ら	紫香楽行幸を述べた詔文あり
ix	749/ 4/14	詔	右大臣	藤原豊成	同時に叙位，表8-10に同じ
x	750/10/ 1	詔	大宰帥	藤原乙麻呂	同時に叙位，八幡神の教による
xi	758/ 1/ 5	詔	問民苦使	石川豊成ら	任命の理由を述べた詔文あり

出典はすべて続日本紀

る。次に藤原房前を内臣としたviであるが、この時の詔は註(11)でも触れたように、「汝」という二人称を用いて、房前に直接仰せるという、古代日本では異例の形をとっている。内臣という地位の性格からみて[32]、この詔は群臣に対して宣読あるいは披露されたものではなく、『続日本紀』編者が、元正天皇の房前本人に対する直接の下命を、中国の冊書を参考にしながら詔として載せたものと考えておきたい。

さて表9でのこっているのはii・ixの右大臣と、i・iii・vの知太政官事（vは新田部親王の知五衛及授刀舎人事を含む）ということになる。知太政官事の性格をめぐっては、従来からさまざまな議論があるが[33]、大臣にほぼ准じるという理解には大過ないものと思われる。したがって、八世紀前半においても、ある人物を大臣やそれに准じる地位である知太政官事につける場合、詔を用いることがあり、この詔が、『続日本紀』前半二十巻の記事がその編纂の経緯によってかなり削除・圧縮されていることを考えれば[34]、元来宣命であった可能性は充分考えられよう。すなわち、さきに問題としてのこしておいた、表8―17の藤原永手の任右大臣宣命と同様の宣命は、すでに八世紀前半にも存在したのではないかと推測されるのである。

それでは、この推測が妥当なものだとすれば、大臣任官の際に宣命が用いられることがあったのは、いったいなぜなのだろうか。さきに、大臣以外で宣命や詔（勅）によって、ある人物をある地位につける事例を検討し、これらで宣命等が用いられているのは、その地位自体や、任命の事情・理由を群臣に説明する必要があったからだと考えたが、大臣任官にもそれがあてはまるのではないかと思われる。すなわち、藤原永手が右大臣に任命される頃までは、大臣任官ということそのものが、群臣に説明を必要とするような特別な事柄であったのである。太政大臣についてはともかく、左右大臣についても、八〜九世紀には両者そろって在任することがむしろ稀であったことは、『公卿補任』から直ちに判明する。春名宏昭氏は、このような大臣不在の状況や、大納言との職掌の違いから、大臣という官職の独自性・特殊性を指摘されている。[35] これに加えて、本稿が扱った宣命にあらわれる大臣について、その特殊性を示す表現を挙げると、大臣が「官〈ツカサ〉」ではなく、「位〈クラヰ〉」とされる場合があった点が注目される。この点については、すでに新日本古典文学大系『続日本紀』の脚注に、天平神護二年（七六六）正月甲子条の、藤原永手の任右大臣宣命の「右大臣之官」に関して、「宣命では一般に大臣は「位」という。「官」とするのは異例」と指摘されている。[36] ただし、あらためて任大臣宣命を中心に大臣を「官」とするか「位」とするかを確かめてみると、表8のうち、「位」と表現しているのは、15・16・18の三例で、これに藤原永手に太政大臣を追贈した際の宣命（宝亀二年〈七七一〉二月乙酉条）を加えても四例に過ぎず、それ以外は九世紀以後の事例を含め、すべて「官」と表現されている。しかし、「位」とされている例の大半が道鏡関係である点が問題であるものの、それでも大臣が「位」と表現されうる地位であった点は、宣命で天皇や皇后が「位」と表現されているのを考え合わせると、無視できない意味を持っていると考えられる。大臣の地位については、七世紀以前の状況も含めて検討していかなければならないが、令制当初から大臣任官に際して宣命が用いられていた可能性があることの理由として、このような古代日本における大臣の地位の特殊性を考慮する必要があることを指摘しておきたい。

おわりに

最後に、本稿で述べてきたことをもう一度まとめ、若干の展望をつけ加えておきたい。任大臣儀が、八世紀後半に唐の冊命儀礼を参考にして整備されたことは認められるとしても、後者が受冊者を直接の対象として冊書を読み上げ、これを交付する儀礼であったのに対して、前者は宣命によって、大臣任官の旨を親王以下天下公民、具体的には儀礼の参列者である「刀禰」を対象に告知する儀礼であるという重要な相違が認められる。したがって任大臣儀においては、そこで大臣に任官される人物の参列は不可欠の条件ではなく、むしろ宣命宣読の対象である「刀禰」の参列こそが必要であり、実際に十世紀半ば以降になると、大臣任官者は宣命の場に姿をあらわさないのが例となった。任大臣儀が唐の儀礼をモデルに整えられながらも、唐とは異なるこのような構造をとったのは、そもそも古代日本の任官儀礼一般が、任官の事実を任人に告知するものであるというよりは、これを広く公表し、確定させるために行われる儀礼だったからにほかならない。当然のことではあるが、任大臣儀も、古代日本における任官儀礼の一類型としての性格を持っていたのである。

さらに任大臣儀の成立と起源の問題を考えていくと、唐礼をモデルに儀礼が整えられる以前、おそらくは令制当初から、大臣任官の際に宣命が宣読される場合があったと推測される。それは大臣という地位自体が、他の官職とは異なり、任官にあたってその経緯や理由を説明する必要があるような性格のものだったからと考えられる。古瀬奈津子氏は、唐の冊授対象官と二位という大臣の官位相当との対応に注目されており、たしかに、この点が任大臣儀の整備の際に考慮された可能性も考えられるが、一方で日本における大臣という地位の特殊性についても、考察を深めていく必要があろう。

以上、古瀬氏が任大臣儀を八世紀後半における唐礼継受の一例として捉えられたのに対して、本稿では日本古代の任官儀礼の一環と位置づけ、その独自の性格を追求した。もちろん本稿でも、任大臣儀が唐礼の影響を受けて整備された側面を否定するものではないが、これまで述べてきたような独自の性格をふまえると、「整備」の意義についても、唐礼に対する理解の深まりという以外の点を見いだすこともできるのではないかと考えられる。八世紀後半における任大臣儀の整備の具体的内容としては、史料のうえで判明する限りでは、宣命初段の定型化と、大納言以下の同時任官とが挙げられる。これによって、大臣任官の際には必ず宣命が宣読され、その宣命には、同時に大納言以下が任命される場合には、その旨も含まれることになったわけである。この変化は、本稿で推測した令制当初からの大臣任官のありかたからみると、むしろ大臣という地位の特殊性が失われていく過程、換言すれば、大臣が大納言以下とは異なる独自の地位ではなくなり、議政官（平安時代に入ってからの表現を用いれば公卿）の一員として位置づけられていく過程を示すものと評価することも可能であろう。[37]大臣の地位の変化については、太政官政務のなかでの奏請や決裁の方式の変遷といった、近年研究が深められている問題[38]ともあわせて検討していかなければならないが、大臣の任官方式から右のような見通しが得られる可能性を指摘して、本稿を終えることとしたい。

註

（1）古瀬奈津子「儀式における唐礼の継受―奈良末～平安初期の変化を中心に―」（初出一九九二年、『日本古代王権と儀式』〈吉川弘文館、一九九八年〉所収）。以下、古瀬氏の所説は、すべてこの論考による。

（2）本稿は、別稿「古代における任官結果の伝達について」（本書第一部第三章）と一連の問題関心のもとに執筆したものであり、内容的にも密接に関連する。別稿もあわせて参照していただければ幸いである。

（3）『内裏式』下、任官式（改訂増補故実叢書五五頁以下）。なお『儀式』巻第八、内裏任官儀の末尾にも、ほぼ同内容の式文がある（同前一九九頁以下）。

（4）古瀬氏は、『儀式』の任大臣儀の冒頭に「参議以上式宣」という記述があることにより、「任大臣の宣命は参議が読むが、同時に参議以上を任じる場合は、任参議以上の方の宣命は式部が読むことになっている」（註（1）前掲書六四頁）とするが、右の『儀式』の文は、本文で掲げた『内裏式』の「其大臣者以二宣命一任、不三更用二此式一〈参議已上或宣命任レ之、〉」の割注部分に相当する箇所にあるもので、本来は『内裏式』の文のように、大臣と同時に任官がある場合、参議以上も大臣と同様宣命で任じるという意味ではなかろうか。実例に照らしても、任大臣儀で式部官人が宣命を読むことはなく、古瀬氏の誤解と思われる。

（5）内弁自身が任官者でもある場合のことと考えられる。実例としては、第二節で掲げる表8―50・69などがあり、69については『小右記』長徳二年（九九六）七月二十日条に「内弁時中卿召二公任一、（注略）称唯離レ列参上、入レ自二軒廊東二間一、受二宣命一退、帰立留二軒廊西二間一、時中卿退下、出レ自二軒廊東二間一加レ列、次宣命使就二宣命版一」とあって、宣命使の参議公任は、内弁時中が紫宸殿から下りて刀禰の列に加わるのを軒廊で待ち、その後版位に就いている。ただしこれも後述する『西宮記』などによれば、内弁自身が任官者でなくても、宣命使は軒廊で内弁が殿庭の列に就くのを待つので、『内裏式』があえてこの注記を加えた理由はなお明らかでない。

（6）内裏任官儀の次第については、西本昌弘「八・九世紀の内裏任官儀と可任人歴名」（初出一九九五年、『日本古代儀礼成立史の研究』〈塙書房、一九九七年〉所収）参照。

（7）以下、冊命儀礼や、そこで読み上げられる冊書については、大庭脩「唐告身の古文書学的研究」（『西域文化研究　第三―敦煌吐魯番社会経済資料（下）―』法蔵館、一九六〇年）・中村裕一『唐代制勅研究』（汲古書院、一九九一年）第四章第一節「冊書」（初出一九八八年）参照。

（8）大庭脩氏註（7）前掲論文二八九頁。

（9）藤森健太郎「平安前期即位儀礼の論理と特質」（初出一九九四年、『古代天皇の即位儀礼』〈吉川弘文館、二〇〇〇年〉所収）。

（10）森田悌「詔書・勅旨と宣命」（初出一九八六年、『日本古代の政治と地方』〈高科書店、一九八八年〉所収）・東野治之「大宝令成立前後の公文書制度―口頭伝達との関係から―」（初出一九八九年、『長屋王家木簡の研究』〈塙書房、一九九六年〉所収）。

(11) なお、『続日本紀』養老五年（七二一）十月戊戌条には、元正天皇が藤原房前を内臣とし、帝業を輔翼するよう命じた詔が載せられており、その詔文には「凡家有二沈痾一、大小不レ安、卒発二事故一者、汝卿房前、当下作二内臣一計二会内外一、准レ勅施行、輔二翼帝業一、永寧中国家上」とある。もとより、このような詔書が作成され読み上げられたとは考えにくいが、「汝」という二人称を用いて、特定の個人にある地位への就任を命じている点では、冊書の形式に通じるものがあり、『続日本紀』編纂の際に、冊書を参考にして詔文が整えられた可能性は想定できよう。

(12) 例えば、慶雲四年（七〇七）四月壬午条（藤原不比等に功封五千戸を賜与する宣命）・天平神護元年（七六五）八月庚申朔条（和気王謀反に際し、これに関与した粟田道麻呂・大津大浦・石川長年の罪を免すとした宣命）・同年十一月庚辰条（称徳天皇の大嘗会の由紀・須伎国守に叙位を行う宣命）・宝亀七年（七七六）四月壬申条（遣唐使佐伯今毛人・大伴益立に節刀を賜与した際の宣命）など。これらはいずれも、宣命の文中に「汝」という二人称代名詞を含んでいる。

(13) このほか、同書貞観十二年（八七〇）正月十三日条（次節表8―37）で、三位と四位との人名表記に同様の違いがみられ、これ以外の宣命でも、三位以上は一貫して〈ウヂ・ナ・カバネ〉の順で表記されている。ただし、表8―18の、道鏡を法王とし、藤原永手を左大臣、吉備真備を右大臣に任じた『続日本紀』天平神護二年（七六六）十月壬寅条の宣命は、三位以上の永手・真備を「藤原朝臣」「吉備朝臣」と、後述する公式令授位任官条の「以外」（授位・任官以外に天皇の面前で官人を呼ぶ場合）の方式で表記している。この宣命は、隅寺で出現した仏舎利を法華寺で百官に礼拝させた際に出されているので、あるいはそのためかとも考えられる。また、表8―45の源光を右大臣とした際の宣命（『政事要略』巻二十二所収昌泰四年〈延喜元年、九〇一〉正月二十五日付宣命）も、宣命中に登場する三位以上の藤原時平・菅原道真・源光は、すべて「藤原朝臣」等と表記され、やはり「以外」の方式に則っている。この時は、『日本紀略』同日条に、「帝御二南殿一、以二右大臣従二位菅原朝臣一任二大宰権帥一、以二大納言源朝臣光一任二右大臣一」とあるので、宣命は紫宸殿前庭で宣読されたと考えられるが、単純な任官のことではなく、道真の左降の内容も含まれるので、「以外」の表記になっているものかと考えられる。

(14) 引用箇所の大宝令文は、三位以上の「先レ名後レ姓」の部分しか復原できないが（同条集解古記）、全体の構成から考えてほぼ同文とみて間違いないと思われる。

(15) 早川庄八「八世紀の任官関係文書と任官儀について」（初出一九八一年、『日本古代官僚制の研究』〈岩波書店、一九八六年〉所収）・西本昌弘氏註(6)前掲論文。ただし、八世紀の任官儀礼の行われる場については、早川氏が大極殿とその前庭を想定しているのに対して、西本氏は八世紀半ば以降には内裏における任官儀が一般的になっていたとする。

(16) 註(2)前掲論文。本書第一部第三章第二節。

(17) 『西宮記』巻二、大臣召（西一―五三頁以下）。『新儀式』第五、任大臣事（群書類従公事部）。『北山抄』巻第四、任大臣儀（改訂増補故実叢書三八四頁）。『江家次第』巻第二十、任大臣事（改訂増補故実叢書五一五頁以下）。

(18) 別稿（本書第一部第三章）で述べたように、一般の任官儀礼においても、儀が開始される前に、「可レ任人歴名」（『儀式』巻第八、内裏任官儀）によって不参者の確認がなされるのは、不参者の存在を前提としているとみられることから、任大臣儀と同様のみかたができる。

(19) 本文で記したような大臣任官者の行動が具体的にわかる事例としては、表8―60・64・69（藤原道長）・71（藤原頼通）・72・73（藤原実資）などがある。

(20) また、任大臣と同時に大納言以下の公卿に任命された者については、表8の備考欄にあるように宣命の場に参列することが多かった。ただし、藤原道隆を内大臣に任じた永延三年（永祚元年、九八九）二月二十三日の任大臣儀では、同日参議に任じられた藤原実資が、儀の最中は内裏の宿所に控えており、終了後に道隆とともに奏慶しており（『小右記』同日条、表8―64）、大臣と同じように行動する場合もあった。

(21) 『西宮記』巻二、大臣召（西一―五三頁）・『北山抄』巻第四、任大臣儀（改訂増補故実叢書三八四頁）。

(22) 『御産部類記』所引「外記日記」同日条。

(23) 『小右記』長徳二年（九九六）七月二十日条。

(24) 『西宮記』巻二、大臣召所引『村上天皇日記』逸文（西一―五五頁）。また、『北山抄』巻第四、立太子儀にも、本文に記した天暦四年（九五〇）十月二十三日の坊官除目について、「被レ仰下以二大臣一可レ任レ傅之由上、依二延長三年例一、可レ仰二他上卿一者」とある（改訂増補故実叢書三八三頁）。

(25) 『西宮記』巻十一、立皇后・太子、任大臣事裏書の『吏部王記』逸文天慶七年（九四四）四月二十二日条に、「大納言師輔持二除目草一、復二宜陽殿座一、令三高明朝臣清書一、即傅勅任注二黄紙一、大夫已下官奏〔任脱カ〕、大夫注二別紙一、学士已下書二折界紙一」とあり（西二―一八七頁）、同天暦四年（九五〇）七月二十三日条に、藤原実頼が東宮傅となったこの時の坊官除目に関して、「天慶三年〔七カ〕、大納言師輔兼二大夫一、猶不二自名一、惣而奉行、今左大臣不レ奉二除簿之詔一、不レ似二先年例一云々」とある（同上）。後者の「猶不二自名一、惣而奉行」の部分の文意がよくわからないが、師輔が自らの大夫任官のことを「除目草」に記したことはたしかだろう。

(26)『小右記』寛仁元年（一〇一七）八月九日条。なおこれまで紹介してきたように、自らの任官手続に関与するのを避けようとする意識は、藤原実頼・実資の行動や主張に多くみられるから、小野宮流でとくに強かったものなのかもしれない。

(27)『江家次第』巻第二十、任大臣装束（改訂増補故実叢書五一三〜五一五頁）によれば、承明門内の殿庭には、親王・公卿の標のほかに王臣の四位・五位の標が立てられているが、摂関期の実例に関する史料をみる限り、親王・公卿以外の参列者をはっきりと確認することはできない。もちろん全くなかったとはいえないものの、公卿が「刀禰」の中心的存在であったことは間違いないと思われる。

(28)『続日本紀』天平勝宝六年（七五四）正月丙寅条。

(29) なお、表8―13より後で、詔によりある人物をある地位につけるとする史料には、表8に掲げた任大臣の事例のほかに、宝亀二年（七七一）二月癸卯条の「左大臣暴病、詔大納言正三位大中臣朝臣清麻呂摂二行大臣事一」という記事がある。

(30) ただし、『続日本紀』に伝えられているこれらの詔・勅はすべて漢文体のものであるから、これらがそのまま群臣を前に宣読されたとは考えられない。

(31)『続日本紀』天平三年（七三一）八月辛巳・癸未条。

(32) 内臣の性格については、山本信吉「内臣考」（初出一九六一年、『摂関政治史論考』〈吉川弘文館、二〇〇三年〉所収）参照。

(33) 知太政官事については、竹内理三「「知太政官事」考」（初出一九五〇年、『竹内里三著作集4　律令制と貴族』〈角川書店、二〇〇〇年〉所収）にはじまる多くの研究があるが、近年の論考としては、高島正人「知太政官事の性格と補任事情」（『史聚』一七、一九八三年）・山田英雄「知太政官事について」（山田英雄先生退官記念会編『政治社会論叢』近藤出版社、一九八六年）・倉本一宏「議政官組織の構成原理」（初出一九八七年、『日本古代国家成立期の政権構造』〈吉川弘文館、一九九七年〉所収）・関晃「知太政官事と藤原氏」（初出一九八九年、『関晃著作集4　日本古代の国家と社会』〈吉川弘文館、一九九七年〉所収）・虎尾達哉「知太政官事小考」（初出一九九一年、『日本古代の参議制』〈吉川弘文館、一九九八年〉所収）・春名宏昭「知太政官事一考」（『律令国家官制の研究』吉川弘文館、一九九七年）などがある。

(34) 笹山晴生「続日本紀と古代の史書」（『新日本古典文学大系　続日本紀1』解説、岩波書店、一九八九年）。

(35) 春名宏昭氏註(33)前掲論文。

(36)『新日本古典文学大系　続日本紀4』(岩波書店、一九九五年)一〇九頁脚注一二。

(37)平城宮東区の十二朝堂からなる太政官院では、掘立柱建物の朝堂で構成される奈良時代前半には東西の第一堂(『延喜式』式部上の平安宮における朝座の規定によれば、大臣の朝座のある昌福堂と、親王の朝座のある延休堂に相当)のみが、四面庇付きで、柱筋も以南の諸堂より内側に寄っているのに対して、礎石建物で構成される奈良時代後半になると、このような東西第一堂の特殊性は失われていく(奈良国立文化財研究所『平城宮発掘調査報告 XIV』一九九三年)。このことも、大臣という地位の特殊性そのものが失われていくことと関連するのではなかろうか。

(38)森田悌「奏請制度の展開」(初出一九八五年、『日本古代の政治と地方』〈高科書店、一九八八年〉所収)・早川庄八「上卿制の成立と議政官組織」(『日本古代官僚制度の研究』岩波書店、一九八六年)・吉川真司「申文刺文考—太政官政務体系の再編成について—」(初出一九九四年、『律令官僚制の研究』〈塙書房、一九九八年〉所収)・同「上宣制の成立」(前掲書所収)・岡村幸子「官奏の系譜」(『史学雑誌』一〇八—一二、一九九九年)など。

補註

(補1)初発表時には、「摂政から関白へ」という注記を付していたが、この時の宣命中にも「摂政の職はこのまま勤めるように」との文言があり、明らかに誤りなので削除した。

(補2)任大臣大饗の初見については、初発表時には46の藤原忠平の任右大臣の時としていたが、渡邊誠氏の研究により、藤原時平・菅原道真の任左右大臣の時まで遡ることが明らかになったので、この注記を43のところに移動した(本書第一部第三章(補2)参照)。

補記

本稿は、『聖心女子大学論叢』第一〇〇集(二〇〇三年二月)に発表したものである。任大臣儀については、本書第一部第三章第二節でも一部言及しているが、唐の冊命儀礼との比較が可能であること、一般の任官儀礼に比べて奈良時代から平安時代まで事例も数多く見出せることなどから、任官儀礼の特質をより明確にするため、あらためて任大臣儀に絞って詳しく検討した。さらに、任大臣儀のありかたを通して、古代日本における大臣という地位の特殊性についても論及したが、この点についてはいくつかの見通しを示しただけで、不充分なところものこされており、今後の検討課題である。

本稿発表後、鈴木琢郎氏により、「奈良時代の大臣任官と宣命」（『日本歴史』六七五、二〇〇四年）と「平安時代の大臣任官儀礼の展開」（『ヒストリア』二〇〇、二〇〇六年）が発表された。このうち前者は、まさに古代日本における大臣の特殊性を、大化前代のオホオミ以来のものとしたうえで、宣命で大臣が任官されることの意義を論じたものであり、後者は十一世紀以降の大臣任官儀礼を任大臣儀・御前儀（新任大臣を中心に公卿・弁官局・外記局官人が建春門から陽明門まで行列する儀）・任大臣大饗という三儀式から構成されるものとして、それが整備される過程や各儀式の意義を述べたものである。いずれも示唆に富む指摘が含まれており、筆者にとっても再検討すべき点があるが、ここでは紹介にとどめ、今後を期したいと思う。

第二部　中央官司と政務

第一章　古記録にみえる「宣旨」の実体

―『小右記』の勘宣旨を中心として―

はじめに

本稿は、摂関期の諸記録にあらわれる宣旨を、当時の政務手続のなかに位置づけることを目的としたものである。

近年の宣旨をめぐる研究は、(1)従来の古文書学的な様式論から一歩進んで、宣旨の書かれる場やその伝達の方法などについての理解を深めてきている。中世史の立場からは、富田正弘氏が天皇・太政官の間での政務手続のなかで、どのような文書が誰によって書かれ、どのように伝達されていくかを詳しく検証され、(2)五味文彦氏は広く上卿を経由しない宣旨にも光を当てつつ、宣旨一般の特質を明らかにされた。(3)一方古代史からは、吉川真司氏が、正倉院文書にみえる宣に注目し、官司内の事務決裁のなかでの宣の意義や宣の伝達について鋭い分析を加えられている。(4)さらに早川庄八氏は、正倉院文書から九・十世紀にいたるまでの宣・宣旨をその内容にまで立ち入って徹底的に分析し、文書としての宣旨の概念やその伝達方法を明らかにしながら、宣旨は口頭伝達の場から、公式様文書や公家様文書などのいわゆる文書様式とは無関係なものとして発生した、という注目すべき結論を導かれている。(5)

これらの諸研究によって、宣旨の特質がさまざまな角度から明らかにされてきたわけであるが、一方ではまだ十分に検討の余地のある問題ものこされている。それは、従来の研究の大部分が、基本的には文書（書類）としての宣旨だけをその主たる考察の対象としている点である。例えば、本稿で扱う摂関期においても、『類聚符宣抄』などの宣旨については詳細な研究がなされているものの、『小右記』『権記』『御堂関白記』『左経記』など、当時の政務手続を具体的に示している記録類にみられる宣旨の語は、ほとんど検討の対象になっていないのが現状である。周知のように記録類にみられる宣旨の語の用法は多様であるし、前後の関係がつかみにくい断片的な記事が多い。また、同じような手続を叙述した複数の記事の間で、一方では宣旨の語が用いられ、他方では用いられていないような場合もあるため、検討の対象とするにはいろいろな困難がつきまとうのも事実である。しかし、記録類にみられる宣旨を注意深く子細に検討し、これらを当時の政務手続のなかに位置づけていくことは、宣旨の本質に迫るために必要不可欠な作業ではなかろうか。そこで本稿では、そのような試みの一環として、『小右記』にみられる「勘宣旨」の語を手がかりとしながら、覆奏・復命を必要条件とする宣旨の存在を指摘し、これらを含めた摂関期の政務手続の構造を、宣旨による政務手続として捉え、その特徴を考えていくことにしたい。

一　「勘宣旨」と弁官局の勘申手続

『小右記』には、「勘宣旨」という語が二十数箇所にわたって登場する。[6] 例えば、長和五年（一〇一六）三月二十一日条には、

　蔵人主殿助成章持下来触二賀茂祭一之宣旨等上、即下二頭弁経通一、〈皆勘宣旨也、〉

とあって、賀茂祭に関連した宣旨が蔵人から上卿、弁へと下されているが、実資はこれを「勘宣旨」といっている。この「勘宣旨」は、四月二日条に「蔵人成章来、付二勘宣旨一」とあるように、十日後に上卿から蔵人を通じて奏上さ

れ、翌三日には、

蔵人成章来、下二給昨日勘宣旨一、伝レ仰云、続文物数多減、相計可二宣下一也、便以二成章一送二頭弁経通許一、

とあって、「勘宣旨」が「仰せ」とともに実資に下され、さらに左中弁経通のもとに送られている。これらの記事によれば、「勘宣旨」はいわゆる「下弁官宣旨」(7)のルートによって下されるが、それが再び奏上される点で、通常の「下弁官宣旨」と異なり、また三日条の「仰せ」から、いったん「勘宣旨」が下された弁官局では、「続文」(8)が作成されたことが判明する。長和三年四月一日条では、同様のものを「祭使勘宣旨」としていることなどからすると、この「勘宣旨」は賀茂祭にあたっての過差禁制に関する前例を調査するよう弁官局に命じ、その結果を復命したものであったと考えられる。なお、ここで注目しておきたいのは、勘申の結果が奏上される時も、さらに蔵人から再び下される際にも、実資がこれを「勘宣旨」と呼んでいる点であって、「宣旨」を一連の政務手続、あるいはその手続の対象となる書類として捉えうる可能性を示している。

もう一つ、「勘宣旨」の例を紹介する。万寿四年（一〇二七）二月二十八日条には、大炊寮の右弁官史生任命の申請に関して、次のような記事がある。

頭弁重尹持二来勘宣旨一、〈大炊寮申右小[ママ]史生、〉以二同弁一令二覆奏一、即被レ下二宣旨一、

さきに挙げた例を参考にすれば、この記事は弁官局の勘申を右大弁藤原重尹が上卿実資のもとに持参し、実資は蔵人頭藤原重尹を通じてこれを覆奏したものである。この勘申は二月十九日条の、

蔵人頭右大弁重尹下二給宣旨二枚一、〈大炊寮申左[右カ]弁官史生文、可レ勘二闕幷前例一、安芸国司宣明申不レ待二本任敢[放カ]還一給二任符一、依レ請、〉即宣二下同弁一、

という「宣旨二枚」のうちの前者をうけて行われたものであり、ここでは「勘宣旨」という語は用いられていないが、

その代わりに「勘宣旨」が具体的には右弁官史生の欠員と前例の勘申を命じたものであったことが判明する。さらに三月二日条には、

大炊寮申右弁官史生奏、下二式部丞経兼一、

とあって、二月二十八日に上卿に下された裁可を式部省に伝えていることがわかるが、これら一連の手続は、『西宮記』巻十三、諸宣旨（西二一―二四三頁）にみえる「以二諸司所々奏状一下賜、上卿奉レ勅下レ弁令レ勘二闕否一、覆奏之後下二式部省一」という三局史生任命の手続に合致するものである。[9] さらに、この三局史生請奏に対する弁官局の勘申の手続は、すでに下向井龍彦氏が紹介されたように、[10]『伝宣草』[11]に応長元年（一三一一）の実例に基づいた詳しい記述がある。それによれば、弁官の命をうけた官文殿では、

文殿

勘下従二東市司官人代一遷二補左右弁官史生一例并闕否上事

一、遷補例

中原国景、〈文治五年十二月補二右史生一、〉

一、闕

左一人、

右、引二勘文簿一所レ注如レ件、仍勘申、

応長元年八月廿八日　　右史生大江職重

左史生紀宗兼

という続文を作成し、これが本解とともに弁・上卿に上申され、さらに上卿から職事に献上されているが、『伝宣草』

ではこれを「覆奏文」と呼んでいる。『伝宣草』は鎌倉末から南北朝期にかけてのものであるが、これより以前、十二世紀中葉に成立した『新任弁官抄』(12)にも、本書の性格上、蔵人と上卿との間の手続は記されていないものの、掃部寮の用途料申請について、同様の手続が「令レ勘レ例宣旨書状躰」として掲げられている。さきに掲げた『小右記』の「勘宣旨」の手続は、基本的にはこれら両書に示された事例と同一のものであったと考えられるのである。他の「勘宣旨」もその内容が具体的にはわからないものが多く、また一連の手続のごく一部のみが記載されていることも多いので、すべてについてその手続を復元することは困難であるが、蔵人（あるいは殿上弁）(13)→上卿→弁というルートで下され、その逆のルートで覆奏されているという想定に反するものは見いだされない。また、上卿としてこの手続に関わった実資の日記からは、文殿における先例等の勘申の様子を伝える記事はなかなか見いだしがたいが、賀茂社への愛宕郡寄進について、延暦寺や諸陵寮の異議申し立てに対して発せられた「勘宣旨」を左少弁源経頼が実資にもたらした際、「天台四至官符令レ尋二文殿一、不レ能二尋出一」（寛仁二年〈一〇一八〉十二月二十九日条）と報告している記事は、「勘宣旨」をうけた勘申が、具体的には文殿に蓄積された長案等に基づいて行われたことを明確に示している。

ただし、「勘宣旨」には文殿の勘申だけにとどまらないものもあり、前述の寛仁二年の事例でも、翌三年二月十一日条に、

左少弁経頼持二来山城国司注進天台四至限幷諸陵々戸田、又法印院源注進西塔領四至等文一、四至合二山城国司注進文一、見了示下可レ令レ覧二大殿一之由上、

とあるように、結局山城国司等に注進を命じている。(14)ほかにも、万寿二年（一〇二五）九月五日条の「勘宣旨」は「大元御修法雑具損色」の注進を命じているので、弁官局から治部省に損色使が発遣されたことが推測されるし、長元四年（一〇三一）八月二十四日条の「勘宣旨」は、弁官を通じて陰陽寮に宇佐宮造営の日時勘申を命じたものであ

った。[15]また、『小右記』にみえる「勘宣旨」の多くは、万寿四年の事例のように、諸司・諸国の申請をうけたもので[16]あるが、天皇あるいは道長・頼通などの命令によると推測されるものもあり、[17]本節冒頭に掲げた長和五年の例もそれにあたると考えられる。

以上のように『小右記』の「勘宣旨」を理解したうえで、次にもう少し広い視野から、摂関期における弁官局の先例勘申手続について検討を加えていきたい。そもそも「勘宣旨」の語は、『小右記』以外の史料にはほとんど姿をみせない[18]のであるが、弁官局に対して先例等の勘申を命じる記事が、この時期の諸記録に頻繁にみえることは周知の通りであり、これらも手続としては「勘宣旨」と基本的に同様のものであったと考えられ、そのなかには「勘申宣旨」という語もみえる。例えば、『左経記』万寿三年十二月五日条には「今日宮権大夫〈能信、〉於二左仗座一被レ下二左渡勘申宣旨一〈公行任、〉[19]」とあって、具体的内容は不明だが、佐渡国司の申請に対する「勘申宣旨」が、上卿から左中弁源経頼に下されている。また、弁官局からさらに明法博士に下された「勘申宣旨」として、『法曹類林』巻第百九十二にみえる延喜五年(九〇五)六月二十八日付の明法博士惟宗直本による勘文に引かれた「勘申宣旨」を挙げることができる。[20]さらに、単に「宣旨」とある場合、あるいは「宣旨」の語がない場合でも、内容的に見て「勘宣旨」の手続と同様と考えられるものは枚挙に暇ない。例えば註(6)で紹介した『小右記』長元元年九月十五日条では、「前常陸介信通申越勘宣旨」という案件について、その前例と済不を勘申することを蔵人頭藤原重尹→上卿実資→右大弁重尹というルートで命じたものであったし、同長元二年九月三日条には、「権左中弁経任[持来脱カ]前丹後守親方申修二造大垣一料物文宣旨、可レ勘二前例裁許色目幷立用数一者、即下」とあって、「勘宣旨」と同様の手続が典型的に示されている。また『権記』長徳四年(九九八)三月二十一日条では、蔵人頭右大弁藤原行成が、左大臣道長に「先日被レ下宣旨等案□[内カ]」を申しているが、それらの宣旨のなかに「壺阪寺申返二上燈分稲一請二鳥居内田一文〈仰云、件田何処領哉、可レ令二尋勘一、〉」があり、行成はこれを史多米国平に下している。これも「勘宣旨」の手続のなかの弁から史へと下される場面であると理解してよいだろう。さらに『小右記』寛弘二年（一〇〇五）五月十日条の「左中弁将下来先日所レ令二下勘一之宣旨三枚上、即遣二蔵人隆光許一」という記事は、本節冒頭に掲げた「勘宣旨」の二つの事例と同じく、勘申の結果が覆奏される時点にも、それが「宣旨」と呼ばれていたことを示している。

以上、『小右記』にみられる「勘宣旨」の語に注目しながら、弁官局の先例等の勘申のありかたについて、検討を加えてきたが、ここでもう一度その特徴を確認しておきたい。「勘宣旨」は、先例等の勘申を弁官局に（さらに弁官局を通じて諸司に）命じるものであり、その手続は通常の「下弁官宣旨」と同様のルートで行われる。したがって、そのなかには諸司・諸国の申請をうけたものと、天皇や摂関自身の命令になるものとがあること、また奉勅によるものと上宣によるものとがあることは、「下弁官宣旨」と同じである。しかし、「勘宣旨」は勘申の結果を覆奏・復命すること(21)が条件となっており、覆奏・復命される時点でも「勘宣旨」と呼ばれていることから、その時点までが「勘宣旨」の手続に含まれていた。このような点で、「勘宣旨」は「下弁官宣旨」とは異なる、一つの独立した政務手続として捉えることが可能であると思われるのである。

二　外記局等の勘申手続

摂関期において、「勘宣旨」以外に先例等の勘申を管下の諸司ないしは官人に命じ、覆奏・復命を求めるという手続が存在したことも、また周知の事実である。本節ではそれらの事例について、通常の宣旨との対応関係を考慮しながら検討を加えていきたい。

その代表的なものが外記に対するものであって、摂関期の記録類に頻出しているが、この手続もまた「宣旨」と呼ばれることがあった。例えば、『小右記』万寿四年（一〇二七）十二月十六日条には、十二月四日の藤原道長薨去に関連して、

入レ夜頭弁来、伝二宣旨一云、節会可レ被レ行記[哉カ]如何、可レ令レ勘二前例一者、

とあり、翌日実資は「節会有無例可二勘申一事」を大外記清原頼隆に仰せ、頼隆は十九日に勘文を実資のもとに持参した。これに対して実資は、なお加えるべきことがあるとして勘文を返却し、二十四日に頼隆が再度提出した勘文を頭弁藤原重尹に付している。また、『権記』長保四年（一〇〇二）九月八日条には、

又諸司解任可レ復二本職一之由宣旨、下二大外記善言一、申云、停任宣旨忽不レ能二引得一、又解任者存亡難レ知有二其数一、宣旨已下、夜間尋勘、後日可二勘申一者、

とあるが、いわゆる復任宣旨（解任者の復任を命じる宣旨）は、上卿から式兵二省に下されるのが例であるから、(22) この「宣旨」は外記に復任対象者の勘申を命じたものであると解すべきである。これをうけて外記は復任対象者を調査し、文官・武官ごとにその名簿を上卿に提出するわけであるが、『北山抄』巻第六、復任事（改訂増補故実叢書四四六頁）ではこれを「外記勘文」と呼んでいるのに対し、『西宮記』巻十二、復任事（西二―二〇五頁）では「外記入二宣旨於筥一覧二上卿一」としている。すなわち『西宮記』では、外記から上卿、さらには蔵人に付して奏聞される書類を宣旨と称しており、これは「勘宣旨」が覆奏される場合にも「勘宣旨」とされているのと同じである。「宣旨」の実体が名簿であるという例は非常に多いが、その大部分は、蔵人から上卿など上から下される場面で「宣旨」と称されている。しかしこれらの例のように、下から上へという場面でも「宣旨」とされている事例が存在することは、政務手続としての宣旨を考えるうえで重要な点と思われる。また「宣旨」の語は用いられていないが、外記方の勘申の具体的

手続がよくわかる例として、『村上天皇日記』逸文天暦八年（九五四）十二月三日条[23]を挙げることができる。

左大臣令レ奏二外記勘申諒闇年白馬事一、〈副二右馬寮申白馬飼料文一、文殿勘申、検二年々符案一不レ見二行由一者、〉前日給令二勘申一、一昨日付令レ奏、依レ無レ例留申、

本条は同十一月十四日条の「令三国光給二左大臣一〈小野、〉右馬寮申可レ飼二白馬料一物文、仰レ令レ勘下諒闇年養二白馬一例上」という村上天皇の仰せをうけたものであり、ここでは「勘宣旨」における弁官局の勘申と同様、外記局文殿の長案に基づいて勘申を行っていることが注目される。

このように外記方の勘申も、「勘宣旨」すなわち官方の勘申と基本的には同様の手続で行われているとすれば、両者の勘申が並行して行われる場合も当然ありえた。次に掲げる『小右記』長元二年（一〇二九）八月二日条は、出雲国から七月八日に管内の飯石郡須佐郷枚田村で降雪があったとの解状をうけたものである。

頼任伝二勅命一云、出雲国言上雪事可レ令二勘申一者、仰下官方可二尋勘一之由上、又可レ勘二国史・日記一之事可レ仰二大外記頼隆一、即召遣了、頼隆参来、仰レ之了、

この場合、勅命は単に「勘申」を命じただけで、それをうけた実資が自らの判断で官方・外記方双方に勘申を命じたと解釈できるが、ともかく両者による勘申のありかたが原則的には同じであったからこそ、このような手続をとることが可能であったのである[24]。

また、いったん外記方に勘申を命じた後で、勘申の結果が不十分であったため、さらに官方に勘申を命じる場合もあった。『小右記』寛弘八年（一〇一一）九月十日条では、

左大臣云、（中略）悠紀・主基所申二無レ物之由一、可レ給二近江・丹波掾各十人一、但令レ勘二前例一、可レ令二奏聞一者、

仰二左中弁一、即大外記敦頼朝臣勘二申三代例一、不レ見下給二悠紀・主基所一之由上、只引二除目一勘申也、所レ疑者、之中

有二人給等一歟、令レ仰レ官令二勘申一、依レ可レ見二彼間文書一也、

とあって、三条天皇の大嘗会にあたって悠紀・主基所の料物不足を補うため、前例を調査したうえで、両所にそれぞれ悠紀・主基国にあたる近江・丹波の掾十人を給官として与えることを道長が命じたのに対して、大嘗会検校実資はまず悠紀所行事藤原朝経を通じて、外記に勘申を命じた。ところが外記は除目の案文を調査したものの、前例を見いだすことができなかった。そこで実資は、「人給」（この場合、臨時給を指すか）の形で悠紀・主基両所へ料物が補充された可能性を想定し、さらに弁官局に対して関係文書の調査を命じたわけである。九月十九日条の、

右中弁来云、雑事以レ人伝、有二勘宣旨一、示下可レ付二左中弁一之由上、

という記事が、この勘申の結果を示すかどうかは、この時期の大嘗会行事所の業務に関する記事が非常に錯綜しており、さらに悠紀所行事左中弁藤原朝経と主基所行事右中弁藤原重尹の「左」「右」の表記にも混乱がみられるので、にわかに決定しがたいが、(25)九月二十一日条にみられる、

左中弁下二宣旨一、即給二同弁一、々伝宣云、悠紀・主基両国給二掾三人一、各行事所可レ給二七人一、但下二給爵宣旨一、使給レ国令レ進二其料一、宛二行大嘗会用途一、但下依会[ママ]前後、随二国司申請一可二裁給一者、可レ給二宣旨於両国一之由、仰二両弁一訖、

という措置(26)は、十日条の勘申をうけたものである。

以上のように、外記局に対する勘申の命令（＝宣旨）も、基本的には弁官局に対する「勘宣旨」と同様の手続と役割を持っていたとすることができるが、手続の点で「勘宣旨」とは異なるケースも存在した。それは、勘申が上卿を通さず、蔵人から直接外記に命じられることがあったという点である。もちろん、上卿を経たことが省略されている場合もあると思われるが、『村上天皇日記』逸文の天暦五年（九五一）十一月二十三日条（西二一―七八頁）の「東宮鎮

魂、依レ穢停止、召二外記武並一、令レ勘二申東宮鎮魂延引並宮雖レ穢尚行例等一、晩頭進二勘文一、件等例皆有」や、同天徳四年（九六〇）五月四日条（同前）の、右大臣藤原師輔薨去に際しての「召二大外記傳説一、令二蔵人為光一、仰レ可レ勘下申皇后依二服喪一出レ宮否之例上」という記事などは、比較的明確に蔵人から直接外記へと勘申を命じていることがわかる例であろう。これに関して注目されるのは、『権記』長保二年（一〇〇〇）正月二十日条の、

弁官奉二綸〔言カ〕之庶事一、仰二上卿一所二仰下一也、至下于仰二於外記一之事上、頭・蔵人等所レ伝也、

という行成の見解である。これは請印を殿上弁が外記に直接仰せたことに対する批判として記されているものだが、今述べていることに引きつけて考えれば、蔵人から外記へ直接命令を伝えるルートが存在していたことを示しており、このようなルートは文書としての宣旨にはみられないものだけに、注目しておきたい[27]。

ここでやや横道に逸れるが、通常の宣旨の手続にはみられない、特殊なルートでの勘申についてみておきたい。『醍醐天皇日記』逸文延喜十七年（九一七）正月二十一日条（西二一―三〇〇頁）では、醍醐天皇の弟である斉世親王の子が、前年末に卒去したとの報告をうけて、左中弁藤原邦基に仰せて左少史高行を召し、「不レ視レ事日限及服二錫紵一事等」の勘申を命じている。邦基が殿上弁であったとしても、上卿を介さず史に勘申を命じるというのははなはだ異例であり、なおかつ勘申の内容も儀制令等をもとにした法的手続で、通常の史の勘申とは異なるので、これが恒常的な勘申のルートとして存在したかどうかは疑問である。次に、上卿→弁→外記というルートで勘申が命じられていると思われる例が存する。例えば『左経記』万寿二年（一〇二五）正月六日条では、史中原義光が巡爵を父に譲ることを申請したのに対して、

仰二外記一令二勘申一者、即仰二頼隆真人一令二勘申一、々云、三人之中二人者、以二造宅行事賞一譲与也、一人者以二大嘗会爵一譲与者、余以二勘文一奉二右府一、

という勘申の手続が記されている。記主源経頼は当時左中弁であり、経頼にこの勘申を命じたのは、末尾の部分からみて、右大臣藤原実資だったと考えられる。また、『小右記』治安元年（一〇二一）十二月十二日条では、

去春・夏比南北僧多死去、外任・死去者仰㆓綱所㆒可㆑令㆓勘申㆒之由先日仰㆓左大弁㆒、即問㆓遣其由㆒、云、仰㆓公頼朝臣㆒訖、

とあって、翌十三日に行われる季御読経定にそなえた僧侶の調査が命じられているが、参議左大弁藤原朝経から仰せをうけた公頼は大日本古記録『小右記』の索引によれば、長和元年（一〇一二）四月二十七日条に外記として、万寿四年（一〇二七）正月七日条に式部少輔として登場する人物であり、この時点では外記であった可能性が高い。これらの例は、前者については、弁官の下僚たる史の巡爵に関する事柄であり、後者については、季御読経定では参議大弁が定文を書く(28)からであるという一応の説明は可能である。しかしこのような例はほかにもあって(29)、そのすべてについて説明することは困難であり、ここでは一応その存在を指摘するにとどめ、より詳細な検討は後日を期したい。

以上、外記局の勘申を中心に検討を加えてきたが、次にそれ以外の勘申ルートの存在も指摘しておきたい。弁官局・外記局に対して勘申を命じる宣旨は、覆奏を要求している点以外は、通常の宣旨とその手続は同じである。したがって、『西宮記』や『伝宣草』に「下某官宣旨」として挙げられている他の諸司についても、勘申を命じる宣旨が下され、勘申の結果が覆奏されることがあったと考えられる。例えば『九暦』逸文天暦六年（九五二）八月十五日条では、朱雀法皇崩御に関して、内記に勘申を命じた記事がある。

太上法皇崩云々、赦令事尋㆑例可㆑行者、非㆓皇考㆒天皇崩之前、無㆓恩詔㆒之由、内記勘申、仍奏聞、仰云、去延長太子時、有㆑赦、准可㆑出㆓少赦㆒者、仰㆓文時㆒了云々、

この場合、天皇（直接には蔵人）から上卿師輔に「赦令事尋㆑例可㆑行」という仰せがあり、これをうけて師輔は内記

に前例を勘申させたものと思われる。次に次侍従の補任について『北山抄』巻第六、補次侍従事（改訂増補故実叢書四四四頁）では、

大臣奉レ勅、仰二外記一令レ勘二申侍従闕〈中務省勘申之、〉并可レ補者等一、先令レ奏レ之、随レ仰定補、

とあり、外記を通じてであるが、中務省が次侍従の欠員を勘申することになっている。ただし、中務省の勘申については、他の儀式書や記録にはその例を見いだすことができなかったので、具体的な手続等は不明である。[30]式部省については『村上天皇日記』逸文天徳四年（九六〇）二月二十七日条（西二―二四七頁）に、

民部卿藤原朝臣令レ申云、主計大属小槻忠臣申遂二本寮課試一事、如二式部省勘申一、弘仁十一年有二此例一、但非二近代事一、若下二宣旨一者、他道准レ此有二申請一乎、仰下非レ無二止事一何依中希有之例上、仍留二此文一、

という記事がある。算生の課試についての式部省勘申は、『類聚符宣抄』第九にも康保四年（九六七）十一月二十七日の実例がある。同じ『類聚符宣抄』第九には算得業生試についての宣旨がいくつか掲げられており、これらがすべて「下外記宣旨」であることからすると、この勘申は上卿から直接式部に仰されたのではなく、上卿から外記を通じて式部に仰されたとみるべきかもしれない。

これまでの例は、上卿から直接諸司へ、あるいは外記を通じて諸司へ勘申を命じたものだったが、弁官局を通じたものについては、前節でも一部触れたし、第三節で後述する功過定の際の大勘文の例など、枚挙に暇がないのでここでは省略する。また、上卿を経ない勘申については、『醍醐天皇日記』逸文延喜十二年（九一二）十二月十九日条（『扶桑略記』第二十三裏書）の、

仰二検非違使一令レ勘二申去十五日失火舎宅人々一、各即給二米粒一、

という記事が注目される。これも上卿についての記載が省略されているのかもしれないが、年代的にいっても、上卿

を通さず内侍宣[31]により勘申が命じられた可能性も考えられるからである。さらに蔵人方においては、一般の宣旨も上卿は当然無関係であるから、勘申も上卿を経ないことはいうまでもない。『権記』長保二年（一〇〇〇）十二月二十一日条の、

今朝左大臣於二御前一被レ仰云、孝標所レ催等第去年冬料、又兼宣所レ催等第、又今年等第等物、仰二可レ進之国々一令二催行一者、仍仰二内蔵允保実一、従二去長徳二年一以来等第返抄成否令二勘申一、為三慥知二給否一所レ仰也、

という記事は、左大臣道長が、諸国に対して蔵人に支給される等第料の絹の督促を行うよう、行成に命じたのをうけて、行成が確認のために内蔵寮に返抄の有無を勘申させたものであるが、ここでの道長は上卿としてではなく、蔵人所別当として蔵人頭行成に指示を与えているのである。

最後に、早川庄八氏が注目された「一司内宣旨」[32]に関連して、一つの官司のなかでの勘申手続について触れておきたい。官司内の勘申でまず想起されるのは、検非違使庁における着鈦政である。これについては、院政期の藤原宗忠が検非違使別当だった当時の『中右記』に基づいて、戸田芳実氏がその手続を明らかにされている[33]。それによれば、未決囚の判決・行刑を行う着鈦政に先立ち、別当の命令により尉以下の使庁官人が着鈦勘文を作成しており、その着鈦勘文の実例が、『西宮記』巻二十一・『朝野群載』巻第十一に収められている。このほかの事例を摂関期に探すと、長く右近衛大将を勤めた藤原実資の『小右記』に、近衛府における勘申手続を見いだすことができる。例えば長和三年（一〇一四）二月三日条に、

大原野祭使、将監等各有レ所レ申、仍中将朝臣〈雅通、〉令レ進二勘文一、将監保信齎来、保信・親業二箇度奉仕、公助・扶宣一度、但扶宣去年冬吉田祭使也、公助寛弘九年大原野祭使、仍以二公助一可レ令二奉仕一之由仰下了、

とあるように、大将→次将→将監のルートで勘申が命じられ、将監が勘文を作成して、実資のもとに提出し[34]、これに

基づき決裁が行われるという手続がわかる。以上のように、当然のことではあるが、一官司内においてもその長官の命によって下僚が勘申を行っており、その手続は第一節でみた「官宣旨」の手続と基本的には同一のものであったとすることができよう。

三　政務手続としての宣旨

本節では、これまで検討してきた「勘宣旨」をはじめとする勘申が、摂関期の政務手続のなかで、どのような位置を占めているのかについて考えてみたい。

まず、ごく基本的な問題であるが、勘申は何のために行われるのであろうか。これを端的に示しているのが、次の『西宮記』巻十三、諸宣旨の記事である（西二―二四五頁）。

諸司所々申文、有レ疑之時、上卿奉レ勅、下レ弁令レ勘二旧例申文一、外記・史注側記下勘返上、上卿奏聞畢、賜二宣旨一、

「外記・史注側記下勘返上」の「側」は「例」とする本もあり、いずれにしてもこの部分は文意不明だが、ともかく勘申は申文に疑義がある場合に行われ、「賜二宣旨一」ための判断材料とされることは明らかである。つまり、勘申はあくまで「賜二宣旨一」＝裁可を下すための前提として存在するのであって、ただ単に勘申のみが独立して行われることは、当然ながらありえないのである。

しかし一方で、政務手続としての勘申をみた場合、それは一個の独立した政務手続として認識されていたと考えることが可能である。

祭使勘宣旨、送二蔵人式部丞雅康許一、黄昏雅康来、下二給宣旨一、有二所労一、以二資平一令二相逢一、伝二給件宣旨一、〈或勘宣旨、或新下宣旨、〉

これは『小右記』長和三年（一〇一四）四月一日条の記事であるが、実資は蔵人平雅康から下された宣旨を、「勘宣旨」と「下宣旨」に分けている。また同長元四年（一〇三一）八月四日条では、

頭弁持二来宣旨一、〈或可レ定事、或勘宣旨、〉

とあって、宣旨が「可レ定事」と「勘宣旨」に分けられている。さらに、これらがまとめて出てくるものとして、同寛仁三年（一〇一九）六月十八日条の、

頭弁経通持二来宣旨等一、或下宣旨或勘宣旨、亦新吏等申請事等可二定申一者、下二給弁一令二続文一、

という記事がある。ここでは頭弁がもたらした宣旨を、実資が「下宣旨」「勘宣旨」「新吏等申請事等可定申」（これは、実際にはそのような語はみえないものの、頭弁藤原経通のもたらした「宣旨」のなかに含まれているのだから、いわば「定宣旨」とすることができる）の三種類に分類しているのである。これらの記事は、実資が、三者が同じ宣旨ではありながら、政務手続としてはそれぞれ別個の系列に属していると認識していたことを示すものであろう。このような明瞭な形での分類は、摂関期のほかの記録にはみられないものであり、その点では実資独自の考え方とすることもできるが、逆にいえば長年にわたって有能な公卿として活躍してきた経験を反映したものとして、実資の認識は尊重するに値するという見方もできよう。したがって、政務手続として宣旨を捉える場合、「下宣旨」のほかにも「勘宣旨」と「定宣旨」とが存在し、これら三種の宣旨によって政務が運営されていたとする想定は、十分成立しうると思われる。

そこで次にこの三者の関係、とくに「勘宣旨」と「定宣旨」との関係を検討していくことにしたい。「定宣旨」は、

ある案件について、公卿定を行い、その結果を奏上するように命じるものであるが、これはいわば公卿に対して勘申を命じたものとも考えられるので、上記の『小右記』のように、「可レ定」との宣旨が公卿に下され、定が行われると、その結果は「勘宣旨」と同じように、蔵人を通じて「覆奏」[35]され、それによって一連の手続きが完了する。また、次に掲げる『御堂関白記』寛弘二年（一〇〇五）七月十七日条の記事は、陣定が公卿による先例等の勘申にほかならなかったことを明確に示している。

参内、着二左丈〔仗〕一（中略）大安寺別当律師平超替定二申可レ然僧等一者、諸卿定申云、法橋扶公為二元興寺別当一、尤能治者也、以レ彼可レ被二兼補一、又大威〔儀脱カ〕師延元・阿闍梨定湛等可二奉仕一者也者、以二広業一奏二聞此由一、被レ仰云、七大寺別当兼任例如何、諸卿申云、諸国受領有二其例一、以二能治者一被二兼補一、無レ可レ難者、即被レ仰云、以二扶公一可二兼補一者、

最初の定で、公卿が大安寺別当の候補者を何人か挙げて奏上した後、さらに別当兼任の例の有無についての仰せがあり、これに対して公卿は、別当兼任自体の例ではないが、受領の例を勘申しているのである。また『小右記』万寿四年（一〇二七）十一月十日条では、

頭弁持下来太〔大〕宰府宇佐宮改造例文幷令レ勘二申前例一文上、〈伊勢大神宮焼損時、不レ入二彼年新造一、又依二卅年限了一更造宮例、其例相合、〉心神太悩、不レ能二相逢一、先日仰云、諸卿可二定申一者、今如二続文一者、已以相叶、不レ可レ及二僉議一歟、令二内覧一随レ□〔命カ〕、若猶可二定申一者、日者有二所労一、不レ可二参入一、可レ被レ仰二他人一歟、弁帰来云、宇佐宮改二造宮一例已相合、更経二奏聞一可レ被二宣下一也、殺害事猶可二定申一者、

とあるように、上卿実資が病気であるという条件のもとではあるが、宇佐宮造替に関しては、公卿定を行わず、定にそなえて実資が用意させた弁官局の勘申を奏聞することをもって、それに代えている。後述するように、「勘宣旨」

と「定宣旨」とは、政務手続上は別個のものとして区別されており、この場合も弁官局の勘申は上卿実資の判断、すなわち上宣によって命じられ、実資のもとに例文が提出された時点で手続きは完了し、例文自体は奏聞されるべきものではなかったのだが、定の内容が弁官局の勘申と実質的には一致することが予想されたため、便法としてこのような措置がとられたわけである。

さらに次の『御堂関白記』と『権記』の寛弘三年七月十三日条は、公卿定と勘申命令、すなわち「定宣旨」と「勘宣旨」の政務手続上の関係をよく示すものである。

又昨広業朝臣賜二駿河国守高扶延任申文幷官勘文等一、先日定二諸司封家入物勘申後、可レ被レ免者、其勘文如レ見進済已了、可レ被レ免二延任一者、（『御堂関白記』）

参内、（中略）又駿河守高扶申延任事、依二先日諸卿申一令レ進二勘文一如レ此、重可二定申一、遍被レ申下可二裁許一之由上了、（『権記』）

両者から駿河守高扶の延任申請に関する政務手続を復元すると、まず申文が奏上された後、天皇から蔵人を通じて上卿に「定宣旨」が下され、納官・封家物についての勘申を求める定の結果が覆奏された。これをうけて、あらためて「勘宣旨」が下され、勘文が弁官局から覆奏され、その勘文と高扶の申文が蔵人藤原広業から道長のもとに下されたのが昨十二日である。これは『権記』に「重可二定申一」とあることからすれば「定宣旨」であり、これに基づき十三日には、高扶の延任を裁許すべしとの定における公卿の一致した見解が覆奏されたのである。ここで注目されるのは、第一にこれまで掲げたいくつかの事例ともあわせて、場合によっては官の勘申が公卿定と同等の比重を持つことがあったという点である。もちろんこのことは、摂関期における公卿定の重要性を否定するものではないが、「定宣旨」が「下宣旨」の判断材料とされる点では、「勘宣旨」とまったく同等の位置にあったということだけはいえると思う。

第二に、公卿定の結果が覆奏されてからあらためて「勘宣旨」が出され、それが覆奏された後に、さらに重ねて「定宣旨」が出されたことから、両者が同じように「下宣旨」の前提として存在するとはいえ、政務手続上は一応別個のものとして区別されていたという点であり、これは前述した実資の認識が客観的に妥当なものであったことを裏づけていよう。

「定宣旨」と「勘宣旨」との関係は、大略以上のように考えられるのであるが、ここで一つ問題になると思われることがある。それは、蔵人から「可二定申一」という仰せをうけた上卿が、弁または外記に「可レ勘二申前例一」などと命じているケースが、記録類に数多くみられることである。さきに掲げた『小右記』寛仁三年（一〇一九）六月十八日条では「新吏等申請事等可二定申一」という蔵人頭藤原経通の仰せに基づき、上卿実資が「下二給弁一令二続文一」という措置をとっているし、同寛仁四年閏十二月十七日条では、

従二蔵人弁章信一持二来宣旨一、〈摂津守長経申文、〉仰下可レ令二続文一之由上、有二可レ定仰一、仍先下二所司一令レ続耳、

とあって、蔵人藤原章信が「可レ定」という仰せとともに、摂津守源長経の申文[36]を下したのに対して、実資は右中弁章信に続文を命じている。このような例は、受領の申請や功過定に関係する記事に多い[37]のであるが、これらは「定宣旨」と「勘宣旨」とが政務手続上は一応別個のものとして区別されていたとするさきの推論に一見矛盾するかのようである。しかし結論をいえば、これらの事例は奉勅の「定宣旨」と上宣による「勘宣旨」とが複合したものであって、むしろ両者の手続が明瞭に区別されていたことを示していると考えられるのである。

この点に関して、儀式書などでその手続が比較的よくわかる功過定を例に説明すると[38]、『北山抄』巻第三、定受領功過事（改訂増補故実叢書三五〇～三五一頁）によれば、功過定に先立ち、次のような手続が行われていた。

諸国旧吏勘二畢公文一之後、叙位除目之間、勅二所レ済功課一、進二加階給官申文一、即下二給上卿一、仰云、合否令レヨ勘、

上卿下二弁官一、令三二寮幷勘解由使勘文続〔申イ〕二申文端一、付二初人一奏聞之、経二叡覧一重下給、仰云、令二諸卿定申一、先レ是二寮及勘解由使、勘二録諸国旧吏功過一、十二月廿日以前、進二官幷蔵人所一、〈謂二之大勘文一〉

すなわち、公文を勘済した受領の加階・給官の申文が奏上されると、申文に記載された内容が正しいかどうかについて、主計・主税二寮と勘解由使に上卿・弁官を通じて勘申が命じられ、二寮と勘解由使は申文の端に合否続文(39)を付し、これが上卿を通じて奏聞される。この一連の手続はまさに「勘宣旨」であり、二寮および勘解由使の勘申＝合否続文は、当然のことながら勘申を命じた天皇に奏上されるわけである。これに続いて、「令二諸卿定申一」という「定宣旨」が出されるわけだが、『北山抄』では「先レ是」とあるように、この「定宣旨」とは別に、諸国旧吏の功過を記載した大勘文が太政官と蔵人所に提出されるとしている。このうち蔵人所に提出される手続については未詳だが、太政官については、天皇が関与しないことは明らかであって、上宣によってこれらの大勘文の提出が命じられると考えてよい。したがって、さきに掲げた天皇からの「可レ定」という仰せをうけて、上卿が「可二勘申一」という指示を弁に与えているかにみえる事例も、時間的には『北山抄』の「先レ是」とは逆になっているものの、これらはいずれも大勘文の提出を命じたものであり、功過定を命じる「定宣旨」とは本来別個の手続であったと考えられるのである。『北山抄』や『西宮記』に載せられている功過定文(40)によれば、功過定では「定宣旨」とともに下された受領の申文と、上宣により提出された大勘文とをつきあわせた結果が奏聞されるのであって、大勘文そのものは奏聞されない。すなわち大勘文の提出を命じた上宣による「勘宣旨」の手続は、大勘文が上卿のもとに提出された時点で完結しているのである。このことからも、大勘文の提出と、功過定を命じた「定宣旨」とは別個の手続であることは明らかであろう。したがって功過定の手続は、受領の申文の合否を勘申させる奉勅宣の「勘宣旨」とそれにつづく「定宣旨」、そして大勘文の提出を命じる上宣の「勘宣旨」の三つの宣旨による手続から構成されていると考えられる。たしかに、合否続文が功過定の前提となり、大勘文が功過定の資料として用いられるという点では、これらは相互に密接に関連するものではあるが、政務手続としてはそれぞれが別個のものとして独立して存在していたと捉えることができるのである。

以上、政務手続としての宣旨を「下宣旨」「勘宣旨」「定宣旨」に分け、とくに後二者の関係について検討を加えてきたが、最後にこれらの政務手続の運営上の特徴について指摘しておきたい。土田直鎮氏は、宣旨を「口頭或は文書により朝命を伝達するもの」と定義された(41)。もちろんこの定義は、これまで本稿で考察の対象としてきた摂関期の記録類にみえる宣旨においてもあてはまる。そして、従来は土田氏の定義のなかの「口頭或は文書により」という点に関心が集中し、宣旨が口頭で伝達されるか、文書の形で伝達されるかについて多くの議論がなされてきた。たしかにこの問題も、宣旨の起源などとの関係で重要な論点と思われるが、ここではやや別の視角から、宣旨の特徴を考えてみたい。

これまで繰り返して述べてきたように、宣旨のなかには「勘宣旨」「定宣旨」のように、覆奏・復命を要求する宣旨が存在し、これらは覆奏・復命される時点まで「宣旨」と呼ばれていることが大きな特徴なのであるが、このように一連の手続きが完了するまで「宣旨」と呼ばれている、その実体は何なのであろうか。おそらくそれは「口頭或は文書による朝命」――記録類では「仰せ」と表記されることが多い――のみではなく、「仰せ」の客体となる文書・書類などを含めたものであったと思われる。その文書・書類とは、いわゆる本解・名簿の類であり、したがって、摂関期の記録類にみられる宣旨の大部分は、本解・名簿などに「仰せ」が加えられたものが、その実体だったと考えることができる(42)。このことは、これまで本稿でもいくつか事例を掲げてきたが、「宣旨何枚」という記録中によくみられる表現に端的に示されている(43)。例えば、『小右記』長元四年（一〇三一）三月二十六日条には、

頭弁持二来宣旨二枚一、〈賀茂下社申田事、可レ遣レ使、河内守公則為二尾張守一之時申除二志摩国司俸料一事、可レ勘

レ例、〉

とあるが、これは賀茂下社と河内守の解文に対する仰せを書いた宣旨二枚が下されたのではなく、解文そのものがそれぞれ「可レ遣レ使」「可レ勘レ例」という「仰せ」とともに、蔵人頭藤原長経から上卿実資に下されたものである。同じように、『権記』長保二年（一〇〇〇）七月十七日条の、

　上下〔亦カ〕二奉大和国申請文四枚一、仰云、正税用残可レ勘、

という記事は、蔵人頭藤原行成が右大臣藤原顕光に対して、大和国司の申請文を、「正税用残可レ勘」という「仰せ」（この場合は口頭によるものであろう）とともに下した「勘宣旨」である。そしてこのような「勘宣旨」の場合には、第一節に掲げた弁官史生補任に関する文殿勘申のごとき続文が、「定宣旨」の場合には公卿による定の結果が[44]、さらに本解に副えられ、覆奏されるのである。また、名簿については一つだけ例を挙げると、『貞信公記抄』天慶元年（九三八）十月二十三日条に、

　宣旨十一枚給二相弁一、但神分度者名簿五十三枚為二一枚一、

とあるように、とくに個人の身分・資格の変動に関わる宣旨では、名簿を下すことと宣旨を下すことが同義であることが多かった[45]。このように、本来命令の内容を含まない本解や名簿が、口頭あるいは文書による命令＝「仰せ」とともに、官司内を上下するというのが、政務手続としての宣旨の運営上の特徴であったと考えられるのである。

おわりに

本稿では、『小右記』にみられる「勘宣旨」の語を手がかりとしながら、太政官や諸司で行われていた勘申の手続

を宣旨として捉え得ること、摂関期における太政官の政務は、この「勘宣旨」と「定宣旨」、およびこれらを前提とした「下宣旨」という、相互に独立した手続によって構成されていたこと、これらの手続の大部分は本解や名簿などの書類が「仰せ」や続文などとともに官司内を上下することによって運営されていたことなどを指摘してきた。このようにみてくると、宣旨という語は摂関期における官司内の政務のありかたを端的に示すものであったとすることができよう。とくに「勘宣旨」と「定宣旨」は、文書の形ではほとんどその痕跡をとどめていないが、当時の政務のなかで、非常に重要な位置を占めていたことを、あらためて強調しておきたい。また、文書としての宣旨に関しても、本稿で指摘したような政務手続としての宣旨の特徴から再検討することによって、新たな視点が生まれる可能性があると思われるが、これについては今後の課題とし、ここでひとまず擱筆したい。

註

（1）本稿でおもに参照した宣旨に関する研究は、以下の通りである。相田二郎『日本の古文書』（一九四九年、岩波書店）中編第二部第一類、土田直鎮「内侍宣について」（初出一九五九年、『奈良平安時代史研究』〈吉川弘文館、一九九二年〉所収）、鈴木茂男「宣旨考」（初出一九七二年、『古代文書の機能論的研究』〈吉川弘文館、一九九七年〉所収）、今江広道「宣旨」（『日本古文書学講座』三、雄山閣出版、一九七九年）、富田正弘「口宣・口宣案の成立と変遷―院政＝親政と天皇＝太政官政との接点―」（初出一九七九・八〇年、『中世公家政治文書論』〈吉川弘文館、二〇一二年〉所収）、同「官宣旨・宣旨・口宣案」（日本歴史学会編『概説古文書学　古代・中世編』吉川弘文館、一九八三年）、五味文彦「宣旨類」（初出一九八三年、『院政期社会の研究』〈山川出版社、一九八四年〉所収）、吉川真司「奈良時代の宣」（初出一九八八年、『律令官僚制の研究』〈塙書房、一九九八年〉所収）、早川庄八『宣旨試論』（岩波書店、一九九〇年）。なお、学説史の整理については、早川氏の著書第一章に詳しい。

（2）～（5）註（1）前掲論文。

（6）「勘宣旨」の史料を網羅的に掲げることはできないので、詳細は大日本古記録『小右記』十一所収の索引を参照されたい。ただし、索引にとられている第八巻の九二頁（長元元年〈一〇二八〉九月十五日条）の記事は「前常陸介信通申越勘宣旨可レ勘二前例済不一」とあって、内容的には本文で述べるような「勘宣旨」としてよいのであるが、「越勘の宣旨（信通以前の国司の公文の勘会をいったん棚上げし、先に信通の公文を勘会することを主計・主税両寮に命じる）を下されるよう申請した前常陸介の申文について、前例や済不を勘申せよ」という意味であり、「勘宣旨」という語自体はないと考えるべきであろう。

（7）以下、宣旨の分類のしかたについては、早川庄八氏註(1)前掲書第二章に示された分類に従う。

（8）続文については、谷口昭「諸国申請雑事—摂関期朝廷と地方行政—」（『中世の権力と民衆』創文社、一九七〇年）・「続文攷—太政官行政の一側面—」（『法制史研究』二二、一九七二年）で論じられており、本稿でも氏の研究に拠るところが大きい。

（9）同書巻十五、宣旨事（西二—二八〇頁）では、「勘二申闕否一」は式部省が行うことになっているが、後述の『伝宣草』の記事から考えても、少なくとも弁官局史生の場合は弁官局が勘申の主体であったと思われる。なお、『西宮記』に重複してみられる宣旨関係の記事については、早川庄八氏註(1)前掲書七一頁以下参照。

（10）下向井龍彦「官底」（『ことばの文化史（中世四）』平凡社、一九八九年）。

（11）『群書類従』公事部所収。なお、本書の成立等については、『国史大辞典』九「伝宣草」（清水潔氏執筆、吉川弘文館、一九八八年）参照。

（12）『群書類従』公事部所収。

（13）『西宮記』巻十、侍中事（西二—一二四頁）に「殿上諸事并請奏事等、皆蔵人頭以下所職也、（中略）但触レ官雑事者、殿上弁、最得二其便一者也」とあるように、殿上弁は「奏事」において、実質的に蔵人と同様の役割を果たすことが多かったし、宣旨を下す場合にも殿上弁から上卿へという事例は大変多い。なお、殿上弁については、大隅清陽氏から御教示を得た。

（14）同じ愛宕郡寄進に関して、愛宕郡内の諸司の所領の詳細や絵図の注進を命じた寛仁三年（一〇一九）十二月六日付の官宣旨（『類聚符宣抄』第一所収。ただし日付については、元年の誤りとする『大日本史料』第二編之十三、寛仁二年十一月二十五日条の校訂に従うべきであろう）を参考にすると、おそらく本条の山城国司の注進もこのような官宣旨に基づくものと考えてよいであろう。

（15）本条は「頭弁持二来奏文并勘宣旨等一〈宇佐宮造〔作カ〕依始等日時陰陽寮勘文、国々司申文続文、進二止輔・致経従者拷訊日記一、此度三个度拷了、無二承伏一、官掌秋時過状、可レ令レ覧二関白一〉」となっており、注記の「陰陽寮勘文」は「奏文」であるかのごとくであるが、八月二十七日条で「頭弁持二来陰陽寮勘申宇佐宮造作始等日時勘文一、早経二奏聞一可レ賜二官符一之由示含」とあるので、さきの注記は、陰陽寮に勘文の提出を命じたものと解釈しておく。

(16) 寛仁三年十一月二十三日条・治安三年（一〇二三）四月二十三日条・長元元年（一〇二八）九月十三日条・同二年七月一日条・同四年二月二十九日条など。

(17) 確実に天皇の命令によると断定できるものは少ないが、本文第二節で後述する寛弘八年（一〇一一）九月十日・十九日条などは、道長の命令によるとしてよいと思われる。

(18) 管見の限りでは『権記』長保二年（一〇〇〇）八月二十三日条の明経博士の独挙（得業生にあらざる者に課試を受けさせるための博士による推挙）に関わる「勘宣旨」と、『侍中群要』第二、奏書事（目崎徳衛氏校訂・解説『侍中群要』〈吉川弘文館、一九八五年〉二八頁）・同第三、覆奏文（同前四二頁）に各一例がみえるのみである。

(19) 増補史料大成本では「公行」を「召行」としているが、『大日本史料』第二編之二十三、万寿三年（一〇二六）十二月三日条では「公行」としており、『小右記』万寿四年二月二十七日条に「前佐渡守公行朝臣」とあることからも、「公行」が正しい。

(20) 「勘申宣旨」中には、その伝達経路が明示されていないが、この種の罪名勘申が弁官局を通じて仰されることは、早川庄八「承和十三年弁官罷免事件の審理経過についての覚え書き」（『名古屋大学文学部研究論集〈史学〉』三五、一九八九年）参照。

(21) 本節では明瞭な事例を挙げることができなかったが、第三節に掲げる功過定にそなえた大勘文の提出の手続や、賀茂社への愛宕郡寄進に関する『小右記』寛仁三年（一〇一九）七月十一日条の「左少弁経頼持二来賀茂上御社司解文一、是注二申御手代田二町・神戸田廿七町幷西南堺等一、依二何文一注申乎、可レ令二尋問一、亦仰二国司一可レ被レ勘二文薄〔簿〕一之事等仰之」という記事などは、上宣に基づく「勘宣旨」としてよいだろう。

(22) 『西宮記』巻十五、宣旨事（西二―二七五頁）参照。

(23) 『西宮記』巻一、白馬節会勘物（西一―二八頁）。下文の十一月十四日条も同じ。

(24) なお八月三日条には「勘申出雲国言上雪降例事」で始まる大外記清原頼隆の勘文が載せられている。

(25) 前者はしばしば実資に宣旨を下しているから殿上弁であり、後者は八月二十六日条に「右中弁不昇殿者也」とあって地下弁であるから、本条が覆奏の手続を示すものであることは確かである。

(26) 措置の内容は正確には理解しがたいが、両国の国司には三人、行事所には七人の給官の権利を与え、国司に関しては、使者を派遣して任料を大嘗会用途に宛てるよう周知させるという内容の官宣旨を発給するということであろう。「但下〔ママ〕依会前後、随二国司申請一可二裁給一」の部分は不明である。

(27) ただし、夙に土田直鎮氏が指摘されたように（註(1)前掲論文）、弘仁期の「侍殿上宣」のなかには、参議大弁の「侍殿上宣」を少納言や外記が奉っているものがあり、ここで紹介した行成の意見との関係も問題となるが、これらの「侍殿上宣」は弘仁期に限ってみられるものであることからすれば、ここでは検討の対象から一応はずしておく。ともかく蔵人頭・右大弁であった行成の見解は、十・十一世紀の交という段階における政務の慣行を反映したものとして、一応信をおいてよいものと思われる。

(28)『江家次第』巻第五、季御読経。

(29)『小右記』長和四年（一〇一五）十月二十七日条（公卿給について）・同治安三年（一〇二三）正月五日条（内親王の年爵未給について）・同長元二年（一〇二九）正月六日条（栄爵申請について）。これらに登場する弁官がすべて参議大弁であれば本文のような説明も可能だが、後二者は中弁が外記に仰せている。

(30)『西宮記』巻十五、補次侍従事（西二一―二七七頁）・『吏部王記』逸文天慶三年（九四〇）十月一日条（西一―二六三頁）・『九暦』逸文天慶七年四月一日条には、外記から上卿に勘文が進められたことはみえるが、それが外記によって作成されたのか、中務省からの勘申をうけたものであるのかはわからない。ただし、『延喜式』巻第十二、中務省（新訂増補国史大系三五二頁）には、中納言以上が任命した次侍従の名簿を中務省に下すという規定があるので、少なくとも中務省が次侍従の欠員を勘申する材料を持っていたことは確かである。なお次侍従については、古瀬奈津子「昇殿制の成立」（初出一九八七年、『日本古代王権と儀式』〈吉川弘文館、一九九八年〉所収）参照。

(31) 土田直鎮氏註(1)前掲論文・早川庄八氏註(1)前掲書参照。

(32) 早川庄八氏註(1)前掲書第四章第三節。

(33) 戸田芳実『中右記―躍動する院政時代の群像―』（そしえて、一九七九年）第三章。

(34) 下向井龍彦氏によれば、先例勘申等の業務は、令制の諸司主典の職掌に基づくものであり（註(10)前掲論文一一九〜一二〇頁）、また早川庄八氏がいくつか事例を挙げておられるように（註(1)前掲書三〇一〜三三〇頁）、「一司内宣旨」の奉者は一般には主典である。したがって、ここで近衛府の判官である将監が勘申を行っているのは、やや不審であり、実際には主典である将曹が勘申を行い、それが将監等を通じて実資に提出されている可能性もある。

(35)『左経記』長元四年六月二十八日条など。

(36) 彼は『御堂関白記』寛仁元年（一〇一七）九月十四日条に見任として登場する。一方『職事補任』（『群書類従』公事部所収）後一条院の項には源定良が治安元年（一〇二一）正月二十七日に摂津守に任命されたとあり、『左経記』治安元年七月十九日条には摂津守源頼光が没したとある。長経の後任がどちらかは、にわかに決定しがたいが、いずれにしても長経はこの時点で任終年を迎えた見任の摂津守であったと思われる。とすると、この「申文」は任中の公文勘済を認められることを申請したものである可能性が高い。なお、任中の公文勘済については、玉井力「受領巡任について」（初出一九八一年、『平安時代の貴族と天皇』〈岩波書店、二〇〇〇年〉所収）参照。

(37)『小右記』の例としては、長和二年（一〇一三）正月二十三日条・治安元年（一〇二一）二月十三日条・万寿元年（一〇二四）三月四日条・同二年十一月二十九日条・長元四年（一〇三一）正月二十二日条など。

(38) 功過定の手続については、佐々木宗雄「十〜十一世紀の受領と中央政府」（初出一九八七年、『日本王朝国家論』〈名著出版、一九九四年〉所収）、大津透「摂関期の国家論に向けて―受領功過定覚書―」（『山梨大学教育学部研究報告』三九、一九八九年）等を参照。また拙稿「摂関期における国司交替制度の一側面―前司卒去の場合―」（本書第三部第一章）でも、国司の交替から功過定にいたるまでの過程を図示しておいたので、参照されたい。

(39)『朝野群載』巻第二十八、主計寮合否続文参照。

(40)『北山抄』巻第三・『西宮記』巻二。

(41) 註(1)前掲論文二五六頁。

(42) これは弁官方の宣旨ばかりではなく、例えば本稿第二節に掲げた『村上天皇日記』逸文天暦八年（九五四）十二月三日条や『小右記』長元二年八月二日条のように、外記方などの宣旨にもあてはまる特徴である。

(43) 富田正弘氏は、このような表現をもって、摂関期においても蔵人から上卿に勅命が伝えられる場合、口頭ではなく文書が用いられたことの根拠とされている（「口宣・口宣案の成立と変遷（一）」註(1)前掲論文、所収著書二五二〜二五三頁）が、「何枚」と数えられた実体は、富田氏が想定される職事書下のごときものではなく、本解そのものであると思われる。ただし、摂関期においても天皇の仰せが蔵人から上卿に文書の形で伝えられる場合があったことは、ほかの種類の史料から推測できる。

(44)『西宮記』巻七、陣定事（西二―二一頁）に「上卿或令三参議書二定申旨一、付二頭蔵人一奏聞、軽事以レ詞奏」とあるように、定の結果は定文・口頭報告のいずれの場合もあった。

（45）名簿に関しては、「宣旨書」あるいは「書下」との関係がやや複雑であり、その実体には不明な部分も多いが、これらの問題については今後の課題としたい。

補記

本稿は、「『小右記』にみえる勘宣旨について―政務手続としての宣旨―」という題目で、山中裕編『摂関時代と古記録』（吉川弘文館、一九九一年六月）に発表したものである。本書に収録するにあたり題目を変更したのは、吉川真司氏が本稿所収書の書評のなかで、「宣旨」はあくまで命令（またはそれが付着した文書）であり、「宣旨」そのものを政務手続とするのは史料に即した表現とはいえないと指摘されたことによる（「書評山中裕編『摂関時代と古記録』」『古代文化』四五―七、一九九三年）。もっとも「政務手続としての宣旨」という表現は、当初の副題のみならず、本文中にも頻繁に使用しているが、これらを全面的に別の表現に改めようとすると、論旨そのものに影響が及ぶ恐れがあること、吉川氏も評価して下さっているように、文書（書類）としての宣旨という固定観念から脱却することが本稿の重要な意図であったことなどから、本文中の表現はあえてそのままとした。

本稿発表後、山本信吉氏が「起請宣旨・勘宣旨小考」で、『小右記』に登場する勘宣旨をとりあげられた（初出二〇〇二年、『摂関政治史論考』〈吉川弘文館、二〇〇三年〉所収）。山本氏の論考の意図は、起請宣旨（および新制）を旧来の格・式や先例を遵守した施策を改訂する場合に下されたものと捉えるところにあり、そのため、先例に準拠した政務処理方式である勘宣旨を起請宣旨と対置されたのである。あわせて参照していただければ幸いである。

第二章　摂関期の政始について

はじめに

本稿でとりあげる政始《まつりごとはじめ》とは、現代でいえば官庁の仕事始めにあたる行事であり、摂関期においては、通常正月後半の吉日に、外記庁（太政官候庁）で公卿が政を聴く外記政始を指す。これが年中行事書等に登場するのは十二世紀初め頃からであるが、[1]史料のうえでは九世紀末からその存在を確認できる。管見では、年頭の政始についての初見史料は、『官奏事』（尊経閣文庫所蔵永正本『北山抄』第五）の、「外記政〈事具二庁例一、又於二官庁一聴レ政之儀、在二年中行事一、年初被レ定二可レ行レ政之日一、不レ被レ行例、寛平二―正―廿五―、〉」（神道大系本『北山抄』四七〇頁）という記事であり、これによれば、政始は寛平二年（八九〇）より前から行われていたことになる。

政始の概要については、『古事類苑』政治部一に、左のような簡潔な説明がある。

政始ハ、毎年正月、公卿始テ太政官庁、若シクハ外記庁ニ著テ、政事ヲ議スル朝儀ニシテ、御斎会ノ儀ノ畢ルヲ待チテ、吉日ヲ択ビテ之ヲ行フ、其太政官庁ニ於テスルモノヲ官庁始ト云ヒ、外記庁ニ於テスルモノヲ外記政始ト云ヘリ、年首政始ノ外ニ、新帝践祚、改元後、新宮遷幸後、廃朝後等ニモ、亦此儀ヲ行フヲ例トス、若シ政始未ダ行ハザル間ニ、事ノ官符ヲ下スベキアレバ、則チ宣旨ヲ以テ之ヲ行フ、本稿では、この記述を参考にしながら、摂関期（十世紀〜十一世紀前半）の政始の実施状況について検証していきたい。なお、正月以外の政始については、必要に応じて触れることにする。

一　政始の期日

まず、政始が行われる期日についてみていくことにする。表10は、延喜元年（九〇一）から永承五年（一〇五〇）までで、史料から判明する政始の期日六二例の分布を示したものである。これによれば、二十五日にやや集中する傾向があるものの、正月十五日から月末まで、休日を除いたすべての日に実施例がある。

政始を行う日をどのように定めるかについては、前掲の『古事類苑』に「御斎会ノ儀ノ畢ルヲ待チテ、吉日ヲ択ビテ之ヲ行フ」とあり、その根拠となる史料として、『北山抄』巻第一、官政始事の「御斎会後、外記申二一上一、令レ勘二其日一、若有二内宴一、其後申行」（改訂増補故実叢書二六一頁）という記事が挙げられている。これを実例に照らしてみると、『御堂関白記』長和四年（一〇一五）正月十四日条の「依二物忌一不レ参二御斉〔斎〕会一、仰二大外記敦頼一、令レ勘二申可レ初レ政日一、勘二申来十六日一」など、数例を見出すことができる[2]。ただし、『小右記』寛弘八年（一〇一一）正月十一日条には、

大外記敦頼云、政始自二十四日一廿〔ママ〕日也、今日申二左府一、仰云、十四日御斎会終日、如何者、申二有レ例由一了、又仰云、除書若日近者十四日可レ始、但明日奏二案内一可レ仰二一定一者、

とあって、政始の期日についての一上と外記のやりとりが、かなり早い時期に行われており、しかも政

表10　政始の期日の分布

日付	15	16	17	(18)	19	20	21	22	23	(24)	25	26	27	28	29	(30)
回数	5	5	7	—	8	4	4	6	5	—	12	2	1	2	1	—

始を十四日に行う可能性が示されている。この年、政始が実際にいつ行われたかは不明であり、また表10に示したように、現存する史料による限り、政始の期日でもっとも早いのは十五日であるから、やや特殊な事例と考えておきたい(3)。

次に、政始とほかの行事との関係についてみていく。正月はさまざまな行事が集中する月であるから、政始と同日にほかの行事が重なる例も少なくない。史料の上で確認できるものを挙げれば、射礼(『日本紀略』万寿三年〈一〇二六〉正月十七日条、同長元二年〈一〇二九〉正月十七日条など)、賭射(『日本紀略』天元五年〈九八二〉正月十九日条、『小右記』長元四年正月十九日条など)、摂政家大饗(『日本紀略』永延二年〈九八八〉正月二十日条〈藤原兼家〉、同正暦四年〈九九三〉正月二十三日条〈藤原道隆〉)、除目始(『貞信公記』延喜十三年〈九一三〉正月二十五日条、同延喜十九年正月二十五日条、『日本紀略』天禄三年〈九七二〉正月二十二日条など)、官奏(『小右記』寛和元年〈九八五〉正月二十一・二十二日条など)、受領功過定(『権記』寛弘二年正月二十日条、同寛弘三年正月二十二日条、『御堂関白記』長和四年正月十六日条など)などが、政始と同日に行われており、また史料に明記された例はないものの、正月十六日は踏歌節会の式日であるから、表10に掲げた五例のうち、少なくともいくつかは節会と同日に政始が行われていた可能性がある。このように、政始はほかの行事と同日に行われることが比較的多かったわけだが、これを一般的な外記政と比較してみるとどうだろうか。

周知のように、『本朝世紀』は外記日記を主要な材料として編纂された史書で(4)、巻によって精粗はあるが、外記政の有無、なかった場合の理由、参加者などが記されている。そのなかで、例えば「此日於二神祇官斎院一、有二月次幷神今食祭事一、仍廃務」(承平五年〈九三五〉六月十一日条)、「此日御読経結願日也、仍無レ政」(天慶四年〈九四一〉八月二十三日条)など、外記政がなかった理由が明記されている形の記事をみていくと、その大半は、神事(右の例のほかに、広瀬・竜田祭や祈年穀奉幣など）や仏事（儀制令で廃務とされる国忌をはじめ、臨時仁王会など）で占められているが、注目されるのは、除目（天慶五年閏三月一日条・正暦五年三月二十三日条）、節会（天慶元年十一月二十五日条〈豊明節会〉・正暦四年七月二十七日条〈相撲召合〉）、関白藤原道隆家大饗（正暦五年正月二十三日条）など、政始とは同日に行われていた行事が含まれている点である。このうち除目と節会については、外記政がなかった理由として明記されていなくても、これらの行事の日に外記政が行われた積極的な証拠は見いだせないので、十世紀以降、通常の外記政は、除目や節会などの日にはなかったと考えてよいと思う。逆にいえば、政始に限っては、これらの行事と同じ日に行ってもかまわないとされていたわけであり、政始が公卿聴政の開始を告げる行事として重視されていたことを示すものといえよう。

なお、前に掲げた『小右記』寛弘八年正月十一日条では、道長が政始と除目との関係について言及しているので、この点についても検討してみたい。本節冒頭の表10に掲げた六二例のうち、政始の後に春除目が行われているのは四三例、政始と除目始が同日に行われているのは五例、春除目の後に政始が行われているのは一一例ある（春除目の期日が確認できないもの三例を除く）。これによれば、政始は除目の前に行われるのが一般的だったということになり、右の道長の発言のニュアンスとも一致している。(5) しかし一方で、除目の後に政始を行うケースも少なからず存在している。このなかでは、除目が正月の十日前後に始まっている年が九例あり（延喜七・十一・十二・十四・十八年、延長五年、正暦四・五年、長和五年）、このような場合、御斎会竟日に政始の日を定めるという点からすれば、政始のほうが遅くなるのは当然であるが、あとの二例は、天暦三年（九四九）が除目始―十九日、政始―二十五日、天禄元年（九七〇）が除目始―二十一日、政始―二十二日であり、どうしても政始を除目の前に行おうとすれば、そうすることも不可能ではないにもかかわらず、除目後に行っている。したがって、政始は必ず除目の前に行うという観念は存在しなかったと考えられるし、さらにいえば実質的な政務運営の面でも、それで問題はなかったと思われるが、この点については、紙数の制約もあり、今回は省略したい（補1）。

二　政始の内容

ここでは政始の内容について、みていくことにする。政始はその年の最初に行われる外記政であるから、その式次第は基本的には通常の外記政と同じである。通常の外記政の次第を『西宮記』巻七、外記政（西二―一〇頁以下）および『北山抄』巻第七、外記政（改訂増補故実叢書四七四頁以下）によって簡単に記せば、①外記庁正庁における庁申文、②同じく正庁における外印請印（狭義の外記政はここまで）、③外記庁の南隣の侍従所（南所）に場所を移して南所申文、④同じく侍従所における食事の順で行われる（6）。

政始が、右の式次第で行われていたことは、例えば『左経記』長和五年（一〇一六）正月十六日条の、

天晴、参二結政所一、今日政始也、有二申文一、次請印、事畢上卿以下引被レ着二侍従所一、申文并飯酒之儀如レ常、事畢引被レ参レ陣、

などの記述により明らかであるが、一方で通常の外記政とは異なる点も、いくつか指摘することができる。まず第一に、政始では大臣が上卿（日上）をつとめる場合があった点である。すなわち、『日本紀略』天暦元年（九四七）正月二十五日条に「政始、右大臣着レ庁聴レ政」、同安和二年（九六九）正月二十二日条に「政始、右大臣以下参著」とあるのがその例で、前者の右大臣は藤原実頼、後者は藤原師尹である。なお、安和二年のケースでは、師尹の上席に左大臣源高明がいたが、天暦元年の場合、実頼の上席は関白太政大臣藤原忠平のみで、実頼は一上だった。また年頭の

政始以外では、天慶九年（九四六）四月二十八日村上天皇即位後の六月二十三日の政始で、やはり一上の右大臣藤原実頼が日上をつとめた事例（『貞信公記』同日条）、天暦八年正月四日太皇太后藤原穏子没後の二月七日の政始で、右大臣藤原師輔（この時は左大臣に実頼が在任）が日上をつとめた事例（尊経閣文庫所蔵永正本『北山抄』第三、外記政裏書〈神道大系本四一六頁〉）がある。『九暦記（貞信公教命）』天慶七年閏十二月九日条や、『西宮記』巻七、外記政・『北山抄』巻第七、外記政などには、外記政や南所申文に大臣が着する場合の作法が記されているが、十世紀以降、政始以外の外記政において、大臣が日上をつとめた実例は、管見の限りでは、『扶桑略記』裏書にみえる延喜二年（九〇二）六月八日の左大臣藤原時平の事例のみである。九世紀には、『日本三代実録』貞観十五年（八七三）十一月三日条の「太政官候庁成、此庁在㆓帝宮建春門東㆒、大臣已下聴㆓尋常政㆒之処也」という記事からもうかがえるように[7]、外記庁（太政官候庁）で大臣が聴政するのはごく日常的だったと考えられるが、十世紀に入ると陣申文の発展などにともない[8]、大臣の聴政は稀なこととなり、十世紀半ば頃になると、政始だけにその名残がみられるようになるのではなかろうか。したがって、右の『九暦記』以下の記述は、実質的には政始の時のみを対象としたものと考えられる。さらに、外記政がいよいよ衰退していく十世紀末以後になると、前述したように、その期日の勘申を外記に命じる以外、大臣（一上）が政始に関与することはなくなるのである[9]。

政始の次第で、通常の外記政と異なると思われることの第二は——これは、年頭以外の政始でしか、明確な形ではあらわれないのだが——外記の法申がない、あるいはすべきではないとされていた点である。法申とは、儀式に異例があるとき、その由を申すことであり、外記政では、庁申文がない場合に行われるほか、中文や請印に少納言が遅参した場合や、中弁以下の弁が一人しか着していない場合などに法申があった（『北山抄』巻第七、外記政）。この法申について、円融法皇が正暦二年（九九一）二月十二日に没した後に行われた同年閏二月三日の政始では、

外記々云、正暦二年閏二月三日、雨降、政初、（中略）中納言重光・伊陟等卿聴政云々、従二結政一示送云、弁一人之時、有二法申一、而諒闇之時無二法申一、為何哉云々、外記国定進二参議座後一、申二此由一、上卿仰云、一人雖レ候政初也、可レ有二申文一者云々、（『西宮記』巻十二、諒闇時外記平座政裏書〈西二―二二九頁〉）

とあり、太皇太后昌子内親王が長保元年（九九九）十二月一日に没した後に行われた同年十二月十三日の政始では、

今日庁申文必不レ可レ有云々、其所以者、結政剋限已欲レ過、又左大臣被レ参レ陣、有二可レ被レ定之事等一、諸卿可レ参者、政早了可レ宜歟云々、予云、政始之日何無二申文一、已謂二政始一、外記法申之詞可レ無レ便歟、（『権記』同日条）

とあって、両者ともに諒闇中の政始であり、前者はその「諒闇之時」という条件がついているが、ともかく外記の法申は政始にふさわしくないという観念の存在をみてとることができる。そもそも、外記による法申でももっとも多かったと思われる庁申文がない場合という点については、『北山抄』巻第七、外記政に「朔日・四日・十六日、政始日、上卿初着日、有二此事一」（『西宮記』巻七、外記政〈西二―一一頁〉にもほぼ同文の註記がある）とあるように、少なくとも十世紀後半以降、庁申文は特定の式日にしか行われていなかったので、通常の外記政ではむしろ法申が常態化していた。したがって逆にいえば、政始の時こそ庁申文を省略せずにしっかり行うべきだという意識が、右の史料の「一人雖レ候政初也、可レ有二申文一」「政始之日何無二申文一、已謂二政始一、外記法申之詞可レ無レ便歟」といった官人の発言にあらわれていると考えられるのである。また年頭の政始に関しても、本節冒頭に引用した『左経記』長和五年正月十六日条をはじめとして、庁申文や請印、南所申文などが「如レ常」「如レ例」だったという記述がしばしばみられるが[10]、これは単にいつも通りに政始が行われたというより、その式次第に欠けたり異例があったりするところなく行われた、という意味で記されたと解することもできよう。すなわち当時の官人にとっての政始の意義は、年頭にあたり、公卿聴政を完全な形で始めるという点にあったと考えられるのである。

最後にもう一つ、政始の特徴として、盃酒について触れておきたい。本節冒頭に記した外記政の次第のうち、④の侍従所における食事は、通常は文字通りの食事で、酒は出なかったが、特別なときには、盃酒のことがあった（『西宮記』巻七、外記政、南所盃酒事〈西二―一九〜二〇頁〉・『北山抄』巻第七、外記政、盃酒事〈改訂増補故実叢書四八二頁〉）。特別なときとは、節日・政始および新任の諸大夫が差し入れをした場合であり、[11]少納言または弁が上卿に勧盃し、盃が上卿から最末の参議へ、さらに少納言・弁へと巡行するというものだった。年頭の政始で盃酒のことが行われた例としては、正暦二年正月二十二日（『西宮記』巻七、外記政裏書所掲「或記」〈西二―四三頁〉）・寛弘四年正月十九日（『権記』）・寛仁二年（一〇一八）正月二十一日・同四年正月十七日・万寿三年（一〇二六）正月十七日・長元八年（一〇三五）正月十五日（以上『左経記』）・長暦元年（一〇三七）正月十五日（『行親記』〈陽明叢書十七―一二七頁〉）などがあり、このうち最初の二例では、作法を誤った者に対する罰酒のことがみえている。通常の侍従所における食事も、公卿と少納言・弁が和やかな雰囲気のなかで行う共食儀式としての性格を持っていたが、[12]政始ではこれに盃酒が加わり、さらに罰酒という遊技的な要素も採り入れられて、年頭に際して太政官の五位以上官人が一体感を強める役割を果たしたと考えられる。

おわりに

以上、摂関期の政始を、その期日と内容の二つの側面から検討してきた。本稿が対象とした十〜十一世紀前半は、外記政が徐々に衰退、形骸化していく時期にあたる。[13]すでに諸氏も指摘されているが、『本朝世紀』によって外記政の実施状況をみていくと、十世紀前半（承平〜天慶年間）には、それでも月に十回前後は開催されていた外記政が、十世紀末～十一世紀初頭になると月に二回程度しか開かれなくなっていき、とくに庁申文は、前述したように特定の式日以外には行われなくなり、しかも申文の内容も限定されるようになる。(14) そのようななかにあって、年頭の政始は、他の行事と期日が重なっても必ず行われたこと、十世紀半ば過ぎまで大臣（一上）が聴政する場合があったこと、式次第を完全に欠けることなく行おうとする意識がみられること、官人の一体感を強める役割を果たす盃酒の儀が行われたことなど、これまで指摘してきた諸特徴から、その年の太政官政務の開始を告げる行事として重要な意義を持っていたとすることができる。

註

（1）藤原秀之「外記政の衰退について」（『日本歴史』五六九、一九九五年）。ただし、後述する『北山抄』巻第一、官政始事は、当時の実態から考えて実際には外記政始のことと考えられるので（寛弘三年〈一〇〇六〉正月二十二日の政始を『権記』同日条が「外記政始」と記すのに対して、『御堂関白記』同日条が「初二官政一」と表現していることも参考となる）、この頃から政始が年中行事の一つと捉えられていたことは確実である。

（2）このほか、『御堂関白記』寛弘四年正月十四日条・同五年正月十四日条・『左経記』長元元年正月十四日条など。また、『御堂関白記』寛弘元年正月十三日・十四日条によれば、十三日に左大臣藤原道長が外記小野五倫に勘申を命じ、翌十四日に五倫が勘文を提出しており、ほぼ右の例に准じるものと考えられる。

（3）道長は、正月八日から金峯山詣のための長斎に入っており（『御堂関白記』同日条）、あるいはこのことと関係するのかもしれない。

（4）橋本義彦「本朝世紀解題」（初出一九七一年、『平安貴族社会の研究』〈吉川弘文館、一九七六年〉所収）。

（5）院政期の史料になるが、『中右記』天仁元年（一一〇八）正月十六日条で、雨のなかで行われることになった政始について、記主藤原宗忠は、「政始雨儀、強不レ可レ行、但来廿二日除目云々、其前今日之外無二日次一、或内・殿下御衰日、或凶日也、以二今日一必可二着行一也」と述べている。

（6）なお、外記政のなかの申文や請印の詳細については、吉川真司「申文刺文考」（初出一九九四年、『律令官僚制の研究』〈塙書房、一九九八年〉所収）参照。

（7）この史料については、橋本義則「「外記政」の成立」（初出一九八一年、『平安宮成立史の研究』〈塙書房、一九九五年〉所収）三〇三頁以下参照。

（8）吉川真司氏註（6）前掲論文。

（9）なお、藤原頼長が、内大臣として政始で聴政している例がみられるが（『台記』久安二年〈一一四六〉正月十五日条）、これは彼による朝儀復興の推進（橋本義彦『藤原頼長』〈吉川弘文館、一九六四年〉、藤原秀之註（1）前掲論文）と関わるもので、特殊な事例とみなすことができよう。

（10）ほかに、『権記』寛弘五年正月十九日条・『左経記』寛仁四年正月十七日条・同万寿三年正月十七日条・同長元八年正月十五日条など。

（11）『西宮記』では節日ではなく、「節会」と記すが、前述したように、十世紀以降、節会の日に外記政が行われた事例がみられないので、『北山抄』の「節日」をとった。なお、節日の外記政で盃酒が行われた例としては、『小右記』正暦四年五月五日条がある。

（12）吉川真司氏註（6）前掲論文二四五頁。

（13）藤原秀之氏註（1）前掲論文、吉川真司「摂関政治の転成」（初出一九九五年、註（6）前掲書所収）、玉井力「一〇—一一世紀の日本—摂関政治」（初出一九九五年、『平安時代の貴族と天皇』〈岩波書店、二〇〇〇年〉所収）など。

（14）『朝野群載』巻第六、太政官、官中政申詞、外記庁申文。

補註

（補1）本文ではもったいぶった書き方をしたが、これは当然といえば当然のことである。そもそも外記政で取り扱われる文書は、諸司・諸国から弁官局に提出された上申文書と、外印捺印の対象となる太政官符であり、請印に外記局が関わる以外は、いずれも基本的には公卿—弁官局で処理された。一方除目議（叙位議も同じ）に太政官から提出される文書・書類は、すべて外記方で準備される。したがって、政始まで外記政で行われる政務（申文・請印）を行わないという原則あるいは観念が存在していたとしても、叙位議・除目議には何ら差し支えなかったとすることができよう。

補記

本稿は、『日本歴史』六三〇号（二〇〇〇年十一月）の「小特集〈年中行事の世界〉」に寄稿したものである。平安時代の年中行事を一つとりあげて書くようにとの原稿の依頼があった当時、外記政の実施状況を『本朝世紀』などによって調査していたところだったので、政始を選んだ記憶がある。

外記政の実施状況やその衰退の経緯・背景については、本文註(1)に紹介した藤原秀之氏の「外記政の衰退について」が詳細に考察されている。藤原氏は、『本朝世紀』の記事によって十世紀後半以後、外記政の開催頻度が低下していくという点だけでなく、十一世紀初め、長和年間（一〇一二〜一〇一七）になると「無ㇾ政」という記述もほとんどなくなることに注目され、これは外記政が政務としての実効性を失うと同時に、その開催も期待されなくなっていったことを示すとされた。その背景として、藤原氏はこの時期における里内裏の常態化が進んだことなどを指摘されているが、それ以外にも、外記庁や陣座などの決まった場所で決まった方式で行われる政・申文に加えて、弁官局官人が公卿（上卿）の私邸に参向して、案件を個別に処理する方式が、『小右記』をはじめとする当時の日記に散見するので、このような方式が、より簡便かつ効率的なものとして採用されたことも関係しているのではないかと思う。いずれにしても十・十一世紀における外記政の衰退と、それに代わる政務処理方式の問題は、機会をあらためて考えたい。

第三章　『小右記』にみる摂関期近衛府の政務運営

はじめに

『小右記』の記主藤原実資は、長保三年（一〇〇一）八月二十五日、中納言から権大納言に転任すると同時に、右近衛大将を兼ね、これ以後長久四年（一〇四三）までの長期にわたって右近衛大将の任にあった。その間、『小右記』には右近衛府の政務に関する詳細な記録が残されている。それらは、あくまで長官である右近衛大将の目から見たという制約はあるが、摂関期における一官司の日常的な政務運営を知るための貴重な材料であることはいうまでもない。本稿の目的は、これら『小右記』の記事を素材として、摂関期における近衛府の政務運営の実態を明らかにしていくことにある。

ところで古代官僚制の特質を具体的に解明するためには、上述したような各官司での日常的な政務運営のありかたを検討していく必要があると思われるが、従来太政官（弁官局を含む）や蔵人所・検非違使庁などについては、豊富な研究の蓄積があるものの(1)、いわば一般的な四等官構成を持つ官司を対象とした研究はそれほど充分とは言い難い状況にある。ただし、特定の官司を対象としたものではないが、利光三津夫「奈良時代における官司制について(2)」は、奈良時代の官司内において政務上の案件がどのように決裁されたかを詳細に検討したものとして重要な研究であり、また近年では正倉院文書を材料として、造東大寺司やその管下にあった写経所において、日常的な政務がどのように運営されていたかが、非常に具体的な形で明らかにされつつある。(3)さらに森田悌氏の平安中期における左右衛門府・大蔵省・内蔵寮についての研究(4)や、何よりも笹山晴生氏の近衛府に関する一連の研究(5)は、本稿にとって多くの点で直接参照すべき研究であり、これらの成果に学びながら、近衛府を対象として古代官僚制の実態の一端に迫っていきたいと考える。

ただし、ここでは近衛府の官司としての特殊性に注目するのではなく、あくまで四等官構成を持つ官司の一例として捉えるという視点に立ち、摂関期の官司一般の政務運営方式の特質を考えていくための前提作業として、近衛府内における人事の問題、官人間での政務分担の問題、政務上の案件の処理方法などについて、『小右記』(6)の記事を中心に検討を加えていくことにする。

一　近衛府の官人構成

最初に、近衛府内での政務運営のありかたを考えるための前提として、摂関期における官人の構成について検討しておきたい。『延喜式』段階の官人構成については、すでに笹山晴生氏の指摘があり(7)、

大将一人（従三位）　中将一人（従四位下）　少将二人（正五位下）　将監四人（従六位上）　将曹四人（従七位下）　医師一人（正八位下）　府生六人　番長八人　近衛六百人　駕輿丁百一人（うち直丁一人）

となっていた。このうち次将（中将・少将）については、『小右記』の時代になると人員の増加がみられ、中将は三名（うち一ないし二名権官）、少将は四名（うち一ないし二名権官）が一般的となり、中将の地位は公卿昇進への一階梯と

して明確に位置づけられるようになる。

一方、将監・将曹および府生の員数は正確には把握しがたいが、長元三年（一〇三〇）五月二日条の城外官人を戒めた記事のなかで、在京の官人として将監二人・将曹四人・府生三人が挙げられており、また長元元年七月十日条では、府生の人員が権任を含めて十一人になったと記されている。これらの記事からすると、多少の増加はあったかもしれないものの、将監について『官職秘抄』が「近代及二十余人一、又為二凡卑輩一」というほどの事態はまだあらわれていないと考えてよい。これらの将監以下府生までを『小右記』では「官人」と称することが多い[8]。もちろん府生は、中衛府設置を定めた神亀五年（七二八）七月二十一日格に、「准二文官史生一与レ考」とあるように[9]、史生に相当するので本来は内分番の雑任であるが、少なくとも『小右記』では番長以下と一括されるのではなく、さまざまな場面で判官・主典たる将監・将曹とともに扱われているのである。

これに対して番長および案主・府掌などは「物節」として一括されることが多かった。例えば騎射手結の射手の禄を支給する際、「射手官人禄絹六疋、射手物節・近衛等禄布九十端」（長和四年〈一〇一五〉五月六日条）とあり、賭射の射手の禄についても「有レ儲時勝禄・持禄者例禄外、不レ論二官人・物節・近衛等一加二給絹一疋一之事、見二故殿御記一」（寛仁三年〈一〇一九〉正月十九日条）と記され、また実資の随身に冬季の衣服を支給する際にも「給二随身衣服一、府生〈四疋、〉・物節〈三疋、〉・近衛〈二疋、〉」（万寿四年〈一〇二七〉十二月二十六日条）などとあるが、最後の記事の場合、当時右大臣兼右大将であった実資の随身は、『北山抄』巻第八によれば府生一人・番長一人・近衛六人であったから（改訂増補故実叢書五〇七頁）、「物節」は直接には番長を指すこととなる。さらに長和三年十二月二日条では、番長等の補任にそなえて「物節不仕勘文」なるものが参照され、「但不仕者中、番長日下部有延・六人部吉通、案主多為孝、府掌六人部信通数年不仕、仍可レ補二其替一」とされているところから、「物節」には番長のほかに、案主・府

掌などが含まれていたことがわかる。(10)

以上のように、『小右記』によればこの時期の近衛府の官人は、大将―次将（中将・少将）―官人（将監・将曹・府生）―物節（番長・案主・府掌など）―近衛（舎人）という構成をとっていたことになるが、これらの系列とは別に、近衛府官人が帯びる職として、随身・御馬乗・看督使などがあった。随身は太上天皇・摂関および近衛大将・次将などの身辺警護にあたる者であり、『拾芥抄』中、儀式暦部第十五によれば、将曹以下近衛以上が充てられている。随身については、その本主との人格的な結合関係など興味深い問題が多いが、(11)ここでは省略に従い、『小右記』には前掲の万寿四年十二月二十六日条など、七月と十二月に随身への衣服料の支給に関する記事が定期的にみられることを(12)指摘するにとどめる。

次に御馬乗（騎）は、御馬御覧や行幸競馬などの際に騎手をつとめる者で、(13)将監以下の官人・物節・近衛のなかから選ばれ、(14)随身と兼帯する者もあった。(15)長和五年正月二十三日条には、

資平云、今日召二左右近御馬乗近衛廿人一、給二疋絹一、御譲位以前被レ賞云々、左相府不二甘心一云々、

とあって、三条天皇が譲位直前に御馬乗に対して賞を与えたことがみえるが、これによれば天皇との人格的なつながりが強かったことが推測できる。また、この記事によって御馬乗の数が判明するが、このほか予備の者として「儲御馬乗」の存在も確認できる。(16)

看督使については、『北山抄』巻第八（改訂増補故実叢書五二一頁）に、

左右結番候、一番内裏、〈准二廃内礼司職掌一云々、〉一番巡二察京内一、〈不レ異二検非違使一也、〉（下略）

とあるように、宮内および京内の非違を禁察することを職務としたものだが、『小右記』でも騎馬で右近陣を破った者を左少将が捕えて看督使に給わったり（正暦四年〈九九三〉正月三日条）、抜出に不参の相撲人・官人等を召喚する

ことを命じられる（万寿四年七月二十七日条）などの記事がみられる。この看督使にも、物節・近衛などのなかからしかるべき者が選ばれたらしい(17)。

以上、摂関期における近衛府の官人構成を概観したが、次にこれらの官人の人事の特質について検討していきたい。

二　近衛府官人の人事

まず将監・将曹についてだが、彼らは近衛府の判官・主典であるから奏任官であり、本人の申文に基づき除目で任命される点(18)では次将と共通する(補1)。しかし、五位以上の次将と六位の将監の間には明白な段差があることは笹山氏の指摘の通りであり(19)、将監から少将に転任する例は皆無である(補2)。したがって、将監はいわば近衛府下級官人の到達点ともいうべき地位であり、将曹には府生から、さらに将監には将曹から転任する者が大半を占めていたようである(20)。なお、将監の人事にはいくつか注目すべき点がみられる。その第一は、大将の申請によって将監が任命される場合があるということである。寛仁三年（一〇一九）正月二十三日条に、

昨可レ請二将監一之事、以二蔵人頭左中弁経通一令レ申二摂政一、已有二許容一、〈任二大将一之後、未二申請一也、〉仍今日以二請申文一送二頭弁許一、〈状躰注二付堺上一、〉（中略）又請申将監藤原国永随二申請一被レ任、

とあって、近衛大将には将監の任官を申請する権利が認められていたらしい。この時任じられた藤原国永は、その後将監として実際に活動した形跡は『小右記』にはみられず、その十二年後の長元四年（一〇三一）正月二十一日条に、

内舎人高階為時可レ請二将監一事、令レ達二案内一、先年請二申国永一、又重申請如何、此間事所レ達二案内一、報云、大将労久、重被二申請一有二何事一哉者、

という記事がみられ、高階為時は同年二月十七日の除目で任官が認められている。高階為時は実資家の家司であったと思われ、[21]やはりこの後将監としての活動は『小右記』には記されていない。この大将による将監任官の申請については、『大間成文抄』第六「請」に数通の請奏の実例が掲げられており、[22]大将に与えられた特権と考えてよかろう。[補3]とくに実資家の家司である高階為時の事例は、大将家の家政と近衛府の人事とが結びついていた可能性を示唆するものとして注目される。もう一つは、前述したように将監は近衛府下級官人の到達点ともいうべき地位であったから、将監となって一定の年数が経過すると、巡爵の対象となり、[23]将監の任を離れるのが普通であり、『小右記』にもその例がみられるが、[24]例えば長元四年九月十七日条に、

頭中将隆国来、下二宣旨一枚一、〈将監菅原義資申請、以二私物一修二造本府庁屋上葺・壁三幷弓場屋上葺一、依二其成レ功、拝二隠岐・飛驒・佐渡等国最前闕一事、依レ請、〉

とあるように、一方で将監のなかには近衛府の庁舎などの造営を条件に受領への任官を希望する、いわゆる成功申請を行う者もいた。[25]このような慣行がいつから始まったかは明らかではないが、将監にとっては叙爵後の受領任官以外にも受領となる途が開かれることとなり、近衛府にとってもその財政に寄与するところの大きい措置であったとすることができる。

次に府生の人事について検討する。府生任命はいわゆる諸司奏という形式によっているが、その過程は『小右記』の記事からかなり具体的に復原することが可能である。ここでは寛仁三年二月十一日・十五日条を例にしてみていきたい。

十一日　随身番長身人部保重数年騎射一手、亦為二随身一、亦先年前太相府乗レ酔有下可レ任二府生一之命上、彼間保重在二伊予国一、仍不レ能二承従一、去年須レ給二府生奏一、而多事之間不レ知二案内一之者無レ便二召仕一、因レ之于レ今遅留、府生

闕二人、先請二任保重一之後相定而已、以二将監扶宣一示二遣将等許一、且可レ書二儲請奏一之事、仰二将曹正方一、将監扶宣参来云、将等云、承之、志(将曹)正方持二来奏一、加署給二扶宣一、令レ署了可レ付二頭左中弁経通一之由仰之、加二一行一給之、早可二奏下一之由也、扶宣云、中将長宗随〔家〕二身鷹・犬一向二狩野一、忽不レ可レ取二其名一者、待二帰来一令レ署、次第取レ名、夜中可レ付二頭弁一、但臨二深更一者必不レ可レ申二返事一之由含仰之、臨暗扶宣持二来奏状一云、少将隆国尋二所々一未レ能二尋逢一、少将実康未レ到者、又々尋二隆国一遂不レ能二尋得一、只早可レ付二頭弁一之由又仰之、

十五日　今日保重府生奏下、〈中納言行成承之、〉

まず、府生は番長のなかから任命されており、これには例外がない。そして府生の欠員が生じると、ここに掲げた例では実資や「前太相府」すなわち道長によって身人部保重が推挙されているが、一般には番長から大将に款状が提出[補4]されているので[26]、保重の場合にも手続としては本人が款状を提出した可能性が高い。したがって「以二将監扶宣一示二遣将等許一」というのは、保重の款状を次将たちに示し、彼らの同意を求めたものであり、将監扶宣の「将等云、承之」という報告は、次将がこれに同意したことを示している。その一方で、実資は将曹正方に府生奏の作成を命じており、府生奏の文面を実際に作成するのは将曹であっても、奏を作成する主体は次将であると考えられていたらしい。府生奏が作成されると、実資は次将が同意したことを確認したうえでこれに署名し[27]、さらに次将たちの署を加えて蔵人に付して奏上した。この府生奏がおそらく「依レ請」という仰せとともに蔵人を通じて上卿に下され[28]、右の例では記されていないが、治安元年（一〇二一）十月八日条によればさらに上卿から兵部丞へと府生奏が下されることにより、府生任命の手続は完了する[29]。以上が府生任命の手続であるが、そのなかで注目される点をいくつか挙げておきたい。まず番長から府生へ昇進する際の条件としては、右の例の「数年騎射一手」や長和三年十二月二日条の番

長播磨為雅の「歩射一手二年」などから知られるように、近衛武官としての能力や、万寿四年四月十九日条の番長荒木武晴の「近衛労廿一年、番長七年」など、「労」すなわち勤務年数が挙げられている。歩射・騎射の手結については第四節で詳しく検討するが、これらは摂関期における近衛府の人事という点からすれば、昇進の条件として相応しいものとすることができよう。ただし、このほかに一例のみであるが、成功によって府生任官を申請した記事がある。長元元年七月二日に番長玉手信頼が府生任官の款状を実資に提出するが、これについて実資は「信頼者造㆓春日祭宿院屋㆒給㆓府生宣旨㆒者也」とし、同年七月四日条でも「信頼者有㆘造㆓春日宿院㆒之功㆖、先年可㆑給㆓府生奏㆒之□□、若不㆓補任㆒者無㆘可㆓守護㆒之人㆖歟」とされている(30)。先に信頼は春日宿院の屋を造営することによって府生任官を希望する申請を行い、それが「府生宣旨」により認められ、実際に宿院を造営した後、欠員の発生にともない、あらためて款状を提出したのである(31)。この事例は、前述した将監の成功による受領任官申請と同様、近衛府下級官人の人事と近衛府財政とが結びつけられている点で、注目される。府生人事に関してもう一つ注目すべき点は、その任官手続のなかでの次将の役割である。右に掲げた史料にもあらわれているように、府生奏は長官である大将の単独の意思では作成することができず、必ず次将の承認が必要とされ、形式的には次将が府生奏の作成の主体とされていた。これについて、きわめて乱暴な比較をすれば、除目において天皇に申文が奏上され、それが公卿たちに下されて、それに基づき除目（除書）が作成されるのと類似しているのではなかろうか。府生奏作成の手続のみで大将と次将の関係をこのように捉えるのは危険であるが、同様の政務運営方式は、手結や相撲使定にもみられるので、この問題は第四節で再び検討することにする。

　番長など物節の補任については、『北山抄』巻第八（大将要抄）に「補㆓物節㆒事」という項目があり（改訂増補故実叢書五二〇頁）、そこには、

定二物節等一者、中少将相共於二陣座一定補、先成二府生奏一、付二殿上少将一、〈奏聞後、令三蔵人給二上卿一、々々下二兵部一、近例、若无下帯二蔵人一之次将上者、付二蔵人一云々、〉次中将執筆、定二書番長以下一、々二給将曹一、依レ召立称唯、進立再拝、〈大臣之大将、或於二里第一定云々、〉（下略）

とあって、府生奏の作成とあわせて、陣座において大将と次将がともに定め、大臣の大将の場合には、その自第で定めることもあったとしている。しかし『小右記』の物節補任の記事をみると、実資が陣座に赴いたり、次将を自第に呼んで定めたりする例はなく、実資は自らの意向を次将に伝え、次将が定めた結果を報告させている。ここでは寛仁三年二月十九日条を例として、検討を加えていきたい。

以二将監扶宣一仰下遣可レ補二物節一者幷御馬乗事於権中将公成許上、書二定文一送之、尋二例文一所二書送一歟、数少時只書下也、数多時書二定文一、見二旧文一如レ示送之、余不二加署一、先令レ触二示将等所一了、但御馬乗宣旨書送之、〈加二取捨一〉馬場所掌事随身扶明・吉正各令レ申、雖レ非二大将之所レ知以二扶明一可レ為二所掌一之由内々仰二将監扶宣一、武晴・扶武等随身也、随二望申一補二府掌一、番長身人部保重任二府生一之替、以二府掌扶武一為二随身一、亦以二近衛安倍守近・下毛野公年一為二随身一、扶宣云、触二示将等一、皆申二承由一者、仍署二定文一下賜、

まず、番長などの物節に欠員が発生すると、(32)大将は次将に物節を補すべきことを伝える。その際、「某人を番長に補すべき由を次将に示し遣す」といった形で、大将実資があらかじめ特定の人物を指定して次将に伝えることが多いが、右の史料の後半で実資の随身荒木武晴・高扶武を本人たちの望みにより府掌に補したとあるように、その場合の候補者はほとんどが実資自身の随身であったり、(33)本主によって推挙された他の公卿等の随身である。(34)なお、彼ら随身自身が物節補任を希望する款状を提出したかどうかは、明らかでない場合が多いが、小一条院敦明親王からの推挙については、物節補任の款状が実資のもとに送られ、これを実資が次将に送った史料が存在する。(35)また大将からの指示を受

けた際、次将は自身の意向で大将から示された以外の人物を補任者に加えることもあった(36)。ともかくこのような大将の指示をうけて、次将が物節を定め補すわけであるが、その際、右の史料に「数少時只書下也、数多時書㆓定文㆒」とあるように、補任者の人数によって作成される書類の様式が異なっていたらしい。これらの書式については、長和三年（一〇一四）十二月四日条にも、

　不㆑着㆑陣定下之時、令㆑書㆓下大将宣㆒歟、問㆓正方㆒、申云、中将朝臣尋㆓見前例㆒、一二人時書㆓大将宣㆒、多数之時書㆓定文㆒、大将已下署了者、

とあって、補任者が少ない時は「大将宣」を書き下すとし、また他のところでは「宣旨書」ともされている(37)。この「大将宣」は、早川庄八氏の分類によれば、「一司内宣旨」のうちの「卿宣」にあたるもので(38)、長官の宣を主典が奉じるという形式のものだったと考えられるが、「卿宣」の表面には次官がまったくあらわれていないにもかかわらず、物節補任の場合には、その前提に次将によって定め補すという過程が存在していたことは注目すべきである。一方補任者の数が多い時の定文については、その具体的な様式は不明だが、万寿二年十月十九日条に、

　将曹正方将㆓来物節定文㆒〈番長五人、案主代一人、府掌三人、〉頭中将顕基書之、将等未㆑署、見了下給、仰㆓可㆑令㆑署之由㆒耳、但大将不㆑署云々、

とあるように、物節を定めた次将が定文を書き、これに他の次将が署を加えるというものだったと推測される(39)。そしてこれらの宣旨書・定文を将監・将曹に下すことにより、物節補任の手続は完了した。このように、『小右記』にみえる物節補任は、大将の腹案が次将に伝えられ、次将たちがこれを承認するという形で行われたが、ここでも府生奏の作成と同じように、次将による「定」が不可欠の手続として存在している点に注目しておきたい。

最後に、前節の最後に触れた御馬乗・看督使の補任について検討する。御馬乗については、前掲の寛仁三年二月十

九日条によれば、次将に御馬乗を補すべき由を仰せ、宣旨書を送らせており、また寛仁元年十二月五日条では、番長秦氏方と府掌下毛野光武を御馬乗に補すべき由を中将藤原兼経に仰せていて、物節補任と同様の手続をとっていることがわかる。しかし一方では、治安元年十月二十四日条に、

御馬乗三人〈近衛下毛野公忠・下毛野公武・葛井秋堪、〉仰二将曹正方一、但仰下明後日可二書下一之由上、

とあるように、大将から将曹あるいは将監に直接書下＝宣旨書の作成が命じられ、その間に次将が介在していない事例もある。両者のうちどちらが本来の補任手続かは明らかでないが、前者の事例は右に述べた寛仁三年まで(40)、後者の事例は治安元年以降(41)にみえることからすると、時期的な問題かもしれない。ただし、いずれの場合にも、宣旨書、すなわち大将の宣を将曹（場合によっては将監）が奉じる形の文書が作成されることによって、御馬乗が補任されるという点では変わりなかったものと思われる。また看督使の補任は『小右記』では二つの事例しか見いだせなかったが(42)、いずれも特定の人物を看督使者に補すべき由が大将から次将に示され、それに基づいて書下（宣旨書）が作成されているので、手続としては物節補任と同様であったことがわかる。

三　府内における政務分担

本節と次節では、近衛府における政務運営の実態を検討していくが、ここではまず府内において政務がどのように分担されていたかを考えてみたい。

最初に、春日祭などに際して派遣される近衛府使についてみていくと、『延喜式』巻第四十五、左右近衛府には、

凡諸祭供二走馬一者、春日社使少将已上一人、〈但帯二参議一者不レ須、賀茂亦同、〉近衛十二人、大原野社将監一人、

近衛十人、大神社将監一人、近衛十人、賀茂社少将已上一人、近衛十二人、〈二人先参二松尾社一供二走馬一〉並毎レ祭左右逓供之、[43]（下略）

とあって、それぞれの祭に派遣される官人の地位・人数と、左右近衛府が交替に出すことが規定されているが、『小右記』によれば、これらの祭使は「巡」によって定められていたことがわかる。[44]春日祭については、例えば治安三年（一〇二三）正月十九日条によれば、この年二月の祭使を勤めることになっていた中将藤原公成が病気で勤仕できなくなったところ、将監高扶宣が「少将実康役□〔遠カ〕、亦当二其巡一、自余将等役近度重」と申したので、実資は藤原実康に祭使を勤仕するよう命じ、翌日実康自身から「祭使当二其巡一、可二勅〔勤〕仕一」という返答を得ている。また大原野祭については、長和五年（一〇一六）二月二日条で、実資が「可レ仰二当レ巡将監一之由」を将監下毛野公助・将曹紀正方らに宣下しているし、寛仁二年（一〇一八）十月二十五日条では、中将藤原公成が「理巡当二扶宣一、而将監為賢有下可二奉仕一之気色上、先問レ彼可二勤仕一」と報告してきたのに対して、実資は「扶宣□〔可カ〕レ当二理巡一、不レ可レ及二為賢一、早可二勤仕一」と仰せており、祭使決定にあたっては将監個人の意向よりも「巡」を優先させるという意識がみられる。なお、この「巡」は長和三年二月三日条に、

大原野祭使将監等各有レ所レ申、仍仰二中将朝臣一〈雅通、〉令レ進二勘文一、将監保信齎来、保信・親業二箇度奉仕、公助・扶宣一度、但扶宣去年吉田祭使也、公助寛弘九年大原野祭使、仍以二公助一可レ令二奉仕一之由仰下了、

とあるように、それ以前に祭使を勤めた頻度を基準に定められたものらしい。

このように春日祭・大原野祭などの祭使は「巡」によって、特定の人物に偏らないように定められたのであるが、それは祭使を勤めることが、それに関わる諸費用を祭使自身、あるいはその保護者が負担することを意味したからだと考えられる。これは左近衛府の例であるが、長和三年春の春日祭では祭使権中将藤原能信が辞退し、実資の養子で

ある権中将藤原資平に祭使が改定された時、実資が還饗料などの確保に腐心した様子が『小右記』から窺えるし(45)、万寿元年（一〇二四）十一月の大原野祭では、祭使将監源惟頼が穢により代官を申請した際、「無頼窮屈無レ為術一」と自らの窮状を訴えていることなどは(46)、祭使を勤めるに際しての負担が相当なものであったことを物語っている。したがって前掲の治安三年正月十九日条にみられるように、次将・将監にとって祭使を勤めることは「役」と捉えられており(47)、祭使勤仕にともなう諸費用を公平に負担する意味で、「巡」による決定方式が採用されたものと考えられる。

近衛府内の政務分担については、このような「巡」という方式に対して、一方では特定の人物が一定の期間にわたって特定の政務を担当するという方式も存在した。その代表的なものが年預官人である。年預については、すでに摂関期から鎌倉時代にかけて、ひろく諸司の年預を対象として考察された中原俊章氏や今正秀氏の研究があるが(48)、ここではまず『小右記』にあらわれる右近衛府年預の史料の検討から始めたい。『小右記』に年預として明確にあらわれるのは、将監と右馬寮の允のみであるが(49)、長元元年（一〇二八）九月二日に大風で府庁舎が破損した際、「府庁材木可レ令二守護一事」を年預官人に仰せ遣したところ、将監高扶宣と将曹紀正方が実資のもとにやってきたとある（長元元年九月三日条）ので、将曹にも年預が存在したと考えられる。年預の補任は長和元年八月二十七日条に、

以二将監播磨保信一可レ為二年預一之事、以二将曹正方一云二遣中将雅通一、明後日可レ下二宣旨書一之由也、

とあるように、前節で検討した物節や御馬乗の補任と同様に、大将から次将へ宣旨書（大将宣）の作成が指示されるという形で行われた。次に年預の職務に関しては、上卿の伝宣をうけた次将の仰せを陣で奉ったり（治安三年七月十九日条）、近衛府官人の上日を記録したり（長元三年五月二日条）といった記述がみえるが、上記の府庁舎材木守護の記事の将監高扶宣や将曹紀正方が年預であるとすれば、彼らは大将と次将の間の連絡など、『小右記』の右近衛府関係の記事のあらゆる場面に登場し、また長元三年五月二日条で城外官人や恪勤ならざる官人を戒めた際、在京の将曹

は何人かいるにもかかわらず、「将曹正方外将曹不二勤直一」とされていることなどからすると、むしろ右近衛府の日常的な政務は、年預官人のみによって運営されていたと考えてもよいと思われる。このような年預官人出現の背景について、今正秀氏や衛門府年預について考察された森田悌氏は、衛府における次官以上の貴族化によって、判官以下の実務に精通した者が官司運営の実質を担っていくようになったという点を指摘されている[50]。大勢として右の指摘は首肯できるものだが、『小右記』によれば年預的存在は将監以下の官人に限らず、次将にも見いだせることに注目したい。例えば府生奏作成に関する万寿四年四月十九日条で、府生長谷部兼行の死闕の替りに実資の随身である番長荒木武晴を府生とすることについて、

　以二将曹正方一触二示将等所一、正方帰来云、先示二仰中将隆国一〈行二政所事一故也、〉

としており、次将の同意を得るにあたって、まず「政所の事を行う」中将源隆国に連絡している。このような「政所の事を行う」次将についての記述は、長和二年二月二十六日条や同三年六月二日条にもみえ、前者では中将で丹波守を兼任していた源雅通が事情があって任国に下る必要があり、手結に着行できないと申したのに対して、実資は「源中将朝臣行二政所事一之人也、過二此間一下二向国一可レ宜歟」としており、後者では左近衛大将藤原公季から左権中将藤原資平に対して「可レ行二政所事一之由」の命があったとするものである。さらに何度か引用した右近衛府庁舎の材木守護に関する長元元年九月三日条で、年預と考えられる将監・将曹とともに中将隆国が実資に呼ばれているのは、彼が「政所の事を行う」次将であったからであるとも考えられる。このように次将のなかでも「政所の事を行う」という形で、特定の次将が政務の大部分を担うというのは、より直接的な事情としては、当時の次将の多くが若年の貴族の子弟で、年長の次将に府務が集中せざるを得なかったという点が指摘できよう[51]。しかし、将監以下の官人ばかりでなく、次将についても特定の人物が専ら政務を担当する体制が存在したこと[52]は、年預のみに注目するのではなく、次

将以下のこれらの官人を総体として捉える必要があることを意味するものであり、その点からすれば、このような体制については、奈良時代以来の官司に存在した政所[53]との関係や、太政官における上卿制[54]あるいは行事所[55]との関係を今後検討していく必要があると思われる。

次に年預や「政所の事を行う」と同性格のものとして、「粮所の事を行う」についてみていきたい[56]。長和四年五月二十日、中将源雅通は粮所の事を辞退する旨連絡してきたが、実資はこれを許さなかった。しかし二年後の寛仁元年七月十日に雅通が卒去すると、八月九日にいたって中将藤原兼経に粮所の事を行うよう命じ、翌寛仁二年十月二十五日には兼経が従三位に叙されたため、権中将藤原公成が粮所の事を行うこととなった。さらに治安三年九月十六日には、公成の辞退により、中将源顕基にこの職務が引き継がれた。このように「粮所の事を行う」という職務は、中将のなかの特定の者が勤めているのであるが、このほかに寛仁二年十月十一日条では、将監高扶宣も粮所の事を行うよう命じられているので、粮所の担当者には少なくとも次将と将監が含まれていたことがわかる。またその補任については、いずれも「書下」「宣旨書」によっているので、物節や年預官人と同様の方式であったと考えられる。さて、「粮所の事を行う」とは、近衛府の大粮米に関わる職務であったことはたしかだが、『小右記』の記載からはこれを具体的に知ることはできない。そこで、森田悌氏が衛門府についての研究[57]で注目された長保元年（九九九）四月一日付「衛門府月奏文」および寛弘七年（一〇一〇）二月三十日・十月三十日付「衛門府粮料下用注文[58]」によって、近衛府の場合を類推してみたい。前者の文書は、「去閏三月上下番番長以下府掌已上上日」で始まり、物節クラスの官人の勤務状況や上日を記録したものだが、これによれば彼らの多くが大粮使として諸国に派遣されていることがわかる。また権案主笠良信については、「上日廿九〈大粮所、〉」と記載されており、衛門府の場合には物節クラスについても「粮所の事を行う」官人が存在していたらしい[59]。一方後者の文書は、一箇月の間に用いられた大粮米について、その用途・量などを項目別に書き連ねたものであるが、その末尾に権少尉・少志・府生・番長・門部の署名が加えられている点が注目される。すなわち彼らこそが「粮所の事を行う」官人であったのではなかろうか。とすれば「粮所の事を行う」官人は、大粮使の派遣に関する事務を行ったり、大粮米を管理し、その下用を監督したりすることを職務としていたと推測でき、これはおそらく近衛府においても同様であったと考えることができよう。

このように近衛府には、「政所」「粮所」などの「所」があり、それぞれの政務を分担する体制が存在していたが[60]、次に検討する「相撲所」のように、特定の行事の際に、その時に限って組織される「所」もあった。「相撲所」については、すでに『古事類苑』武技部十八、相撲の項に簡単な説明があるが、ここでは万寿四年の相撲節を例に、やや詳しくみていきたい。最初に同年七月十九日条を掲げる。

今朝府生元〔基〕武持二来相撲雑物請奏一、召仰以前不レ可レ署、〈朝臣、〉仍返給了、召二将監扶宣一、入レ夜参来、問二召仰事一、申云、今日可レ有由申送、仍告二少将行経一、若不参者蔵人将監経成可レ候由仰二吉上一了、又可レ始二内取一日時問二遣文高宿禰一、勘二申今日申・酉時一、而未レ奉二召仰一、仍仰二其由一、改勘云、明日未・申時者、召仰了者明日時剋催二着行経朝臣一、可レ始由仰之、日時勘文更不レ可レ見、相撲所雑事依レ例可レ令レ定由同仰之、（中略）今日相撲内取始、中・少将等皆有二故障一、少将行経先日申二可レ着由一、今日俄称レ所レ煩、再三仰遣、称二難レ堪由一、父大納言所レ報、少将資房依二母病一不二出仕一、而片時程向レ府、定二相撲所之事一、又令二相撲一、逐電可レ帰由仰含了、即参入之、府生元武持二来相撲所定文一、即返給、少将資房書、府内取申時行之、

「相撲所」は、召仰の後、陰陽師による日時勘申[61]に基づき府内取が始まるのにともなって開設されたようであり、ここでは「相撲所」の雑事を定めることが少将藤原行経に仰されている。ところが行経はにわかに故障を申し立て、父藤原行成もその由を連絡してきたので、急遽少将藤原資房（実資の養子である資平の子）が内取を始めるとともに、

「相撲所」の定文を書き、これを府生紀基（元）武が実資のもとに持参したのである。この定文の作成は、本条では特別な事情により資房一人が「相撲所」に着して作成したが、一般には複数の次将の定に基づき作成されている。(62) なおこの年は旱魃により相撲楽は停止されたが、(63) 通常であれば「相撲所」とともに「楽所」も開設されている。(64)

さて「相撲所」の構成員であるが、この年には二十八日の抜出の際、相撲人を反閇所に籠らせず、陰陽師の候所を破却したかどで、翌二十八日に「相撲所官人」の過状が提出されているので、これにより将監高扶宣・将曹紀正方・府生紀基武がそのメンバーであったことがわかる。また七月二十一日条には「内取事、差二将曹正方一仰二遣中将実基一」とあり、源実基はこれ以後相撲人のことなどについて実資と頻繁に連絡をとっており、さらに今述べた陰陽師候所の破却についても「実基所行太非常事也」（七月二十七日条）としているので、二十一日以降は源実基が当初の藤原行経にかわり、次将として「相撲所」全体を統轄していたものと考えられる。このように次将の統轄のもとで、将監・将曹・府生が「相撲所」の行事にあたるという形は、他の年の相撲節でも共通しており、府内取を行って御前内取・召合などに出す相撲人を選抜し、彼らを率いてこれらの行事に参加した。また右に掲げた史料の冒頭にある「相撲雑物請奏」(65) をはじめ、「相撲所官人」は相撲節に関わるさまざまな文書・書類の作成にあたっており、この年の場合には府生元武が「内取番文」（七月二十二日条、他の年では「内取手結」とされることが多い）や「擬近奏」（二十六日条）を実資のもとにもたらし、相撲が終了した後の八月一日には相撲人に給う「還向牒」（本国に帰る路次の国々に供給を命じる文書か）についても、陰陽師候所破却事件で過状を提出しているにもかかわらず、牒の作成を府生元武に命じている。このほか寛仁三年七月二十二日条では、権中将藤原公成が相撲人の参上を諸国に督促する右近衛府牒を作成することを実資に約しているが、この前後の記事によれば公成は「相撲所」の行事であったことがわかる。

以上、相撲節のような朝廷の行事のなかで近衛府が密接に関わるものについては、そのための「所」が編成され、次将と将監以下の官人がこれに関わる雑事を専当していたのであるが、これは太政官で行幸などの際に編成される行事所にきわめて類似した政務運営のありかたであると考えられる。

四　府内における政務処理方式

ここでは、近衛府内部におけるさまざまな政務上の案件がどのように処理されていたのかを考えていくが、最初に『小右記』に比較的豊富な記事がみられる手結と相撲使定を例に検討を加えていきたい。

手結は賭射および五月五日節に先立ち、衛府の官人以下がそれぞれ歩射・騎射の調習を行い、その優劣を定めるもので、騎射については五月五日節が廃絶した後も手結のみは行われ、「府大事」として重視されていた[66]。手結は荒手結・真手結の二段階に分かれ、歩射であれば射場、騎射であれば馬場に次将が着行し、官人以下の射手が参集して行われた。この手結の儀でまず注目されるのは、その開催には原則として複数の次将の着行が必要だったという点である。これは実例に照らしても明らかであるし、長和二年（一〇一三）五月四日条で実資が「将一人着時、必中㆓大将㆒始行之者也」として、次将一人のみで行うのは、あくまで例外的措置であるとの判断を示していることからも知られよう。このように複数の次将の着行を必要としたのは、手結が次将による「定」という性格を持っていたからだと考えられる。今述べた長和二年五月四日条によれば、中将源雅通以外の次将が故障を申したなかで、少将藤原実経が「下臈参入者可㆓罷着㆒、若不㆓参入㆒者不㆑可㆑着、依㆑不㆑可㆑書㆓手結㆒也」としているのは、射撃の優劣をもとに射手の序列を記した「手結（文）」（以下、書類としての手結文は「手結」と表記する）を、着行した最下臈の次将が書くという原則の存在を示しており[67]、この点からも手結が近衛府内の「定」であり、「手結」が定文であると捉えられていたことが推測されるのである。

大将の実資は、このような次将の「定」の結果を府生のもたらす「手結」によって知るわけだが、その内容に問題がなければ、長和三年三月七日・八日に行われた歩射荒手結・真手結の「手結」について、それぞれ翌日条に「下㆓賜手結㆒」「手結下給〈加ㇾ封、荒手結同加ㇾ封、〉」とあるように、これを見た後に封を加え「下し給う」ことで手結に関する政務は完了した。しかしその内容、とくに射手の序列である「手」の定め方に問題がある場合、これをめぐって事態は紛糾することになる。寛仁二年（一〇一八）五月四日に騎射荒手結が行われた際、夜になって府生清井正武が持ち来たった「手結」を見たところ、実資の随身であり、本来「前腋」だった近衛秦武晴が「手結」に載せられていなかった。正武に問い質すと、武晴は的に一つもあたらなかったということであったが、このような場合、「手」を下すことはあっても射手から出すのは不当であるというのが実資の判断であり、これに対して道長や頼通の随身に関しては実力以上に「手」を上げていることを「遍[偏]頗掲焉、不ㇾ足ㇾ言」と憤慨している。そこで実資は、道長などの随身については不問に付すとしても、武晴のことは不当である旨を着行の次将に示したところ、翌五日になって中将藤原兼経が、「手結」を清書する際に武晴を書き落としたと報告してきたので、これを書き改めさせた。さらに五月八日には摂政頼通からその随身の「手」について不服が申し立てられたので、これについても改めるよう指示し、ようやく五月十七日にいたって「手結」の内容が最終的に確定し、実資はこれを見て「加ㇾ封返賜」わったのである。

このように「手結」に記される「手」については、第二節の府生補任のところで触れたように、これが昇進のための重要な条件になっていたことから、射手自身ばかりでなく、彼らを随身とする公卿たちにとっても、重大な関心事となっていたわけだが、ここで注目したいのは、「手結」の「手」に不服があってもこれを大将が独断で改めることはできず、その場合には次将にその旨を通達し、次将がいわば自主的に「手結」の内容を改めるという手順を踏んでいる点である。すなわち「手結」の「手」の決定は次将の「定」によらなければならないという原則が存在していたと考えられるのである。ここで紹介した寛仁二年の騎射手結で、中将兼経が「手結以前官人已下来会、於二其前一以二追従者一不レ論二是非一可レ立二高手一」という態度をとっている（五月九日条）のは、このような次将の権限の強さを示しているし、長和五年の騎射手結の「手結」の内容に実資は不満を持ちつつも「然而将三人着行、定有二道理一歟」（長和五年五月五日条）としているのは、大将である実資も次将による「手」の決定を基本的には尊重していたことを示している。したがって手結は、原則として次将による「定」の結果を記した「手結」（定文）を大将が承認するという形で政務が処理され、大将がこれに不満がある場合には、「定」をやり直させるという手続をとったものとすることができるのである。

次に、諸国から相撲人を引き連れてくる相撲使（部領使）を決定する儀である相撲使定についてみていきたい。この相撲使定は大体二月末から四月頃にかけて行われ、右近衛府では山陰・山陽・南海・西海の諸道と摂津・河内・和泉に相撲使を派遣した[68]。ここでは長和四年度の相撲使定を例に、その手続を検討していくことにする。

長和四年四月二十七日条には、

可レ定二相撲使一之事、以二将曹正方一仰二遣中将雅通一、々々報云、承二可レ定之日一可二相定一者、廿九日・来月二日間可レ定由仰之了、来月二日可二定申一者、令レ廻二告傍将一云々、

とあって、まず実資から中将源雅通に相撲使を定めるよう仰され、さらにこのことが他の次将にも告げられており、相撲使定も原則として複数の次将による「定」であったことがわかる。次に実際に相撲使定が行われた五月二日条を掲げる。

今日定二相撲使一、召二将曹正方一、下二給府生奉良・公頼等申文一、遣二将等所一、又将監扶宣依二宣旨一可レ遣二伊与・讃

岐・淡路・阿波等一事、又随身近衛守近可レ遣二播磨・美作・備前・備中一事等示送也、中将雅通以二将監保信一令レ申云、傍将等称レ障不参、一人定申可レ無レ便者、将等有二指障一、一人定更有二何事一乎、手結府大事、而将一人着行、間有二其例一、何況相撲定哉、示下可二早定一由上、小〔少〕時以二正方一令レ申云、将監保〔信カ〕所申云々、今日申二左大臣殿一、大将心也者、答云、将監依二宣旨一遣之、非二大将進退一、就レ中将監扶宣依二宣旨一差遣、又定二遣保信一、太無レ便事也、入レ夜持〔来〕二未定文一、

相撲使定にあたって、実資は府生の申文を次将に送るとともに、将監高扶宣を宣旨により伊与等の相撲使に遣すべきこと、自らの随身安倍守近を播磨等の使に遣すべきことを指示している。このうち将監については、後文に「将監依二宣旨一遣之、非二大将進退一」(69)とあり、長和二年二月十九日条にも「将監者大将已下所レ不二定遣一也、依二宣旨一所レ遣也」とされていて、あらかじめ奏聞を経て宣旨により決定した結果を次将に伝えたものである。また随身については、相撲使定の記事のなかで、実資や次将の随身が使となることが多く、本条でもこの後中将雅通が「将随身定遣例也」としているので、実資がいわば本年分の随身の枠に関して指示を与えたものと思われる。次に中将雅通は、他の次将が皆障りによって不参であることについて指示を仰いでおり、これに対して実資は「府大事」である手結ですら次将一人が着行して定めることがあるのだから、雅通一人で定めるよう命じた。このようにして定が始まり、夜になって定文が実資のもとにもたらされたわけだが、定には実資の思惑と異なる部分があり、修正意見を加えて定文を返給している。その後、何度か実資と雅通の間で人選についての意見が交わされた後、翌三日条に「仰二依レ請之由一、定文見了下給」とあって、相撲使定はようやく終了した。

　ここで相撲使定の特徴について、他の年の記事も参照しながらまとめておくと、第一に相撲使定は前述したように複数の次将の参加によって行われるのが原則だった。そして定の結果を定文として大将に報告するわけだが、その際

には長元四年（一〇三一）三月二十四日条に「朔日頭中将隆国・四位少将行経相定、行経執筆歟」とあることから、手結の場合と同じく下臈の次将が定文を書いたものと思われる。第二に、定以前にあらかじめかなりの人数が内定しており、それが大将から次将に指示されていることは、上記の長和四年の例や長元四年三月二十二日条の「関白随身・賭射矢数者・陣恪勤者・府生尚貞、又院御随身可〓差遣〓也」という実資の指示などから知られるが、それにもかかわらず定が行われ、次将により定文が作成されることによって相撲使が定められていることは、この定自体が政務手続として重視されていたことを物語っている。第三に、定の結果記された定文が大将のもとにもたらされ、大将がこれを見て下すということで一連の手続は完了した。(70)このように、相撲使定はさきに検討した手結と基本的には同様の構造と特徴を持っており、摂関期の近衛府においては次将による「定」が政務処理方式の一つとして存在していたことが指摘できる。(71)

以上、手結と相撲使定を例として次将による「定」の存在を指摘したが、ここでこれらの「定」を含めた近衛府内における政務処理方式の特徴について考えていきたい。まず政務上の案件に対する大将の決裁方法についてみていくと、近衛府から文書の形で府外に送られる案件、例えば第三節で触れた相撲雑物請奏や同じく相撲節の際に作成される擬近奏、(72)あるいは考課に関わる番奏簡・考文などについては、(73)官人（将監・将曹・府生）が大将のもとにその文書をもたらし、大将が加署する、(74)すなわち「朝臣」の二字を加えるという形で処理される。一方、府内の案件に関しては、例えば長和五年四月十八日条に、

随身近衛高扶明称〓腸病〓、久不〓出仕〓、仍可〓召問〓之由、仰〓将監公助〓訖、

などとあるように、大将の指示が口頭の「仰せ」として官人等に伝達されることが多かったが、とくに人事関係の案件の場合、例えば第二節で触れた物節や御馬乗の補任、あるいは第三節でみた年預官人や「粮所の事を行う」官人の

補任などにあたっては、書下（宣旨書）が作成された。これは第二節で述べたように大将の宣を官人が奉るという形式のものであったと考えられる。さらに府内の案件に対するもう一つの決裁方法として、次将の作成した定文や「手結」などを「見了下給」という形で処理する場合があった。この場合、前述した長和四年五月三日条の相撲使定文のように、「依レ請」という仰せとともに定文が下されることもあり、大将の「見了下給」という行為の具体的な意味がより明確に示されているが、『小右記』の記事にあらわれる限りでは単に「見了下給」とされていることが多く（註(70)参照）、「依レ請」という仰せがなくとも、この行為そのものが「依レ請」の意味を持っていたと考えることができる。(75)

次に、近衛府内の政務における次将の役割についてみていくと、本節で検討した「定」の存在や、第三節でみた「政所」「粮所」「相撲所」を統轄する次将の存在、また第二節の物節補任における次将の役割などから、その重要性をしばしば指摘してきたが、これと大将・官人との関係を太政官になぞらえるならば、大将が天皇あるいは摂関（大将は一司内の長官であるからこの比喩はあまり適切でないかもしれないが）、官人が外記・史などにあたるのに対して、次将は公卿に相当する役割を担っていたとすることができよう。これを摂関期の近衛府の実態から考えれば、次将が公卿予備軍としての性格を持っていたことと関係するとも考えられる。もっとも実資は年少の次将にはあまり多くを期待せず、そのために源雅通などの実務に練達した次将に政務が集中する傾向がみられるが、これも練達の者に諸役が集中するという上卿のありかた(76)に類似している。一方制度的な側面から考えると、日本の四等官制が唐の三判制を継受せず、次官の職掌を「長官に同じ」と規定していること、その背景に、日本では各官司の構成員が官司の判断を独断せずに「共知」すべきだという政治規範の存在が認められること(77)とも関係すると考えられる。

最後に政務処理の手続全体についての特徴をみていきたい。筆者はさきに太政官における政務手続を宣旨として捉え、最終的な決裁である「下宣旨」の前提として、公卿に対して「定」を行い、その結果を奏上するよう命じる「定宣旨」と、前例の勘申を命じる「勘宣旨」が存在していたことを指摘した。(78) このような想定が認められるとすれば、近衛府の政務手続も、この三種の宣旨によって構成されていると考えることができよう。「下宣旨」「定宣旨」については、これまで述べてきた大将の決裁や次将による「定」の存在から明らかであるが、「勘宣旨」についても、例えば長和二年八月八日条で「相撲使等違期勘文」の作成を将監播磨保信に仰せ、十三日条では保信が進めた勘文に基づき、実資が相撲使等に過状を提出するよう、中将源雅通に命じているのは、「勘宣旨」の存在とそれに基づく「下宣旨」という政務手続の過程を典型的に示すものである。(79) したがって、当然といえば当然だが、摂関期における近衛府内の政務手続は、同じ時期の太政官におけるそれと、基本的には同じ構造のものであったとすることができるのである。

むすびにかえて

以上、『小右記』の記事から摂関期における近衛府内の政務運営の実態とその特徴を検討してきたが、事実関係の指摘に終始し、その歴史的位置づけを充分に行うことはできなかった。これはもちろん筆者の非力によるところが大きいが、一方では本稿冒頭に記したように、『小右記』の近衛府に関する記事は、あくまで大将実資の目から見たという制約があり、事実第二節の物節補任のところで引用した寛仁三年二月十九日条では、馬場所掌の補任を「非二大将之所一レ知」としており、このような大将の決裁を経ない政務の存在もあわせて検討すべきであると思われる。とくに近衛府の財政については、本稿ではまったく触れることができなかったので、今後『小右記』以外の史料も参考にしながら検討を深めていきたいと考える。

このようにのこされた課題は非常に多いのであるが、最後に摂関期における近衛府の性格を考えるうえで、注目すべき点を一つだけ指摘しておきたい。それは手結や相撲還饗などの際に、大将である実資が、その饗料や禄を私的に出している点である。例えば歩射手結では寛弘二年（一〇〇五）正月十三日条に、

真手結、送二将禄一、〈大袿、〉射手・後参官人禄、〈絹十疋、〉物節・近衛等禄、〈信乃布八十端、射手例禄、後参各減二一端一、〉又饗料米十五石兼日遣之、垣下朝大夫・六位等差遣之、

とあって、手結に着行した次将および射手等の官人以下近衛にいたる人々に対する禄や饗料の米を出し、あわせて垣下役の官人(80)を派遣しており、これは歩射・騎射を問わず例年の慣行となっている。また相撲還饗においても、万寿三年（一〇二六）八月七日条に、

今日於レ府行二相撲還饗一、遣二八木十石・熟瓜・魚類等一、具二将監禄絹二疋・府生白絹一疋・最手例禄外赤絹一疋一、最手勝岡外相撲人三人、勝者布三端、乍二三人一皆勝者也、相撲長五人〔端カ〕、番長四端、近衛二端、

などとあるごとくである。このほかにも実資が私的に饗料などを出している例としては、歩射手結に先立って行われる粥次の懸物・米(81)や、正月十四日の御斎会竟日に行われる右近衛陣饗の饗料(82)などがある。これらは、右に掲げた数量からすれば財政的にも一定の意味を持ったと考えられるが、それよりもやはり大将家の家政と近衛府の行事が結びついている点、そしてこれらの禄や饗料が大将と広い意味での近衛府官人との間の人格的結合を強めるのに大きな役割を果たしたであろう点(83)に注目すべきであると思われる。第四節冒頭で触れたように手結が「府大事」とされたのも、饗料や禄の賜与を通じて、大将がその部下を把握する機会と捉えられていたことにその一因があるのではなかろうか。

このような点も含め、『小右記』にみられる近衛府の政務運営のありかたが、どのような歴史的性格を持つもので

あるかについては、今後の課題とし、さまざまな角度から検討していきたいと考える。

註

（1）太政官については、土田直鎮「上卿について」（初出一九六二年、『奈良平安時代史研究』〈吉川弘文館、一九九二年〉所収）・橋本義則「「外記政」の成立―都城と儀式―」（初出一九八一年、『平安宮成立史の研究』〈塙書房、一九九五年〉所収）・古瀬奈津子「宮の構造と政務運営法―内裏・朝堂院分離に関する一考察―」（初出一九八四年、『日本古代王権と儀式』〈吉川弘文館、一九九八年〉所収）・早川庄八「上卿制の成立と議政官組織」（『日本古代官僚制の研究』岩波書店、一九八六年）・大隅清陽「延喜式から見た太政官の構成と行事」（初出一九九〇年、『律令官制と礼秩序の研究』〈吉川弘文館、二〇一一年〉所収）などが、蔵人所については、渡辺直彦『日本古代官位制度の基礎的研究　増訂版』（吉川弘文館、一九七八年）第五篇「蔵人所の研究」・古瀬奈津子「行事蔵人について―摂関期を中心に―」（初出一九八九年、前掲書所収）などが、検非違使庁については渡辺直彦氏前掲書第四篇第二章「検非違使別当について」・森田悌「摂関期における検非違使」（『平安時代政治史研究』吉川弘文館、一九七八年）・戸田芳実『中右記―躍動する院政時代の群像―』（そしえて、一九七九年）などがある。

（2）初出一九六九年、『続律令制とその周辺』（一九七三年）所収。

（3）例えば、吉川真司「奈良時代の宣」（初出一九八八年、『律令官僚制の研究』〈塙書房、一九九八年〉所収）・鷺森浩幸「天平宝字六年石山寺造営における人事システム―律令制官司の一側面―」（『日本史研究』三五四、一九九二年）など。

（4）「平安中期左右衛門府の考察」・「平安中期の大蔵省」・「平安中期の内蔵寮」（註（1）前掲書所収）。

（5）「平安前期の左右近衛府に関する考察」（初出一九六二年）・「毛野氏と衛府―高橋富雄氏の『平安時代の毛野氏』をめぐって―」（初出一九六三年）・「左右近衛府上級官人の構成とその推移」（初出一九八四年、以上三論考は『日本古代衛府制度の研究』〈東京大学出版会、一九八五年〉所収）・「左右近衛府官人・舎人補任表―下級官人・舎人その（一）（二）―」（『歴史と文化』Ⅺ・Ⅻ、一九七五・七八年）。

（6）以下、『小右記』の引用は大日本古記録本によったが、読み方については『大日本史料』などを参考にして改めたところもある。

（7）「平安前期の左右近衛府に関する考察」（註（5）前掲）。

（8）例えば万寿四年（一〇二七）七月二十八日条では、「相撲所官人」として将監・将曹・府生各一名が挙げられている。
（9）『狩野文庫本　類聚三代格』（吉川弘文館、一九八九年）一二八頁。
（10）なお『宇津保物語』『源氏物語』『大鏡』などの文学作品にあらわれる「物節」について、「近衛府の舎人の東遊に熟達するものの称」（石村貞吉『源氏物語有職の研究』風間書房、一九六四年）などと解されており、また和田英松『官職要解』（初版一九〇二年）でも同様の説明がなされているが、これらは『花鳥余情』の「物節といふは、近衛舎人の中に、東遊に達したる物を物節に補す」という解釈を継承しているとみられる。しかしこれらの作品にあらわれる「物節」も、単に番長・案主・府掌などを一括して示す呼称と考えても差し支えない。
（11）随身については、竹内チヅ子「随身について」（『九州史学』四、一九五七年）・中原俊章「中世随身の存在形態―随身家下毛野氏を中心にして―」（『ヒストリア』六七、一九七五年）・同『中世公家と地下官人』（吉川弘文館、一九八七年）などを参照。
（12）冬季は寛弘二年（一〇〇五）十二月十七日条、夏季は寛仁三年（一〇一九）七月九日条がそれぞれ初見。
（13）寛弘八年九月二十五日条・長和二年（一〇一三）八月二十七日条・治安三年（一〇二三）四月十二日条など。
（14）長和二年正月六日条では将監、同年九月十三日条では案主・近衛、寛仁元年十二月五日条では番長・府掌・近衛がそれぞれ御馬乗としてみえる。
（15）治安元年十一月十四日条など。
（16）万寿四年四月二十七日条。
（17）寛仁四年十月四日条・万寿二年十月十日条。なお前者の条で看督使となった番長日下部為行は、万寿二年三月十五日条でも番長としてみえるので、看督使は官人・物節・近衛という官職体系とは別の職であったことがわかる。
（18）例えば長元元年（一〇二八）十一月十七日条には、将監任官希望者が申文を提出し、それに基づいて小除目が行われたことがみえる。
（19）笹山晴生「平安前期の左右近衛府に関する考察」（註（5）前掲）。
（20）笹山晴生「左右近衛府官人・舎人補任表」（註（5）前掲）参照。ただし将監に関しては、他官から遷任する者もあったようで、前々註の記事で任命された将監の前官は兵庫允であったし、本文ですぐ後に触れる大将の申請による将監の任命の場合にも、将曹以外の者が対象となっていた。

(21)　万寿四年十二月二十八日条で恪勤家司として禄料を与えられている為時と同一人物であろう。

(22)　吉田早苗氏校訂『大間成文抄』三四〇～三四一頁。そのもっとも古いものは正三位権大納言兼右近衛大将源雅実による承徳二年（一〇九八）正月二十日の請奏（補5）である。

(23)　巡爵については、高田淳「「巡爵」とその成立―平安時代叙位制度の成立をめぐって―」（『國學院大學紀要』二六、一九八八年）参照。

(24)　長和二年正月六日条・同四年十月二十二日条など。

(25)　ほかに万寿四年三月六日条で将監文室為義が同様の申請を行っている。なおこの二例で、彼らが実際に受領に任命されたかどうかは確認できなかった。

(26)　万寿四年正月二十五日条・長元元年七月二日条など。

(27)　具体的には「朝臣」の二字を加えたらしい（治安元年十月八日条など）。

(28)　長和二年八月二十七日条などによると、これは「府生宣旨」と呼ばれている。

(29)　さらにいえば、府生を含む武官の任命は、兵部省から右近衛府に「兵部充文」（長和二年六月二十八日条・寛仁三年十二月二十二日条など。その書式は『延喜式』巻第二十八、兵部省、移式条〈新訂増補国史大系七〇二頁〉や『兵範記』保元元年〈一一五六〉二月五日条にみえる）によって通達された。なおこれについては、早川庄八「八世紀の任官関係文書と任官儀について」（註(1)前掲書）註12を参照（補6）。

(30)　玉手信頼は案主代から番長に昇進する際にも、「造₂立春日宿院₁功」によっている（治安三年十二月五日条）。両者の関係は未詳だが、あるいは治安三年条と長元元年条とでは、春日宿院のなかの別の建物を指しているのかもしれない。

(31)　成功申請の手続については、上島享「成功制の展開―地下官人の成功を中心に―」（『史林』七五―四、一九九二年）参照。

(32)　物節補任の契機としては、欠員発生のほかに、前述したように「物節不仕勘文」（長和三年十二月二日条）を作成させ、不仕の者を解任してその替りを補す場合もあった。

(33)　長和二年九月十日条・治安三年八月十六日条など。

(34)　寛仁元年十月八日条・万寿二年十月七日条など。

(35)　万寿四年四月二十三日条。また前註の万寿二年十月七日条でも、小一条院から随身の「物節申文」が送られている。

(36)治安三年十二月五日条・万寿四年正月二十九日条。
(37)寛仁元年十二月十日条・同三年八月二十八日条・同三年十一月三日条・治安三年八月十六日条など。
(38)早川庄八『宣旨試論』（岩波書店、一九九〇年）三〇二頁以下。
(39)なお大将については、本条では署さないとするが、前掲の寛仁三年二月十九日条・長和三年十二月四日条では実資は署を加えており、どちらが本来の形なのかは不明である。ただし、第四節で後述する相撲使定の定文などについては、大将は加署していないようである。
(40)長和二年九月十三日条・寛仁元年十二月五日条。
(41)万寿三年九月二十三日条・同四年正月二十九日条・同四年四月二十七日条。
(42)寛仁四年十月四日条・万寿二年十月十日条。
(43)新訂増補国史大系九五七頁。
(44)春日祭使の決定方法については、すでに三橋正「摂関期の春日祭―特に祭使と出立儀・還饗について―」（初出一九八五年、『平安時代の信仰と宗教儀礼』〈続群書類従完成会、二〇〇〇年〉所収）に指摘があり、祭使を奉仕した回数によって、次将が順番に祭使を勤めていたとされている。
(45)長和三年正月二十九日・二月一・二・三・五・六日の各条。
(46)万寿元年十一月五日条。
(47)このほか、長和二年正月三十日条・同年三月二十五日条・寛仁三年十月二十七日条などで、祭使を勤めることを「役」としている。
(48)中原俊章『中世公家と地下官人』（註(11)前掲）、今正秀「平安中・後期から鎌倉期における官司運営の特質―内蔵寮を中心に―」（『史学雑誌』九九―一、一九九〇年）。
(49)将監は長和元年八月二十七日条に播磨保信、同四年六月十一日条に下毛野公助が、右馬允は長和元年四月十八日条・同二年九月二十日条にそれぞれ貞国という人物が年預としてみえる。
(50)今正秀氏註(48)前掲論文・森田悌「平安中期左右衛門府の考察」（註(4)前掲）。
(51)寛仁二年五月四日条では騎射荒手結に着行した次将について、「皆是年少人等也、口猶乳臭」と批判しているし、長和五年三月四日条の歩射手結の記事で「前々中将雅通着行、而煩二胸病一、其外少将等執筆不レ堪耳」と嘆いているのも同じ事情によるものであろう。

(52) なおここでは「政所の事を行う」次将にとくに注目したが、いうまでもなく政所自体が次将のみで構成されていたわけではなく、例えば治安三年十二月五日条に「近衛上毛野重基直二政所一」とあるように、その構成員には官人以下近衛にいたるまでが含まれていたと推測できる。

(53) 長屋王家の政所（務所）のような家政機関ばかりでなく、造東大寺司やその管下の写経所にも政所が存在したことは正倉院文書にみえるところである。なお奈良時代の政所については、吉田孝「トコロ覚書」（青木和夫先生還暦記念会編『日本古代の政治と文化』吉川弘文館、一九八七年）参照。

(54) 土田直鎮「上卿について」（註(1)前掲）。

(55) 棚橋光男『中世成立期の法と国家』（塙書房、一九八三年）。

(56) 「粮所」および「粮米使」については、すでに笹山晴生「平安前期の左右近衛府に関する考察」（註(5)前掲）に指摘があるが、ここでは府内における政務分担という視点からあらためて検討していくことにする。

(57) 註(50)前掲論文。

(58) 前者は三条家本北山抄裏文書（『平安遺文』二―三八〇号）、後者は九条家本延喜式裏文書（『平安遺文』二―四五五・四五八号）。

(59) このほか本文書には、「厨家」「淀御贄所」「養所」「造府所」などにおける上日が記録されている人々がおり、衛門府にさまざまな「所」が存在していたことがわかる。

(60) このほかにも、第二節一九七頁で引用した寛仁三年二月十九日条や治安三年十二月五日条・万寿四年四月二十三日条には「馬場所掌」がみえる。

(61) 日時勘申のことは、ほかに寛仁三年七月二十日条・治安三年七月十九日条にみえる。

(62) 寛弘二年七月十七日条では中将藤原実成・少将源済政が、長元四年七月十九日条では中将源隆国・藤原良頼、少将源経親・源親方がそれぞれ「相撲所」に着して定めている。

(63) 七月八日条に「又（関白藤原頼通）云、漸有二旱魃愁一、難レ有二音楽一歟」とある。

(64) 寛弘二年七月十七日条・寛仁三年七月二十五日条。

(65) ここでは召仰以前ということで実資は加署しなかったが、翌二十日には、府生元武が持ち来たった請奏に「朝臣」の二字を加え、蔵人将監源経成に付して奏聞するよう指示している。この文書は「相撲長・立合幷相撲人等装束請奏」(寛仁三年七月二十一日条)、「相撲人装束請奏」(治安三年七月二十日条)、「相撲召合料絁・布・絲・紅花・木綿等請奏」(長元四年七月十九日条)などとも呼ばれている。なお請奏による料物調達については、内蔵寮請奏を例に検討された古瀬奈津子「行事蔵人について—摂関期を中心に—」(註(1)前掲)参照。

(66) 寛弘二年五月七日条・長和四年五月二日条。

(67) 長和三年三月十一日条でも左権中将藤原資平が「昨日着㆓手結㆒、頭中将下臈、可㆑書㆓手結㆒、而不㆑堪㆑書者、資平書之」と実資に語っている。

(68) 治安三年五月二十四日条によれば、同年四月一日付の相撲白丁貢上に関する官符(毎年国ごとに相撲白丁二人を出させ、これに関する近衛府の勘文を受領功過定の判定材料とすることを定めたもの。勘文の実例は『朝野群載』巻第二十八に収められている)四枚を将曹紀正方が持ち来たったが、これについて「山陰・山陽・南海・西海等官符也、可㆑有㆓河内・摂津・和泉等官符㆒、畿内三箇国可㆑載㆓一枚官符㆒、而亦〔只カ〕有㆓畿内官符一枚㆒云々、依㆑載㆓山城・大和㆒、左近府生受云々」とあることによって、左右近衛府の相撲使を派遣する範囲がわかる。

(69) 本条では、すでに将監の相撲使は宣旨により扶宣と決定していたにもかかわらず、後に播磨保信が希望を申し立て、これには左大臣道長の口添えもあって、このことを定の途中で雅通は実資に問い合わせているが、実資はすでに宣旨で決定済みとして保信の希望を却下するよう指示している。

(70) 長和四年の「定文見了下給」と同様の表現は、ほかに長和二年二月二十一日条・同五年三月三日条・寛仁二年四月二十八日条・同三年五月三日条・治安三年四月十二日条・万寿二年三月十一日条などにみえる。

(71) このほか、九月末に行われる府定考も、寛仁元年九月二十六日条に「府生重隆申云、明日考定、将皆称㆑障、云㆓遣少将師経可㆑着之由㆒、報云、可㆓着行㆒之者」、長元四年九月二十七日条に「府生為行進㆓考文㆒、加㆓朝臣㆒、少将定良着行」などとあって、次将による「定」の一つと考えられる。

(72) 長和二年七月二十七日条・治安三年七月二十七日条・万寿四年七月二十六日条・長元四年七月二十九日条など。

(73) 寛弘二年十二月十七日条・長和二年四月一日条・長元三年九月三十日条など。

(74)　寛仁元年九月二十九日条・治安三年閏九月二十九日条・長元四年九月二十七日条など。

(75)　なお宣旨書の場合にも、寛仁三年八月二十八日条に「以二府掌荒木武晴一補二番長一之宣旨書将曹正方持来、見了返賜」という記事がみえるが、同三年十一月三日条では同様の案件について「宣旨書案先将[持]来、見了返給」とあって、八月二十八日条も「案」(草案)の可能性があり、宣旨書について「見了返給」という手続が常にとられていたかどうかには疑問がある。

(76)　土田直鎮「上卿について」(註(1)前掲)。

(77)　吉川真司「奈良時代の宣」(註(3)前掲)。

(78)　拙稿「『小右記』にみえる「勘宣旨」について―政務手続としての宣旨―」(初出一九九一年、「古記録にみえる「宣旨」の実体―『小右記』の勘宣旨を中心として―」と改題して本書第二部第一章に収録)。

(79)　このほか、第三節二〇〇頁で引用した大原野祭使に関する長和三年二月三日条も、典型的な「勘宣旨」とそれをもとにした「下宣旨」の例である。

(80)　彼らは、左兵衛府歩射手結(実資は当時左兵衛督)のことを記した正暦四年(九九三)正月十四日条に「遣二家司朝大夫等於府一令レ行二佐・射手官人以下禄事一」とあるので、実資家に仕えていた人々だったと考えられる。

(81)　長和二年二月二十八日条・同三年三月六日条・寛仁三年正月九日条など。なお粥次の禄に関しては、長和二年三月十八日条に「自レ府可レ給之禄是已定事也」とあるので、近衛府から支給されたらしい。

(82)　寛弘八年正月十三日条・寛仁三年正月十三日条など。

(83)　すなわち饗場宏・大津透「節禄について―「諸節禄法」の成立と意義―」(『史学雑誌』九八―六、一九八九年、一部改稿し「節禄の成立」として大津透『古代の天皇制』〈岩波書店、一九九九年〉に収録)や吉川真司「律令官人制の再編」(初出一九八九年、註(3)前掲書所収)などによって指摘されている、節禄を通じた天皇との人格的結合という問題と共通することが、手結や相撲還饗にもあてはまると考えられるのである。さらにこれらは、一官司内における長官と官人との間の人格的結合を強める機会という点では、大臣が自邸で公卿・上官を饗する大臣大饗に最も近い性格を持つものであろう。(補7)

〔付記〕　本稿校正中、鳥谷智文氏「王朝国家期における近衛府府務運営の一考察―『小右記』を中心として―」(『史学研究』一九九、一九九三年二月)に接した。本稿とほぼ同じ史料を用いられた研究であり、政所等についてはより詳しい検討がなされている。したがって、本来であれば氏の研究を参考にして書き改めなければならない部分などもあるが、校正中のことでもあり、また分析の視角も多少異なると思われるので、本稿にはあえて手を加えず、そのまま発表することにした。鳥谷氏には切に御寛恕を乞うとともに、読者諸賢には氏の論考をぜひあわせて参照されるよう、お願いしたい。

補註

(補1) 本文では、将監・将曹の任官は本人の申文によるとしたが、本書第一部第一章第二節での検討などにより、以下のように修正したい。

まず将曹の任官については、本章下文で府生奏の手続について説明したので、これに従う。なお、府生任官希望者の申請文書は、(補4)に記したように「款状」と呼ぶべきである。

一方将監については、本人の申文によるという根拠に挙げた長元元年十一月十七日条は、

蔵人左少弁資通下二兵庫允菅原忠時申文一、仰云、依二申請一可レ任二左近将監一、明日吉田祭使無下可二勤仕一之将監上、仍所レ任也者、

というもので、蔵人から実資に菅原忠時の申文が、忠時を吉田祭使とするために左近将監に任命せよとの天皇の仰せとともに下されている。将監を希望する者の自解申文は、『大間成文抄』第八、勧学院別当にも一通載せられており（第一部第一章表3—59）、自解による任官申請が存在したことはたしかである。しかし、本書第一部第一章第二節および(補4)で検討したように、これらの自解は任官希望者が直接蔵人所に提出したと考えるよりは、推挙した機関（『大間成文抄』の自解は勧学院、『小右記』の自解は兵部省か）を通じて提出された可能性が高いと考えられる。

(補2) 本稿で検討の対象とした『小右記』の時代では、将監から少将への転任は皆無であるが、笹山晴生「左右近衛府官人・舎人補任表―下級官人・舎人その（一）（二）―」（本章註(5)参照）によれば、大同四年（八〇九）六月に右近衛将監から右近衛権少将に転任した良岑安世、天長十年（八三三）正月に右近衛権将監となった後、右近衛少将に転じた藤原富士麻呂、斉衡二年（八五五）正月に右近衛将監から右近衛少将に転任した藤原良尚など、九世紀半ば頃までは、近衛将監をつとめて叙爵し、その後ほどなくして近衛少将となった事例が散見する。

(補3) 初発表時には「年官」としたが、前掲長元四年正月二十一日条をみると毎年与えられる権利とは考えがたいので「特権」と改める。

（補4）初発表時には「申文」としたが、本書第一部第一章では、任官希望者から推挙者（人物あるいは機関）に提出される文書を、当時の史料に基づき「款状」としたので（本書二二頁参照）、ここでも「款状」と改める。以下、同様に任官希望者から推挙者に提出される文書については「款状」と改めた。

（補5）初発表時には「申文」としたが、本書第一部第一章での任官申請文書の分類にしたがい、「請奏」と改める。

（補6）さらに兵部充文については、本書第一部第三章九六頁・一〇五頁以下も参照。

（補7）大臣大饗については、本書第一部第三章（補2）で触れた渡邉誠氏・末松剛氏の研究や今正秀氏「摂関政治史研究の視角」（『日本史研究』六四二、二〇一六年）などによって、理解が深められており、近年では大臣大饗が天皇の存在をその背後に持つ公的饗宴としての性格を持つという見解が有力になっている。したがって、本書のこの部分の記述はきわめて大雑把な捉え方だと認めざるをえないが、しばらくこのままとしておく。

補記

本稿は、笹山晴生先生の還暦記念論文集である『日本律令制論集　下』（吉川弘文館、一九九三年九月）に発表したものである。古代衛府制度研究の第一人者である笹山先生の記念論文集ということで、かなり早くからこのテーマを決めていたのだが、一方で本稿の主たる問題関心は、「はじめに」に記したように、四等官制を持つ律令官司の日常的な政務運営の実態を明らかにしたいという点にあった。そのため、『小右記』の近衛府関係の記事を細かく分析する作業を通して、政務運営の具体的な姿を復原することにつとめたが、それらを太政官における政や定に擬えて捉えようとしたのは、やや性急だったと反省している。

さて本稿発表後、四等官制に関する理解は、佐藤全敏氏の研究によって大きく進展した（「古代日本の四等官制」〈初出二〇〇七年〉、「正倉院文書からみた令制官司の四等官制」、ともに『平安時代の天皇と官僚制』〈東京大学出版会、二〇〇八年〉所収）。佐藤氏は、弘仁式部式にみられる九世紀初頭の式部省における政務処理のありかたについて鋭い分析を加え、これを出発点として、律令四等官制の特質を、さまざまな角度から明らかにされている。とくに「五位以上官人」の重要性（この点については、本書第一部第一章補記で紹介した虎尾達哉氏の研究を参照）、八世紀における蔭子孫→諸司判官、位子・白丁→舎人・史生から諸司主典という出身コースの存在（土田直鎮「奈良時代に於ける律令官制の衰頽に関する一研究」『奈良平安時代史研究』〈吉川弘文館、一九九二年〉）などと、それぞれの四等官が政務上の案件の処理・決裁にどのように関わったのかという問題とを結びつけて捉えた点は注目すべきで、律令四等官制が、七世紀の「氏族制的要素」に強く規定されたものであることを、鮮やかに描き出している。本稿で考察した摂関期における近衛府の大将・次将・将監・将曹の役割についても、佐藤氏の研究を参考にして、あらためて検討しなおす必要に迫られている。

また、この時期の近衛府に関する研究としては、本文付記で紹介した鳥谷智文氏が、その後「王朝国家期における近衛府大将の役割―『小右記』を中心として―」（『松江工業高等専門学校研究紀要〈人文・社会編〉』三六、二〇〇一年）を発表され、近年では鈴木裕之氏が「「宿申・陣見参・月奏」考―左右近衛府の下級官人・職員の勤務管理―」（『明治大学文学部・文学研究科学術研究論集』五、二〇一五年）・「摂関期における左右近衛府の内裏夜行と宿直―夜間警備と貴族認識―」（『史学雑誌』一二五―六、二〇一六年）などによって精力的に研究を進められている。

第四章　検非違使別当としての藤原実資

はじめに

本稿は、長徳元年（九九五）四月から約一年半、検非違使別当をつとめた藤原実資の日記『小右記』から、当時の検非違使別当や検非違使庁の政務の一端をみていこうとするものである。

周知のように、検非違使をめぐる研究には、小川清太郎氏の古典的業績(1)をはじめとして、すでに膨大な蓄積がある。(2)近年では前田禎彦氏が、検非違使庁の政務の具体的様相や、平安時代の法体系のなかで検非違使が果たした役割などについて、精力的に研究を進めている。(3)また佐藤全敏氏は、所々別当制の研究の一環として、検非違使別当の官制上の位置づけに関して注目すべき見解を示している。(4)本稿では、これらの研究成果に多くを負いながら、検非違使別当としての藤原実資の活動の特徴や、別当と使庁との関係などについて、できる限り具体的に検討していきたい。

ところで、実資の別当在職期間中における『小右記』の残存状況であるが、長徳元年については、前田本（三条西家旧蔵）の略本（ただし九・十一・十二の三箇月を欠く）が、同二年については伏見宮本のやはり略本が伝わっている。(5)略本である以上、例えば永久二年（一一一四）の『中右記』のごとき精度は望むべくもないが、(6)一応継続的に別当実資や使庁の活動を追うことは可能である。しかもこの期間には、藤原伊周・隆家兄弟の失脚という、摂関政治史上特筆すべき事件も起きているので、この事件にも注目しながら、『小右記』の記事をみていきたいと思う。

一　別当への就任・辞任と検非違使庁の人事

藤原実資が検非違使別当となったのは、長徳元年四月二十五日のことである。(7)ときに従三位参議・左兵衛督・備中権守、三九歳だった。前任者は藤原顕光で、彼が四月六日に中納言から権大納言に転じたあとをうけての人事である。

実資の別当補任については、『小右記』をはじめ、当時の史料にはみられないが、渡辺直彦氏の研究によれば、補任を命じる勅は、上卿から弁、史に伝えられて、史が本府の官人を召して仰せる場合と、上卿が弁官を経ずに衛門佐に仰せる場合があった。(8)この時もどちらかの手続がとられたのであろう。また実資は、長徳元年八月二十八日に権中納言・右衛門督に任命され、翌二年七月二十日には中納言に転じており、それぞれ九月五日、七月二十一日に「別当如レ元」の宣旨があった。(9)これも渡辺氏によれば、「別当如レ元」の宣旨は、補任宣旨でいえば前者のルートで下されたらしい。(10)

表11は、実資の別当在職期間の前後約一〇〇年間の検非違使別当を列挙したものである。彼らのなかで、実資にはどのような特徴があるのだろうか。周知のように、別当は公卿としての本官は中納言または参議で、衛門督・兵衛督を兼ねる者のなかから補されることになっており、これにはもちろん例外がない。また、成立期から十世紀後半までの補任状況を検討した佐藤全敏氏は、九世紀半ば過ぎまでは大弁を兼任、あるいは経験した有能な実務官人が別当の職に就く場合が多かったが、その後は皇親が補任され、さらに九・十世紀の交からは藤原北家で占められるようになると指摘している。(11)(補1)この傾向は十世紀末以後も基本的には同様で、北家と源氏が別当を独占している。もっとも、

当時は公卿の地位が彼らによってほぼ独占されているのだから、この傾向は当然といえば当然である。しかも彼らのほとんどは、近衛次将から（場合によっては蔵人頭を経て）公卿に昇進しており、弁官を経験しているのは、13藤原懐平・19同経通・23同経任の三名に過ぎない。表11より前の時期の九世紀末から十世紀前半にかけて、藤原時平・忠平・実頼・師輔といった北家嫡流の人々が、表のなかでは14藤原教通・16同頼宗という道長の子が在職しているのをみても、まずは検非違使別当が顕職とされていたと考えてよいだろう。

次に在職期間についてみていくと、表11に掲げた二三名の在職期間の平均は、五年弱となる。このなかには在職中に、病気・出家・死去など、いわば不慮の出来事によって短期間で辞職した者も数名含まれているので、一般的には六、七年というのが平均的な在職期間だったといえよう。それに比べれば、実資の在職期間はかなり短く、しかも自ら辞表を提出しているという点が注目される。表11の辞職の理由をみると、実資以前については、中納言から大納言に転じたのを契機に、すなわちいわば検非違使別当となる資格を喪失したことによって辞職するという例が比較的多くみられる。[12] 逆にいえば、別当たる資格を持っている限り在職し続ける場合が多かったということになる。辞職の理由の欄に、単に「辞」「去」とあるのは、『公卿補任』の表現をそのまま用いたものなので、「辞」とある者のなかに、実際に辞表を提出している者が含まれているかもしれないが、実資が自ら

別当兼官	辞職の理由
左衛門督	任大納言
左衛門督	任大納言
左衛門督	辞
右衛門督	病気
右衛門督	任権中納言
右衛門督	死去
左衛門督	未詳
右衛門督→左衛門督	任権大納言？
左衛門督	任大納言
左兵衛督→右衛門督	辞表提出（小右記）
右衛門督	辞
右衛門督	辞表提出（御堂）
左兵衛督→右衛門督	辞
左衛門督	辞表提出（小右記）
左兵衛督→右衛門督	辞表提出（御堂）
右衛門督→左衛門督	辞
左兵衛督	出家
右兵衛督→左兵衛督	去
右兵衛督→左兵衛督	辞
右兵衛督	死去
左兵衛督	死去
右兵衛督	辞
左兵衛督	辞

表11　天慶8年（945）～寛徳元年（1044）の検非違使別当

	姓名	在職期間	年・月	位階	本官
1	藤原顕忠	天慶5・3～天暦2・2	6・2	従三位	中納言
2	源高明	天暦2・2～天暦7・9	5・9	従三位	中納言
3	藤原師尹	天暦7・9～天徳1・2	3・6	従三位→正三位	中納言
4	藤原朝忠	天徳1・12～康保2・11	8・2	正四下→従三位	参議→中納言
5	藤原朝成	康保2・12～天禄1・1	6・3	正四下→従三位	参議
6	藤原斉敏	天禄1・1～天延1・2	3・2	正四下→従三位	参議
7	源延光	天延1・2～天延2・2	1・0	従三位	中納言
8	源重光	天延2・2～正暦2・9？	18・2	従三位→正三位	参議→中納言
9	藤原顕光	正暦2・9～長徳1・4	3・8	従二位	中納言
10	藤原実資	長徳1・4～長徳2・9	1・6	従三位	参議→権中納言→中納言
11	藤原公任	長徳2・9～長保3・12	5・4	正四下→従三位	参議→中納言
12	藤原斉信	長保3・12～寛弘3・6	4・8	正三位	権中納言
13	藤原懐平	寛弘3・6～長和2・10	7・7	正三位→従二位	参議→権中納言
14	藤原教通	長和2・12～長和3・11	0・11	従二位	権中納言
15	藤原実成	長和3・11～長和5・7	1・9	正三位	参議→権中納言
16	藤原頼宗	長和5・7～寛仁4・4	3・10	従二位→正二位	権中納言
17	源頼定	寛仁4・4～寛仁4・6	0・2	正三位	参議
18	藤原公信	寛仁4・9～万寿1・2	3・7	正三位→従二位	参議→権中納言
19	藤原経通	万寿1・2～長元2・12	6・0	正三位	参議→権中納言
20	源朝任	長元2・12～長元7・9	4・11	従三位	参議
21	藤原公成	長元7・9～長久4・6	9・0	従三位→従二位	参議→権中納言
22	源隆国	長久4・6～寛徳1・7	1・1	従二位	参議→権中納言
23	藤原経任	寛徳1・7～永承5・8	6・3	従三位→正三位	参議→権中納言

辞表を出して辞職した最初の検非違使別当である可能性は一応想定できるだろう。

実資が別当を辞するのは、長徳二年九月十九日であるが、『小右記』九月九日条[13]には、

下官辞退状被レ納了、而不レ被レ任二替人一、太奇々、昨日必可レ被レ納之由、以二頭弁・女房等一所レ令二愁奏一、今朝頭弁所レ令レ取二案内一、示送云、依二愁奏一夜部所二令レ留給一、至二廷尉一今明宣旨下歟、至二金吾一者、可レ被レ任二直物次一歟者、頭弁自二左府一示送云、辞退状早可二返給一之由一定了者、以二信理朝臣一令レ申二案内一、左府□〔報カ〕云、去年依二朝選一被レ補二別当一、今忽愁辞無レ便二許容一、仍可レ返二給辞状一之由定奏了、頭弁自レ内告示云、以二蔵人信経一可二返給一、若尚内々可二返奉一者、自二勘解由長官許一伝奉如何者、（下略）

とあり、八日に辞表を受理してもらうよう「愁

奏」したところ、頭弁藤原行成を通じて、左大臣道長が「去年依二朝選一被レ補二別当一、今忽懇辞無レ便二許容一」と辞職に難色を示したようすが記されている。この時の辞表は、十日条に「辞退状転自二勘解由長官許一返給之」とあるように、勘解由長官源俊賢を通して実資に返却されたようであるが、十八日に右衛門督と検非違使別当の辞表（式部大輔菅原輔正の作）を再度提出し（同日条）、それが翌日に認められたのである。実資がどのような理由で辞職を申し出たのかは明らかでなく、彼以外に辞表を提出したことが確認できる12藤原斉信・14同教通・15同実成についてもそれは同様である。しかしあえて憶測すれば、長期にわたって断罪に関わるのを忌避したいという観念が存在したのではないだろうか。

本節の最後に、別当以外の人事について触れておきたい。実資の別当在職期間中では、長徳二年四月七日条に、

参内、先参二右符〔府〕直廬一、申二雑事一、志宗我弘範死去所、以二志伴忠信一賜二使庁奏一、即以二頭中将一令二奏聞一

とあるのが唯一の記事で、右大臣道長に志の補任についての内諾を得て、頭中将藤原斉信を通じて「使庁奏」を奏上したというものである。「使庁奏」については、『朝野群載』巻第十一、廷尉に、康和二年（一一〇〇）正月二十一日付（志から尉への転任を申請）・天仁三年（一一一〇）正月十六日付（府生から志への転任を申請）の二通の実例が載せられている。(14) いずれも希望者本人の款状を引用した請奏形式の文書で、佐二人と別当の位署がある。伴忠信の「使庁奏」も同様の形式の文書だったと考えてよいだろう。なお「使庁奏を賜わる」という表現は、この文書が奏上されると、天皇の「依レ請」という仰せとともに（すなわち宣旨として）、再び検非違使庁に下されるからだと考えられる。(補2)

二　別当実資と藤原伊周・隆家の失脚

実資が検非違使別当となった時期は、摂関政治の歴史のなかで権力者の交替がめまぐるしかった時期にあたる。正暦六年（二月に長徳と改元）に入って関白藤原道隆の病状（糖尿病かとされている）が悪化し、道隆は子の内大臣伊周に関白職を譲ろうとするが一条天皇はこれを許さず、結局四月十日に没する。そして実資が別当となった二日後の四月二十七日、道隆の弟で、すでに疫病に冒されていた右大臣道兼に関白が命じられるが、道兼も五月八日には没してしまう。道兼の後継者は、内大臣伊周と権大納言道長の二人にしぼられ、一条天皇の生母で道長の姉にあたる東三条院詮子の強い推輓によって、十一日、道長に内覧の宣旨が下った。

その後は、道長と伊周・隆家との対立が激化し、翌年正月、伊周・隆家の従者が花山法皇に矢を射かけるという事件を起こして、彼らは自滅していくわけだが、まさにこの間、実資は検非違使別当として事件処理の一角を担っていく。表12は、この時期の『小右記』の記述のうち、伊周・隆家関係の部分を抽出して列挙したものである。以下、この表に基づいて、伊周・隆家の、道長との対立から失脚にいたるまでの、別当実資や検非違使の活動をみていきたい。

表12—1は、道長と隆家の従者が七条大路で「合戦」におよんだというものである。まず左府生茜忠宗が道長の命によって現場に向かうことを実資に報告し、夜に入って忠宗ら検非違使が実資邸に参上して、事件の概要を報告した。それによれば、道長の従者の則武という者が隆家の従者に襲われ、反撃して二人に矢を当てたというものだったらしい。忠宗と右志美麻那近政は道長の命によって、右府生美努伊遠は隆家の命によって、それぞれ事発日記を作成し、この日記二通、および矢に当たった隆家従者二名と則武の身柄を実資のもとにもたらした。これに対して実資は、日記をいったん検非違使に返却し、則武の身柄を看督長にあずけたのである。検非違使が、いわば事件当事者の道長の催しによって現場に向かっている点、事発日記が道長と隆家の双方の指示によって別々に作成されている点が注目される。

表 12　実資別当在職時の検非違使関係史料（伊周・隆家関連）

	年月日	事件の概要	史料	備考
1	1/ 7/27	右大臣道長と中納言隆家の従者，七条大路で合戦	人々云，七条大道有合戦，是則中納言隆家僕従所為云々，未剋許忠宗申送云，忽有右府仰，馳向七条闘乱所，先参不能令申者，昏黒左府生面［茜］忠宗・右志美麻那近政・府生美努伊遠来，近政々［衍ヵ］・忠宗依右府命日記，伊遠者依中納言命又日記，右府僕玉平［手ヵ］則武，是則中納言従者引率数多弓箭者，令召捕之間，則武不能其責，放矢射二人，使官人等向事発所間，雑人悉分散，中矢者二人・捕得則武日記二通持来，依入暗不細見，各返給，至則武暫預看督長者，濫吹事多，似無皇憲，	
2-1	8/ 2	中納言隆家の従者，右大臣道長の随身を殺害す，尋で綸旨を下し，隆家をしてその下手人を進めさせる	或云，依昨日濫行〈右大臣随身殺損事，〉事，隆家不可参内由被召仰也云々，倫範［平，右衛門尉］云，右府談云，隆家卿若不奉下手人者，不可参内之由被給綸旨，	3 日条
2-2			隆家，下手二人令進事，	小記目録 9 日条
3-1	9/12	隆家の家司，左府生忠宗の宅内の雑物を破損し，その身を禁じられる	中納言隆家，破損左府生忠宗宅内雑物事，	小記目録
3-2			召禁隆家々司民部丞俊遠・織部正著信事，	小記目録 13 日条
3-3			又民部少丞後［俊ヵ］遠・織部正著信・右近府生紀光方等依闘乱事，令検非違使召問之事，止召其身，令参対政庭者，同申右府，亦仰右衛門尉輔公畢，	権記12月 25日条
4-1	2/ 1/16	伊周・隆家，従者に花山法皇を射させる	長徳二年正月十六日，右府消息云，花山法皇・内大臣・中納言隆家相遇故一条太政大臣家，有闘乱事，御童子二人殺害，取首持去云々，	三条西家重書古文書一諸記録抄所引野略抄
4-2			被追捕隆家卿従僕事，	小記目録 17日条
4-3			内大臣・隆家卿，依闘乱，可勘罪名事，	小記目録 27日条
5	2/ 5	仰せにより，検非違使別当実資，伊周家司宅等の捜索を命じる	（上欠）尉致光及兄弟等宅，有隠居精兵之聴，遣廷尉可令捜検，雖云五位以上宅，不奏事由直以可捜検，又自余疑所々可捜検者，	

			件事似事□［疑ヵ］，董宣朝臣者内大臣家司也，致光又在彼宅□也，内府多養兵云々，承仰退出，詣右府，即帰□仰権佐孝道朝臣及検非違使等，入夜廷尉等帰来云，捜検董定［宣］朝臣向故入道三位〈清延〉葬送所，但捜検彼宅，有八人者，〈弓・箭二腰，〉則捕得者，参内可令奏聞之由仰了，又捜検致光，無致光，隣保云，召使未来之前，七八人兵逃在［去ヵ］已了者，件所々佐以下皆悉馳向，事頗可驚，多是依京内不静所被行歟，京内及山々日々可捜検之由，仰官人等了，	
6	11	明法博士に伊周・隆家の罪名を勘申させる	左［右ヵ］大臣，大納言公季・中納言時中，参議安親・俊賢在陣，内大臣・中納言隆家罪名可勘申之由，頭中将出陣仰右大臣，満座傾嗟，	
7-1	4/24	除目を行い，内大臣伊周等を左遷し，配所に下すべき由を命じる	（中略，除目のことに係る）召左衛門権佐允亮朝臣，佐［仰］可追下権帥之由，允亮朝臣申請，左衛門府生西志［茜忠］宗・廷尉相共向彼家，以左衛門尉源為貞，為送大宰之使，又追出雲権守隆家之使右衛門尉藤原陳泰行［ママ］官符，及伊豆権守高階信順・淡路権守同道順等任符令候［作ヵ］也，（中略）允亮朝臣向権帥家，〈中宮御在所也，謂二条北宮，〉使等入自東門，〈無陣門也，〉経寝殿北就西対，〈帥住居也，〉仰勅語，而申重病由，忽難赴向配所之由，差忠宗令申，無許容，早載車可赴之由，重有仰事，（下略）	
7-2			参内，諸卿皆悉入，権帥伊周候中宮御所，不随使催之由，再三允亮朝臣以忠宗令奏聞，既無許容，只被仰可早追下之由，二条大路見物雑人及乗車者如堵，為見帥下向云々，	25日条
7-3			中宮与権帥相携不離給，仍不能追下之由，再三令奏之，京内上下挙首乱入后宮中，風［凡］見物濫吹無極，彼宮内之人悲泣連声，聴者拭涙，此間云々嗷々不能皇［追ヵ］記，	28日条
8-1	5/ 1	出雲権守隆家を中宮定子の御所で捕えるも，伊周は逃亡する	参内，出雲権守隆家今朝於中宮捕得，遣配所，令乗編代車，依称病也云々，但随身可騎之馬云々，見者如雲云々，権帥・出雲権守共候中宮御所，不可出云々，仍降宣旨，撤破夜大殿戸，仍不堪其責，隆家出来云々，権帥伊周逃隠，令宮司捜於御在所及所々，	

			已無其身者，	
8-2			今朝允亮朝臣以忠宗令申云，信順・明順・明理・方理等朝臣令召候之処，申云，左京進藤頼行権帥近習者也，以件頼行可令申在所者，即問其［由あるいは旨脱ヵ］，申云，権帥去晦日夜前，自中宮，道順朝臣相共向愛太子山，至頼行自山脚罷帰了，又其乗馬等放彼山辺者，佐［仰］云，随身頼行可尋跡退［追］求者，又令申云，所申若相違者可拷辞［訊］歟，佐［仰］云，可拷辞［訊］，允亮朝臣・右衛門尉備罪［倫範ヵ］・左衛門府生忠宗等馳向彼山，尋得馬鞍等之由云々，中宮権大夫扶義云，昨日后宮乗給扶義車，〈懸下簾，〉其後使官人等参上御所，捜検夜大殿及疑所々，放組入・板敷等，皆実検云々，奉為后無限之大恥也，又云，后昨日出家給云々，事頗似実者，信順等四人籠戸屋，以看督長令守護也，左衛門志為信為主守，	2日条
9	4	出家した伊周の身柄を検非違使が押さえる	参内，員外帥出家，帰本家云々，令案内之処，事已有実，尋求之使尚在西山，此間左衛門志為信聞此由，欲申事由之間，権帥乗車馳向離宮，為信差［着］藁履於涼［淳］和院辺退［逗］留，〈為信日来為守護信順・明順・明理・方［理脱］等，也［令］候中宮，依無乗物歩行云々，〉此間公家差左衛門権佐孝道・左衛門尉季雅・右衛門府生伊遠等，馳遣帥所，又初使左佐允高［亮］尋到，孝道朝臣令奏此由，即権帥令預允高［亮］，々々申云，西［茜］忠宗為尋権帥在愛太子山未帰参，以右衛門尉倫範申請副使，依請云々，允亮令申云，実検帥車，〈編代，〉帥已出家，車内有女法師，〈帥母氏云々，〉可副遣歟，佐［仰］云，不可許遣，件事等以外記致時転右大将［顕光］所令奏也，已孝道朝臣帰参，令奏帥申事等，依病者［去ヵ］朔日不罷下，兼免給女法師可持［将ヵ］下之由云々，余不聞件勅答退出，右大臣招余於鬼間良久談話，依有事次，不可被行縁坐事之由，一両度触申也，信順・明順・明理・方理等，自去朔日為申帥在所在廷尉乎，令禁於［出ヵ］入，而今日帥出来，仍被免出也，	
10	5	伊周を石作寺から離宮に移す	倫罪［範］云，権帥去夜宿石作寺，〈在長	

			岡,〉左衛門権佐允高［亮］・府生西［茜］忠宗，今朝送離宮，母氏不可相副之由宣旨下了，又云，朔日依宣旨，官人及宮司等破皇后夜御殿御扉，々太厚不能忽破，仍突破尸［戸］腋壁坂［板］令開扉，女人悲泣連声，皇后者奉載車，捜於夜御殿内，后母敢無隠忍，見者嘆悲，先是出雲権守隆家入領送使右衛門尉陣［陳］泰掌［家ヵ］云々，	
11	6	伊周の家司菅原董宣の郎等を宥免する	源元正・菅原宗忠・平常則・志太元貞，件四人紀伊前守董定［宣］郎等，而有可令申之事所召禁也，今日有右府命免之，件事前日右府所奏給也，雖休日以警固参入内，（下略）	
12	12	伊周を離宮から某寺に移し，検非違使，伊周を領送使に引き渡す	今朝允高［亮］朝臣・忠宗等来云，昨夕自山崎罷帰，昨日外帥自離宮着将寺，無陣相従，忠宗之［云］，母堂密々相従，允高［亮］朝臣等去十日外帥令請領送使為貞，即取請文，同十一日母堂密々来向，忠宗密々談説也，	
13-1	15	病気により，伊周を播磨に，隆家を但馬に留める	大外記致時朝臣云，為貞上帥依病不能発向之由云々，又云，一日陳奏［泰］言上出雲権守依病逗留丹後国之由，病癒了可送任所之由，被下宣旨了，	12日条
13-2			参内，右大将・式部大輔・左兵衛督・宰相中将参会，権帥伊周・出雲権守隆家依病不赴向配所之由，領送使言上云々，頭弁行成云，権帥者病間安置播磨国便所，出雲権守安置但馬国便所，各令諸国司，取其請文可帰参者，又信順朝臣申病由，兼又万死一生，此間暫不可催追，奉［至］道順朝臣早可追下者，頭談説也，	
13-3			送付権帥使左衛門尉為貞一日帰参云々，	6月9日条

五日後の表12―2は、隆家の従者が道長の随身を殺傷したという事件で、1の報復かと思われる。実資は、隆家が下手人を出さなければ綸旨によって参内をとどめるという道長の発言を、右衛門尉平倫範から知らされている。九月に入り、表12―3では隆家の家司民部丞俊遠と織部正著信が、左府生忠宗宅を襲撃している。忠宗は七月末の事件では、道長の指示で事発日記を作成しているから、これもその遺恨によるものかもしれない。『権記』によれば、十二月二十五日になって蔵人頭藤原行成は、上記の俊遠・著信と右府生紀光方（検非違使であることは確認できないが、忠宗方の人物か）に対して、検非違使への出頭を命じる宣旨を右衛門尉藤原輔公に下している。

明けて長徳二年正月十六日、伊周・隆家が従者に命じて花山法皇に矢を射かけるという事件が起きた。『栄花物語』巻四によれば、故藤原為光の二人の娘にそれぞれ伊周と花山法皇が通っていたのだが、同じ女性に通っていると誤解した伊周が隆家に相談し、法皇を威嚇するために起こしたものとされている。『日本紀略』同日条でも、「花山法皇密二行故太政大臣恒徳公家一」とあり、おそらくそのような背景があったのであろう。ただし、表12―4―1に掲げた『小右記』逸文や、それをもとにしたと推測される『百練抄』では、さらに隆家の従者と花山法皇に付き従っていた童子との間で闘乱があり、隆家方は童子の首をはねて持ち帰ったという、血なまぐさい内容が記されている。4―2の『小記目録』では隆家従僕の追捕の事が掲げられているので、隆家とその従者の行動は、伊周・隆家にとって決定的なダメージとなったと考えてよいだろう。

表12―5は、二〇日ほど後の二月五日に、伊周の家司である源致光・菅原董宣を捜索せよとの天皇の仰せが別当実資に下されたという記事である。その宅内に精兵を隠しているとの情報に基づく措置であり、五位以上の者の宅内（この場合菅原董宣を指しているか）でも、いちいち奏上して許可を得る必要がないという指示もあった。実資は右衛門権佐源孝道以下の検非違使に致光・董宣宅の捜索を命じ、検非違使は夜に入って実資邸に戻り、その結果を報告し

た。それによれば、董宣については本人は故入道三位源清延の葬送所に向かったとのことだが、その宅で武装した八名の者を捕えたこと、致光宅でも本人は不在で、また隣保の者の話では、検非違使が来る前に七、八人の者が逃亡したとのことだった。実資は董宣宅で捕えた者については、その旨を奏聞し、逃亡した致光やその従者については引き続き捜索するよう検非違使に命じている。

表12—6の罪名勘申については、『日本紀略』の同日条によれば、「内大臣幷中納言隆家卿家人与二花山院人一闘乱事」に関するものであるが、その後も、三月末の東三条院詮子の病気の際には、伊周らによる呪詛の噂が広がる（『小右記』三月二十八日条・『栄花物語』巻四）。さらに四月に入ってからは、伊周が天皇の命によってのみ修することのできる太元帥法を行わせているとの法琳寺からの奏上があり（『日本紀略』四月一日条）、伊周・隆家の失脚はもはや動かしがたいものとなっていった。

そしてついに四月二十四日、除目が行われて伊周は大宰権帥、隆家は出雲権守に左遷され、伊周の外戚にあたる高階信順・同道順等についても左降の人事が行われた。これ以後、実資の任務は、検非違使を指揮して伊周・隆家らの身柄を押さえ、左遷先に彼らを護送する領送使に引き渡すことが中心となる。左遷が決まった当日、実資は左衛門権佐惟宗允亮を召して、伊周を配所に下すべき由を命じ、允亮は府生忠宗らをともない、伊周宅（二条北宮、中宮定子の御在所）に向かった。允亮は出頭を命じる勅語を仰せたが、伊周は重病で動けない由を申したので、忠宗を遣してその由を奏上させた。しかし許容されず、早く車に載せて出発するよう、重ねて仰せ事があった（表12—7—1）。翌二十五日、さらに二十八日になっても、伊周と中宮定子は互いに離れず事態は膠着する（表12—7—2・3）。

五月一日にいたり、検非違使は宣旨を得て中宮御在所の戸を破って突入するという強硬手段に出て、ようやく隆家を捕えたが、伊周はそれ以前に逃亡したらしく、見つけることができなかった（表12—8—1）。翌日、忠宗を通じて允亮が報告してきたことによれば、高階信順らが拘束されている場所に赴き、伊周の行方を尋ねたところ、伊周近習の藤原頼行が四月二十九日夜に中宮御所から伊周・道順を案内して「愛太子山」（現京都市右京区の愛宕山、白雲寺など五箇寺があった）に向かい、頼行は山麓で彼らと別れて帰ってきたとのことだった。そこで允亮・忠宗らは愛宕山に向かったが、馬や鞍は見つかったものの、伊周本人は発見できなかった（表12―8―2）。

五月四日、伊周が出家して二条北宮に戻っているとの噂が立った。愛宕山周辺を捜索していた允亮らはまだ戻っていなかったが、二条北宮で高階信順らを監視していた左衛門少志錦為信が、伊周は山崎離宮に向かっているとの情報を得て、捜索に向かい、淳和院のあたりで伊周に追いついた。これとは別に、「公家」が左衛門権佐源孝道らを伊周のもとに遣わし、また当初から伊周を捜索していた允亮も合流したので、孝道はその由を奏上して伊周の身柄を允亮に預けた。允亮は、伊周の乗った車を調べ、たしかに出家していること、車内に出家した伊周の母が同乗していることを報告し、母を同道させてよいかどうかを実資に尋ねた。実資は外記中原致時を通じて、右大将顕光に連絡して奏上してもらったところ、母の同道は許可しないということだったので、その旨を允亮に仰せた。また、これとは別に、孝道が内裏に帰ってきて、伊周の申す旨（病気で下向できないこと、母の尼を帯同したいことなど）を奏上させたが、実資は勅答を聞かずに退出している（以上、表12―9）。

翌日、右衛門尉平倫範が、伊周は昨晩長岡の石作寺に宿したこと、允亮・忠宗が今朝山崎離宮まで送っていき、母を帯同してはならない旨の宣旨を下したことを報告し（表12―10）、十二日になって、允亮・忠宗が実資の許を訪れ、一昨日（十日）に允亮が領送使源為貞に伊周の身柄を引き渡し、請文をとったこと、昨日のうちに伊周を離宮から某寺に移したうえで京に戻ってきたことなどを報告した（表12―12）。結局、伊周と隆家は、ともに病気により配所に向かえないことを申し立てて、伊周は播磨に、隆家は但馬に留められ（表12―13）、左遷が決まってから二〇日以上を経て、事態は一応の決着をみた。

以上、伊周・隆家の失脚にいたる経過のなかでの、別当実資と検非違使の活動についてみてきた。ここで、その特徴をいくつか指摘しておきたい。まず、道長・隆家の従者間で闘乱があった長徳元年段階と、花山法皇の事件が起きた翌二年正月以後では、職務の対象となる案件の内容に大きな違いがみられる。前者は、この時期によくみられる有力貴族間の対立を背景とした従者どうしの争いであり、後者は左遷が決まった貴族の身柄の確保が中心となっている。

それと同時に、長徳元年段階と二年に入ってからでは、職務に従事する検非違使の陣容にも相違が存在する。長徳元年段階では、別当実資の指示を仰ぎながら働いているのは、尉以下、とくに志・府生といった官人であるのに対して、長徳二年に入ると、実資の指示を直接うけているのは、ほとんどの場合、佐、とくに伊周・隆家の身柄確保については、権佐惟宗允亮だった。ただし、この違いは前述の職務内容の違いに対応するというよりは、捜索や追捕の対象の違いによるものと思われる。すなわち、捜索や追捕の対象に五位以上の者が含まれている場合には、自身五位である佐が陣頭に立ってことにあたるという原則が想定できるのである。表12—5では、致光・董宣宅の捜索を天皇から命じられ、同時に「雖レ云二五位以上宅一、不レ奏二事由一直以可二捜検一」という指示が下されているが、実資はそれをうけて惟宗允亮に捜索を命じており、7—1でも、実資はとくに允亮を召して、伊周を配所に下すように仰せているから、実資は五位以上の者が捜索・追捕の対象となる場合は、意識的に佐にそれを命じているとみてよいだろう。

もう一つ指摘したいのは、検非違使の活動が、別当の命のみによって行われているわけではない点である。このうち、公卿などの諸家の指示で検非違使が活動するという事例は、表12—1にみられる。この史料については、すでに告井幸男氏が検討を加えており、検非違使官人は別当を経ずに、隆家や道長の命令に従って行動している、すなわち事件当事者の公卿が個々に使官人をつかっているとされ、このような事例は数多く見いだせると指摘している。[15]

また天皇との関係においても、検非違使官人は別当を介さず活動する場合があった。3―5では、九月に乱行を働いた隆家の家司らを検非違使庁に召すことを、蔵人頭藤原行成は右衛門尉藤原輔公に命じている。また9では、出家した伊周の身柄を押さえるため、以前から別当実資の命で捜索にあたっていた允亮らとは別に、「公家」が右衛門権佐源孝道らを遣しており、孝道はその復命も、実資を介さずに行っている。そのため、実資は「余不レ聞二件勅答一退出」と記しているのである。

佐藤全敏氏は、使庁官人に天皇の「仰せ」（宣旨）がどのように伝達されるかを、おもに『西宮記』を用いて復元している(16)。それによれば、天皇から蔵人・内侍を経て、上卿（納言別当・参議別当・別当にあらざる上卿、いずれをも含む）に下されるルートのほかに、上卿を経ないで内侍宣が使庁官人に直接下される場合もあった。上記の事例は、まさに後者のケースに該当するものであり、別当のみならず検非違使官人すべてが天皇に直属する存在だったことを示している。

三　別当実資と検非違使庁の政務

この節では、伊周・隆家をめぐる事件以外の史料にも目を向けながら、この当時の別当と使庁官人との関係、検非違使庁の政務のありかたについて検討していきたい。表13は、伊周・隆家事件以外の検非違使関係の記事を掲げたものであるが、具体的な検討に入る前に、前田禎彦氏の研究(17)によって、この時期における検非違使の政務の概要を確認しておく。

前田氏によれば、検非違使の日常的な政務は、左衛門府の検非違使庁と別当の私邸との双方で行われていた。前者は九世紀末以後、整備が進められた「政」と呼ばれるもので、佐以下府生以上の各官人の参加の下に、原則として毎日開催された。一方後者は、十世紀後半以後「政」が次第に衰えていくなかで拡充されたもので、尉以下の官人が別当の私邸内に設けられた庁座あるいは門前に参上して行われた。また、「政」が検非違使官人全体の総意が形成される場であるのに対して、別当私邸での政務は、別当と個々の使官人との間で処理されるという特徴を持つ。なお、実資が別当をつとめた時期については、十一世紀初頭まで「政」がある程度有効に機能しており、別当家での政務を過大に評価することはできないとしている。

以上のような理解を念頭に置きつつ、表13をみていくが、ここではおもに、比較的数多くの事例を見いだせる獄囚あるいは未断囚の釈放に関する記事をとりあげることとする。

囚人の釈放に関する記事としては、21〜25・28・29などがある。このうち23については、冒頭に「昨日政申」とあって、検非違使庁における「政」の報告であることは明らかである。「右志善理」以下の部分は読み方が難しいが、一応「右志善理弁ず。免者は日置安富。左獄に候ふ置始致信も原免す。官人等、度々勘問するも無罪の由を申す」と読んで、「政」の結果を報告したのが朝原善理で、日置安富と置始致信の二人を放免したことが報告の内容だと解しておく。一方22・28・29は、いずれも別当実資が府生（22の「共兼」は「（飛鳥部）好兼」の誤りか）に原免を仰せているから、別当私邸での政務の一端が記述されていると考えられる。なお28（実資が指示したかどうか確認できない25も同様）は、いわゆる「見決」という処分で、おもに禁制に違反した者を対象として、獄に収監せず、笞・杖の刑罰を執行してその場で釈放するというものである(18)。

これらに対して、21・24はやや複雑である。21は東三条院詮子の病気による大赦関連の記事で、天皇から蔵人頭行成を通じて、「未断囚勘文」を奏聞せよとの仰せがあり、実資は府生飛鳥部好兼にこれを用意させて奏聞したところ、

表13　実資別当在職時の検非違使関係史料（伊周・隆家関連以外）

	年月日	事件の概要	史料	備考
14	1/ 5/15	左近馬場のあたりで刃傷事件あり	左近馬場辺有刃傷輩事,	小記目録
15	6/ 1	盗人，左衛門府の倉より種々の物を盗む	盗人，打破左衛門尉［府ヵ］倉鏁，取種々物事,	小記目録
16	7/24	右衛門佐高階信順，昨日の強盗のことについて実資に報告する	右佐信順朝臣来，相示昨日強盗事等，昨日強盗一人藤時教，故伊勢守泰［奉ヵ］高朝臣子，季平三位外族，太可哀憐,	
17	10/ 6	出雲国の殺人事件に関する解を実資に下す	依召参右大臣御宿所，可奏文給之，若狭・越前・出雲等国解文，其下［旨ヵ］見目録，但出雲国解文依有仰，召右衛門督於弓場殿下給之，彼国言上云々，熊野・杵築両神致斎廃務之間，不能糺定犯人等之事，仍捕件犯人九人，付掾ム丸等進上者，仍可令検非違使勘糺之由被仰也，別当令申云，件人等於何処可尋乎，此由可申右府者，即申事由於右大臣，被仰云，東柱辺者，早可遣使召尋者，即亦以此旨申右衛門督,	権記
18	18	右衛門尉忠致［検非違使に非ざるか］，摂津国で殺害される	右衛門尉忠致於摂津国被殺害事,	小記目録
19-1	24	天皇，勧学院領尾張国玉江荘司殺害の犯人逮捕について，実資に指示を下し，また先日三河国司布瑠以孝宅に入った強盗追捕についての実資の奏聞を裁可する	仰云，欲下給勧学院所領尾張国玉江庄司被殺害日記，遣召右衛門督藤原朝臣者，遣召，即参入，仍奏事由，下給日記，仰云，且捜伺京辺令追捕，若不得追捕者，可令給官符於国者，即伝仰之処，令奏云，如仰令捜求，不能捕得，重奏事由，可給官符，又先日入三河国司宅強盗類人，於大和国捕得，依有指申，遣府生飛鳥［部脱］良兼於近江国已了，供給宣旨，行幸［10月21日石清水行幸］経営之比，無由奏聞，奉仰欲令給者，即奏聞，依請者，可給尾張国官符事，又可随申云々,	権記
19-2			於陣掖相謁右金吾，令奏云，昨日下給日記中，犯人平季満，令尋問之処，中宮侍長者，即令使等尋其家披［捜ヵ］検，已無其［身脱ヵ］，仍使等参来，申不捕獲其身，亦仰刀禰令守護其宅者，又令追捕之間，遂不得其身者，奏事由之後，可給官符彼［於ヵ］尾張国由也，即奏之，仰云，依請,	権記 25日条
20	11/16	盗人，後涼殿に入り，女房	盗人入後涼殿，剝取女房衣裳事,	

		装を剝ぎ取る		
21	2/ 3/28	東三条院の病気により大赦（常赦）を行う	自内有召，即参入，蔵人頭行成仰云，東三条院御悩不軽，可行赦令，犯八虐・強窃二盗・私鋳銭・常赦所不免者，非赦除限者，召外記致時朝臣，召見年々詔書，召遣内記・中務輔，又仰云可令進未断囚勘文者仰府生好兼［飛鳥部］，大内記斉名参来，仰詔書趣，入夜葦［草ヵ］了進之，見了奉右府［道長］，帰来之後，進御所奏聞，返給，令清書又奏，御画日了返給，後着仗座，召中務省〈輔遠高,〉給之，未断囚勘文令奏聞，仰云，軽犯者殊不見，相定可免給者，撰奏者僧一人・俗一人・女二人，相定奏聞，即有勅許，指点下給好兼，須詔書施行之後原免，而御悩不軽，又有前例，忽以原免，以披［権］佐孝道朝臣令書下宣旨，子一剋退出，	
22	4/28	大春日正近を放免し，治部丞雀部望秀の傷害事件の調査を府生伊遠に命じる	候禁大春日正近給仮，〈仰共兼,〉治部丞雀部望秀為従者被刃傷，仍遣伊遠［美努，右衛門府生］，	
23	5/12	着鈦政（検非違使庁の政）	昨日政申，右志善理弁［并］免者日置安富候左獄，置始致信原免，官人等申度々勘問無罪之由，	
24-1	6/ 7	検非違使に左右獄囚の実検を命じ，出雲犯人・伊周随身などその一部を赦免する	右権佐孝道朝臣以下使官人等殊仰事由，遣左右獄，令実検囚人，帰来云，左右囚十二人已窮了，命在旦暮者，仍右［左ヵ］坂上莫女・王正行・品治光信・賀茂為光，右淀春永・紀福真，以正［上］六人給仮，今衆［六ヵ］人出雲国犯人難可自由，奏事由可左右也，	
24-2			次参内，参上殿上，以頭弁令奏出雲犯人飢餓不可養由，殊有天恩可被給仮之由，有令相加奏，仰云，令奏之旨慥聞食了，但出雲犯人等殊可給仮者，〈出雲為義・勝部久道・佐伯惟時・内蔵正興・伊福部守光・勝部延道,〉又依宣旨免権帥随身伴秀吉，令奏出雲犯人事之次，所被加仰也，仰左府生忠宗，々々帰来云，出雲犯人免給了，伏他［地ヵ］流涙不能敢言者，今朝以忠信令賜飯粥於出雲犯人，	8日条
25	10	博徒を決罪し放免する	小野常高・秦安高犯博戯者也，昨日決罪免給，	

26	13	東獄門前に獄囚のために井戸を掘る	東獄門前〈東門,〉令堀［掘］井，夫食自家宛給，年来囚徒難飲水，仍仮令堀［掘］，渇死囚衆，実可哀憐，	
27	14	右大将顕光の広幡家を群盗が襲撃する	右大将広幡家去夜群盗入来，捜取内成朝臣曹司雑物，以鉾突損内成朝臣子法師，大将厩馬中矢，将軍日来在他所云々，内成朝臣在将軍旅所者，件事今日朝自将軍御許以志義理・府生好兼有御消息，盗失［矢ヵ］等持来可尋捕之由厳有仰下也，群盗入上卿家，足驚奇，彼内成朝臣人々伝談云，内成々［之ヵ］仇讎所為也者，事頗荒涼，放免平群延政丸日来禁固，已無指事，今朝原免，十个日内令仰可注申入将軍家之盗由也，	
28	17	博徒を決罪し放免する	清原正国犯博戯者也，決罪給仮，〈仰忠宗,〉	
29	25	獄囚を放免する．実資，右衛門府生美努伊遠を知家事とする	在左獄女免給，仰忠宗，（中略）童一人給仮，仰伊遠，右衛門府生伊遠為知家事，	

天皇は軽犯の者が見当たらないので、実資に赦免する者を選んで奏上せよと命じた。実資は四人を選んで奏聞し、勅許が得られたので、勘文に合点を打ち、好兼に下したというものである。ただし、ここまでは大赦という特別の状況のなかで、とくに天皇が軽犯者の赦免を別当に命じたのであるが、それ以外の手続は、別当私邸に府生などの官人が参上して行うものと、基本的には同じと考えてよいだろう。しかし末尾の部分で、本来なら大赦の詔書が発せられた後に原免すべきだが、東三条院の容態が悪く、また前例もあるので、詔書発布を待たずに直ちに赦免せよとの実資の命を、権佐源孝道に書き下させている点が注目される。

24では、実資が権佐孝道以下の検非違使官人に左右獄の囚人の状況を実検させている。官人たちは十二人の獄囚が困窮していることを報告したため、実資はそのうちの六人の釈放を命じ、のこりの六人は出雲国の殺人犯（17参照）だったため、翌日頭弁行成を通じて事情を奏上し、天皇の許可を得ている。なお、このとき天皇からは伊周の随身も釈放するよう仰せがあり、そこで実資は、府生忠宗に彼らの釈放を命じたという記事である。

出雲国の犯人について実資が奏上したのは、彼らが重罪を犯したからであると考えてよいだろうが、釈放の手続そのものは、別当実資が府生に命じており、やはり別当私邸での政務と同様である。しかし七日条冒頭の、別当が佐以下の使官人に獄囚の実検を命じるという手続については、通常の釈放の手続と異なっている。

すなわち21・24では、いずれも囚人の釈放に関して、別当から佐へと指示が下されていることの意味を問う必要があると思われるのである。佐藤全敏氏によれば、天皇に直属する検非違使別当は、彼自身検非違使ではなく、同じく天皇に直属する検非違使を統轄するために置かれた一個の独立した官職であった[19]。とはいえ、別当がその統轄下にある検非違使の佐に職務上の指示を下すのは、当然といえば当然である。前節でも、伊周・隆家の身柄の確保については、おそらく彼らが五位以上であったという理由で、実資はもっぱら佐の惟宗允亮に指示している。しかし一方で、当時の検非違使の日常的な政務では、検非違使庁における「政」、別当私邸での政務、いずれの場合でも、別当から佐へという下命のルート（その逆の佐から別当への上申も含めて）は通常は存在しないのである。

それでは、21・24で、別当実資はなぜ佐に命を下しているのだろうか。このうち24では、獄囚の実検を佐だけに命じたのではなく、佐以下使官人全体に命じている点に注意する必要がある。言い換えれば、別当実資は、直接的には佐に仰せているとしても、実際には使庁官人全体に獄囚の実検を命じているのである。

一方21で、実資が佐源孝道に書き下させているのは、『朝野群載』巻第十一、廷尉に「赦免宣旨」として掲げられているものに相当すると思われる[20]。『朝野群載』に掲げられた「赦免宣旨」三通は、十一世紀後半から十二世紀初頭にかけてのもので、いずれも大赦を命じる詔書を施行する太政官符が出される前に赦免を行うよう命じるという内容である。宣者は別当にあらざる上卿が二例、別当が一例で、奉者はいずれも佐となっている。この「赦免宣旨」については、早川庄八氏が検討を加えており[21]、氏によれば、「赦免宣旨」のもっとも古い実例は、鎌倉時代前半の成立とされる『廷尉故実』（続群書類従公事部所収）に引用された長保四年（一〇〇二）九月八日付の文書とのことで、宣者は左大臣道長、奉者は佐の惟宗允亮である。なお早川氏は、この「赦免宣旨」を別当の宣ではなく、上卿の宣を検非違使が奉ずる宣旨に分類しており、実際上記の事例では、別当にあらざる上卿が宣者となっている場合のほうが多い。また21でも、記事の前半部分からわかるように、実資は大赦の詔書作成の上卿でもあったから、別当から佐への下命とは必ずしも断定できない。しかしいずれにしても、「赦免宣旨」は『廷尉故実』に「奉レ赦官人〈或佐、或尉、〉任二詔書一〈大内記書之、〉書二宣旨之趣一、廻二覧佐以下一」とあるように、詔書施行以前の赦免を検非違使官人全体に周知させるという機能を持つものであった。

要するに21・24で実資が下命しているのは、佐という地位にある人物個人に対してではなく、検非違使官人あるいは検非違使庁全体に対してであると考えられる。佐は、検非違使官人中、もっとも高い地位にあり、検非違使庁全体の政務である「政」を主宰する存在だったから、そのような意味でも、佐は別当に対して使庁全体を代表するという立場でのぞむ場合があったのである。(22)

おわりに

本稿では、十世紀末に検非違使別当をつとめた藤原実資の日記『小右記』から、別当としての実資の活動や、当時の検非違使庁の政務のありかたについて若干の検討を試みた。この時期の『小右記』が略本であることもあり、断片的な史料が多く、別当や使官人の活動の全体像をつかむところまではとてもいかなかったが、道長と伊周・隆家の対立から後者の失脚にいたる経緯のなかで、実資が別当として果たした役割については、ある程度明らかになったと思う。

また筆者が近年関心を持っている、各官司における政務運営のありかたという点からみれば、検非違使の佐の役割に関して、いくつかの興味深い史料を見いだすことができた。もちろん、検非違使全体のなかでの佐の位置づけや、別当との関係については、この時期の検非違使関係の史料を博捜しなければならず、本稿では中途半端な指摘にとどまっているが、これらの『小右記』の記事を糸口に、今後の検討課題としたい。

註

（1）小川清太郎『検非違使の研究・庁例の研究』（初出一九三七〜三九年、名著普及会から一九八八年復刊）。

（2）註（1）前掲書巻末に付載された森田悌編「検非違使文献目録」に、それまでの研究が列挙されている。本稿で参照した個々の研究については、その都度注記する。

（3）前田禎彦「摂関期裁判制度の形成過程」（『日本史研究』三三九、一九九〇年）・「検非違使庁の〈政〉―その内容と沿革―」（『富山国際大学紀要』七、一九九七年）・「摂関期の闘乱・濫行事件―平安京の秩序構造―」（『日本史研究』四三三、一九九八年）・「検非違使別当と使庁」（『史林』八二―一、一九九九年）・「平安時代の法と秩序―検非違使庁の役割と意義―」（『日本史研究』四五二、二〇〇〇年）・「検非違使庁における〈見決〉の性格と役割」（『律令国家史論集』塙書房、二〇一〇年）。

（4）佐藤全敏「検非違使別当の特質」（初出一九九六年、『平安時代の天皇と官僚制』〈東京大学出版会、二〇〇八年〉所収）。

（5）東京大学史料編纂所『大日本古記録　小右記』一一付載の「解題」（岩波書店、一九八六年）参照。同書によれば、実資の養子資平による写本から転写されたAB二系統の写本のうち、前田本長徳元年記と伏見宮本長徳二年記はいずれも相対的に質の劣るB系統に属している。

（6）永久二年における『中右記』の記主別当藤原宗忠や使庁の活動については、戸田芳実『中右記―躍動する院政時代の群像―』（そしえて、一九七九年）参照。

（7）『公卿補任』正暦六年（長徳元年）条。

(8)　渡辺直彦「検非違使別当について」(『日本古代官位制度の基礎的研究　増訂版』吉川弘文館、一九七八年)。
(9)　『公卿補任』正暦六年(長徳元年)・長徳二年条。
(10)　渡辺直彦氏註(8)前掲論文。
(11)　佐藤全敏氏註(4)前掲論文。
(12)　5の藤原朝成は、参議から権中納言に転じたのを契機に辞職している。別当たる資格を喪失したわけではなく、実資をはじめ在職し続ける場合のほうが多いのだが、一応大納言転任に準じるものと考えられる。
(13)　以下、『小右記』からの引用は、単に年月日のみを記すにとどめる。
(14)　『朝野群載』巻第十一、廷尉(新訂増補国史大系二五七~二五八頁)。
(15)　告井幸男「法権の分立と分有」(初出一九九九年、原題「摂関期の騒擾事件と権門・検非違使」、『摂関期貴族社会の研究』〈塙書房、二〇〇五年〉所収)。
(16)　佐藤全敏氏註(4)前掲論文。
(17)　前田禎彦「検非違使庁の〈政〉」・「検非違使別当と使庁」(ともに註(3)前掲)。
(18)　前田禎彦「平安時代の法と秩序」・「検非違使庁における〈見決〉の性格と役割」(ともに註(3)前掲)。
(19)　佐藤全敏氏註(4)前掲論文。
(20)　『朝野群載』巻第十一、廷尉(新訂増補国史大系二七七~二七八頁)。
(21)　早川庄八『宣旨試論』(岩波書店、一九九〇年)第四章第二節。
(22)　なお表13で、ほかに別当と佐との関係を示す記事としては16がある。右衛門佐高階信順が、昨日の強盗について実資に報告してきたというもので、前後に関連記事がないので詳細は不明である。強盗の一人である藤原時教という人物もほかに所見がないが、父は五位以上、外戚に三位の人物がいるということから、あるいは捜索の対象に五位以上の家が含まれていたため、佐の信順が担当したのかもしれない。

補註
(補1)　初発表時には、「その後は皇親が、九・十世紀の交からは藤原北家で占められるようになる」としていたが、正確を期するため、本文のように改めた。

（補2）なお、検非違使を望む自解申文については、本書第一部第一章（補4）で検討を加えているので参照されたい。

補記

本稿は鈴木靖民先生の古稀をお祝いして編まれた『日本古代の王権と東アジア』（吉川弘文館、二〇一二年三月）に発表したものである。本書第二部第三章で四等官制を持つ近衛府について検討したのに対して、本稿では別当制をとる検非違使を対象としたという形にはなっているが、実態としては、執筆に取りかかろうという時に、たまたま勤務先の大学院の授業で『小右記』の長徳年間（九九五～九九九）を読んでいたという事情によっている。そのため、『日本古代の王権と東アジア』という書名には、ややそぐわない内容となってしまったが、この点、鈴木先生にはご寛恕を乞うしかない。

とはいえ、検非違使については前田禎彦氏の、別当制については佐藤全敏氏のすぐれた研究成果に拠りつつ、『小右記』からどのようなことがわかるのかを抽出していったことは、筆者の近年の問題関心にとって、有意義な経験だった。今後の課題としては、戸田芳実氏が明らかにされた院政期の検非違使の活動（本章註（6）参照）と比較し、別当と佐、別当と尉以下との関係がどのようになっていくのかという点などを検討していければと考えている。

第三部　地方官司と政務

第一章　摂関期における国司交替制度の一側面

――前司卒去の場合――

はじめに

摂関期の国家による地方支配のありかたを明らかにしていくうえで、国司制度に関する研究がもっとも重要な検討課題の一つであることはいうまでもない。なかんずく、国司の交替とこれをめぐる諸問題のなかには、当時の国司制度全体の矛盾が集中的に示されているので、この問題についての研究は、比較的近年に限っても、福井俊彦氏の交替式に関する総合的な研究(1)をはじめ、勘解由使による交替の監察(2)、公文勘会(3)、受領功過定(4)等の各分野についての個別的研究もすでに相当の蓄積がなされている。しかし国司交替制度の全貌はいまだ充分に明らかになったとは言い難く、現段階では国司交替の具体的な手続や、その過程で作成される公文の内容・性格を一つ一つ明らかにしていく作業が必要だと思われる。

本稿ではこのような作業の一つとして、検交替使の派遣と検交替使帳の作成、およびその変型である令任用分付実録帳の作成をとりあげたい。これらはいずれも前司の卒去、ないしはそれに准じる状況が生じた場合に行われるものであり、国司交替の方法としてはやや特殊なものである。しかし、例えば『政事要略』所引「勘解由使勘判抄」においては、前司卒去に関わる勘判例が全体の二割強を占めているのである(5)。もちろんこの数字自体にさして意味はないが、右の史料中に前司卒去の場合に関わるものがかなり多いのは、国司交替上のさまざまな問題が、前司卒去時にとくにあらわれやすいからだと考えることはできよう。したがって前司卒去の際の交替手続を検討していくことは、国司交替制度全体に潜む矛盾なり問題点なりを明らかにしていくためにも、一定の意義を持つものと考える。

ところでこの問題に関しては、すでに菊地礼子氏(6)・吉岡眞之氏(7)・福井俊彦氏(8)の研究があり、本稿でも右の諸氏の論考に学んだところがきわめて多い。しかしこれらはいずれも摂関期における前司卒去の際の交替手続全体に関わるものではないので、本来なら最初に各氏の論考の大要を紹介すべきであるが、ここでは省略にしたがい、以下の行論中で必要に応じて紹介・検討することとしたい。

一　国司交替制度の概要と前司卒去の場合の手続

最初に、受領功過定にいたるまでの国司（受領）の交替手続とその特徴について概観しておきたい。図8は『延喜交替式』『延喜式』『西宮記』等によって、前後司間の分付受領から功過定までの過程を示したものである。これらは互いに異なる史料を組み合わせたものであり、不確実な点や誤りも少なくないと思われるが、十世紀の様相を大雑把にみていくうえではほぼ問題ないと考えられる。(補1)

これによれば、功過定にいたるまでの過程は大きく二つの流れに分けることができる。その一つは前後司間の分付受領に始まり、後司から前司への解由発給とその弁官への提出（いわゆる「放還」）で一段落する流れで、これはいわば留国官物に関わるものである。もう一つは主計・主税両寮等との公文勘会から功過定にいたる流れで、これらはおもに中央への貢納物に関わる。したがって、不与状の記載事項である留国官物については、「放還」の時点で決着が

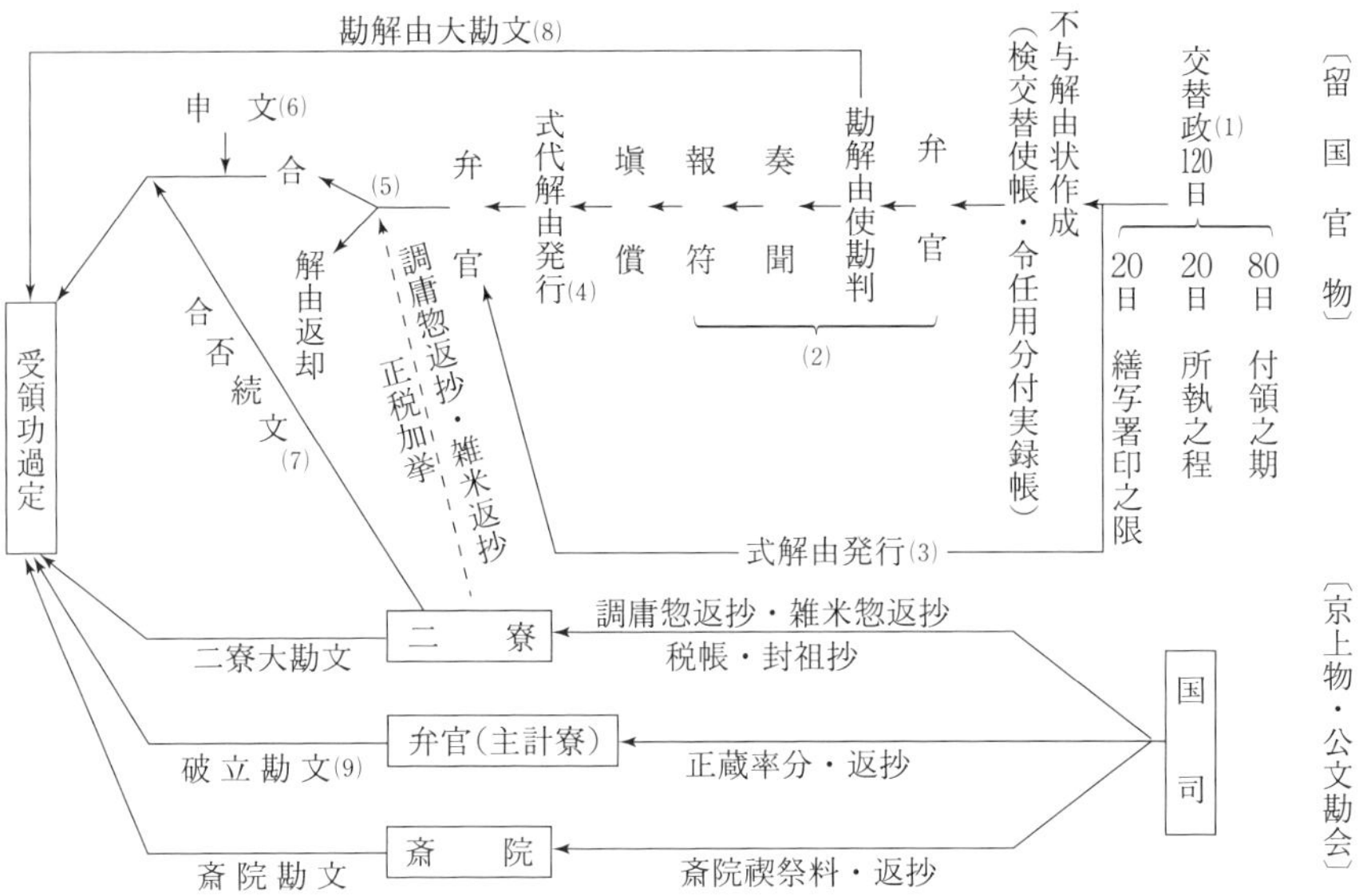

(1)延喜交替式10・12・13条　(2)延喜勘解由使式状帳条　(3)(4)朝野群載巻26　式解由・式代解由・己分解由　(5)延喜交替式86・96・131条　(6)朝野群載巻28　功過申文　(7)同前　主計寮合否続文　(8)政事要略巻28　天慶8年正月6日宣旨　(9)侍中群要第6奏報事・朝野群載巻28　主計寮率分数之勘文・功過時率分所勘文

図8　交替～功過定の過程概要

ついているはずであり、元来この二つの流れは別個のものであった。ところが天慶八年（九四五）正月六日宣旨（『朝野群載』巻第二十八）で、留国官物についての勘解由使大勘文が功過定の資料として用いられるようになり、二つの流れは功過定へと収斂されることになった。その意義についてはいろいろ評価があり[9]、本稿でも後に考えることにするが、いずれにしても右の宣旨は、国司交替制度全体の変化を示すものと位置づけることができよう。

右のような国司交替の手続は、前司が卒去した場合どうなるのであろうか。前司が死んでしまえば彼を対象とする功過定は行い得ないから、ここでは第二の流れについてはさしあたって考えなくてもよい[10]。そこで第一の流れについてみていくと、通常の場合の不与状作成のところが検交替使派遣による検交替使帳の作成、あるいは令任用分付実録帳の作成に代わるが、それ以外は基本的には通常の場合と同じであったと考えられる[11]。前司が卒去しても検交替使帳等に基づいて勘解由使の勘判が行われたことは、前述の「勘解由使勘判抄」中の事例から明らかであるし、菊地礼子氏が述べられたように、(12)『延喜交替式』第三十九条の「凡薨卒、五位以上、不レ責二解由一」という規定によって、卒去した国司も五位以上を除くと解由拘放の対象となっているからである。ただし、官物の欠失に対する塡償の責任が生じた場合については問題がのこる。もちろん右の交替式の規定のように、解由を拘ぜられる以上は卒去した前司に塡償の責任があると捉えられていたことになり、「勘解由使勘判抄」にも一例のみであるが、卒去した前司に神社の修塡を命じたものが存する。(13)しかし当の本人は死んでいるのだから、具体的にはどのような形で塡償するのかは不明であり、交替式にもこれに関わる明確な規定は存在しない。『春記』長暦三年（一〇三九）十月十五日条には、十月七日に卒去した三河守源経相（記主藤原資房の妻の父）が弁済すべき女房夏等第絹について、

一日蔵人章祐為二御使一参レ殿、令レ申云、女房夏等第絹三河国可二弁済一也、而無二其弁一、国守卒去、至二于今一者可レ責二後家一歟如何、殿下令レ申給云、後家妻也、専不レ可レ有二其責一也、其子共二人候云々、盗二取多絹一者也、早付レ使不〔マヽ〕レ可二責取一者也、

という議論を載せている。このうち「殿下」＝関白藤原頼通の意見に関して服藤早苗氏は、その背景に京上物の未納分等は通常国司本人の遺財から出すべきであるという考えが存在したとされている。(14)このケースは本稿で問題としている留国官物ではなく、京上物の未納に関するものであり、しかもその絹が盗取され、親族のもとに存在していると頼通が認定したうえでの議論であるから、どこまで一般化できるかは疑問だが、少なくとも卒去した前司の未納を、具体的にはその遺族に負担させようとしたものであることはたしかである。しかし一方では、すでに増渕徹氏も指摘されたように、(15)『政事要略』巻五十九に次のような問答がある。

問、名例律云、以レ贓入レ罪、正贓見在者、還二官主一、已費用者、死及配流勿レ徴者、於二彼身死之輩一、不レ徴二費用

贓一、今此格制其情如何、又若犯人身死就二誰人一令レ弁哉、
答、依レ律雖レ可レ免、任レ格猶可レ徴、方今犯用之人存生之日、余官同坐、贓物共塡、況乎費用之輩死亡之時、傍吏塡納、理以無レ疑、

これは官物犯用の場合の措置を定めた延暦四年（七八五）七月二十四日官符（『貞観交替式』第七条、『延喜交替式』第七十九条に継承）に関するものであるが、ここでは「傍吏」、すなわち受領卒去の場合にはその同任任用に塡納の責任を負わせている。(16) このように前司卒去の場合の塡償方法には不明確な部分が多く、結局はうやむやになってしまう可能性が高かったのではなかろうか。そうなると、後司が自分の任中の欠失等を卒去した前司になすりつけ、自らの責任を逃れようとする余地も生まれてくるわけであり、かかる事態を防ぐための措置が検交替使の派遣だったということになる。

そこで次に検交替使について、おもに吉岡眞之氏の論考(17)に拠りながら検討する。検交替使の派遣を明確に規定した法制史料は現存しないが、その基本的性格をみていくうえでは、次の『別聚符宣抄』所収天暦七年（九五三）六月十三日宣旨が参考となる。(18)

左大弁大江朝臣朝綱伝宣、左大臣宣、奉レ勅、前司卒□[去]之国、待二後司之申請一、有レ遣二検交替使一、而申請之間、早晩任レ意、所レ請只在二前司同任一、空延二年月一、如レ忘二朝憲一、官物依レ其暗減、公損為レ之自成、論二之政途一、理不レ可レ然、宜乙准下申二不動倉鉤匙一之例上、拝除之後、在京之日、令甲言三上定二遣詔使一、自レ今以後、立為二恒例一者、

天暦七年六月十三日　大史阿蘇宿禰広遠奉

この宣旨は同年六月二日の諸卿の定に基づいて出されたものであり、(19)これによって検交替使とは、前司（受領）が卒去した場合、(20)後司の申請により現地に派遣される使であったことがわかる。右の宣旨では検交替使の派遣を早め、

交替手続を迅速に行うために、その申請を後司任命後、赴任前に行うよう定めたわけである。検交替使任命の手続は、『西宮記』巻七、定交替使事（西二―二二頁）によれば申文を提出した何人かの候補者のなかから大臣が選び定めることとなっていた。[21]任命された検交替使は現地に赴き、卒去した前司と同任の任用国司との間で検交替使帳の作成を含む「交替政」を行うが、検交替使帳については次節で述べることにする。「交替政」が終わると、『西宮記』巻七、申交替使返事（西二―一九頁）や記録類にみえるように、検交替使は「返事」すなわち帰朝報告を行う。ここで検交替使帳が弁官に提出されたか否かははっきりとしないが、不与状が前司に付される点からすると、検交替使帳の場合には前司がいないのであるから、一応は検交替使が持ち帰ったものと考えておきたい。検交替使の構成は、吉岡氏も指摘されたように使・主典各一人からなっており、これは右に述べた『西宮記』や諸史料中にみられる実例からも一定していたようである。それでは実際に検交替使に任命されたのはどのような官人であったか。見落としも多いと思われるが、摂関期までで管見に入った事例は表14の通りである。これだけの例からでは何ともいえないが、使の多くは六位相当官、主典は八位相当官であって、その人選には一定の基準が存在していたことが推定され、刑部省・弾正台の官人が比較的多いことは注目されよう。

ところで検交替使はいつ頃から派遣されるようになったのだろうか。これについて吉岡氏は、確実な初見を『類聚三代格』巻十二、天長二年（八二五）五月十日官符の検交替使等を詔使としたという記事に求めておられる。しかし、これによれば当然それ以前から検交替使が存在したことになるわけである。そこで吉岡氏は、「越中国官倉納穀交替記」[22]の大同二年（八〇七）九月十四日付倉案の位署にみえる使・主典（表14―1）が検交替使である可能性を指摘されている。ところがこの使・主典については、村尾次郎氏が大同元年設置の観察使の下僚であるとされ、[23]この見解はその後も継承されている。[24]たしかにその可能性も否定しきれないが、倉案の国司の位署をみると、[25]他のものにはす

表14　検交替使・主典の官職

	年次	国名	検交替使	主典	出典
1	大同2	越中	采女正正八位上	蔭孫大初位下	越中国官倉納穀交替記
2	大同3	〃	刑部少判事正八位上	蔭孫正八位上	同上
3	天慶元	尾張	文章生		本朝世紀
4	天慶2	常陸	弾正少忠		同上
5	天慶5	上総	勘解由判官		同上
6	天慶6	和泉	刑部少丞		類聚符宣抄
7	康保元	遠江		宮内少録	同上
		飛騨		算生	
		下野		中務少録	
8	正暦元	美濃	典薬助		本朝世紀
9	正暦年間	陸奥	主計頭		北山抄
10	長保年間	安芸	刑部少判事		同上
11	治安2	伊予		明法生正六位上	朝野群載
12	治安3	常陸	修理進（大学允）(1)		小右記
13	万寿元	駿河	弾正忠		同上
14	長元2		式部丞・兵部丞・弾正忠(2)		同上

(1)　病気で交替
(2)　実例ではなく先例

べて守・権守・介のいずれかの位置があるのに対して、右の例と大同三年の例（表14—2）は掾・目の位置しかない点が注目される。検交替使が受領卒去の際派遣されるものであることからすれば、この二例が吉岡氏の指摘のように検交替使である蓋然性もかなり高いと思われるのである(26)。また、右の例が検交替使でなかったとしても、延喜五年（九〇五）の「筑前国観世音寺資財帳」には「大同四年交替帳」という記載があることから(27)、大同年間（八〇六〜八一〇）に検交替使による交替手続が行われていたと考えることは充分可能である。とすれば、不与解由状の制度が成立したとされる八・九世紀の交(28)に、これと時を同じくして検交替使派遣による交替制度も成立したと考えることができるのではなかろうか。

さて前司が卒去した場合には、もう一つ別の交替方法があった。それは次に掲げる『西宮記』巻七に引用された不知記（年代・書き方から『村上天皇日記』逸文か）天徳四年（九六〇）十一月三日条にみえるものである（西二—二三頁）。

天徳四—十一—三—、近江国司定検交替使事、諸卿定申云、下下可レ遣二検交替使一宣旨上之後、更停レ使令三前司国司行二交替政一事、已有二前例一、須准二伊与国例一、官物之数、依二前司彦真受領数一、令二任用吏分付一可レ宜、仰レ依二定申一云々、

すなわち検交替使の派遣を停め、卒去した前司（この場合彦真）が前々司から受領した官物の定数を以て、任用国司に分付させるという方式である。菊地礼子・福井俊彦両氏の見解(29)のように、このような場合に作成される交替公文が、令任用分付実録帳であったと考えられるので、以後この方式を仮に令任用分付方式と呼ぶことにする。令任用分付方式の起源については、検交替使と同様不明だが、菊地・福井両氏はその早い例として、次の『北山抄』巻第十、前司卒去国申停交替使事にみえる記事を挙げている。

延喜三年三月二日、阿波国言、前守連松卒去、無二人分付一、請下遣二交替使一、受中領官物上、即以二権守兼似一令二分付一云々、〈国史草、〉此事不レ得レ意、

たしかにこの史料は、菊地氏の解釈のように「検交替使の派遣を申請してきたが、太政官に於て検討した結果、権守兼似を以て分付させた(30)」ということだろうが、厳密な意味での令任用分付方式、すなわち任用に前の定数を変えることなく分付させるという交替方式だったかどうかは疑問であり、「応レ令三権任官長待二受領之人一事」（『類聚三代格』巻五、貞観九年〈八六七〉十一月十一日官符）の適用例とも考えられる。しかし前掲の天徳四年の史料中に「已有二前例一」とされ、またさきに引用した天暦七年六月十三日宣旨の「早晩任レ意、所レ請只在二前司同任一」という部分は、「（検交替使を申請するのが）早かったり遅かったりし、また検交替使を申請せずに、ただ前司同任の任用国司との間で交替手続をしたいと申請する」という意味だと考えられるので、令任用分付方式が十世紀中葉から存在していたことは確実である。さらに『延喜交替式』にも令任用分付実録帳の名称がみえるので、延喜二十一年までは遡れるが、やはりその直接的法源は明らかにできない。しかし『類聚三代格』巻五、寛平七年（八九五）七月十一日官符は、令任用分

付方式の成立を考えるうえで注目されよう。本官符中の「実録帳」が令任用分付実録帳かどうかは議論の分かれるところであるが[31]、それはともかくとして、「応下依レ旧遷替吏随レ塡二交替欠差分一放中解由上事」という事書をもつ本官符全体の内容・趣旨は、福井俊彦氏の指摘のように[32]、交替時の任用国司の責任を大幅に軽減したものである。これは裏を返せば、本官符中に「任用之吏政無二自由一」とあるごとく、任用の権限の大幅な縮小＝受領への権限集中という当時の動向に対応している。ところで令任用分付方式においては、任用国司はただ単に卒去した前司が前々司から受領した官物をそのまま後司に分付するという役割を果たすのみであり、任用国司が前司任中の政に関与する余地は原則としてまったくあり得なかった。したがってこのような交替方式は、少なくとも前掲官符による、任用国司の交替時における責任の軽減＝権限の縮小を前提としなければならないものだったと考えることができるのではなかろうか。そこで本稿では、令任用分付方式が成立する条件を準備したものとして、右の官符を捉えておきたい。

二　検交替使帳と令任用分付実録帳

本節では、前司卒去の場合に作成される交替公文、すなわち検交替使帳と令任用分付実録帳の内容・性格について検討する。

検交替使帳については、鎌倉期のものだが仁治二年（一二四一）の「筑後国検交替使実録帳」[33]が現存しており、吉岡眞之氏が詳細な紹介をされているので[34]、まずその要点を挙げておきたい。本帳の構成は、官舎・官物等の無実・破損（A）、検交替使の勘発と前司同任の陳述（B）がAの種類ごとに繰り返され、末尾に検交替使と前司同任の位置（C）、大宰府官人の位置（D）が付されるという形をとっている。このうちDについては、『北山抄』巻第十、古今定功過例⑮豊前守源識の項に、大宰府管内国司が卒去した場合には「遣二交替使一、々々々実録帳府加二押署一、言二上於官一」とあるのに一致する。次にA・Bの部分の一例を掲げる。

一　国庫諸郡戎具器仗無実破損事

無実

□〔綿〕甲卅三領　打鎌卅四柄　鉾卅八柄

（中略）

見在破損

木梓廿八隻　弓九十枚　大刀八十腰

（中略）

右使為氏勘云、件器仗戎具者者〔ママ〕警□□不慮之儲也、而皆悉無実、其由如何、前司同任行宣陳云、件器仗戎具已為二往代之無実一、専非二当任之損失一、具由注二載検交替使実録帳幷代代不与前司解由状一言上頻畢、依レ実被レ録矣、

（下略）

この形式は吉岡氏の指摘のように、不与解由状である長元三（一〇三〇）、四年頃の「上野国交替実録帳[35]」の書式に一致している。さらに注目すべきことは、Bの部分の「使為氏」が擦り消しの上に書かれ、「前司同任行宣」はもと「前司　陳云」とあった字間に追筆されている点である。吉岡氏は前者について、おそらくもとは「新司某」とあったはずだと推測され、後者の最末尾の例には追筆の跡がないこととあわせて、本帳は本来不与解由状として作成されはじめたが、何かの事情で途中から検交替使帳に変更されたものと推定されている。氏の見解は卓見というべきだが、そうだとすれば少なくともこの時期の検交替使帳と不与解由状とは、形式・内容ともに殆ど同じものとなる。

しかしそれは摂関期にも該当するのであろうか。

これについては吉岡氏も挙げておられるように、次の『北山抄』巻第十、実録帳事の記事が有力な反証となる。

不与状者、勘二発無実一之状也、実録帳者、有実無実相並勘録之帳也、仍立割二置条一、若有二勘顕之物一、為二詔使功一者也、而近代帳如二不与状一、無レ有二差別一、或人云、令任用分付之帳、不レ同二詔使実録帳一云々、此事未レ詳、検二旧帳一可レ知之、但不与状者、以二前司一不レ可レ沈二負累一、放還之後、即依レ為二後司之弁一也、実録帳者、所在欠失、若塡為レ功、雖レ不レ塡不レ為レ過、任用帳者不レ可レ失二前定数一、是同二不与状一、異二詔使帳一之一端也、見二近代実録帳一、任用只陳二欠失之由一、新司不レ加二受領之詞一、申二停詔使一之時、申下任二前司受領之数一可レ受二領官物一之由上、依レ無二公損一被二裁許一也、而皆注二無実一無レ有二定数一、是則当任塡レ之、欲レ加二我功一也、（下略）

すなわち公任によれば、不与状とは「勘二発無実一之状」であり、実録帳（この場合、すぐ後に「若有二勘顕之物一、為二詔使功一者也」とあるので検交替使帳を指すとみてよい）は「有実無実相並勘録之帳」だとしており、「筑後国検交替使実録帳」のAにあたる部分に関しては、摂関期には「有実」のものも記すべきだとされていたらしい。このことは『延喜式』巻第四十四、勘解由使の載欠失条に、

凡諸国所レ進検交替使幷実録帳等所レ載国内雑物者、修二奏文一日、只載二欠失之類一、不レ注二見在之物一、但新勘附公益之色目等、不レ省二除之一、在京諸司准レ此、

とあって、検交替使帳・令任用分付実録帳には本来「見在之物」が記されていたと考えられる点にも合致する。さらに次の『北山抄』巻第十、古今定功過例の二つの事例によって、実際に検交替使による「有実」の認定が行われていたことがわかる。

⑨陸奥守維叙着任之後、前司国用所二申請一交替使主計頭忠臣着レ国、見物内所二割置一官物、維叙受領畢、忠臣勘状

云、件官物、代々状帳雖レ勘二無実之由一、或前司不レ署之状、或任用分付之帳、共無二證拠一、不レ可レ為二欠失一者、件交替使雖三前司所二申請一、後司着レ国之後、前司不レ可レ用レ印、仍其実録帳、前後司共加署、即後司陳状云、数代欠失之由、雖レ見二状帳一、詔使之定依レ難レ避、以二里倉負名一愁受領云々、即半分以下廻二成見物一分二付後司一、其遺以二名帳一分付之、惟仲卿云、詔使称二見物一所二割置一受領已畢、須下以二見物一分中付後司上云々、詔使誠雖レ割二置見物一、之中数代無実之由、已有二所見一、仍少々廻二成見物一、所レ遺如レ本以二名帳一所二分付一也、非二殊過一之由、彼此議定畢、

（下略）

⑱安芸守邦昌状云、定挙正税本穎無実之由、見二詔使実録帳一云々、件本穎為保任、交替使少判事平永光所二勘顕一也、同前勘二顕動用穀一、為保即充二造廊料一云々、見物之由已分明也、何以二本穎一称二無実一乎、（下略）

⑨では交替使忠臣が、代々の状帳に無実とあるのは証拠となし難いとして官物が有実であると認定し、⑱では定挙の正税本穎と動用穀が有実であることを交替使平永光が勘顕している。このような検交替使による勘顕は、前掲『北山抄』巻第十、実録帳事の「若有二勘顕之物一、為二詔使功一者也」という記述に対応すると同時に、朝廷にとって検交替使派遣の目的が奈辺にあったかをも示唆している。

次に「筑後国検交替使実録帳」のBの部分、すなわち検交替使と前司同任との問答についてはどうであったか。福井俊彦氏は、不与解由状の所執の甄録について規定した『延喜交替式』第四十一条に検交替使帳がみえないことから、Bにあたる部分は存在しなかったとされている(36)。しかしすでに増渕徹氏が指摘されたように(37)、「勘解由使勘判抄」の延喜十六年、隠岐の勘判(38)には検交替使と前司同任との問答が引用されているので、少なくとも十世紀前半の実際の検交替使帳では、所執の甄録が行われていたと考えられる。

以上の検討をふまえて、ここで十世紀代における検交替使帳の内容と、これに基づく交替手続をまとめておきたい。

検交替使帳は、後司の申請によって派遣された検交替使と、卒去した前司と同任の任用国司との間で作成される交替公文であり、国内の官物全般に関してその有実・無実が記録された[39]。このうち無実・破損等については不与解由状の記載に准じたものと考えられるが、さきの「越中国官倉納穀交替記」の引用する「延喜九年交替実録」には、「湿損欠」「盗失欠」の記載があり、欠失の原因が雑怠にあたるか盗犯にあたるかの判断まで行っている点が注目される。次に見物の授受との関係だが、一般の交替手続は図8のように付領→所執→繕写署印の順で行われることになっており、実質的には見物の授受と不与解由状の作成とが同時に進行するものだったと考えられる。しかし検交替使が派遣される場合、後司は原則として検交替使帳の作成に関わらない（関われない）から、帳の作成以降の段階が問題となる。前掲の『北山抄』巻第十、古今定功過例⑨によると、陸奥前司国用が申請した検交替使が、後司維叙がすでに着任した後にやって来たので、国用は国印を用いることができず、前後司（国用と維叙）がともに実録帳に加署したとあるので、本来検交替使帳には検交替使申請者＝後司の署名があったことがわかる。また『御堂関白記』寛弘五年（一〇〇八）三月二十七日条では、長徳四年（九九八）十二月に没した陸奥守藤原実方の後司である源満正が申請した交替使遠望が、任終年の金（『延喜式』巻第二十三、民部下にみえる陸奥国交易雑物の砂金三百五十両にあたるか）[補2]を満正に渡さなかったことが問題となっている。これらの史料から、検交替使帳が作成された後、見物が検交替使から後司に分付され、後司が検交替使帳に加署することによって、一連の交替手続が完了したものと考えられる。

次に令任用分付実録帳について検討するが、こちらは実例が存在せず、不明な部分が多い。前節で述べたように、令任用分付方式の場合には、卒去した前司が前々司から受領した定数を以て任用国司に分付させるという条件が存在し、これは建て前としてはほぼ摂関期を通じて維持されていた[40]。したがって令任用分付実録帳は、その前の交替時における不与解由状を基礎に作成されるはずであり、『北山抄』巻第十、功過定事に「申二停詔使一之国、以二前任状一可

㆑為㆓其証㆒」とあるのも、このような令任用分付実録帳の作成方法と関連している。しかし、令任用分付実録帳が前任の不与状とほとんど同じものだったかといえばそうではなく、さきに掲げた『延喜式』巻第四十四、勘解由使の載欠失条に、検交替使帳とともに（令任用分付）実録帳が挙げられていることからすれば、有実の官物も載せられていた点で、形式上はむしろ検交替使帳に近いものだったと推測できる。令任用分付実録帳の内容については、これ以外のことはよくわからないが、ともかくこの帳の特徴は、前々司から卒去した前司へと受け継がれた官物の定数を減らしてはならないということであった。『延喜交替式』第四十七条には、

凡内外官言上不与解由状・検交替使帳・令任用分付実録帳、名㆓交替欠㆒不㆑顕㆓欠失細由㆒、事渉㆓諂詐㆒、科附乖㆑実、其欠損犯用色目、具載申之、不㆑得㆓隠漏㆒、

とあって、交替公文に「交替欠」と称して、その理由を明示しない欠失を載せることを禁じているが、不与解由状・検交替使帳においては前後司、あるいは前司同任と検交替使との間の所執中に欠失の理由を示し得たのに対し、令任用分付実録帳ではあくまで前定数を維持することが前提だったから、現実に卒去した前司の任中に欠失があったとしても、これを帳の上に記すことは原則的には不可能だったことになる。『北山抄』巻第十でしばしば令任用分付方式には「不㆑可㆑有㆓交替欠㆒」としているのは[41]、令任用分付実録帳の右のような特徴によるものであろう。したがって、令任用分付実録帳に任用と後司との間の所執が甄録されていたとしても[42]、卒去した前司任中の欠失については、建て前上陳述は認められなかったものと思われる。さらに令任用分付実録帳作成後の手続について付言すると、『北山抄』巻第十、勘出事に「無㆓前司㆒之国、申㆓停交替使㆒之吏、如㆑放㆓還前司㆒、又不㆑可㆑申㆓前任勘出㆒歟」とあるので、令任用分付方式においては、卒去した前司および同任任用の塡償責任は解除されたものと認められていたらしい。

以上、検交替使帳と令任用分付実録帳の内容・特徴について、憶測を交えながらみてきたが、これまで述べてきた

ことは、いずれも「これらの帳はかくあるべきだ」という朝廷側の論理に立ったものであり、実際に作成された帳の状態やそれによる交替手続は、さまざまな条件によって異なり、むしろ次第に「かくあるべきだ」という原則から乖離していく。そこで次節では、この問題について検討することにしたい。

三　交替手続の弛緩と監査の形骸化

前節までの考察において、前司卒去の場合の二通りの交替手続のありかたについて述べてきたが、この二つの方式はいずれも後司の申請によって行われるものの、後司がどちらかを自由に選択できるものではなく、あくまで検交替使方式が正式のものであった。このことは、両者の史料上の初見が一世紀程度違っていることからも察せられるし、後にも触れる『小右記』長元元年（一〇二八）九月十五日条で、藤原実資が令任用分付方式を「権議」としていることにも示されている。それならばなぜ後司は令任用分付方式を申請し、朝廷はこれを裁可したのであろうか。後司側の主張としては、長久四年（一〇四三）七月八日河内国司解（『朝野群載』巻第二十六、新訂増補国史大系五五二頁）のなかで「此国凋弊難治第一也、検交替使下向之時、供給雑事触レ事多レ煩」という理由が挙げられているが、これはおそらく表面上の理由であって、やはり後司にとって検交替使方式よりも有利な点があったからだと考えるほうが自然であろう。一方朝廷がこれを裁可したのは、前述したように前定数の維持という条件が存在したからであった。

しかし、それにもかかわらず令任用分付方式は、やはり後司にとって都合のよいものに変化していくのである。まず、令任用分付方式の条件たる前定数の維持という前提が守られなくなっていく。例えば『北山抄』巻第十、古今定功過例⑰には、

日向守保昌、（中略）又実録帳極奇怪也、無二分付受領之人一、無二勘発陳答之人一、只注二前目某一、申詞無レ有レ所レ拠、又不レ遣二交替使一之国、不レ可レ有二欠失一、而注二載数万交替欠一、多致二公損一、凡不レ依二官物之有無一、都不レ可レ用之帳也、然而奉レ仰之人不レ問二彼此一、暗令レ注二無過由一畢、（下略）

とあって、日向守保昌が受領の際作成した令任用分付実録帳には厖大な交替欠が記されていた。これが日向に限らず当時の一般的傾向であったことは、前節で引用した『北山抄』巻第十、実録帳事に「近代実録帳」は「皆注二無実一無レ有二定数一」という状態であり、これは後司がその欠失を塡納して功を得ようとするためだ、と述べていることからも推測できる。次に後司が令任用分付実録帳に交替欠を計上するために、その書式が奇怪なものになっていく。右の日向の場合はやや極端であるとしても、前掲の実録帳事によると、「任用只陳二欠失之由一、新司不レ加二受領之詞一」という帳が増加していたことがわかる。これは交替欠を設定する際、後司がその責任を（本来責任を負えないはずの）任用に負わせ、自らは受領の詞を加えないことによって、表面的には交替欠に対して厳格な態度をとりながら、後にこれを塡納して自分の功にしようとする意図を反映したものである。[補3]『北山抄』巻第十、功過定事に、近代の任用帳は「自問自答帳」のようだとあるのは、このような意味での任用帳の内容の変化を示すものであろう。このように後司が本来あってはならない交替欠を計上し、そのために任用帳の書式を歪曲することが可能だったのは、結局のところ交替の相手が受領である前司でもなく、詔使たる検交替使でもなかった任用国司であったからだと考えられる。

それでは詔使たる検交替使による交替手続のほうは厳格に行われていたかといえば、こちらも十世紀後半以降になると、はなはだ心許ない状況に立ち至っていた。まず検交替使派遣の遅れが目立つようになる。その極端な例としては、前節で掲げた『北山抄』巻第十、古今定功過例⑨の陸奥国の場合を挙げることができる。すなわちこの時陸奥国では、前司国用が申請した検交替使がその任中に下向せず、後司維叙の着任後にようやく下向するという異常事態が生じており、第一節で引用した天暦七年六月十三日宣旨（二五四頁参照）が有名無実なものとなっていたことがわかる。しかしたとえ検交替使の下向が遅れても、彼が詔使としての権威を以て交替手続に臨めば、一応の役割は果たせたはずであり、事実右の陸奥の例で後司維叙は、検交替使の勘発に対して「数代欠失之由、雖レ見二状帳一、詔使之定依レ難レ避、以二里倉負名一愁受領」と述べている。したがって後司が検交替使方式を自らに有利な形で行おうとすれば、検交替使の人選の時点にその機会を求めることになる。実際『北山抄』巻第十、前司卒去国申停交替使事には「近年之間、為レ失二官物一申請、国司申二定得レ意者一（近年検交替使の申請は官物の数を減らす目的で行われ、そのため後司は気脈を通じた者を検交替使として派遣するよう申請する）」という事態が指摘されているのである。これと同様のことは、『小右記』治安二年（一〇二二）五月三日条の検交替使定に関する右大弁藤原朝経の「近代只以二我郎等従者一相構為二交替使一、作下失二官物一謀事上為二流例一、不レ能二忽改一」という言葉にも示されている。このように後司が検交替使の人選を自分の都合の良いように運ぶことができたのは、朝廷が検交替使を最初から選ぶのではなく、申文を提出した候補者のなかから選ぶという人選方法そのものに問題があり、後司はこれを巧みに利用したわけである。

以上、後司の側からの交替手続の形骸化についてみてきたが、これと同時に後司のかかる動きを抑止しなければならない朝廷の側でも抑止の機能は麻痺していった。例えば前節で挙げた『北山抄』巻第十、勘出事によれば、令任用分付方式では前司を放還したのと同じだから、前司任中の欠失の勘出を申請すべきではないとしながら、それに続けて「而皆申云、非レ無二其例一」とあって、実際には勘出の申請が認められていたことが知られる。また『小右記』寛仁三年（一〇一九）正月二十一日条の受領功過定では、理由は不明だが前石見守清科保重の交替欠が認められ、無過と定められている。さらにたびたび引用した『北山抄』巻第十、古今定功過例⑨の陸奥守維叙の功過定では、前述の検交替使による勘発をうけて、惟仲卿は詔使が有実と認定した以上、あくまで見物によって後司に分付しなければならないとして、維叙の過を主張したのに対し、その他の公卿は有実と認定したといっても、実際には数代無実であることはわかっているとして検交替使の認定を却け、維叙の言い分を認めたのである。ここにいたって、詔使の権威は地に堕ちたとすべきであろう。

また、検交替使に後司の郎等従者が充てられて、その裁定の信頼性が薄れていくと、公卿の側では令任用分付方式のほうが前定数を維持できるので、かえって公益にかなうという考えが生じてきた。(43) しかしこれはあくまでその条件が墨守されるという甘い見通しのうえに立った考えであり、実際にはこれによって、本来あってはならない交替欠という条項が大幅に認められる結果となったのである。それにもかかわらず、『小右記』長元元年九月十五日条によると、関白藤原頼通は前司卒去の際の交替手続を令任用分付方式に一本化することを実資に諮っており、前司卒去時の交替手続に対する朝廷側の監査が、事実上放棄されつつある状況を読みとることができよう。

十世紀後半以降における前司卒去時の交替手続の実態は右の通りであり、その個々の事情についてはすでに指摘したが、最後に交替手続とその監査が形骸化するにいたった全般的な背景について述べておきたい。まず第一に当該期の朝廷の政治のありかたが、いわゆる「受付」政治だったという点である。前司卒去の場合、検交替使方式にするか令任用分付方式にするかは後司の申請を待って決定され、検交替使の人選も候補者による申文の提出を前提にしていたことは前述した。また、検交替使帳・令任用分付実録帳等の交替公文の作成についても、その過程自体に朝廷は関与せず、これが提出されてはじめて監査機構が働き出すという仕組みになっていた。したがって、いかに奇怪極まる状帳でも、いったん受理されてしまえば監査を通過する可能性がわずかではあっても生じ得るし、実際に通過してしまうとそれが先例として固定し、制度の形骸化の傷口を拡げていく役割を果たすのである。

しかしこれまでも述べてきたように、右のごとき事態は、朝廷側の監査が厳正なものであれば、ある程度は防げるはずである。図8に示したように、一連の交替手続のなかで監査の機会は四回あった。すなわち勘解由使の勘判、弁官による解由の受理不受理、中文提出後の二寮合否続文、そして公卿による功過定である。本稿ではこれら全般についての検討はできなかったが、少なくともこのうち最初の勘解由使による監査機能が、十世紀後半以降きわめて低下していたことは指摘できる。本節では前司卒去の際の交替手続の形骸化を、おもに『北山抄』巻第十を材料にみてきたわけだが、それらはほとんど功過定の段階での史料であり、ここに奇怪な検交替使帳や令任用分付実録帳の問題が持ち込まれているということ自体、勘解由使がともかくもこのような交替公文を受理し、通過させていたことを示している。このことは『北山抄』巻第三、定受領功過事から知られる勘解由使大勘文のなかに、本稿で再三触れた交替欠条があり、(44)勘判の時点で交替欠の塡納が指示されていないらしい点からも明らかであろう。このように勘解由使による監査機能が著しく低下したことによって、結局留国官物に対する監査の機会は、事実上功過定のみとなるにいたったのである。第一節冒頭で触れた天慶八年正月六日宣旨は、その転換点に位置するものであった。

おわりに

本稿では、前司卒去の場合の交替手続と、これに対する監査の内容とその変化をみてきたが、これによって十世紀後半の段階で勘解由使による状帳監査の機能が事実上無意味なものとなり、功過定の段階へと持ちこされるにいたったことが一応明らかになったと思う。この変化は、図8にみられるような『延喜交替式』を中心とした受領監査体制からみれば、大きく後退したものといわざるを得ないであろう。なぜなら、十世紀前半には状帳やそこに記された留国官物に不備のある受領は、そもそも功過定を受けられなかった、あるいはその可能性が低かったのに対し、天慶八年以降にはともかくも功過定まで辿りつけたからである。そして功過定の場においては、たしかに功過判定の基準は存在した[45]ものの、一方で公卿と受領との個人的関係という要素が入りこむ余地があったことも否定し難い。すでに本稿で述べるべき範囲を越えてしまっているが、最後にこの問題をみていくうえで好対照をなす事例を紹介して結びに代えたい。

一つめの例は、第三節ですでに紹介した日向守保昌に対する功過定である（二六四～二六五頁参照）。保昌が前司同任と作成した令任用分付実録帳の形式と内容は、きわめて杜撰なものであったが、それにもかかわらず[46]「奉レ仰之人、不レ問二彼此一、暗令レ注二無過由一畢」とされている。保昌の日向守在任期間は正暦三年（九九二）から長徳四年（九九八）頃までであるが、この時の実録帳を大宰大弐藤原有国が言上したことが『権記』長保四年（一〇〇二）二月十六日条にみえているので、功過定はそれ以後ということになる。ここにみえる「奉レ仰之人」が誰かは確定できないが、保昌が道長家司として活躍していた点[47]はやはり見逃せないだろう。このような憶測は慎まなければならないものの、この功過定に道長の意向が働いていたと考えることは充分可能だと思う。そして保昌は、この後も肥後・大和・摂津等の受領を歴任していく。

もう一つの例は、功過定ではないが、『小右記』長和三年（一〇一四）十一月二十八日条にみえる伊与守藤原為任の場合である。

　次御博士大江挙周朝臣、（以下、原文は細字双行）五位学士、初定以二式部大輔広業一可レ為二御博士一、而未レ関二本任放還一、〈伊与守、〉仍左府以二権大納言書一、令レ送二新司為任許一、只奉二解由一、其後被レ遣二使者一、被レ召二不与状一、不二承従一、仍以二挙周一為二御博士一、昨今相府云、東宮御書始、為レ身之無レ極大事、触レ宮之巨細事、已欲レ粉レ身、而挙周雖レ為二学士一、身為二五品一、仍以二広業一可レ為二御博士一、無二状帳一者、不レ可レ下二解由一、又以下未二与不一人上不レ可レ為二御博士一、事依二大節一所二示遣一也、而一切不二承引一、依レ無二会釈一、深欲二相恨一、所レ被レ吐之詞、不レ可二敢記尽一、為二々任朝臣一可レ置レ心之事、令レ戒二子孫一之由、再三被二披陳一、多有二驚レ耳之御詞等一、

道長は、掌中の珠である東宮敦成親王の読書始にあたり、御博士に藤原広業を充てようとしていた。ところが広業は伊与守の本任を放還されていなかったので、道長は後司為任にまず広業の解由を発給させた後、不与状も提出せよというきわめて強引な方法をとろうとした。しかし為任はこれを拒否したため、道長に深く恨まれたというのである。為任はその後も藤原娍子の皇后宮亮として記録に散見している[48]から、政治的生命をまったく抹殺されたわけではなかろうが、それにしても陽のあたるポストにつけなかったことは容易に想像でき、事実その後新たに受領となった形跡もない。

右の二つの事例は、受領監査の場が事実上功過定以外になくなったとき、受領が公卿、とくに道長のごとき最高権力者とどのような関係を結べばよいのかを如実に物語っているし、それと同時に功過定による受領監査の行末も、これによってある程度察しがつくのではなかろうか。

註

（1）『交替式の研究』（吉川弘文館、一九七八年）。他に交替制度全般に関わる最近の研究に、佐々木宗雄「十〜十一世紀の受領と中央政府」（初出一九八七年、『日本王朝国家論』〈名著出版、一九九四年〉所収）がある。

（2）長山泰孝「勘解由使の設置と解由制度の展開」（初出一九六二年、『律令負担体系の研究』〈塙書房、一九七六年〉所収）・中里浩「勘解由使について」（『歴史』三六、一九六八年）・吉岡眞之「不与解由状と勘解由使」（初出「不与解由状と勘解由使に関する試論」一九七八年、『古代文献の基礎的研究』〈吉川弘文館、一九九四年〉所収）・増渕徹「『政事要略』所引「勘解由使勘判抄」詳解」（『史学論叢』一一、一九八五年）・同「『勘解由使勘判抄』の基礎的考察」（『史学雑誌』九五—四、一九八七年）など。

(3) 梅村喬「勘会制の変質と解由制の成立―塡償法の問題を中心に―」(初出一九七四年、『日本古代財政組織の研究』〈吉川弘文館、一九八九年〉に「勘会制の変質と解由制の展開」と改題して所収)・同「民部省勘会と勘解由使勘判」(初出一九七五年、前掲書所収)・北條秀樹「文書行政より見たる国司受領化―調庸輸納をめぐって―」(初出一九七五年、『日本古代国家の地方支配』〈吉川弘文館、二〇〇〇年〉所収)・福島正樹「中世成立期の国家と勘会制」(『歴史学研究』五六〇、一九八六年)など。
(4) 福井俊彦「受領功過定の実態」(『史観』八八、一九七四年)。
(5) 延べで七九例中一九例、実数では五一例中一一例にのぼる。増渕徹氏註(2)前掲『史学論叢』所収論文一三三頁参照。また『北山抄』巻第十、古今定功過例では、全二二例中半数の一一例が、何らかの形で前司卒去の場合について言及している。
(6) 「令任用分付帳と交替実録帳」(『古代文化』二七―四、一九七五年)。
(7) 「検交替使帳の基礎的考察」(初出一九七五年、註(2)前掲書所収)。
(8) 註(1)前掲書第四章第二節。
(9) 増渕徹氏註(2)前掲『史学雑誌』所収論文・佐々木宗雄氏註(1)前掲論文等。
(10) ただし、卒去した受領の次の受領の功過定の際に、卒去した受領の任中の公文勘会が問題となることは当然あり得る。
(11) 「検交替使帳」「令任用分付実録帳」の名称については史料によって異同があり、これらは菊地礼子氏が詳しく検討されているところであるが(註(6)前掲論文)、本稿では原則として『延喜交替式』にみられる上記の名称を用いることにする。
(12) 註(6)前掲論文七頁。
(13) 『政事要略』巻五十四所引延喜六年淡路国の勘判例(新訂増補国史大系三四〇頁)。
(14) 「摂関期における受領の家と家族形態―三河守源経相の場合―」(初出一九八五年、『家成立史の研究―祖先祭祀・女・子ども』〈校倉書房、一九九一年〉所収)
(15) 註(2)前掲『史学論叢』所収論文一三三頁。
(16) ただし、これは律の適用される盗詐についての議論であるから、とくに連帯責任という面から主張されたものかもしれない。とすれば、これが律の適用されない雑怠にも該当するかどうかについては問題が残る。
(17) 註(7)前掲論文。
(18) 本宣旨は『西宮記』巻七、定交替使事・『朝野群載』巻第二十六にも収められており、また『北山抄』巻第十、前司卒去国中停交替使事には「天暦起請」として要約引用されている。
(19)　註(18)前掲『西宮記』による。
(20)　卒去以外にも、出家（『朝野群載』巻第二十六、万寿二年五月三日太政官符）・犯罪による身柄の拘束（『御堂関白記』寛弘七年三月三十日条）などの場合に、検交替使の派遣を想定できる。
(21)　なお、同書の引く「式部宣旨例」によると、「上古」には式部省が定め、名簿を太政官に提出していたとするが、それが大臣による任命に改められたのは、おそらく後述する天長二年官符で検交替使が詔使とされた時点以降のことであろう。
(22)　『平安遺文』一―二〇四号。ただし本稿では、木本秀樹「九世紀の越中国司に関する覚書―付論「越中国官倉納穀交替記」釈文―」（『日本海地域史研究』一、一九八〇年）所収の釈文に拠った。
(23)　『律令財政史の研究』（吉川弘文館、一九六一年）第三章第一節第二項一六一～一六二頁。
(24)　笠井純一「観察使に関する一考察」（『続日本紀研究』一九四・一九五、一九七七・七八年）。
(25)　木本秀樹氏註(22)前掲論文表(2)参照。
(26)　ただしこう考えると、表14―1（大同二年九月十四日）と14―2（大同三年七月四日）との間隔が一年に満たず、この間に越中国では相次いで受領が卒去したというやや特殊な事態を想定しなければならなくなる。しかしこのようなこともあり得ないわけではないし、また表14―10のように検交替使が病気等で交代したと考えることも可能だと思われる。
(27)　『平安遺文』一―一九四号、二七七頁。
(28)　不与解由状の制度の成立について、福井俊彦氏は『延暦交替式』所収延暦十七年四月七日太政官符をその画期とされ（註(1)前掲書第四章第四節）、吉岡眞之氏は『類聚三代格』巻五、大同二年四月六日太政官符を画期とされている（註(2)前掲論文）。
(29)　註(6)・(8)前掲論文。
(30)　註(6)前掲論文註11。
(31)　梅村喬氏はこれを令任用分付実録帳とされ（註(3)前掲論文〈初出一九七四年〉）、菊地礼子氏は検交替使帳である可能性もあるとされている（註(6)前掲論文）。
(32)　註(1)前掲書五一九頁。
(33)　壬生家文書（現宮内庁書陵部所蔵）。刊本としては『大日本史料』第五編之十三、仁治二年六月一日条・『大宰府・太宰府天満宮

史料』八、仁治二年六月朔日条・『鎌倉遺文』八―五八七六号があるが、本稿では吉岡眞之氏註(7)前掲論文所載の釈文に拠った。

(34) 註(7)前掲論文。

(35) 『平安遺文』九―四六〇九号。

(36) 註(1)前掲書一五五頁。

(37) 註(2)前掲『史学論叢』所収論文一六九頁。

(38) 『政事要略』巻五十九所引（新訂増補国史大系四五〇頁）。

(39) 「勘解由使勘判抄」中にみられるものだけでも、別納租穀・班田・疫死百姓口分田地子・神社・釈奠備品・官舎・牧馬・度縁戒牒・国分寺堂舎・通三宝布施料稲・定額寺・俻分稲・五行調度など、広範囲にわたるものだったことがわかる。

(40) 例えば次節で触れる『朝野群載』巻第二十六所収長久四年七月八日河内国解にもこの条件はみえている。

(41) 勘出事・古今定功過例①相模介維将・⑰日向守保昌など。

(42) 『北山抄』巻第十、古今定功過例⑰をみると、所執の書様が問題とされているが、その存在自体は認められているように解し得るので、一応所執の甄録は認められていたと解しておく。

(43) 『北山抄』巻第十、前司卒去国申停交替使事に、検交替使方式が公損を招くことが多くなってきたので、「然則申停時、無二事定一被二裁許一、還有二公益一歟」としている。

(44) 勘解由使大勘文の内容については、増渕徹氏註(2)前掲『史学雑誌』所収論文五八頁参照。

(45) 佐々木宗雄氏註(1)前掲論文。

(46) 『小右記』正暦三年正月二十日条に任命記事がみられる。

(47) 『御堂関白記』寛弘八年八月十一日条。

(48) 『小右記』長和四年十一月十七日条等。

補註

(補1) 初発表時には「十世紀前半」としたが、図中には十世紀半ば以後に制度化されたものも含まれているので、「十世紀」と改めた。

（補2）初発表時には、『御堂関白記』にある任終年の金を、『延喜式』の陸奥国交易雑物にあたるとした。この金が、交易雑物に少なくとも淵源の一つを持つことは間違いではないが、この時期の陸奥国の受領による貢金は、一般に「年料」と呼ばれることが多かった。この点については、夙に小葉田淳氏の指摘がある（『日本鉱山史の研究』〈岩波書店、一九六八年〉八〇〜八二頁）。なお小葉田氏は、『小右記』長元五年八月二十五日条の、「雅頼（主税助三善雅頼）云、滋望・倫寧之時、天暦御宇、不レ被レ免事也、倫寧全勤二五个年料金一了、年々遺金三千余両又弁進者、件事見二故殿御日記一」という記事から、「（雅頼は）年料金三千余両を毎年貢納したと述べている」としているが（同書八〇頁）、もちろん「年料金」の年額が三千余両だったのではなく、この場合、倫寧はそれ以前の受領の未納分三千余料も納入したということであろう。

（補3）初発表時には「任用帳の書式」としたが、「任用帳の内容」と改めた。

補記

本稿は、『日本歴史』第四九〇号（一九八九年三月）に発表したものである。摂関期の古記録にしばしば登場する「交替使」「検交替使」について関心を持ったことと、この時期東京大学大学院で『北山抄』巻第十、吏途指南の研究会に参加していたことなどが執筆のきっかけだったと記憶している。広い意味で受領とそれをめぐる政務の研究ということで本書に収録した。

受領が十世紀以後の地方支配や国家財政にとって極めて重要な役割を果たしたことは、すでに早くから指摘されていた。しかし一九九〇年代に入ると、大津透氏によって、日本の律令国家は、十世紀後半を画期として受領による直接的地方支配を基礎とした「後期律令国家」の段階に入るという、新たな平安時代史観が打ち出され、このような歴史観を受容するとしないとにかかわらず、受領をめぐる研究は一層その重要性を増したといえよう。実際、それぞれ研究の視点は異なるが、寺内浩『受領制の研究』（塙書房、二〇〇四年）、中込律子『平安時代の税財政構造と受領』（校倉書房、二〇一三年）など、受領を中心的なテーマとする研究書が刊行され、阿部猛編『北山抄注解　巻十吏途指南』（東京堂出版、一九九六年）、佐藤信監修・朝野群載研究会編『朝野群載』巻二二　校訂と注釈』（吉川弘文館、二〇一五年）といった、受領について検討する際の基本的史料の注釈書も出されている。筆者も、一般向けの小冊子であるが、『受領と地方社会』（山川出版社、二〇〇四年）で、受領のさまざまな側面について言及した。さらに最近の研究動向としては、受領を中心とした地方支配のなかで、任用国司をどのように位置づけるかという点に関心が寄せられている。それぞれ視点や行論の方向性は異なるが、小原嘉記「平安後期の任用国司号と在庁層」（『日本歴史』七三五、二〇〇九年）、同「中世初期の地方支配と国衙官人編成」

（『日本史研究』五八二、二〇一一年）、渡辺滋「平安時代における任用国司」（『続日本紀研究』四〇一、二〇一二年）、同「日本古代の国司制度に関する再検討」（『古代文化』六五―四、二〇一四年）などが、その代表的なものであろう。なお、川尻秋生「保安元年「摂津国帳簿群」の性格」（『古代文化』六二―一、二〇一〇年）は、本章で検討した検交替使帳や令任用分付実録帳の作成方式とも関わる貴重な研究成果である。

筆者も、これらの近年の研究成果を吸収しつつ、とくに『受領と地方社会』でも一部言及した受領と「国風文化」との関係、受領が都鄙間交通に果たした役割などの問題について、今後検討していきたいと考えている。

第二章　大宰府の管内支配変質に関する試論

——主に財政的側面から——

はじめに

律令制下における大宰府は、「大君の遠の朝廷」(1)として管内諸国に君臨していたが、他方では中央政府の統制下におかれた一地方官衙としての性格をも持っていた。大宰府官人が「非レ京非レ国中間孤居」(2)と称された所以である。したがって古代における大宰府研究の重要な問題点として、右の両面の性格をいかに統一的に理解するか、という点を挙げることができる。そしてこの律令制大宰府機構が、平安時代を通じてどのような変貌をとげ中世に至るか、というのが第二の問題点となろう。

ところでこれまでの大宰府に関する研究史を、戦後に限ってふりかえってみると、(3)平安中期以後の、いわば変質期についての研究が、まず最初に進められてきたということができる。すなわち竹内理三氏による府政所をはじめとした数々の分課的所についての論考(4)や、岡藤良敬氏の十世紀末〜十二世紀初頭の帥・大弐に関する研究等(5)である。そして石井進氏が大宰府発給文書の形式の変化を中心として、大宰府機構変質の過程を明確に跡づけられるに及んで、(6)さきの第二の問題点、とくに十一世紀以後のそれについては一定の見通しが与えられることとなった。さらにその後、正木喜三郎氏は府領の形成過程について検討を加えられ、平安中期以後の大宰府による土地支配の様相を明らかにさ

れた。(7)

一方、律令制下の大宰府に関する研究は比較的立ち遅れていたが、竹内理三編『大宰府・太宰府天満宮史料』の刊行を契機として、ようやく本格的な研究が行われるようになった。就中、平野邦雄氏の研究(8)は律令制下の大宰府財政全般にわたって数々の重要な特色を指摘されたものであり、その後のこの分野に関する研究の出発点となったものである。最近の北條秀樹氏(9)や山里純一氏(10)の論考は、前者はおもに公文勘会の面から、後者は公廨・雑米の面から、それぞれ平野氏の研究を発展・深化させたものということができる。

以上のように古代の大宰府に関する研究は、時期的にみれば第二の問題点から第一の問題点へと進んできたといえよう。したがって現在の課題として、律令制下における大宰府の位置づけを正確に行ったうえで、もう一度その変質の過程を検討していく必要があると思われるのである。また、律令国家の転換期とされる九世紀後半から十世紀にかけての大宰府については、従来あまり触れられていないが、二つの問題点をつなぐ意味でも、この時期における大宰府機構の変化を探ることは重要であろう。そこで本稿では、右のごとき観点に立ちながら、八世紀から十一世紀初頭にいたる間の大宰府についてみていくことにするが、もとより筆者の力量からは大宰府機構全般にわたって論及することはできないので、おもに財政的側面における中央政府・大宰府・管内諸国三者の関係の推移に焦点をあてて考察を加えていくことにしたい。

一　八〜九世紀前半における大宰府財政

前述したごとく律令制下の大宰府財政に関しては、平野邦雄・北條秀樹・山里純一の三氏の研究(11)により、その大要が明らかにされつつある。ここではそれらの成果に拠りながら、律令制下の大宰府財政の特徴を探り、次節以後の考察の前提とすることにしたい。

まず最初に調庸雑物について。『延喜式』巻第二十二、民部上によれば、西海道諸国の調庸は大宰府に送られて府用に供されたことがわかるが、(12)これが七世紀末ないし八世紀初頭まで遡り得ることは平野・北條両氏により指摘されているところである。また大宰府から京進される調庸物としては綿が唯一のものであり、こちらもその起源を八世紀前半に求めることができる。『続日本紀』天平元年（七二九）九月庚寅条に「仰二大宰府一令レ進二調綿一十万屯一」とあるのがそれであるが、平城宮出土の調綿付札には養老・神亀等の年号を記したものがあり、(13)綿の京進は天平元年以前に遡る可能性もある。(14)しかしいずれにしても調庸物京進の制度は、当初はあまり確固としたものではなかったらしく、八世紀後半にいたって貢綿使や貢進の期月に関する格が出されており、(15)また貢進量にも何回かの変遷があった。(16)さらに弘仁七年（八一六）には綿のほかに絹三千疋を進めることが定められ、(17)『延喜式』にはこのほかにも調糸を京進する規定があって、(18)調庸綿の比重が相対的に低下していることは否めないが、それでも綿は大宰府から京進される調庸物としてもっとも重要なものであったことは、八・九世紀を通じて変わらなかったのである。

綿を中心とした調庸物のほかに大宰府から京進されたものとしては、『延喜式』にみられる年料別貢雑物・交易雑物・贄などの類を挙げることができる。これらについても平野氏の詳しい考察があり、それによれば雑物類は調庸綿と異なり、財務行政的な意味は持ち得なかったものの、宮廷の必需品として毎年一定の時期に一定量貢進されるよう明確に定められていた。また天平期の正税帳の記載等から、管内諸国より送られてきた原材料を大宰府で加工製造するというような関係が認められ、このような大宰府の租税生産機能にも注目する必要があると指摘された。ここでは氏の指摘に導かれながら、とくに後者の論点に関連して、中央・大宰府・西海道諸国の関係について考えてみたい。

『延喜式』では大宰府より京進される年料別貢雑物を二つに分けて記しており、[19] そのうち「右管国調物、依㆑件染造、其雑綵幷草等、並盛㆓韓櫃㆒、其運脚者並給㆓功食㆒」という注記の付されたほうの品目を挙げると次の通りである。

銀八百九十両、深紫帛五十疋、浅紫帛一百疋、深緋綿紬廿四疋、浅緋綿紬六十六疋、紺紬十疋、深紫貲布廿端、浅紫貲布廿端、深緋貲布卅端、浅緋貲布卅端、白貲布五十端、紫革卅（正しくは四十）張、緋革卅（同前）張、纈革卅張、画革廿張、洗革一百張、白革卅張、海石榴油十石、席二千枚、

これらは右に掲げた注記のように管内諸国から送られてくる調物（おもに繊維製品）を大宰府の工房で染造し京進するものであるが、これを『延喜式』巻第二十四、主計上の各国の調庸中男作物一覧（新訂増補国史大系六一九～六二一頁）と比較してみると、

（1）紬類

・年料別貢雑物…合計百疋

・調…筑前五疋・筑後十八疋・肥前十八疋・肥後廿五疋・豊前十七疋・豊後十七疋…合計百疋

（2）貲布類

・年料別貢雑物…合計百五十端

・調…筑前卅五端・筑後卅二端・肥前廿六端・肥後卅七端・豊後廿端…合計百五十端

というように、管内諸国から大宰府への貢進量と大宰府から京進される別貢雑物の数量との一致がみられる。[20] ここで注目したいのは、京進される別貢雑物の素材の大宰府への貢進が、各国ごとに特定されている点である。このほかにも銀は対馬から調として貢進されるものを充てていたはずであるし、席も数量が明示されているのは筑前の調三百六十三枚のみだが、おそらくこれも別貢雑物として京進されるものの一部だったと思われる。さらに調庸以外について

みると、年料別貢雑物（前掲のものとは別立てになっているもの）の紫草は日向から八百斤、大隅から一千八百斤を進めるとあり、大膳職へ進める菓子のうち木蓮子については「筑前国部内諸山及壱岐等島所出之中、択㆓好味㆒者年中貢」との注記が存する。(21) このように大宰府から京進される雑物類のなかには、それ以前に管内諸国から大宰府へ進められる段階で、貢進国・数量を定められているものがかなりあることがわかるのである。さらに前述した調庸綿についても、平野氏が、筑前・筑後・肥前・肥後・豊前・豊後の六国の綿のみが京進され、それ以外の三国（壱岐・対馬の調庸に綿はない）の綿は京進されなかったと指摘されているのに注目すべきであろう。したがって管内諸国が調庸中男作物として府へ進めるものとしては、①府で消費されるもの、②はじめから京進されることを前提として府に送られるものの二種があったことになる。このように考えると、西海道諸国の調庸中男作物等は、ひとまず大宰府へ送られて府用に供され、その一部が京進されるとはいっても、中央政府にとっての必需品に関しては、あらかじめその物実が別枠として確保されていたと考えられるのであり、その意味では西海道諸国の調庸中男作物等は、部分的にではあるが中央財政にとって一定の役割を果たしていたということができるのではなかろうか。(22)

次に八〜九世紀前半における稲穀雑物類の動きについて概観したい。大宰府あるいは管内諸国から中央政府に重貨そのものが送られるようになるのは十世紀初頭以後のことであり、(23) 公田地子もこの段階では大宰府に送られていたらしく、(24) むしろ大宰管内から外に米を運ぶことは、位禄・季禄料や公廨の一部を除いては原則として禁止されていた。(25) したがって稲穀雑米類の動きは、おもに管内諸国対大宰府の問題としてあらわれ、中央政府はそれを文書上の勘査によって間接的に知るのみであった。この辺りの事情は貞観四年（八六二）に管内諸国から大宰府へ春進される雑米の貢限が定められた時、それまで定められていなかったのは「是縁㆘物不㆑納㆓京庫㆒、事不㆖㆑経㆓所司㆒(26)」るからであると府解のなかで語られていることによって窺うことができる。

さてそこで、管内から大宰府へ送られてくる重貨を挙げると、人件費としての府官公廨と物件費としての府儲・公田地子等とがあり、これらはいずれも筑前以下六国のみの負担であった点に特徴がある。また、六国からは対馬・多褹二島の公廨として公田地子[27]が、対馬には年粮の穀[28]がそれぞれ送られていた。このうち府儲は史料中に「或正税或府儲」という形でみられる[29]が、当初から一定の時期に一定の量が府儲としてまとめて府へ進められたとは考えられず、府用あるにしたがってその都度進められたものであろう[30]。それが制度的に確立するのは、雑米の貢限が定められ[31]、あるいは雑米が一括して府の税庫に納められるようになる[32]貞観年間（八五九〜八七七）のことと推測される。一方、公田地子は山里氏も述べられているように、前述の対馬・多褹島司への支給のほかは使途が明らかでないが、天平宝字二年（七五八）の大宰府奏言に府中の雑事に充てるとあるので[33]、これも物件費の一つと考えて差し支えない。これらを要するに、八〜九世紀前半の段階における大宰府の物件費は、六国から貢進されるさまざまな財源によって賄われていたが、その貢進量・貢限など制度的には確固としたものではなかったとすることができよう。

人件費としての府官公廨については、天平十七年（七四五）に設置された諸国公廨稲との関連から比較的多くの研究がなされている[34]。ここでそれらについて詳しく検討を加えることはできないが、『続日本紀』天平宝字二年五月丙戌条の、

大宰府言、承前公廨稲合一百万束、然中間官人任レ意費用、今但遺二一十余万束一、官人数多、所レ給甚少、離レ家既遠、生活尚難、於レ是以二所レ遺公廨一、悉合二正税一、更割二諸国正税一、国別遍置、不レ失二其本一、毎年出挙、以二所レ得利一、依レ式班給、

という記事が府官公廨成立の画期であることは間違いない。問題は文中の「承前公廨稲合一百万束」がどのような性格のものであったかで、出挙稲とみる説と管内諸国から送られる公田地子稲とする説とが対立している[35]が、「中間官

人任レ意費用、今但遣二一十余万束一」という記述は、これを毎年諸国から送られてくる地子稲と解するよりは、府官人が出挙息利のみでなく本稲まで費消してしまったことを示すものと考えるほうが自然であるから、本稿では出挙稲説に左袒したい(36)。いずれにしても府官公廨はこの天平宝字二年の大宰府奏言によって、弘仁・延喜両主税式にみられるような制度として確立したと思われる。すなわち筑前以下六国に合計百万束の府官公廨稲が設置され、それを出挙して息利を府官の給与としたのである。前掲史料中「依レ式班給」とするのは『延喜式』巻第二十七、主税下（新訂増補国史大系六五三頁）に、

　凡大宰府処二分公廨一、帥十分、大弐六分半、（中略）史生・弩師・新羅訳語・傔仗一分、

とあるような、府官人内部における公廨の配分法を示すものであろう。

　以上、大宰府管内における稲穀雑米についてみてきたが、ここでその特徴をまとめておくと、第一はさきに平野氏の指摘を紹介したように、大宰府はその人件費・物件費の双方を管内諸国のうち筑前以下の六国に負担せしめている点である。そしてその負担の比率は、弘仁・延喜両主税式の出挙本稲数のうち、府官公廨だけでも各国の全出挙稲の二割程度を占めている。これに修理府官舎料や雑米類を加えれば、六国の負担はかなり大きなものだったといえるだろう。しかしその反面、第二の特徴として、大宰府は一般の諸国とは異なり、独自の財源＝出挙本稲を持っていないという弱点があった。したがって律令制の矛盾が深まるにつれ、府財政安定のためには府独自の財源の設定が必要になるわけだが、これらについては次節で検討することとしたい。

　最後に公文勘会の面から中央政府・大宰府・管内諸国の関係をみていくことにするが、これについても平野・北條両氏による考察があり、また九世紀後半以後の展開については次節で詳しく述べるので、ここでは簡単にその特徴を述べるにとどめる。

西海道諸国の四度公文はまず大宰府に集められ、そこでいったん勘会を経た後、まとめて中央に送られ再び勘会を受けることになっていた。[37] しかし八～九世紀前半の段階における公文勘会の実態についてはあまり史料がなく、詳しいことはわからない。ただし府における勘会、とくに大帳・調帳・税帳に関しては算師がそれにあたっていたことは、職員令69大宰府条の算師の職掌に「勘二計物数一」とあることから察せられるところである。また調帳京進にあたっては、前述した西海道における調庸制の特殊性を反映し、大宰府での用途を記した用度帳をこれに副えて提出していた。[38]

西海道諸国の公文勘会の様子はごく大雑把にみれば右のようなものであったが、その特徴を北條氏の指摘にしたがって記すと次の二点にまとめることができる。まず第一に、西海道諸国の公文は大宰府および中央政府の二段階の勘会を経るわけだが、大宰府におけるそれはあくまで暫定的なものであり、最終的には中央における再勘によってはじめて完結するものであった。何故ならば（これも北條氏の所論によって整理すると）、第一に府の公文勘会にあたる人員が不充分であり、[39] 第二に府の公文勘会に対する権限が弱く、第三に勘会の実務にあたった書生の出身が在地で貢納の実を担う郡司層であったという事情などが存在していたからである。もう一つの特徴としては、中央における公文勘会に際しては、すべて府使・府雑掌がその弁申にあたっており、大宰府が管内諸国を代表する形をとっていたという点を挙げることができる。したがって中央における勘会では、管内国司が自国の公文弁申を行う機会はなかったのである。そこで勘解由使再置を背景として、天長年間（八二四～八三四）頃から、西海道諸国司は公文弁申のための入京あるいは国雑掌派遣を要求していくわけだが、これについては北條氏が詳しく述べられているので、ここではこれ以上触れるのは避ける。

以上、平野・北條・山里三氏の指摘に拠りながら、八～九世紀前半における大宰府財政の特徴を三つの側面から考えてきたが、ここでもう一度この時期における府財政の特質について概括し、次節以後の検討の指針としたい。大宰府は「西国の小朝廷」と称され、中央政府の縮小版として西海道諸国の上に君臨していた。西海道諸国の調庸雑物や公廨稲・地子稲などが府に進められてそこで消費され、公文もひとまず府に送られて勘会に付されたことはそのあらわれといえる。しかし管内諸国の調庸雑物の一部はあらかじめ京進されることを予定されていたことや、公文勘会があくまで中央での再勘を経なければならなかった点からみると、大宰府の管内支配は完結的なものではありえず、中央政府の管内諸国への支配力は大宰府の存在にもかかわらず相当に強いものだったということができる。高度に完成された中央集権制を特色とする律令制下においては、これはいわば当然のことであるが、ここで敢えて右の点を確認しておきたい。第二の特徴としては、稲穀雑米類について述べた際に指摘したことであるが、大宰府は一般諸国における正税稲のごとき独自の財政的基盤を持っていないという点である。したがって最大の地方官衙としての大宰府という側面においても、府財政には大きな弱点があったということができよう。次節以下では九世紀中葉以後の大宰府財政の変化についてみていくわけだが、それはおもに二つの弱点の克服＝府支配の強化としての側面を捉えようとするものである。

二　管内支配の強化

九世紀中葉から十世紀初めにかけての大宰府と管内諸国との関係の展開は、一方で「管内諸国の府に対する、いわば自立化」(40)という側面を持つとともに、他方では大宰府による管内支配強化の過程として捉えることもできる。ここではおもに後者の側面を追求し、十世紀以後の大宰府機構の変質の基礎をそこに見いだしたいと思う。

㈠　府官公廨

大宰府による管内支配強化は、まず最初に府官公廨の制度にあらわれる。前節で述べたごとく、府官公廨の出挙本稲百万束が筑前以下の六国に設置され、その利稲を府官人の俸給とするという制度は、天平宝字二年（七五八）を画期として成立した。その具体的な運営についてはあまり明らかでないが、諸国公廨稲においては国司が出挙にあたり、それと同時に利稲を給与として受け取るのに対して、府官公廨では出挙を行う者と利稲を受け取る者とが別々であったから、給与としての安定感が失われる可能性が充分に考えられる。そこで大宰府は弘仁十四年（八二三）・承和五年（八三八）の二度にわたって中央に申請し、府官公廨の確保をめざすのである。それを示す史料を、やや長文ではあるが左に掲げ、順次府官公廨確保の過程をみていくことにしたい。

　太政官符
　　応二大宰府公廨依レ格全給一事
右得二彼府解一偁、検二案内一、太政官去弘仁十四年八月一日符偁、府解偁、管内出二挙府国公廨一、各別有レ数、謹案二延暦十六年格一云、公廨者欠負之儲者、然則管内諸国、有二未勘一之年、須下以二両色公廨一先補中欠負等上、而府官人千里離レ家、一方従レ事、非レ京非レ国中間孤居、如不レ給二公廨一、何能存レ計、加以此府所レ掌雑物、触レ類繁積、有二彼欠失一、何以補之、望請、件公廨雖レ有二未納一、猶被二全給一、謹請二官裁一者、右大臣宣、宜論定并公廨計二見納数一、毎レ色相率、先令二割置一、不レ得下以二府公廨一補中当国欠失等上者、而今得二筑前肥前等国解一偁、頃年不レ穏［稔カ］、見納数少、論定之外、割二置雑稲本穎一、仍不レ得レ行二府公廨一者、国司所レ執、雖レ非二格旨一、至二於雑稲絶レ本、須レ請二処分一、又国裁司董霜借貸［ママ］府司翻失二俸料一、望請、雖レ有二未納一、以二正税一猶被二全給一、彼代令二国司徴塡一、謹請二　官

裁一者、右大臣宣、奉レ勅、依レ請者、若当国正税員少者、管内相通行レ之、

承和五年六月廿一日(41)

まず弘仁十四年格(42)から検討しよう。そこに引かれた府解では、最初に当時の府官公廨の運営の様子が述べられている。そのなかで注目されるのは、管内諸国は延暦十六年格(43)により、その国に未勘のあった場合には当国公廨と府官公廨の双方を以て欠負を補うとしている点である。すなわち府官公廨の出挙利稲は府官人の給与となる以前に、各国の欠負があればその補塡に用いられてしまうわけである。それでは府官人は生活していくことができず、また府の雑物の欠失を補うことができない(44)ので、府公廨の利稲はたとえ未納があっても府官人に全給せられたい、というのが府解の大筋である。これをうけて官符では、管内六国の論定稲・府国の公廨稲の利稲の見納数を計り、本稲の比率にしたがって別枠扱いとし、府公廨利稲によって各国の欠失の補塡を行わないよう指示した。これは府官公廨利稲に未納があっても、なお未納分をも含めた全数を支給されたいという府の申請(45)を完全に実現するものではなかったが、ともかくも府官公廨の見納分は府官人の給与として間違いなく確保されることになったのである。しかし本官符を得ても、府官人達は完全に安心することはできなかったはずである。なぜなら、もし各国の公出挙が不調で利稲の収納が滞れば、利稲の見納分を本稲の比率にしたがって配分するという右の決定による限り、見納分の減少に比例して府官人の収入も減少してしまうからである。そこで府官公廨確保のためのさらなる施策が必要となる。

『続日本後紀』承和元年（八三四）五月癸亥条に、

大宰府司公廨、元来班二給六国一、至二天長八年一、依二民部省起請一、停レ給二六国一、混二給肥後国一、至レ是勅曰、如レ聞、転送之労、民受二其費一、混二給一国一、事乖二穏便一、宜レ復二旧給一之、

という記事がみえる。天長八年（八三一）に、従来六国の出挙によって運営されていた府官公廨を肥後一国に集中さ

せることにしたが、公廨本稲を肥後に転送したために民は困窮し、また肥後一国に混給するのは穏便ではないという理由によって、三年後の承和元年にいたり旧制に復したというのである。天長八年の措置は民部省起請をうけたもので、直接には大宰府の申請によるものではないが、いずれにせよおそらく当時の公出挙の全般的不調という事態を背景として、西海道諸国随一の豊かさを誇っていた肥後一国に、府官公廨の出挙を行わせようとしたものである。いってみればとれるところからとるという施策だったわけだが、それにしても弘仁主税式によれば、肥後国の府官公廨以外の出挙本稲は八十八万束だったから、やはり無理があり、結局はもとに復したのである。[46]しかしこのような模索を経た後の承和五年官符は、府官公廨確保のための決定的な施策だったといえる。

承和五年官符所引の府解では、前掲のごとく弘仁十四年官符を引いた後、筑前・肥前等の国解を掲げて、当時の管内諸国における公出挙制の実情を紹介している。そこでは出挙全般が不調で、「見納数少」というさきに指摘した状況が現実のものとなっていたことがわかる。そこで府解では弘仁十四年の申請を繰り返すとともに、府官公廨出挙の利稲が全数に満たない場合、その不足分を正税によって補い、その代を国司に徴填せしめるという具体的な全納の手段を示している。そして今回のこの申請は全面的に認められ、さらに不足分充当のための正税が少ない場合には管内で相通じることによって、ともかくも府官公廨の全数を確保せしめるという補足までもがつけ加えられたのである。ここにいたり、府官公廨の支給にきわめて強力な保証が得られたことは明らかである。すなわち本官符は、府官公廨の出挙が行われると否とにかかわらず、利稲にあたる額を各国国司の責任において全納させるとともに、そのために大宰府に六国の正税を相通行する権限を与えるものだったからである。[47]したがって大宰府は、これら府官公廨確保の過程で管内六国に対する支配を強化し、前節の最後に指摘した府財政の弱点の一つを克服するにいたったということができると思う。

さらに管内六国の正税を相通行する権限を大宰府が得たことは、もう一つの事態を管内に招くことになった。元慶五年（八八一）、大宰府は毎年公廨処分帳を進めることを命じられたが、その理由は右の権限を府司が最大限に活用するために各国の正税数が不定となり、また管内の正税帳もなかなか京進されないので、主税寮が各国の状況を勘知できなくなったからであった(48)。管内の正税を相通行した例としては、貞観十八年（八七六）に肥後から筑後への通行を府が申請して許されたことがあるが(49)、このように中央の裁可を経たものばかりでなく（本来そうすべきであるにもかかわらず）、大宰府が独自にこの権限を行使していたことが推測されるのである。そしてそれは管内正税帳の勘会に大きな混乱を招くものだった。またこの段階で定められた公廨処分帳の造進にしても、どれだけ実効性を持ち得たかは、当時の西海道諸国の公文勘会の状態から考えてきわめて疑わしいのであるが、これら公文勘会については後述する。

以上、九世紀中葉における府官公廨の確保強化についてみてきたが、この他にも雑米の貢進に関しては、前節で述べたように貞観年間にはその制度面での整備が行われ(50)、さらに貞観十五年には筑前国に警固田百町・府儲田二百町を置いて、その地子を府中の雑事の一部に充てるなど(51)、府財政の強化がはかられている。とくに警固田・府儲田の設置は、平野邦雄氏が指摘されたように小規模とはいえ料稲制から料田制への転換を示し(52)、また正木喜三郎氏によれば古代末～中世における府領の起源の一つに数えられるものであり(53)、府独自の財政基盤の設定という点において注目されるのである。

(二)　調庸雑物制

次に、九世紀代における調庸雑物の違反に対する政策から、中央・大宰府・管内諸国の関係の変化をみていくことにするが、ここでおもに検討の対象とするのは、とくに大宰府および管内諸国に対して発せられた次の三通の官符である。

（1）承和十四年（八四七）十月十四日官符　応レ責二大宰府貢物麁悪幷違期一事。（『類聚三代格』巻八）

（2）斉衡三年（八五六）五月二十七日官符　応レ勘二大宰府所レ進調庸用度帳一事。（同右巻十二）

（3）貞観十三年（八七一）八月十日官符　応レ責二大宰府貢物麁悪一事。(54)（同右巻八）

このうち（1）・（3）は大宰府から京進される貢物に関するものである。（2）は後の公文勘会のところで述べるべきだが、管内諸国から大宰府に送られる調庸の未進について言及しているので、ここでとりあげることにする。

さて、長山泰孝氏によれば、全国的にみて調庸違反の問題が深刻化するのは宝亀・延暦期以後のことであり、その対策の特徴は表15のごとく四期に分けて捉えることができるとされる(55)。このような調庸違反対策の全国的傾向のなかで（1）～（3）をみると、他の地域とはその様相をやや異にしていることがわかる。その第一は、（1）～（3）が全国的にみれば取締り意欲の減退する第三期にあたる時期に出されているという点である。このズレが何故生じたのかはあまりよくわからないが、承和九年の大宰大弐藤原衛の起請に、

交替務了、未レ得二解由一五位之徒、寄二事格旨一、留二住管内一、常妨二農商一、侵二漁百姓一、巧為二奸利之謀一、未レ覩二塡納之物一、(56)

とあり、また斉衡二年には大宰府から、

頃年国宰踈慢殊甚、違レ命者衆、応レ召者寡、或嬾レ出二国境一、廻避不レ来、或雖レ到二府頭一、拒捍

表15　調庸違反対策の推移

第1期	宝亀～延暦	専当制の強化，解任・奪俸等の行政的措置
第2期	大同～承和	律による科罪，未進の場合公廨による塡納
第3期	嘉祥～延喜	未進の慢性化，取締り意欲の減退
第4期	延喜以後	教誡的色彩の濃い施策

徒帰、[57]という報告がなされるなど、この時期には府の管内支配に動揺がみられるのであり、承和末〜貞観頃にかけて、とくに大宰府および管内諸国に対して調庸違反対策が次々と出される背景には、右のような事情が存在していたと考えられるのではなかろうか。第二の相違としては、大宰府から京進される貢物に関して、違期・麁悪に対する制格はみられるものの、未進に言及したものは九世紀段階ではまったくみられないという点を挙げることができる。勿論制格がみられないからといって未進がなかったとはいえないが、前節で述べたごとく大宰府から京進されるものの大半は綿であり、平野邦雄氏の試算によれば、大宰府貢綿の総額十ないし二十万屯は、管内諸国より府へ送られる調庸綿の総額に比べて決して過重な負担ではなかったらしく、[58]この点を考慮すれば右の特徴も頷けよう。その代わり大宰府貢物に関してとくに取締りの対象となったのが麁悪である。これについては、管内諸国から府へ送られる綿が総体的に麁悪化していったという事情も当然考えられるが、他方では府から中央へ送られる段階で何らかの不正・怠慢が存在した可能性も否定できないのである。事実（3）ではとくに蔵司——貢綿の担当官司——の責任が追及されている。

以上、大宰府および管内諸国への調庸違反対策の特徴を大雑把にみてきたが、次に前掲の三つの官符を個々に検討しながら、大宰府の管内支配および中央政府の統制の変化についてみていくことにしたい。

（1）は大宰府を対象とする本格的な調庸違反対策としては最初のものである。[59]ここでの対策は、麁悪・違期のあった場合、「府司及管内国宰奪ニ公廨四分之一ー、但郡司准ニ諸国貢調綱領ー、決ニ杖八十ー」というものであるが、これは前節でみた調庸雑物制における中央・大宰府・管内諸国の三者の関係に対応するものであり、管内国司や郡司が府司とともに府から京進される貢物に対して責任を持たされているのが本官符の特徴である。ところが（順番は前後するが）（3）になると多少様相が異なってくる。すなわち（3）では、（1）で大宰府貢物の麁悪・違期を責めたものの、府国の吏は憲章を慎まず、また管内の「浮浪之輩」が府国司と結託して利益をあげているので、貢物の麁悪は一向にやまないと指摘したうえで、これらの状況をもたらした責任をとくに蔵司に帰せしめ、「仍須下麁悪之物、絹及二一百疋一、綿満二二万屯一、蔵司勾当監・典幷使等、解中却見任上」と蔵司に対する処罰を規定しているのである。したがって、府国司および郡司に対しても（1）を従来通り適用するとはしているものの、本官符の趣旨はあくまで府から京進される貢物については、専ら蔵司に責任を持たせるという点にあったと考えられる。これは中央政府が大宰府貢物に関して、その前段階である管内諸国から大宰府への貢進についても統制・監督するという従来の体制から、大宰府蔵司に責任を集中させ、貢物の京進を請け負わせるという体制への移行を示すものということができよう。また、この貞観十三年格以後、大宰府貢物に関する施策は十世紀末の寛和三年[60]（九八七）までみられず、九世紀末から十世紀前半にかけては専ら公文勘会のみが問題とされるようになるが、この点からも本官符は調庸雑物制における中央・大宰府・管内諸国の関係の転換期を示すものとして位置づけることができると思われる。

一方、（2）は（1）・（3）と異なり、管内諸国から大宰府へ送られる調庸物の未進に関するものである。その内容は、主計寮における用度帳・調帳の勘会をスムーズに行うため、やむを得ない未進についてはその由を用度帳に注記させて勘会し、返抄を放つことを許可した嘉祥三年（八五〇）八月三日官符をうけ、その実施にあたっては返抄にも未進のある由を載せ、「若当年未進来年不二究納一、明年用度帳猶注二未進一者、令レ移二主税寮一没二国司公廨一、兼弁二備未進一、一如二去年五月十日格一」くせよというものである。去年五月十日格とは、全国を対象とした「応下准二未進調庸数一没二国司公廨一幷調使帰上国事」という事書をもつ官符であり[61]、

今須下当年未進来年不レ究者、主計寮具録二未進数一、明年三月以前移二主税寮一、即准二未進数一、没二国司史生以上公解一、兼復令中未進調物依レ数弁納上、

とある部分がさきの指示に対応している。この斉衡二年格の内容は、当時の調庸未進の慢性化を背景として、物実の輸納と公文勘会とが遊離していく過程を示すものであり、(62) 大宰府管内に対する斉衡三年格もかかる全国的傾向のなかに位置づけなければならない。しかしながら、物実は大宰府に納め、公文のみを中央へ進めて勘会を受けるという西海道諸国の調庸制の特殊性を考慮するならば、やむを得ない未進を認めたうえでの右の取締り規定の効果は、他の諸国に比べてはなはだ心許ないものであったと考えられる。何故なら未進の塡納が行われたか否かについても、中央政府は公文によって間接的にしか関知し得ず、まして当時の管内諸国は「雖レ有二未進一、猶注二全数一、不レ顧二後累一唯期二事成一」（嘉祥三年官符）すという状況であったからである。したがって嘉祥三年・斉衡三年の官符は、やや極端にいうならば、西海道諸国の調庸制に対する中央政府の監督・統制の形骸化、すなわち中央における公文勘会の形骸化の端緒として捉えることができると思う。そこで次に、これ以後の公文勘会をめぐる動向について検討していきたい。

㈢　公文勘会

前節でみたように、西海道諸国の公文勘会は府・中央の二段階で行われ、後者に関しては府使・府雑掌は管国公文をまとめて上京し、その弁申にあたっていたが、天長元年（八二四）の勘解由使再置を背景として、(63) 管内諸国司・国雑掌が上京し、自国の公文の弁申を行うようになった。さらに元慶年間（八七七〜八八五）に入ると、筑前以下六国に比べて大宰府の強い統制下にある日向・大隅・薩摩・壱岐・対馬の三国二島のなかにも、自国の使を中央に差して公文の弁済を行おうとする動きがでてくる。元慶五年には日向国守が正税返却帳所載の勘出に関する弁申は府解を請わず直ちに押署のみをとり、国司を差して言上したいと申請して許され、(64) さらに元慶八年には大隅国守の申請により、三国二島の雑掌を京に派遣して公文の勘弁を行うことを許されているのが(65) それである。北條秀樹氏はこれらの動きについて、九世紀後半より顕著となってくる国司の受領化の過程で、国司功過に直結する四度公文勘済を管内国司が自らの手で行おうとしたものとみ、これらの過程のなかで次第に府段階の勘会は、その機能を果たし得なくなっていったとされた[66]。しかし右の論点のうち、管内諸国が公文勘済の面で大宰府支配から自立していこうとする動向と国司の受領化との関係を指摘された点は首肯できるが、だからといってその結果、府段階の公文勘会が無実化していったとされる点にはやや疑問を感じるのである。例えば前述の日向守の申請は、あくまで過去何年間かの正税返却帳所載の勘出に関する弁申についてのものであり、正税帳自身を府解を請わず押署のみとって言上したいとしているのではないし、後述するごとく昌泰元年格[67]による主計・主税二寮官人と大宰府算師との兼任も、むしろ中央での勘会の無実化として捉えられると思われるからである。したがって、ここでは総体的に公文勘会が形骸化していくなかで、府段階の勘会と中央での勘会との関係がどのように推移していくかについて、九世紀末〜十世紀前半の史料をみながら検討していくことにしたい。

最初に検討するのは、寛平九年（八九七）六月十九日官符（『類聚三代格』巻十二、新訂増補国史大系三八〇〜三八一頁）である。本官符は「応㆘先勘㆓当任公文㆒、次勘㆓前司時帳㆒、幷科㆗責不㆑勘㆓四度公文㆒府司及管内国島司㆖事」という事書をもつ大宰府管内の公文勘会全般に関するものであるが、内容をみていく前に、当時の全国的な公文勘会制度の変遷について、これも北條秀樹氏の所説[68]に拠りつつ概観しておくことにする。律令制下における公文勘会――とくに調庸制との関係において――は、調庸物の納入と不可分であるのが原則であったが、天長・承和期にいたり物納と公文勘会とが分離され、さらに仁寿年間（八五一〜八五四）には物納と分離された公文勘会に関する責任は、国司官長に集中されるようになる。これらの状況を背景として出された仁和四年（八八八）七月二十三日官符（『類聚三代格』巻五、新訂増補国史大系二四三〜二四四頁）は、調庸輸納と公文勘会とを当任任中で完結させるというものであり、令制的国司が受領へと変貌する一画期をなすものであった。すなわち九世紀における公文勘会制度の変遷は、物納との分離→国司官長への責任集中→当任完結という方向で進んできたわけだが、さらに寛平年間（八八九〜八九八）にも注目すべき施策がいくつかみられる。その第一は寛平六年九月二十九日官符（『類聚三代格』巻十二、新訂増補国史大系三七七〜三七八頁）であり、正税帳勘会について前司以往八年以上の返却帳を請け取った者は勘会合格とみなすことが定められる。第二に寛平八年六月二十八日官符（同前巻五、新訂増補国史大系二四四〜二四五頁）によって、調庸惣返抄の制度が成立する。すなわち国司官長の任中における京進物総体に関する返抄の有無によって、解由の拘放、功過の判定が左右されるようになったのである。寛平九年官符は右のような公文勘会制度の変遷を背景として出されたものであるわけだが、内容のうえでもこのような全国レベルでの動向のなかに位置づけられるものといえる。

次にその内容を記すことにするが、本官符は「用度帳調帳条」と「税帳大帳朝集帳条」の二条からなり、それぞれ当時の参議・右大弁源希の奏状に対して、上卿である中納言藤原時平が奉勅を経て宣すという形式になっている。まず用度帳・調帳に関して源希の奏状は、近年府司の怠慢により用度帳が京進されないという事態に対し、府司に命じて暫く前年帳を勘ずるを停め、まず当任任中の用度帳を勘申せしめることを献策し、それに違反する者の科責の法について処分を請う。また用度帳勘申にあたっては、所司長官＝大宰府の官長に事を専当せしめ、使雑掌を待たずに直ちに勘申させるようにし、「未到之帳」（前年帳のことか）は単使に付して速やかに京進させるよう申請している。また管国の調帳に関しても用度帳の勘申に准じるとする。これに対して時平が奉勅して宣するには、府司で任中帳を勘申しない者は官長の解由を返却すること、旧年帳を勘申する場合も所司長官が専当するが、その場合には雑掌一人を加えて数年分の帳を一度に勘申せしめること、諸国調帳は管内諸国が府へ進めているにもかかわらず、府司が官に進めないのであるから、独り府司のみを処罰の対象とすることなどが定められた。一方、税帳大帳朝集帳条では、源希がこれらの公文について勘済せざる場合の科責の法を定めるよう申請したのをうけ、時平宣では税帳・大帳については府国長官の解由の抑留、朝集公文については公廨四分の一の没収という処罰が定められた。

冗漫にわたり、意味のよくわからない部分も多少のこっているが、以上が寛平九年格の大要である。そこで次に本官符の意義について考えてみることにする。その第一は、本官符は中央における大宰府公文の勘会を速やかに行うために発せられたものであり、その意味では前項でみた嘉祥三年・斉衡三年官符と同一線上にあるものといえる。ただし嘉祥・斉衡の段階では、管内諸国の調庸物の未進が問題とされていたのに対し、本官符では用度帳・調帳自体が京進されないということが問題となっており、中央における勘会の停滞がより深刻化している点に注意すべきだろう。第二に、今述べた勘会の停滞への対策としては、まず当任の公文を勘申することが定められ、罰則も官長解由の返却であって、これらはさきにみた当時の全国的傾向に合致するという点である。しかもこれがおもに府司を対象としていることは、大宰府官長（権帥あるいは大弐）も文書行政上においては他の一般国司と同じ位置づけがなされていることを示すものである。第三に、本官符から府段階の勘会に関することは直接にはわからないが、用度帳が諸国から送られる調庸物と調帳・大帳等を勘案して作成されることは、嘉祥三年官符に「准レ例管内諸国調庸検ニ収府庫一、随レ用出充、即修ニ用度帳一副ニ調帳一進レ官」とあり、また用度帳に諸国調庸物の未進を注記している点から推察されるところであり、したがって用度帳の作成自体が府段階での諸国調帳・大帳等の勘会を必然的にともなうものであったと考えられることからすれば、本官符は決して府段階の勘会を無実化するものではなく、逆に中央での勘会を円滑に行う前提として、府段階の勘会の強化を間接的に要求するものであったとすることができると思う。したがって全体的にみて本官符の意図は、深刻化しつつあった中央段階での勘会業務の停滞を、府段階での勘会強化を前提としつつ、当時の全国的な公文勘会制度の変質に沿った形で打開しようとしたものであった。

しかし本官符にもかかわらず、中央段階での大宰府公文勘会の停滞・無実化は抑えがたく、翌昌泰元年（八九八）には次のごとき大宰府の申請を認めざるを得なかったのである。[69]すなわち大宰府算師はもと定員一名であったが、弘仁五年（八一四）に一名の増員が認められた。[70]しかし定員が増えても勘会は円滑に行われず、このままでは徒らに公俸を費やすばかりであるから、増員した一員の上京を停止し、その代わりに主計・主税両寮の属官に算師を兼任させて公文勘済を行いたいというのである。これは平野邦雄氏も説かれたように、公文の勘査を行う者と勘査を受ける者とが同一人になるということであって、中央段階での公文勘会は、ここにまったく形骸化してしまったとすることができよう。[71]それでは一方の大宰府段階での公文勘会はどのようになっていったかという点だが、これについて史料は十世紀代のものとなるが、次に検討してみよう。

延長六年（九二八）十月五日官符と、これを引く承平四年（九三四）四月十九日官符（『政事要略』巻五十七、新訂増補国史大系四二四〜四二六頁）は、大宰府管内の公文勘会に関する最後のまとまった史料であり、九世紀中期以来の数々の施策の行き着くさきを示したものとすることができる。もっとも官符の決定のみをみれば、延長六年官符では、筑前以下六国の大帳・税帳の中央での勘会にあたり、従来はそれぞれの国の雑掌を入京させていたのを停め、府雑掌による入京・勘申に改める、すなわち天長期以前の制に復したのに対し、承平四年官符では再び六国の雑掌を入京させることにしたものであり、八・九世紀段階に行われていた二方式の間を往き来したにすぎない。しかしながら両官符中に引かれた府解は、十世紀前半における大宰府管内の公文勘会の様相、およびそれに対する大宰府の要求を知るうえで格好の史料といえる。そこでまず、延長六年官符所引の府解にいうところの当時の公文勘会の姿を、調帳・正税帳関係について図示する[72]（図9）。

かかる公文勘会の方式が、当時実際に滞りなく行われていたとは勿論考えられず、これはいわば理想的な姿を描いたものといってよいだろう。しかし理想とはいっても、惣返抄の語などが示すように、これはあくまで九世紀末における公文勘会制度の変質をふまえたものと考えられるのである。とすれば、府から管国に対して惣返抄・返却帳を放つとしている点からすれば、前述したように当時の府段階の公文勘会がまったく無実化していたと断定するのは疑問に思われる。むしろ中央での勘会の形骸化と比較すれば、相対的に府段階の勘会の比重が増していたとも考えられるのであり、また府の公文勘会に対する意欲も一応は存在していたと認めてよいと思う。

さて当時のこのような公文勘会の制度に対して、延長六年の府解では「再勘之煩」や上京する使に要する料米の費を省くためとして、中央での管国公文勘会の停止という大胆ともいえる申請を出している。これは具体的には承平四年官符所引の前年五月十日の府解に、

管国公文停二寮勘定一、以二府勘定帳一、可レ勘二合用度帳一之状、従二去延喜八年一以来数度言上、是為レ勘二済用度帳一、懇切所二申請一也、

とあるように、府段階での勘会の結果を載せた勘定帳のみを京進し、用度帳との勘定を行うことを申請したものであり、「延喜八年以来数度言上」とあるから、大宰府側としてはかなり執拗にこの要求を繰り返したものとみられる。

この申請はこれまでの文書行政上の原則の大幅な改変を求めるものであったため、結局は認可を得られず、制度上は『延喜式』にみられるのとほぼ同様のものに復することになったわけである。ところが

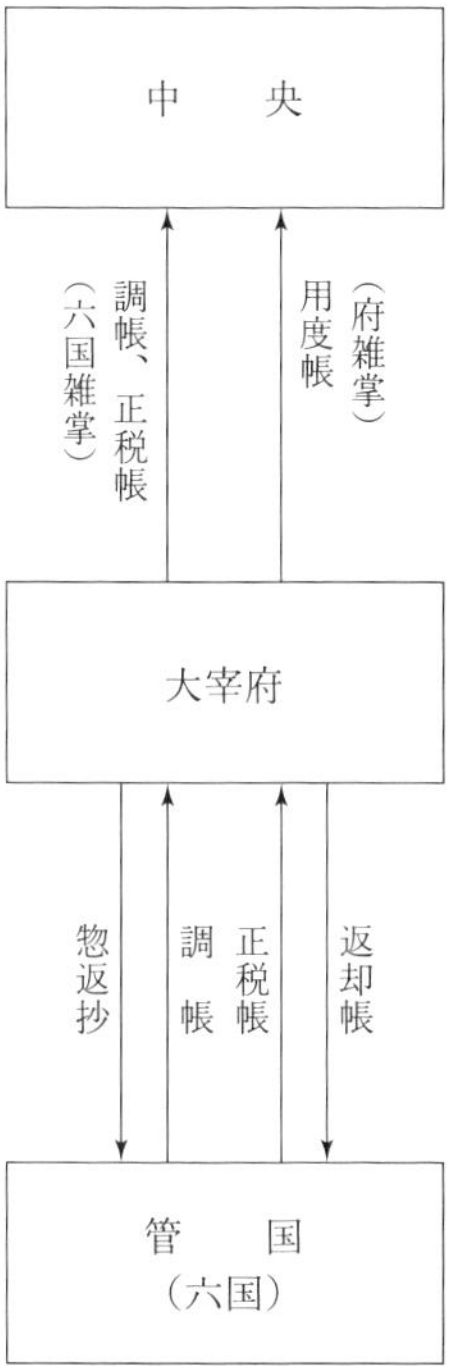

図9　十世紀前半の中央・大宰府・管内諸国間の公文勘会

一方、実態をみると、延喜年間（九〇一〜九二三）以後には、大宰府管内公文の中央での勘会はまったく行われないという事態に立ちいたっていたことが判明する。すなわち『政事要略』の編者惟宗允亮は右の官符を載せた後、

二寮官人伝云、延喜十三年以来、不レ勘二大宰公文一、又件承平官符以後、雖レ不レ見二停止之由一、而无下勘二公文一之実上云々、然而為レ知二事情一所レ載而已、(73)

と注記しており、また『北山抄』巻第十、功過定事（改訂増補故実叢書五九八〜五九九頁）にも、

大宰管国公文、府ノ雑掌相副テ参上、二寮所レ勘也、而延喜以来為レ省二事煩一、停二其入京一、於レ府勘済、

という記事がみられるのである。両者は多少ニュアンスを異にしており、前者ではいわばなしくずし的に中央での勘会が行われなくなったように記すのに対し、後者では何らかの行政的措置によって勘会を停止したごとくであるが、いずれにせよ延喜年間以後、中央での勘会がまったく行われなくなったという点で両者は一致している。また『政事要略』所引「勘解由使勘判抄(74)」の判例のなかで、延喜以降の大宰府管内の公文に関する次の一通をみても、当時公文勘会が中央で行われた形跡はみられない。

（1）大宰藤当幹

〔無赦脱〕判云、件未レ勘二済四度公文幷諸司用度帳一、前司当幹朝臣為二後司一被二放還一畢、須二見任相承勘済一、延喜六年判〔長〕(75)、

（2）豊後　前司藤世武

常赦判云、未レ請之怠、同在二　恩前一、亦須三後任相承、令二年々使専当郡司等請進一、莫レ拘二前司一、延喜十二年判(76)、

このように大宰府および管内諸国の公文勘会が行われなくなったとすると、府司・国司は交替にあたってこの問題をどのように処理していくようになったのであろうか。前掲勘判抄の（2）の場合には、「未レ請之怠、同在二　恩前一」とあるように、前司藤原世武の在任期間中である延喜十年（九一〇）七月十日に大赦があったために(77)、未勘の

責を免れているが、これはあくまで偶然のことであり、それ以外の一般の国司の場合には、府段階における勘会を以て公文勘済とみなされるようになっていったのではないかと思われる。『北山抄』巻第十、吏途指南には「古今定功過例」として功過定の実例が列挙されているが、そのうち日向守保昌に関する記事（改訂増補故実叢書六〇六頁）には、

勘二申七箇年税帳一、前司任二年、当任五年也、即放府解、

とあり、府での勘会が終わると府解を中央へ進め、勘畢の由を報告していたことがわかり、同じく『北山抄』巻第三、定受領功過事の、主計・主税二寮勘文について述べている部分の注記（同前三五一頁）にも、

大宰管国无二二寮勘文一、以二府解一定之、

とあって、功過定の資料として府解の用いられていたことを知るのである(78)。このように中央で大宰管内諸国の公文勘会が行われなくなった後には、府での勘会の結果を府解に載せ報告し、功過判定の基準とするという手続がとられるようになったと思われるが、これでは中央政府は管内諸国の政を把握することは到底困難だった。例えば寛和三年（九八七）三月五日の太政官符（『政事要略』巻五十一、新訂増補国史大系二六九～二七〇頁）は大宰府所進の調庸雑物の未進を科責したものだが、その文中に、

管内諸国牧宰、去レ任入京之日、所レ済功績併載二府解一、正税不動悉申二挙塡新委之由一、調庸雑物、皆載二合期見上之勤一、

とあるように、府解の内容はあくまで解由を得るための虚偽の多いものだったことが推察されるのである。

一方、府司についてはどうだったかというに、これも『北山抄』巻第十、功過定事（改訂増補故実叢書五九九頁）に、

帥・弐有レ召上道、三位以上、不レ責二解由一、任中勤随レ見執申、

とあるごとく、三位の大宰府官長には、そもそも解由を責めないという例であった(79)。また四位の大弐に関しても、例

えば前掲勘判抄（1）の藤原当幹の場合、大弐在任中に参議に就任しており、かくのごとく大宰府官長の場合、多く高位の者が任ぜられることにより、その交替業務は曖昧なままに行われたものと考えられる[80]。

以上、延長六年・承平四年の両官符を中心として、十世紀以後における大宰府管内の公文勘会について検討してきたが、それによれば十世紀初頭以後、中央政府は大宰府管内の政を少なくとも公文勘会を通じては、まったく知り得なくなっていったのであり、ここに公文勘会業務は大宰府に一切委任されることになったのである。そしてそれにともない、大宰府は管内国司の功過判定に大きくかかわるようになり、管内国司に対する支配力を強化していく有力な手段を獲得したのであった。

三項目にわたって、九世紀中葉〜十世紀前半の大宰府による管内支配および中央政府との関係の変化を追ってきた。このうち（一）の府官公廨に関しては、明らかに従来の大宰府財政の弱点を強化したものとみることができるが、（二）・（三）については、それ自身、直接的に府による管内支配の強化を示すものではない。しかし両者はいずれも中央政府の管内に対する直接的な統制・監督が失われていき、大宰府に管内の政を委任するにいたる過程として捉えることができる。対外貿易の面では、森克己氏[81]・石井進氏[82]が指摘されたように、延喜九年に中央から唐物使を派遣する従来の制度を停止し、貿易管理・先買権行使を大宰府に委任するという措置が行われているが[83]、管内支配の面においてもこれと同様の傾向を窺うことができるのである。大宰府はかかる過程を通じて、これ以後管内の支配を強化していく前提条件を獲得していったとすることができるのではなかろうか。

三　十・十一世紀における府の管内支配

十一世紀以後の権帥・大弐の風貌をみていくと、藤原惟憲（大弐在任は治安三年〈一〇二三〉～長元二年〈一〇二九〉）が藤原実資に「九国二島物掃ㇾ底奪取、唐物又同、已似ㇾ忘ㇾ耻」と評され[84]、大江匡房（権帥在任は承徳元年〈一〇九七〉～康和四年〈一一〇二〉）も「大宰権帥になりて任におもむかれたりけるに、道理にてとりたる物をば、船一艘につみ、非道にてとりたる物をば、又一艘につみてのぼられけるに、道理の舟は入海してけり」とされるように[85]、その任中にできる限りの巨富を蓄える、いわば「受領」的な姿が浮かびあがってくるのである。このような権帥・大弐の「受領」的風貌が、前節でみた府の管内支配の強化、中央政府による府への管内支配委任等の過程を前提としていることは間違いないにしても、両者は必ずしも直接的に結びつくものではなく、後者はあくまで前者の背景として存在するにとどまるものと思われる。そこで注目されるのが、いわゆる府官層の形成等の問題である。これらについてはすでにさまざまな側面からの研究があるが[86]、前節でみた十世紀前半までの過程と権帥・大弐の「受領」化とをつなぐものとして、ここではやや視角を代えて検討を加えてみたいと思う。

十世紀中葉、伊予におこった藤原純友の乱は、大宰府にも非常に大きな影響を及ぼした。その第一は、純友によって大宰府政庁が灰燼に帰したことである[87]。このことは律令制的地方行政機構としての大宰府の崩壊を象徴的に示すとも考えられるが、長年にわたる発掘調査の結果、大宰府政庁は純友の乱による焼失後、比較的早い時期に建て直されたことが判明した。すなわち現在都府楼跡として知られている大規模な礎石群は、平安中期の建て替え後のものなのである[88]。とすれば、この政庁再建が府の管内支配に何らかの役割を果たした可能性は充分に考えられよう。もとよりこれを傍証する文献史料は見いだせず、あくまで憶測に過ぎないが、府庁再建のための管内への負担強化といったような動きが存在したのではないかと思われるのである。第二に、純友の乱鎮圧に追捕使主典として活躍した右衛門志大蔵春実の存在を挙げることができる。彼は純友の乱後も大宰府に留まり、有力府官大蔵氏の基礎を築くのである。(89)すなわち純友の乱は、十一世紀における府官層の擡頭の端緒を開いたものと考えることができよう。

さて、純友の乱鎮圧の五〇年後にあたる正暦二年（九九一）に大弐に就任した藤原佐理は、宇佐宮神人と闘乱事件をおこし、宇佐宮司の愁訴にあって、長徳元年（九九五）その任を解かれる。(90)この佐理をはじめとして、それに続く四人の帥・大弐、(91)すなわち藤原有国（長徳元年～長保三年〈一〇〇一〉）・平惟仲（長保三年～寛弘元年〈一〇〇四〉）・藤原高遠（寛弘元年～同六年）・平親信（寛弘七年～長和三年〈一〇一四〉）は、いずれも宇佐宮や管国の受領の訴えにあって罷免されたり辞任したりしている。このことは、府の管内支配が十世紀末～十一世紀初頭に一定の変化をみせたことを暗示するものであろう。そこで次に、右に挙げた帥・大弐達に関する史料から、この時期における管内支配の様子を探ってみたい。

ところで十世紀末～十一世紀初という時期は、全国的にみると国司苛政上訴が頻発した時期である。もちろん、右に掲げた大宰府の状況と国司苛政上訴とは、第一に訴える主体が異なっており、同一には論じられないものの、「苛政」の内容には共通する面が少なくない。(92)例えば国司苛政上訴の代表例である永延二年（九八八）尾張国郡司百姓等解(93)（以後、尾張国解と略称する）にみられる国守藤原元命の非法の数々と、後述する平惟仲を訴えた長保五年の八幡大菩薩宇佐宮司解(94)（以後、宇佐宮司解と略称する）の内容とを比較してみると、両者には数々の類似点がみられるのである。とくに前者における元命の息男頼方をはじめとした子弟・郎等による従来の慣行を無視した数々の非法（二十七条～三十条等）は、森田悌氏も説かれたように、(95)元命に対する愁訴の最大の原因の一つであるが、これは後者にも

ていくことにする。

共通してみられるものである。そこで尾張国解の内容を念頭に置きながら、宇佐宮による平惟仲愁訴事件についてみていくことにする。

この事件に関しては、夙に西岡虎之助氏による研究があり[96]、最近では有川宜博氏が詳細に分析されている[97]。したがって事件の詳しい経過についてはこれらの論考に譲り、ここではさきに触れた長保五年八月十九日の宇佐宮司解の内容を検討することとしたい。この文書は九箇条にわたって大宰帥平惟仲等の非法を訴えたものであり[98]、これをうけて太政官は神威に寄せた虚偽の愁訴かとの疑問を抱きつつも、ほぼ全面的に宇佐宮司の訴えを認め、大宰府にその停止を命じている[99]。いまその大要を条別に記すと次のごとくなろう[100]。

第一条　六年一度の行幸会の装束料は、管内諸国から寄せられるべきものであるにもかかわらず、国司はその勤を果たさないので、宮司自ら料物の確保に奔走していたところ、府使が国司を引率して宮司等を冤凌し、非例の絹布等を強進せしめた。

第二条　本年五月十九日の官符で、弥勒寺金堂改造のため大宮司大神邦利を重任させ、邦利は造作につとめていたが、雑役を納めないと称して、府権検非違使豊国公職が随兵を引率して禁堺の地に乱入した。

第三条　府は本年五月二十七日の政所下文で宮司邦利を召したが、宮司はたやすく禁堺を出入しないのが例なので宮中に籠もっていたところ、豊国公職が国司に触れず宮中に入り遅参を責めた。ところが公職は連夜の示現に驚き駅館に移って、邦利が召しに従わない由を府に言上し、さらに国司に宮司が官米を奪取したとの無実の解文を書かせて帰府した。

第四条　長保三年、府により弥勒寺権講師に任命された盛仁は、寺僧を打ち縛るなどの非法を行い、その弟子にも失があったので、翌年宮司邦利は府に参上して盛仁と対問したところ、盛仁の非が明らかとなり、権講師職を追却された。ところが府は再び盛仁を権講師に任命した。

第五条　八幡大菩薩の行幸は期日が定められているにもかかわらず、帥惟仲は本年四月二十日、府官・雑任・国司を引率して宮に至り、非例の行幸を強行した。

第六条　昨年六月四日、門司別当佐伯良方が潔斎の地である封郷内に徴銀の使と称して乱入し、神馬を奪いとるなどの暴挙を働いた。

第七条　宮領の諸封庄田については、庄司・寄人等の臨時雑役が免除され、神事の勤を行うのが例であったが、府はこの例に背いて、これら筑前・肥前等の宮領を公田に勘返し官物を率徴したほか、庄司・寄人等に「府佃之弁」「銀雑物」を負担させた。

第八条　門司別当佐伯良方が行幸御装束料を帥館料米と称して奪いとったので、国司にこの旨を告げたが、国司は無力で埒があかず、かえって良方は宮司が料米を掠領した由を府に言上し、府はそれをうけて豊国公職を遣わし、公職は数々の非行を働いた。このことのおこりは、昨年佐伯良方が国中に雑米を徴するの間、官米一石ごとに二斗の土毛・交米等を割取し、さらに厨料と称して数々の雑物を徴したので、上毛郡宮人新家景光が府にその旨を訴えたことによる。府は良方の所行を不当として料米の返還を指示したので、宮司邦利は府検非違所執当宇治為友を随身して上毛郡に向かい、納所預に命じて料米を確保したところ、さきの良方・公職が非行に及んだのである。

第九条　近頃、狐が宮中・国内に頻りに現れ、凶兆を示している。

このように各条は相互に重複する部分が多く、時間的な先後関係も錯綜している。そこで宇佐宮司の挙げている大宰府の非法をほぼ年代順に整理すると、次の四点にまとめることができる。

①弥勒寺権講師盛仁の非法と再任（長保三〜四年）……四条
②門司別当佐伯良方の非法（長保四年六〜十一月）……六〜八条
③帥惟仲による大菩薩行幸の強行（長保五年四月）……五条
④府権検非違使豊国公職の非法（長保五年五月）……一・二・三・八条

このうち①と③については、有川宜博氏が述べられているごとく、大宰府が宇佐宮に対して直接的な影響力を及ぼそうとしたものであるが[101]、②・④については、より広く府の管内支配一般の問題として捉えることができる。

②の佐伯良方は他に所見がないが、④の豊国公職は万寿三年（一〇二六）三月二十三日の大宰府解（『類聚符宣抄』第三）に「正六位上行大典豊国宿禰公職」とみえるから、惟仲の罷免後も府官として在府していたことが知られる[102]。この両者は、佐伯・豊国という姓がいずれも広嗣の乱で活躍した豊前国人のなかに見いだされるので、豊前国の出身である可能性が高い。しかし、豊国公職に関しては府権検非違使という職からみて、惟仲赴任以前から豊前あるいは大宰府に在住していたかどうかには疑問がある。というのは府検非違使は、承平五年（九三五）に史生二員を停止した代わりに正権各一員が置かれたものだが[103]、『北山抄』等によると競望者が多く、「不レ論二上下臈一、先奏者被レ下二宣旨一」[104]という状態だったからである[105]。したがって公職は惟仲が帥に任命された当時在京しており、出身地等をかわれて権検非違使となって府に下った可能性も考えられるのである。いずれにせよ宇佐宮司解では、良方・公職の二人を惟仲の意をうけた直属の府使として描いており、その姿は尾張国解における頼方をはじめとした子弟・郎等らと共通する面を持っているといえよう。さらにこのような府使の存在は、惟仲ばかりでなく、他のこの時期の大弐についてもみられる。例えば藤原高遠の場合には、筑前守菅野文信がその苛法二十箇条を愁訴したなかに「不善郎等及有二事聞一者等」に関することが記されており[106]、平親信の場合にも豊後守藤原孝理が「依二府使責一難レ堪」り上京したと訴

えているのである。(107)

したがってこの時期には、このような国司の存在をも意に介さない帥・大弐直属の府使が、府の管内に対する直接支配の尖兵として、盛んな活動を展開していたことを推測できるのである。また、いわゆる府官層のなかには、豊国公職のように帥・大弐直属の部下として府機構に入りこみ、そのまま定着した者が少なくなかったと思われるのであり、十世紀末～十一世紀初頭を府官層の形成・擡頭の一画期として捉えることもできるだろう。

次に佐伯良方・豊国公職の活動の内容から、当時の府の管内支配の様子をみていくことにするが、ここでも尾張国解と共通するものが多い。その第一は七条にみえる府佃である。正木喜三郎氏によれば、府佃は建久図田帳等にみられる府領の先行形態の一つであり、当時は田堵による請作経営に委ねられていたらしい。(108)尾張国解にも元命の子弟・郎等が郡司・百姓らに佃を耕作させていたことがみえるが(二十九条)、弥永貞三氏はこれらの佃と永承四年(一〇四九)の紀伊国や承暦二年(一〇七八)の近江国にみられる「御館分田」(109)との関連を指摘されている。(110)宇佐宮司解の場合、七条の「府佃之弁」とは具体的にはどのようなものなのかよくわからないが、弥永氏の指摘からすると、これと八条にみえる帥館料米とは何らかの関係があるのではなかろうか。さらに宇佐宮司解では、良方が雑米を徴する際に土毛・交米・厨料などの「供給料物」を不当にとりたてたと非難しているが(八条)、これも尾張国解に、元命および子弟・郎等の非法として糺弾されているところである(五・七・九・十六・二十八条等)。ともかく宇佐宮司解をみると、右にみた帥館料米や銀雑物等の徴収には府使自らがあたっていたらしいことがわかるのであり、この点でも府使を介した府の管内に対する直接的支配の進展を看取することができる。また七条では、宮領田の公田勘返を府が例に背いて強行したとしている。もちろんこれには実際のところ国司も関与していたはずであるが、文脈によるに、この公田勘返は長保四年の佐伯良方の所行の一環とみられるので、その背景にはやはり府の意向が強く働いていたと考えてよいだろう。

以上のように良方・公職ら府使の活動は、府の管内に対する直接的支配を指向するものと捉えることができるが、これらの動きに対して国司はどう対処していたかといえば、第三条では公職が「不㆑触㆓国司㆒無音入㆓来宮中㆒」とあり、第八条では良方の料米奪取の旨を宮司が国司に告げたところ、「雖㆑云㆓国宰㆒不㆑能㆓進退㆒」とあるように、府使の前にははなはだ無力なのである。もちろん国司は府の意向に唯々として従っていたわけではなく、むしろ府使の活動は国司の在地支配と激しく競合するものであったはずである。したがって藤原高遠・平親信らに対する管内国司の愁訴は、府の直接支配に対する抵抗の最終手段だったといえるが、それにしても帥・大弐の首がすげ替えられるだけであり、府官層の形成・擡頭を基礎とする、府の管内に対する直接支配という指向そのものは、根本的に変えることができなかった。そしてこのような立場の弱さは、前節でみた府での公文勘会とそれをもとにした府解による報告が、管内の受領の功過を左右するというしくみと無関係ではないと思われるのである。

以上、おもに平惟仲に対する宇佐宮司の愁訴事件から、十世紀末〜十一世紀初頭に帥・大弐直属の府使を尖兵として、府による管内への直接支配の動きが表面化していったことを述べたが、これらの動きには尾張国解にみられるような当時の受領の在地支配の内容とも共通する点があり、冒頭で述べた府長官の「受領」化はこれらの動きを通して達成されていったものと考えられる。

むすびにかえて

三節にわたり、八世紀から十一世紀初頭にいたる間の中央政府・大宰府・管内諸国の関係の変化を追ってきた。その結果、右の三者の関係にはおよそ次のような推移があったものと考えられる。

（1）八世紀〜九世紀前半　中央政府が西海道諸国に対して直接的な統制・監督を行っており、大宰府の管内支配はそれに強く規制されていた時期。

（2）九世紀中葉〜十世紀前半　中央が大宰府に管内諸国の政を委任するという体制への移行期。

（3）十世紀末〜十一世紀初頭　大宰府の管内に対する直接的支配の展開が表面化する時期。

したがって、律令制の側から大宰府機構の変質をみた場合、やはり（2）の時期をその一画期として重視すべきだろう。しかし、本稿でみた（2）の時期の変化はあくまで制度的なものであって、大宰府機構およびその管内支配総体の変質は、十世紀から十一世紀初にかけて徐々に進行していったと考えられる。

以上が本稿で得た一応の結論であるが、冒頭で「おもに財政的側面における」と限定して立てた課題にこたえるにしても、本稿での考察はきわめて不充分なものだったとせざるを得ない。例えば公営田制の問題を大宰府財政のなかにどのように位置づけるか、あるいは郡司や九世紀以後の富豪層の動向と大宰府機構との関連など、本稿で欠落している問題点はあまりにも多い。これらの問題をも含め、今後も大宰府機構の律令制下における位置づけとその変質について、さらに検討していきたいと考える。

註

（1）『万葉集』巻五―七九四。
（2）『類聚三代格』巻六、承和五年（八三八）六月二十一日太政官符所引弘仁十四年（八二三）八月一日太政官符。
（3）大宰府全般に関する研究史としては、竹内理三「九州の地方史研究」（30）〜（36）（『歴史評論』一五九・一六一〜一六三・一

六五～一六七、一九六三～六四年）、九州史学会古代史研究会「大宰府研究の成果と課題」（一）・（二）（『九州史学』二一・二三～二五、一九六三年）等を参照。

（4）竹内理三「大宰府政所考」（初出一九五六年、『竹内理三著作集四　律令制と貴族』〈角川書店、二〇〇〇年〉所収）。

（5）岡藤良敬「変質期における帥・大弐」（『九州史学』一一、一九五九年）。

（6）石井進「大宰府機構の変質と鎮西奉行の成立」（初出一九五九年、『石井進著作集一　日本中世国家史の研究』〈岩波書店、二〇〇四年〉所収）。

（7）正木喜三郎「府領形成の一考察」（初出一九六六年、『大宰府領の研究』〈文献出版、一九九一年〉第二編第二章所収）・「府領考」（初出一九六八年、同上第二編第三章所収）。

（8）平野邦雄「大宰府の徴税機構」（『律令国家と貴族社会』吉川弘文館、一九六九年）。

（9）北條秀樹「府支配と西海道」（初出一九八〇年、『日本古代国家の地方支配』〈吉川弘文館、二〇〇〇年〉所収）。

（10）山里純一「大宰府財政をめぐる諸問題」（初出一九八一年、『律令地方財政史の研究』〈吉川弘文館、一九九一年〉所収）。

（11）註（8）～（10）参照。以下三氏の論考の引用は、とくにことわらない限り、前掲の各論文からのものである。

（12）『延喜式』巻第二十二、民部上（新訂増補国史大系五六七頁）。

（13）『平城宮木簡』一―二八三～三一〇号。

（14）ただし、今泉隆雄「貢進物付札の諸問題」（初出一九七八年、『古代木簡の研究』〈吉川弘文館、一九九八年〉所収）によれば、西海道調綿付札の材質はすべて同種の闊葉樹であり、記載様式・形態も類似し、さらに国・年次を異にした付札の間に同筆関係が認められることなどから、京進される際に大宰府で一括作成されたものらしい。したがって『平城宮木簡』一の解説のように、付札の書かれた年代は西海道諸国から大宰府へ送られてきたときのものである可能性もあり、そうとすれば『続日本紀』の天平元年（七二九）の記事により、はじめて綿が京進されたと考えることもできる。

（15）『類聚三代格』巻六、大同四年（八〇九）正月二十六日太政官符所引天平神護三年（七六七）五月三日太政官処分・同巻八、神護景雲三年三月二十四日左大臣宣・同巻八、延暦二年（七八三）三月二十二日太政官符など。

（16）『続日本紀』神護景雲三年三月乙未条で二十万屯、『類聚三代格』巻八、延暦二年三月二十二日太政官符で再び十万屯、同巻八、弘仁四年（八一三）四月十六日太政官符では隔年十万屯となった。『延喜式』には綿の貢進料について明文がないが、調絹・調糸を毎年貢綿使に付して京進するという規定が存在する（註(17)(18)参照）ので、弘仁四年以降のある時点で再び毎年京進する制に復したものと考えられる。

(17)『日本紀略』弘仁七年三月五日条・『延喜式』巻第二十三、民部下（新訂増補国史大系五八八頁）。

(18)『延喜式』巻第二十三（新訂増補国史大系五八八頁）。

(19)同右（新訂増補国史大系五八七頁）。

(20)貲布については、豊前国の調に数量を記さず単に貲布を輸すという規定があるが、おそらくこれは府用に供されるもので、年料別貢雑物の素材とは関係ないと思われる。

(21)『延喜式』巻第三十三、大膳下（新訂増補国史大系七七九頁）。

(22)以上述べてきたことは、主として『延喜式』の記載に拠っているのであって、これを直ちに八・九世紀全体に敷衍できないことはいうまでもない。しかし調庸綿については、八世紀前半の木簡から平野氏は本文のごとき事態を推測されているし、紫草の栽培なども天平期の正税帳にみられるので、ほぼ律令制下における大宰府財政の特質の一つとして考えてよいのではないかと思う。

(23)『貞信公記』延長五年（九二七）七月十四日条に「可レ催二大宰舂米一事」とあるのが初見ではないかと思われる。

(24)『弘仁式』主税（新訂増補国史大系一九頁）では諸国の地子について、

凡五畿内伊賀等国地子、混二合正税一、其陸奥充二儲糒幷鎮兵粮一、出羽狄禄、大宰所管諸国充二対馬多褹二島公廨一、余国交二易軽貨一、送二太政官一、（下略）

と規定しており、大宰管内から地子ないしその交易物を太政官へ送っていないことは明らかだが、『延喜式』巻第二十六、主税上（新訂増補国史大系六五四頁）では、

凡五畿内伊賀等国地子、混二合正税一、其陸奥充二儲糒幷鎮兵粮一、出羽狄禄、大宰所管諸国充二対馬多褹二島公廨一之外、交二易軽貨一、送二太政官厨一、自余諸国交易送亦同、（下略）

となっており、対馬島司の公廨を除いた地子は、軽貨に交易して太政官厨へ送るよう規定されている。したがって大宰府管内から太政官厨へ地子交易物が送られるようになるのは、『弘仁式』成立の弘仁十一年（八二〇）以後のある時点となるが、『続日本後紀』承和五年（八三八）九月己巳条に、

定二大宰管内地子交易法一、綿一屯直稲八束、

とあるので、おそらくこの頃からではなかろうか。また、これとはやや異なるが、『日本三代実録』貞観十二年（八七〇）二月二十三日条によれば、「穀倉院地子交易物」が京進されていたことがわかる。これらについては橋本義彦「太政官厨家について」（初出一九五三年、『平安貴族社会の研究』〈吉川弘文館、一九七六年〉所収）参照。なお森田悌氏は、管内諸国地子稲は『続日本紀』天平八年（七三六）三月庚子条の太政官奏以来、一貫して京進されていたと説かれているが（「弘仁十四年官奏について」初出一九七五年、『平安時代政治史研究』〈吉川弘文館、一九七八年〉所収）、本文二八一頁に掲げた『続日本紀』天平宝字二年（七五八）五月丙戌条に関する氏の解釈には首肯しがたく、上述のように考えるべきだと思う。

(25)『類聚三代格』巻六、大同四年正月二十六日太政官符、同弘仁二年十月十五日太政官符など。

(26)『類聚三代格』巻十四、貞観四年九月二十二日太政官符所引大宰府解。

(27)『類聚三代格』巻六、天平宝字四年八月七日勅。なお『続日本紀』同日条では、大隅・薩摩・壱岐の国島司にも同じく公田地子を給うとあるが、三代格ではこれらの国について「別有二公廨一、不レ給二地子一」としている。たしかに天平十七年の公廨稲設置の際に、これら三国にも公廨稲が置かれたことは明らかであるから（『延暦交替式』天平十七年十一月二十七日太政官奏）、三代格のこの指摘は正しい。『弘仁式』主税（新訂増補国史大系一九頁）でも地子給与の対象となっているのは、対馬・多褹のみである。

(28)『日本三代実録』貞観十八年三月九日条・『弘仁式』主税（新訂増補国史大系一八頁）。なおこれが八世紀に遡ることについては、山里氏前掲註(10)論文参照。

(29) 註(15)前掲天平神護三年五月三日太政官処分・註(26)前掲貞観四年九月二十二日太政官符所引大宰府解。

(30) 天平九年豊後国正税帳にみられる「儲府料舂稲玖伯束」（古二―四三頁）や、天平十年筑後国正税帳にある「府雑用料舂稲伍伯束」（古二―一四七頁）も府での使途は明らかでないが、数量的にみてもあくまで府へ貢進される雑米の一部であったと思われる。

(31) 註(26)に同じ。

(32)『日本三代実録』貞観十二年二月二十三日条。

(33)『続日本紀』天平宝字二年五月丙戌条。

(34) 平野・山里両氏の論考の他に、早川庄八「公廨等制度の成立」（初出一九六〇年、『日本古代の財政制度』〈名著刊行会、二〇〇〇年〉所収）・薗田香融「出挙―天平から延喜まで―」（初出一九六〇年、『日本古代財政史の研究』〈塙書房、一九八一年〉所収）・宮原武夫「公廨稲出挙論定の意義」（初出一九六二年、『日本古代の国家と農民』〈法政大学出版局、一九七三年〉所収）など。

(35)　註(34)で挙げた諸論考のうち、薗田・山里両氏は出挙稲とし、早川・宮原両氏は地子稲説をとっている。

(36)　ただし百万束という数については、『続日本紀』天平八年五月丙申条にみられる府官給与としての公廨稲以来のものではなく、天平十七年の諸国出挙稲の論定、公廨稲の設置との関連で捉えるべきだと思われるが、確証はなく今後の課題としたい。

(37)　註(15)前掲天平神護三年五月三日太政官処分では、大宰府から発遣される九箇使の料米が定められているが、そこにみえる朝集使・正税帳使・大帳使・調帳使が中央へもたらしたのは、管内諸国のそれぞれの公文をとりまとめたものだったと考えられる。

(38)　用度帳の史料上の初出は、『類聚三代格』巻十二、斉衡三年（八五六）五月二十七日太政官符所引の嘉祥三年（八五〇）八月三日太政官符であるが、西海道諸国の調庸が大宰府へ送られ府用に供されるという体制が、前述のように令制当初に遡るとすれば、用度帳の京進もそれに准じるとみて大過ないと思われる。

(39)　令にみえる人員としては算師一人のみである。なお『類聚三代格』巻五、弘仁五年（八一四）正月十三日太政官符で「公文触類繁多」なるにより、一人増員されている。

(40)　北條秀樹氏註(9)前掲論文。所収著書二一一頁。

(41)　『類聚三代格』巻六。なお『続日本後紀』承和五年六月丁未条にも、

大宰府言、府吏公廨、雖レ有二未納一、猶被下以二正税一全給上之、彼代令二国司徴塡一、若当国正税数少者、管内通行、許レ之、

とある。また本文の引用のうち「又国裁司董霜借貸」の部分は、新訂増補国史大系の頭注にあるように、何か誤脱があると思われ、意味が判然としない。

(42)　弘仁十四年（八二三）は大宰府管内に公営田制の敷かれた年であり、この弘仁十四年格についても公営田制との関連でしばしば言及されている。すなわち公営田経営には各国の正税が大量に投じられているところから、この期間に公出挙が行われ得たか否か、また行われたとして、その規模はどの程度縮小されたかという点が問題になっているのである。公営田制については大宰府財政を論じるうえではきわめて重要な問題点であるにもかかわらず、筆者の力不足のため本稿では言及することができなかったので、この点についても確たる断案はない。したがってここでは一応山里純一氏の見解に従い、引用史料中に「論定幷公廨計二見納数一」とあることから、狭義の正税を含めて公出挙は行われていたが、その規模は相当に縮小せざるを得なかったと考えておくことにする。なお、この点に関する研究史整理についても山里氏の前掲論文を参照されたい。

(43)　『延暦交替式』延暦十六年（七九七）八月三日太政官符を指すものと思われる。ただしこの官符は、公廨によって旧年の欠負未

納を塡納することに眼目があるので、直接的には官符中に引かれた延暦九年十一月三日太政官符中の「公廨之設、本為レ塡ニ補欠負未納一」という部分を取意引用したものであろう。

(44) 府官公廨を以て雑物欠失を補った例としては、別貢雑物を運ぶ挾抄・水脚に支給した衣料の代物を塡納させられたことがある（『類聚三代格』巻十四、弘仁十三年十二月十日太政官符）が、これはやや特殊例といえる。そもそも前節で掲げた『続日本紀』天平宝字二年五月丙戌条の記載などから窺うに、府官公廨が諸国公廨と同様の欠負補塡という機能を持っていたかどうかはかなり疑問であり、ここで雑物の欠失の補塡云々と府解がいっているのは、公廨全給を要求するための口実ととれなくもない。

(45) 府官公廨が府官人に与えられる場合の具体的な数量については、『類聚国史』巻八十四、大同四年六月二十二日勅が参考となる。ここでは観察使を兼帯する大宰帥の公廨二万束は、因幡・備前・備中・讃岐・伊予の五国より給うとしている。この二万束を帥の公廨すべてとして、本文二八二頁に掲げた府官公廨配分法にしたがって府官人全体の公廨を計算すると、二十万束強となる。これは本稲百万束からみて、未納分等を考慮すればまず妥当な数字といえるのではなかろうか。また、帥は十分であるから、一分＝二千束となり、諸国公廨とも一致する（薗田香融氏註(34)前掲論文参照）。

(46) 肥後国の肥沃さを示すものとしては、公営田制において町別獲稲数が他国の四百束に対して四百六十束となっていること、割取された公営田も九国全体の三〇％弱を占めること、弘仁・延喜主税式にみられる出挙本稲が他国に比べ著しく多いことなどを挙げれば充分だろう。

(47) 弘仁・延喜両主税式には、六国の出挙稲を挙げた後に、「已上六国出挙府公廨惣一百万束、若不レ堪レ挙、随即減之」という規定がある（新訂増補国史大系一八頁・六五二頁）。これは『弘仁式』の規定を『延喜式』がそのまま受け継いだものと考えられるが、いずれにしても承和五年官符では出挙数に関わりなく、利稲相当分が全納されることになったのであるから、右の規定とは必ずしも抵触しない。

(48) 『日本三代実録』元慶五年（八八一）二月十九日条。

(49) 同前貞観十八年（八七六）九月十七日条。

(50) 前掲註(26)(32)の史料参照。

(51) 『日本三代実録』貞観十五年十二月十七日条。

(52) 前掲註(8)論文。

(53)　前掲註(7)論文。
(54)　『日本三代実録』貞観十四年十月二十六日条に本官符とほぼ同内容の記事がみえるが、これは長山康孝氏の説かれたように、元は同一のもので、『日本三代実録』が誤った年月にかけたものとみるべきだと思う（「調庸違反と対国司策」初出一九六九年、『律令負担体系の研究』〈塙書房、一九七六年〉所収）。
(55)　前掲註(54)論文。なお長山氏は取り締まり対象の変化についても四期に分けて考察されているが、表15では省略した。
(56)　『続日本後紀』承和九年（八四二）八月丙子条。
(57)　『類聚三代格』巻七、斉衡二年（八五五）二月十七日太政官符。
(58)　前掲註(8)論文。
(59)　これ以前にも、註(44)で紹介した『類聚三代格』巻十四、弘仁十三年十二月十日太政官符が年料別貢雑物の違期を指摘しているが、大宰府貢物全般に関するものとしては承和十四年官符が最初のものである。
(60)　『政事要略』巻五十一、寛和三年（九八七）三月五日太政官符。本官符は大宰府からの調庸雑物の違期未進の取締りを目的としたものであるが、科責の対象は大弐以下の府司のみであり、国郡司の責任は全く追及されていない。なおこの官符の内容については、公文勘会に関連して後述する。
(61)　『貞観交替式』斉衡二年五月十日太政官符。
(62)　北條秀樹「文書行政より見たる国司受領化—調庸輸納をめぐって—」（初出一九七五年、註(9)前掲書所収）。
(63)　『類聚国史』巻百七、天長元年（八二四）九月乙卯条。
(64)　同前巻八十、元慶五年五月三日条。
(65)　同前巻八十、元慶八年九月五日条。ただし北條氏も指摘されているように、『延喜式』やすぐ後に触れる『類聚三代格』巻十二、寛平九年（八九七）六月十九日太政官符によれば、この申請は実現されなかったか、あるいは実現後すぐに旧制に復したらしい。
(66)　前掲註(9)論文。
(67)　『政事要略』巻五十六、昌泰元年（八九八）十二月二十一日太政官符。
(68)　前掲註(62)論文。
(69)　註(67)に同じ。

（70）註(39)参照。

（71）註(67)の太政官符の、

停二彼一員一、令下兼二任主計主税属等一、勘中済管国四度公文上、

の部分は、従来の算師の定員二名を一名に減じ、なおかつその一名を主計主税属等と兼任させるというように解釈することもできる。しかしそうすると、在府の算師は全くいなくなってしまうことになるが、これ以後の史料をみても、府段階の勘会が実態はともかく制度的になくなったとは考えられない（これについては本文ですぐ後に述べる）ので、本文のごとく解釈したほうが妥当だと思う。また『政事要略』は、本官符を掲げた後に編者惟宗允亮の私案として、

大宰管国公文、於二寮一勘之時事歟、今已停二止此格一無レ用、然而為レ知二古事一所レ載而已、

と記しており、後述する延喜六年官符でも算師云々には触れていないので、昌泰元年格は延喜格制定以後（『政事要略』は延喜式部格から本官符を引用している）比較的早い時期に停止されたものとみられる。

（72）府解は用度帳について触れていないが、図9には掲げた。また調庸惣返抄・正税返却帳は、その発行主体を大宰府と考えざるを得ないが、もちろん中央でも発行されたと考えて差し支えないだろう。

（73）引用中、冒頭部分については諸本の間で異同があり、「二寮官人従二去延喜十三年一以来」とも読みうる。『大宰府・太宰府天満宮史料』四ではこのように解しており、文意もこちらのほうが通じやすいかとも思われるが、ここではしばらく新訂増補国史大系本の校訂に従っておく。

（74）勘解由使勘判抄については、増渕徹氏から多大な御教示をいただいた。同氏「『勘解由使勘判抄』の基礎的考察」（『史学雑誌』九五―四、一九八七年）参照。

（75）『政事要略』巻五十七。なお藤原当幹の大弐在任期間は、『公卿補任』によると延喜二十年〜延長三年であるから、延喜六年は延長六年の誤りである。

（76）同前。延喜十二年は、『政事要略』で勘会が停止されたとする一年前にあたるが、豊後国ではそれ以前にあたる藤原世武の任中においても公文勘会は行われていなかったことになる。

（77）『日本紀略』『扶桑略記』同日条。なお『政事要略』巻五十九所引勘解由使勘判抄の肥前前司小野保衡に対する延喜十三年十一月五日の勘判参照。

(78) 玉井力氏は「受領巡任について」（初出一九八一年、『平安時代の貴族と天皇』〈岩波書店、二〇〇〇年〉所収）のなかで、受領候補者としての「旧吏」には、任中に公文勘済を終えた「任中」、任終後に勘済した「得替合格」、大宰管内の受領経験者である「鎮西一」の三種があることを明らかにされた。このうち「鎮西一」は院政期以後にはじめて史料にあらわれるとされており、本稿での検討とは必ずしも直接的には結びつかないかもしれないが、前二者が公文勘済による基準であることからすれば、「鎮西一」が別に立てられているのも、西海道諸国における公文勘会の、以上のごとき特殊性と無関係ではないと思う。

(79) 少弐についても、『北山抄』はこのすぐ後に、

　少弐言二上実録帳一、其少弐参上時、必申二少弐解由一、而近代只申二任国解由一不レ申二府解由一云々、

と記している。『北山抄』成立当時、少弐は筑前あるいは肥後の国守を兼任する例が多く（渡辺直彦「筑前国廃置に関する研究」〈『日本古代官位制度の基礎的研究　増訂版』吉川弘文館、一九七八年〉・右田文美「大宰少弐考―附、大宰少弐補任表―」〈『史論（東京女子大学）』三一、一九七八年〉参照）、「任国解由」とは筑前・肥前守としてのものを指す。すなわち少弐は、筑前守あるいは肥後守としての解由はともかく、府司としての解由を提出しないことが慣例化していたらしい。

(80) この点についても増渕徹氏より御教示をうけた。

(81) 森克己『日宋貿易の研究』（初出一九四八年、『森克己著作選集』一〈国書刊行会、一九七五年〉）第一編第五章第三節。

(82) 前掲註(6)論文。

(83) 『扶桑略記』延喜九年閏八月九日条。

(84) 『小右記』長元二年（一〇二九）七月十一日条。

(85) 『古今著聞集』巻三、政道忠臣第三。

(86) 前掲註(4)～(7)論文のほか、藤野秀子「大宰府府官大蔵氏の研究」（『九州史学』五三・五四、一九七四年）など。

(87) 『扶桑略記』天慶三年（九四〇）十一月条所引純友追討記など。

(88) 倉住靖彦「大宰府研究の現状と問題点についての序章」（『日本史研究』一五三、一九七五年）・同「大宰府―遠の朝廷―」（『古代の地方史』一、朝倉書店、一九七七年）・同『大宰府』（教育社歴史新書、一九七九年）。

(89) 石井進氏註(6)前掲論文。なお藤野秀子氏は註(86)前掲論文で、大蔵氏を大宰府管内の出身とされている。しかし、少なくとも春実は当時右衛門志として在京しており、純友の乱の軍功が以後の大宰府での地位を築く契機となったことは否定しがたいと思わ

れる。
(90)『日本紀略』正暦五年（九九四）十月二十三日条・同十一月三日条、『百錬抄』長徳元年（九九五）十月十八日条。
(91)左遷による藤原伊周を除く。
(92)また、宇佐宮神人による愁訴の形式も、国司苛政上訴のそれに類似していることは有川宜博氏が指摘されている（註(97)論文参照)。
(93)『平安遺文』二―三三九号。なお、『新修稲沢市史』資料編三、尾張国解文（稲沢市、一九八〇年）参照。
(94)『平安遺文』九―四五九九号。
(95)森田悌「摂関政治動向の考察―苛政上訴を中心として―」（初出一九七七年、『平安時代政治史研究』〈吉川弘文館、一九七八年〉所収)。
(96)西岡虎之助「中古における宇佐神人の活動」（初出一九二八年、『西岡虎之助著作集一　社会経済史の研究Ⅰ』〈三一書房、一九八二年〉に「第七章　奈良平安時代における神人の活動　一　宇佐神人の場合」として所収)。
(97)有川宜博「十一世紀初頭の宇佐宮と大宰府―宇佐宮長保事件管見―」（『九州史学』六九、一九八〇年)。
(98)平惟仲が権帥ではなく帥に任命された事情については、黒板伸夫「大宰帥小考―平惟仲の補任をめぐって―」（初出一九七〇年、『摂関時代史論集』〈吉川弘文館、一九八〇年〉所収）参照。
(99)『宮寺縁事抄』宇佐部所引年月日未詳太政官符（『大宰府・太宰府天満宮史料』四―三三〇～三三九頁)。ただし本官符に署名している「従四位上右中弁藤原朝臣」が藤原朝経のことであれば、彼が従四位上に叙せられた長保五年（一〇〇三）十一月五日(『公卿補任』）以後のこととなる。とすれば宇佐宮司解は同年十一月二十七日に宇佐宮神人が上洛した際（『百錬抄』）に提出され、本官符はそれをうけて出されたものである可能性も存する。なお宇佐宮司は、翌年五月七日にも府所行雑事十四箇条を申しているが（『権記』（補1)）、その内容は不明である。
(100)宇佐宮司解の要旨は、すでに森克己・岡藤良敬・有川宜博の各氏がそれぞれ前掲論文のなかでまとめられているが、ここでも本稿の問題関心に基づいてまとめてみたものである。
(101)註(97)前掲論文。
(102)『続日本紀』天平十二年（七四〇）九月己酉条に「築城郡擬少領佐伯豊石」・「豊前国百姓豊国秋山」の名がみられる。

(103)『別聚符宣抄』承平五年十一月二十七日太政官符。
(104)『北山抄』巻第六、下宣旨事、諸国検非違使事（改訂増補故実叢書四五一頁）。
(105)渡辺直彦氏は、その原因を他国の検非違使が「一分」の官であったのに対し、府検非違使は「一分半」を支給されたからであると推定されている（「諸国検非違使・検非違所の研究」〈註(79)前掲書所収〉）。
(106)『御堂関白記』寛弘六年（一〇〇九）九月八日条。なお、これらの者が府官層に他ならなかったことは、石井進氏註(6)前掲論文参照。
(107)『御堂関白記』長和二年（一〇一三）十一月十八日条。
(108)正木喜三郎「府領形成の一考察」（前掲註(7)参照）。
(109)『平安遺文』三―六七二号・一〇―補一二号。
(110)弥永貞三「平安末期の地方行政」（『図説日本の歴史五　貴族と武士』集英社、一九七四年）。

補註

（補1）初発表時には、典拠として『御堂関白記』も記していたが、これを削除した。

補記

本稿は、土田直鎮先生の還暦記念論文集である『奈良平安時代史論集　下』（吉川弘文館、一九八四年九月）に発表したものである。学部・大学院在籍中に、『類聚三代格』輪読の研究会で、北條秀樹氏の「文書行政より見たる国司受領化―調庸輸納をめぐって―」（本章註(62)参照）を参考にしながら、巻第五の交替并解由事などを読んでいったことが執筆のきっかけであり、大宰府を対象として北條氏の上記のような論文を書いてみたいと考えたのである。また、第三節で検討した平惟仲と宇佐八幡宮との間の事件については、山中裕先生を中心とした『御堂関白記』の研究会で、平惟仲について調べていて行き当たったと記憶している。いずれにしても、本書収録の論考のなかでは、もっとも早い時期に発表したものであるが、現在にいたるまで、大宰府をめぐる研究のなかで、言及、引用される機会が比較的多く、かつ概ね肯定的な評価をいただいていると思うので、あえて収録することとした。

さて本章では、全体として九世紀以降の西海道地域の歴史を、大宰権帥・大弐の「受領化」という方向で跡づけたものといえるが、これに対して、北條秀樹氏の「府支配と西海道」（本章註(9)、『日本古代国家の地方支配』〈吉川弘文館、二〇〇〇年〉所収）では、西海道諸国司の受領化と大宰府による西海道支配の形骸化という方向で捉えている（前掲書に付された坂上康俊氏による「補記」参照）。この点について、筆者は北條氏の著書に対する書評（『史学雑誌』一一一―一、二〇〇二年）で、次のように記した。

両者は二律背反的に捉えるべきものではなく、九世紀以後の西海道地域の歴史は、二つの方向のせめぎあいという視点からみていく必要があろう。例えば、九世紀末から一般化する大宰少弐による筑前守・肥後守の兼帯、『北山抄』巻十、古今定功過例などにみえる西海道諸国の受領功過定の事例、十世紀後半から十一世紀にかけての大宰府官長（権帥・大弐）と受領との抗争・対立などについて詳細に検討することが、二つの方向を総合的に捉えていくためには、今後の重要な課題となると思われる。

ここで列挙された課題について、筆者は現在にいたるまで、何一つ本格的な検討をしておらず、慚愧に堪えないのであるが、第三部第一章の補記の末尾に記したこととあわせて、受領をめぐる検討課題は、まだ多くのこされているのだと開き直り、少しずつ考えていきたいと思う。

第三章　牓示札・制札

はじめに

古代の地方社会で、国家の命令や官人の指示などが一般庶民にどのように伝えられたのかという問題は、従来から多くの研究者が関心を寄せてきた。ところが近年、この問題を考えるうえで、きわめて注目すべき木簡が、石川県津幡町の加茂遺跡と鹿児島県川内市の京田遺跡で次々に発見された。加茂遺跡出土の木簡は、牓示札と名づけられたもので（牓示は掲示の意）、国司の命令を郡司が受け、これを郡符という書式で横長の木札に記し、おそらくは出土した場所の付近に掲示したものと考えられている。一方、京田遺跡の木簡は、棒状の材の四側面に、「告知」という書き出しで、郡司による土地の差し押さえに関する指示が記され、これを地中に直接突き立てたものである。本稿では、これらの木簡の形状と内容の双方に注目しながら、古代日本における牓示・告知の特徴やその意義を考えていきたい。

一　加茂遺跡牓示札の形状と内容

最初に、加茂遺跡とそこから出土した牓示札木簡の概要について、平川南監修・（財）石川県埋蔵文化財センター編『発見！　古代のお触れ書き―石川県加茂遺跡出土加賀郡牓示札―』(1)（以下『お触れ書き』と略称する）によって説明しておく。

加茂遺跡は、石川県金沢市の北に隣接する津幡町にあり、遺跡の西側には、金沢平野の北端を占める河北潟がひろがっている。遺跡所在地は、古代の行政区画では、弘仁十四年（八二三）越前国から分立した加賀国の加賀郡に属し、北は能登国、東は越中国に接していた。

主要な遺構としては、まず遺跡の東側を南南東から北北西に走る幅約七メートルの道路跡がある。この道路は古代北陸道で、遺跡北端で東北方向に分岐するのが越中に向かう本道、北北西方向にまっすぐ伸びるのが能登に向かう支路とみられる。また、この北陸道の西側溝を起点に、ゆるやかに湾曲しながら西方の河北潟に流れる大溝が約一八〇メートル検出され、この大溝からは、問題の牓示札木簡を含む大量の遺物が出土した。さらに大溝の南北両側の地域を中心にして、掘立柱建物の存在が四〇棟あまり確認されている。これらの建物のなかには、区画溝や柵列をともなうものもあり、一定の企画性をもって建てられたと考えられるが、詳細は今後の検討に委ねられている。

遺物については、食膳具・貯蔵具・転用硯などからなる大量の土器のほかに、木製品では漆器椀や曲物、祭祀に用いられたと考えられる斎串や人形、金属製品では、杏葉（馬具）・巡方帯（帯金具）・和同開珎銀銭などが出土した。文字資料としては、牓示札を含む木簡が六点あり、このなかには関所の通行証である過所様のものもあった。また前述の土器のなかには、人名・地名や吉祥句、あるいは「西家」「中家」「大寺」「曹」など施設の名称を示すと考えられる文字の書かれた墨書土器が含まれている。

以上述べてきたような遺跡の立地・遺構・遺物などから考えて、加茂遺跡は、交通の要衝に位置した官衙的施設であることは確実で、さらに、出土した金属製品の内容などから、河北潟・日本海を通じて渤海との交通・交易にも関わっていた可能性も指摘されている。

さて問題の牓示札木簡は、大溝の北陸道よりの場所から出土し、出土した状態での大きさは、縦二三・三センチ、横六一・三センチ、厚さ一・七センチだが、上下端は欠損しており、本来の縦の長さは三〇センチほどだったと推定される。材質はヒノキで、表面を丁寧に削って調整し、さらに尖った金属製品によって計二八本の縦界線が二センチ前後の幅で引かれている。このほぼ縦一尺×横二尺という大きさや界線の存在は、本木簡が当時の紙の公文書のサイズ・形態を忠実に模して作成されたことを物語っている。また、木簡のほぼ中央に一つ（左に掲げる釈文一五行目の〇印）と、下端部中央に二つ、裏面から穴があけられており、また上端部の左右と下端部の右、および左側面下半部にはそれぞれ切込みがある。これらの加工は、本木簡を掲示するための工夫だと考えられる。なお上・下端部の欠損は、これらの穿孔や切込みによって、板が割れたものである。

このような形状の板材に書かれた文字は、材の風化と墨の防腐作用によって、周囲から盛り上がった形で残存している。これは、本木簡が一定期間屋外で掲示されていたためである。以下、『お触れ書き』に基づいて釈文を掲げ、その要旨を説明していきたい（なお便宜上、行数と一一行目以下の本文には読点を付した。釈文中、四角で囲んだ文字は『お触れ書き』で推測により補われている文字である）。

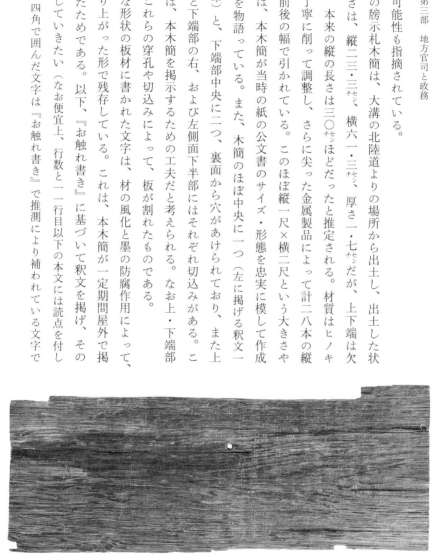

図10　加茂遺跡出土牓示札（石川県埋蔵文化財センター所蔵）

郡符深見村諸郷駅長幷諸刀弥等

応奉行壱拾条之事

一田夫朝以寅時下田夕以戌時還私状

一禁制田夫任意喫魚酒状

一禁断不労作溝堰百姓状

一以五月卅日前可申田殖竟状

一可捜捉村邑内竄宕為諸人被疑人状

一可禁制无桑原養蚕百姓状

一可禁制里邑之内故喫酔酒及戯逸百姓状

一可塡勤農業状　件村里長人申百姓名

検案内、被国去□〔正カ〕月廿八日符併〔偁カ〕、勧催農業□〔有カ〕法条、而百姓等恣事逸遊、不耕作喫酒魚、殴乱為宗、播殖過時、還称不熟、只非疲弊耳、復致飢饉之苦、此郡司等不治田之□〔期カ〕而豈可○然哉、郡宜承知、並口示符事、早令勤作、若不遵符旨、称倦懈之由、加勘決者、謹依符旨、仰下田領等、宜各毎村屢廻愉〔諭カ〕、有懈怠者、移身進郡、符

旨国道之裔糜羈進之、牓示路頭厳加禁、
田領刀弥有怨憎隠容、以其人為罪、背不
寛〔宥ヵ〕有、符到奉行
大領錦村主　　　　主政八戸史
擬大領錦部連真手麿　擬主帳甲臣
少領道公　夏　麿　副擬主帳宇治
〔擬ヵ〕□少領勘了
　嘉祥□〔二ヵ〕年□〔二ヵ〕月□□〔十二ヵ〕日
　□〔二ヵ〕月十五日請田領丈部浪麿

まず一・二行目は事書の部分で、冒頭には「郡」が補われているが、その有無にかかわらず、加賀郡司が管下の「深見村諸郷駅長幷諸刀弥等」に対して一〇箇条の命令を指示した下達文書であることを示している。「深見村」の所在地や、これと「諸郷駅長幷諸刀弥等」との関係についてはいろいろと問題があるが、ここでは省略し、郡符が加茂遺跡周辺の郷長・駅長および「刀弥」に宛てて出されたものであることだけを確認しておく。なお、「刀弥」は「刀禰」と表記されるのがより一般的で、広い意味では官人を指す語であるが、ここでは深見村に居住する有力者という程度の意味である（以下、本稿では「刀禰」とする）。

三行目から一〇行目までは、事書にあった奉行すべき一〇箇条を列挙した部分だが、実際には八箇条しかない。二箇条分が除かれている理由として、『お触れ書き』は郡司にとって都合の悪いものか、村まで伝達する必要のないものだったためかとしている。内容としては、本文一一行目の「勧㆓催農業㆒」、すなわち農業の奨励に関することが大半を占めている。また、一〇行目の下のやや小さく記されている部分は、村里の長は八箇条の指示に違反する者がいれば、その名を申告せよというものである。

次に一一行目から二一行目までが郡符の本文である。そのうち前半の一七行目「加二勘決一」までは、加賀国司から加賀郡司に下された国符を引用した部分である。当時の農業の乱れと郡司の監督不行届きを指摘したうえで、一〇箇条の指示を「口示」すること、指示に違反する者があれば処罰すべきことを郡司に命じている。これをうけて加賀郡では、田領らにしばしば村々をめぐって符の旨を人々に教え諭し（国符の「口示」に相当）、違反者を取り締まることを命じると同時に、指示を周知徹底させるために、道路のほとりに掲示を行うよう命じ、田領・刀禰らが違反者の摘発に関して不正を働いた場合には、厳しく処罰するとしている。このなかに登場する田領とは、郡司の指揮の下で土地の調査・管理などにあたった下級の役人のことで、刀禰とともに自らの本拠地周辺の土地や人々の状況を熟知していた存在らしい[2]から、右のような役割を果たすのにふさわしい存在だったといえる。また一九行目の「国道之裔糜羈進之」は意味のわかりにくい部分で、『お触れ書き』では国道（北陸道）のほとりに掲示することと解しているが、そうするとすぐ下の「牓二示路頭一」と重複するので、ここでは「国の道のはてまでこの命令を守らせるため」（「裔」は遠いはて、「糜羈」はつなぎとめるとか束縛するなどの意味がある）と解釈してみた。

二二行目から二六行目までは、郡司の署名と日付の部分である。郡司の四等官は大領・少領・主政・主帳であるが、本木簡には大領・主帳に「擬」を冠する者がおり、これは彼らが中央での正式な任官を経ず、国司により仮採用された者であることを示す。二五行目は、『お触れ書き』では冒頭の文字を「擬」と判断し、擬少領が文書のチェックを行ったことを示すものと解している。また署名のなかで、個人名が記されているのは擬大領と少領の二名のみであるが、それ以外の者については、本来は官位と姓の部分は文書を作成した官人（一般には主典である主帳）が本文とともに記し、個人名のみを官人本人がサインすべきところを、何らかの理由でしなかったものである。ただし『お触れ書き』にもあるように、本木簡は、個人の署名部分も含めて全体が一人の手によって書かれているようであり、おそらくは紙に書かれた郡符の正文があり、それを写して木簡が作成されたものと考えられる。二六行目の日付部分は、肝心の数字の部分が読みづらいが、『お触れ書き』は残画から嘉祥二年（八四九）二月十二日と判断している。

最後の二七行目は、本文にも登場する田領が、郡司の命令を「請」けたことを示す部分であるが、田領とこの牓示札木簡との具体的な関わりかたについては、少なくとも二つの可能性が考えられよう。一つは、牓示札は郡司が作成し、これを田領が文字通り受け取ったという解釈で、その場合には、前述したように木簡全体が一筆で記されていることからすれば、最終行は田領本人ではなく、郡司が代筆したという不自然さが問題となる。もう一つは、郡司が紙の郡符を田領に示し、それを田領が写し取るという形でこの木簡を作成したという解釈で、この場合、「請」は田領が郡符を写して掲示するのを「請」けた（引き受けた）という意味になる。こう考えると、木簡全体が一筆で記されていることの説明はつくが、地方における文書行政のなかでの田領の役割を再検討する必要性が生じてくる。いずれにしても、この最終行は、本木簡がどのように作成され、掲示されたかを考えるうえで、重要な意味を持つ部分であり、今後議論を深めていかなければならないと考えられる。なお、最近の新井重行氏の研究では、本木簡の田領の役割を、右に掲げたうち前者の理解にたって、公文の作成そのものではなく、郡司の命令の中継および口頭での伝達であったとしている(3)。

以上、加茂遺跡出土牓示札木簡の形状・内容を紹介し、若干の問題点を指摘した。次にこれをふまえて、本木簡の歴史的位置づけについて考えていきたい。

二　加茂遺跡牓示札の系譜と展開

まず、牓示札の存在の背景にあると考えられる令の規定をみていくことにする。政府の命令・指示を一般庶民に伝達することに関する規定としては、以下の二つの条文がある。

公式令75詔勅頒行条

凡詔勅頒行、関二百姓事一者、行下至レ郷、皆令三里長・坊長巡二歴部内一、宣二示百姓一、使二人暁悉一、

賦役令36調物条

凡調物及地租・雑税、皆明写二応レ輸物数一、立二牌坊里一、使二衆庶同知一、

前者は、天皇の詔勅で一般庶民に関すること（令の注釈書では、例えば調庸の免除の類とする）は、命令が下されて「郷」に至ったとき、里長・坊長に部内を巡り歩いて人々に「宣示」させ、周知徹底するようにという規定である。また後者は、調・租・雑税などの品目・数量を記した「牌」を坊・里に立て、人々に周知させよと定められている。ここで若干語句の説明を加えておくと、公式令にある「郷」は、日本令のなかでは、漠然と地方社会を意味する語として用いられる場合が多い。大宝令のもとでの地方行政組織は、国―郡―里（五〇戸という一定戸数からなる）というもので、里は養老元年（七一七）に郷と改称されるが、大宝令・養老令ともに行政単位の呼称としては一貫して里が用いられているからである。また、里長は右に掲げた里を管轄する者であり、坊長は京内の坊（四方を大路によって囲まれた行政単位）を管轄する者である。次に「宣示」は、「宣」に「のる」、すなわち口頭で述べるという意味があるので、文書ではなく、口頭で詔勅等を伝達するというのが令文の趣旨と考えてよい。一方、賦役令の「牌」は立て

札のことで、これに租税の品目・数量等を記したものを京内の坊や京外の里に掲示するということである。

このように令では、伝達される内容の問題をしばらくおけば、口頭による伝達と掲示による伝達の二種類が規定されており、これはまさに加茂遺跡牓示札に記された二つの伝達方法にほかならない。なお掲示による伝達については、政府の命令・指示を内容とするものではないが、ほかにも帰属が未確定な人・物の存在を、牌や牓を立てて告知する規定も存在する。(4)

さて、このような日本の令の条文が、唐令を参考に規定されていることはいうまでもない。したがって、とくに公式令75詔勅頒行条と賦役令36調物条の唐令条文をみていく必要があるが、残念ながら前者はその条文が復原されておらず、後者も『新唐書』食貨志に、唐令を参考にしたと思われる「諸税斂之数、書二于県門・村・坊一、與レ衆知之」という記述があるに過ぎない。(補1)しかし敦煌や吐魯番から発見された史料のなかには、唐の制度を推測する手がかりがある。

第一に、書き出しに「牓」という文字を含む文書が数点存在する。ここではそのうち、坂尻彰宏氏が検討を加えているスタインコレクション所収の敦煌文書（S八五一六A＋C）を紹介したい。(5)この文書は、現状では八つの紙片に分かれているが、本来は縦約三〇《センチ》、横二《メートル》以上という長大なものだったらしい。四箇所ある紙継目には、いずれもその上端に小さな紙片が貼り付いており、坂尻氏はこれを掲示のための糊代または鋲を打つための紙片と推定している。また、文書の冒頭部分や紙継目には、数箇所「沙州節度使印」の印文を持つ朱印が捺されている。内容は、冒頭を「勅帰義軍節度使　牓」で書き出し、管内の「三軍・百姓」（すなわちすべての人々）に宛てて、「新郷鎮」への移住希望者を募ったもので、日付は後周の広順三年（九五三）十□月十九日となっている。当時の敦煌地方は、漢人曹氏の地方軍事政権である帰義軍節度使の支配下にあり、その領域内の要地には、軍隊の駐屯地であると同時に周辺地

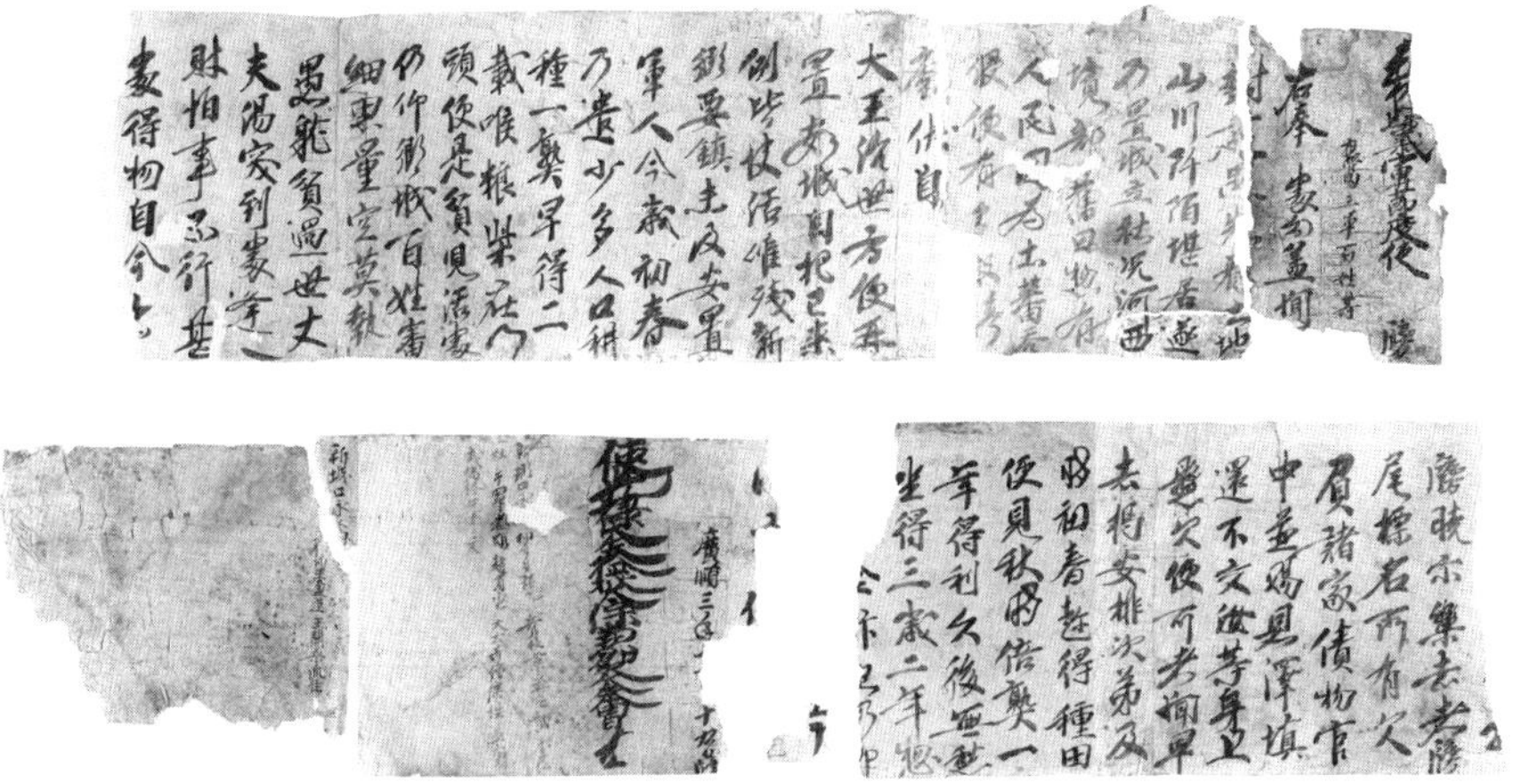

図11　後周広順3年帰義軍節度使曹元忠牓（『英藏敦煌文獻』第12巻、大英博物館所蔵）

域の開発や行政支配にあたる鎮が数箇所置かれていた。本文書は、新設の鎮である新郷鎮の屯田兵を募集したものだったのである。さて坂尻氏は、前述したように紙継目の上端に文書の掲示のためと思われる小紙片が貼り付けられていること、字配りが一行六〜七文字で、一文字の大きさが三センチ角ほどと非常に大きいこと、文書の末尾に数人の「口承人」（移住先での身元引受人と考えられる）の名前が記され、その後にかなりの空白部分があって、これは移住希望者が掲示を見て自分の名前を記入するスペースと考えられること（ただし実際には名前は書かれていない）、同時期の類似した形式の文書の書き出しに「牓㆓衙門㆒」（役所の門に掲示するの意）という文言があることなどから、この文書が節度使政庁の門前に張り紙として掲示されていたと考えている。そうであるとすれば、役所の門に文書を掲示することによって、政府の命令・指示を伝達するという方法が、この時期の敦煌のみで行われていたとは考えにくく、少なくとも唐の時代にも同様の方法が存在していたとみてよいと思われる。したがって、前に掲げた『新唐書』の「諸税斂之数、書㆓于県門㆒」という記述も、これと基本的には同じ伝達方法として理解することができよう。

もう一つは、やはり敦煌から日本の大谷探検隊によってもたらされた文書（大谷文書二八三六号）で、年代は則天武后時代の長安三年（七〇三）のものである。[6] この文書は敦煌県に保存されていた案巻、すなわち官司での案件処理の書類を貼り継いだ帳簿の一部であり、百姓の衣料自給の奨励に関する敦煌県の官人の提案を県が採用し、これを管内に下達する過程が記録されている。提案そのものは、衣料自給の状況を官人に巡視させ、自給に努めない家があれば処罰するというごくありふれたものだが、この提案を採用した県の官人の決裁が、「准レ牒（提案された文書を指す）下レ郷、及牓二示村・坊一、使二家々知委一、毎レ季点検、有二不レ如レ法者一、随レ犯科決」というものだった点が注目される。提案通りに衣料の自給に努めるよう郷に命令を下し、それに加えて村・坊に牓示してその周知徹底を図るということだが、さらにこの決裁に基づき執行した命令を記録した部分では、「下二十一郷一、件状如レ前、今以レ状下、郷宜准レ状、符到奉行」とあり、実際に敦煌県から管下の十一郷に対して符が出されたことがわかる。

　ここで、唐の地方行政組織について簡単に触れておく必要があるだろう。唐では州（敦煌県は当時沙州に属していた）―県の下に、一定戸数からなる郷（五〇〇戸）―里（一〇〇戸）という組織と、都市における坊、それ以外の地域の村という、自然の集落を基盤とした単位とが並存していた。そして、郷には責任者が置かれず、一つの郷に属する複数の里正が、「按二比戸口一、課二殖農桑一、検二察非違一、催二駆賦役一」（『通典』巻三）という職務を担当し、坊正・村正は「坊（村）門管鑰、督二察姦非一」（同前）を管轄していたが、国家支配の貫徹という点からみれば、右の職務の違いにみられるように、坊正・村正は里正に対して副次的・補佐的な役割を果たすにとどまったと考えられる。[7]

　右のことを念頭において、さきほどの決裁やその執行の状況をみていくと、「准レ牒下レ郷」「下二十一郷一」とあるのは、執行の記録の末尾にもあるように、符の形式の文書を敦煌県管下の十一郷に対して発給したということだが、具体的には郷に属する里正に符が下されたと考えてよいだろう。一方「及牓二示村・坊一」については、県の役人から直接村正・坊正に命令の内容を牓示するよう指示したとも考えられるが、右に述べた里正と村正・坊正との関係や、執行の記録にこのことがみえない点からすれば、やはり県から里正を通じて村正・坊正に指示された可能性が高い。また「及」に注目すれば、牓示という方法とは別に、県からの符をうけた里正は、部内の人々にその趣旨を伝達すべきものとされていたと考えられ、日本の公式令75詔勅頒行条に相当する条文が唐にも存在したとすれば、それはやはり「宣示」、すなわち口頭による伝達だったと思われる。もう一つ、牓示の場所について推測すれば、坊正・村正の職掌に「坊（村）門管鑰」（門のカギの管理）がみえるから、坊や村の門に掲げられたのではなかろうか。以上を要するに、唐では政府・官庁の命令・指示を地方の末端まで伝達する際には、県から郷を管轄する里正まで符の形式の文書が下達され、里正が口頭でその趣旨を部内に伝達するという方法と、県などの役所の門前や、坊・村の門に命令・指示が牓示される方法とがあったと考えられるのである。(8)

ここで話を古代日本に戻し、加茂遺跡の牓示札以外で、地方末端への命令・指示の伝達の様相を窺える史料についてみていきたい。筆者は以前、『類聚三代格』に収められた法令（その大半は太政官符という形態をとっている）の末尾に、その趣旨を「牓示」によって周知せよという文言の存在するものの特徴を考えたことがある。(9)その際作成した一覧表を再掲し、これらのなかから一つだけ、表16―7を紹介する。

太政官符
　定㆓歩板・簀子丈尺㆒事
右被㆓右大臣宣㆒偁、奉 ㆑勅、今聞、頃年之間、百姓売㆓買件二色材㆒、並短薄而不㆑便㆓構作㆒、宜㆘仰㆓所㆑出国㆒、自㆑今以後、長者椊孔之内必得㆓二丈㆒、厚者歩板二寸五分已上、簀子方四寸作令㆗売買㆖、左右京職牓㆓示街衢㆒、厳加㆓禁断㆒、若更有㆓短狭㆒、売買人与同罪、

表16 『類聚三代格』にみえる「牓示」

	格の年月日	内容	宛所
1	承和八年三月一日官符	春日神山の内で狩猟伐木することを禁制「兼復牓二示社前及四至之堺一、令二人易知一」	大和
2	弘仁八年二月六日官符（貞観十年六月二十八日官符所引）	祈年・月次・新嘗祭に幣帛を取りに参上しない祝を解却「宜下委二曲所由一、牓二示要路一、覚二悟愚輩一、勿上レ令二違失一」	全国
3	弘仁三年四月十六日官符（弘仁九年五月二十九日官符所引）	寺院内での男女混雑を禁制「宜下牓二示諸寺并道場一、令上レ加二禁断一」(1)	全国
4	貞観十五年正月二十三日官符	騎馬で山崎橋を渡ることを禁制「伏検二承前例一、可二下馬一状、牓二示橋頭一」	山城・河内
5	嘉祥三年四月二十七日官符	山野において民利を妨げることを禁制「宜下牓二示路頭一、普令中知見上」	全国カ
6	延暦元年十一月三日官符	公使が剋外の駅伝馬に乗ることを禁制「諸国承知、牓二示郡家并駅門一、普使二告知一」	全国
7	延暦十五年二月十七日官符	歩板・簀子の尺度・規格を統一「左右京職牓二示街衢一、厳加二禁断一」	左右京カ
8	貞観七年九月十五日官符（貞観十年三月十日官符所引）	材木の規格、車荷の積載量の不正を禁制「長官相承厳加二督察一、牓二示山口一（及津頭）分明令レ知」(2)	弾正台・左右京・山城・摂津・伊賀・近江・丹波・播磨
9	延暦十五年九月二十六日官符	檜皮の規格の不正を禁制「牓二示路頭一、著知二百姓一」	大和・摂津・近江・丹波カ
10	延暦十六年七月十一日官符	会集の時、男女の混雑を禁断「牓二示路頭一、普令二知見一」	全国カ
11	延暦十一年七月二十七日官符	喪儀の奢侈を禁断「於二所在条坊及要路一、明加二牓示一」	左右京
12	弘仁四年六月一日官符	京畿内の百姓が病人を棄てることを禁断「牓二示要路一、分明告知」	左右京・畿内諸国
13	貞観二年十月二十一日官符	諸国の禁野で狩をすることを禁制「宜下路頭牓示、明令二暁告一、差二掾已上一人一、令レ検二勾其事一」	畿内および近辺諸国(3)
14	弘仁十年五月二日官符	出挙銭の利息が半倍をこえること等を禁制「宜下重下知厳加二勾当一、普牓二示路頭一、令中衆庶知上」	全国カ
15	寛平六年七月十六日官符	院宮等の諸使が往還の車船人馬を強雇することを禁止「諸国承知、牓二示路頭津辺一、莫レ令二重然一」	尾張・参河・遠江・駿河・近江・美濃・越前・加賀・能登・越中
16	昌泰元年十一月十一日官符	河内・摂津の牧の牧子が往還の船を妨害することを禁制「両国承知、牓二示縁河之地一、普令二諸人見知一」	河内・摂津

配列は『類聚三代格』の順にしたがう。また四至を示すための牓示は省略した。
(1) 『類聚国史』巻百八十六では「宜下令二京職幷諸国一牓二示部内諸寺及所一レ有道場一、令上レ加二禁断一」。
(2) （　）内および宛所は『日本三代実録』同日条による。
(3) 現在知られている禁野の所在地から推測。

延暦十五年二月十七日

太政官符の宛所は『類聚三代格』の編纂方針で省かれているが、左右京職を対象に命じられたものと考えられ、内容は歩板（さしわたして歩行するための板材）と簀子（角材）の規格を一定以上のものとするようにという命令で、これを左右京職に命じて「街衢」（チマタ＝道路の交差する地点）に牓示せよとしたものである。このように法令の内容を牓示するよう指示した太政官符が、『類聚三代格』には表16に示したように一六例ほど見いだせる。ここで牓示を指示した場所に注目すると、前述したように中国では、役所や集落の門に牓示する事例が確認されたが、これに対して日本では、要路およびそれに類する場所（2・5・7〜15）が非常に多いのが特徴である。またさまざまな境界（チマタも境界の一種であるが）に牓示を指示する例（1・8・16）も、後述の京田遺跡木簡との関係で注目される。

牓示の指示がある『類聚三代格』の太政官符は、いずれも平安時代のものであり、奈良時代に遡ると、牓示の具体的史料は現在のところ未発見である。しかし、従来から知られている奈良時代の法令のなかにも、加茂遺跡の牓示札の性格を考えるうえで参考になる史料は存在する。『類聚符宣抄』第三に収められている天平九年（七三七）六月二十六日付太政官符（新訂増補国史大系九〇〜九一頁）は、この年九州に始まり全国で猖獗をきわめた天然痘に対処するために出されたものである。[10] かなり長文の史料なので、ここではその要点のみを紹介すると、まず、

太政官符東海・東山・北陸・山陰・山陽・南海等諸国司

合臥レ疫之日治身及禁食物等事漆条

で始まり、以下、七箇条にわたって、天然痘の症状や治療法、飲食物に関する注意などが列挙されている。そのなかの治療法について丸山裕美子氏は、同じ時期に出された典薬寮勘文（『朝野群載』巻第二十一所収、中央官人の医療を担当する典薬寮が、天然痘の治療法について政府に答申した報告書）が、高価で貴重な薬を用いた処方を含むものであるの

に対して、当時の一般庶民の実情にそった、より現実的なものだったとしている。(11)後半では、この官符が出された経緯と、官符を受け取った国は、これを写し取り、本文は速やかに隣国に伝えよという指示が記され、さらに「其国司巡二行部内一告二示百姓一」と、国司が国内を巡って人々に官符の内容を「告示」するよう命じている。この太政官符の指示は、諸国ではどのように実施されたのだろうか。もちろん太政官の命令通りにした国々もあったと思われる。戸令33国守巡行条には、国守が毎年一度、部内の実情視察や人々の教化のために巡行するという規定が存在し、天平期の正税帳には、それが実際に行われていたことを示す記事もあるからである。しかし一方で、国司が太政官符の内容を記した国符を郡司に下し、郡司にそれぞれの部内の人々への周知を指示した国々もあったのではなかろうか。その場合さらに、前述の公式令75詔勅頒行条の規定に基づき、里長等に「宣示」させた可能性も充分に考えられよう。鐘江宏之氏は、この官符の指示には、百姓のなかに分け入って対処法の趣旨を話しことばで伝え、理解させる姿が期待されていたとされているが、(12)そうであれば、人々に天然痘への対処法を確実に伝えるためには、都から派遣された国司ではなく、むしろ現地の里長等に「宣示」させるという方法をとる国も少なくなかったと考えられるのである。さらに憶測を重ねるならば、天然痘への対処法が冒頭に箇条書きで示されているというこの官符の形式が、加茂遺跡の牓示札とかなり類似するので、郡まで命令が下された場合、郡内の要路等にこれが牓示された可能性も考えてよいのではないかと思う。

以上、加茂遺跡牓示札の背景に存在した令の規定や、その手本となった唐の制度、さらには古代日本における「牓示」や「宣示」に関する史料の検討を行い、この「宣示」や「牓示」という伝達方法が、律令制当初から行われていた可能性を推測した。ここで再び加茂遺跡牓示札に戻り、中国の牓文書との比較や、中世への見通しを若干述べておきたい。

加茂遺跡牓示札の形態上のもっとも顕著な特徴は、前節で述べたように、そのサイズや界線の存在からみて、当時の紙の公文書の形状を模して作成されているという点である。またこれと関連して、郡符の体裁も公式令に規定された符の書式にほぼ準拠しており、これまで発見されている郡符木簡と比べると、はるかに整ったものとなっている。[13] 牓示札のこのような形態上の特徴について、『お触れ書き』は、掲示されたものとしては文字が読みづらいにもかかわらず、紙と同じ大きさの板に書いたのは、地方行政の末端まで文書を使った支配を貫く、当時の文書主義のあらわれだとしている。たしかにその通りであるが、なおここでは前述した中国の類例などとも比較しながら、紙ではなく板を用いた理由や、なぜ冒頭の箇条書きの部分だけではなく、公式令の書式に基づく郡符全文を牓示したのかについて考えてみたい。

中国で、政府の命令・指示を不特定多数の者に伝達するために掲示したと思われる文書の実例は、前に紹介したものを含めて、すべて紙に記されており、加茂遺跡牓示札のような板材に書かれたものは発見されていないようである。もっとも、唐令にも規定されている「牓」や「牌」は、本来立て札の意味を持つので、板材を用いた掲示も存在したと考えたほうが妥当であろう。それにしても、紙が貴重品であるという事情は、中国でも日本でも大差ないから、にもかかわらず、なぜ掲示に紙を用いることがあったのかという点が問題となる。これについて筆者は、二つの方向から説明できるのではないかと考えている。一つは掲示される場所の問題である。さきに紹介した帰義軍節度使や則天武后の時代の事例では、いずれも役所や集落の門に掲示されたと推測したが、このような場合が多かったとすると、例えば路傍に掲示するのに比べて、風雨をしのぎやすい条件にあったと考えられるのである。これが紙を用いることが可能であった理由であるとすれば、もう一つ紙でなければならない理由として、掲示した文書が正当な手続を経て出された権威あるものであることを示すために、印を捺す必要性があったという点が考えられる。もっとも集落の門に掲示された文書については捺印されていた可能性は低く、こちらは板材を用いた場合が多かったかもしれないが、少なくとも役所の門に掲げられた文書については、その堅牢性よりも、捺印による権威の付与により重きを置くため、紙が用いられたと考えられるのではなかろうか。

これに対して日本の場合はどうだろうか。前述したように、『類聚三代格』所収の太政官符で、牓示を指示した場所としては「要路」「路頭」などが多い。具体的にはこれも前に紹介した延暦十五年官符に記されている「街衢」（チマタ）に掲示されたものと考えられ、牓示札が発見された加茂遺跡も、北陸道の本道と能登へ向かう支路が分岐する場所、すなわちまさにチマタに位置しているのである。このように日本ではチマタに掲示されることが多かったとすれば、堅牢性を重視し、風雨をしのぎやすい素材として、板以外の選択の余地はほとんどなかったのではないか。とすれば、その掲示に権威を持たせるためには、中国のように印を用いるわけにはいかないので、そのかわりに紙に書かれるものと同じ様式の文書全体を掲示したと考えられるのである。したがって牓示札は、郡司からの命令が国符に基づく権威あるものであることを示すのを第一の目的として掲示されたのであり、庶民に命令の趣旨を周知徹底させるという目的は、むしろ副次的なものだったとすることができる。そして周知徹底という目的は、牓示札の文中に記された「口示」、具体的には田領が村々を巡って口頭で教え諭すという手段によって果たされたと考えられる。すなわち、加茂遺跡牓示札にみられる庶民への命令の伝達方法は、命令の権威を高めるための「牓示」と、命令の内容を周知させるための「口示」とが、相互補完的に組み合わされたものだったと評価できよう。

ここで、中世の制札と加茂遺跡牓示札などの古代の牓示との関係について、若干の見通しを述べておきたい。中世の制札とは、「禁制と呼ばれる禁止命令や法令等を、不特定多数に告知するため駒形などの木札に書いて掲示したもの」(14)である。制札に記される内容としては、徳政令や撰銭令、奢侈や風俗の乱れを禁止するもののほかに、戦乱の際に寺社等の境内への立ち入りや乱妨・狼藉を禁止するものなどがある。このうち現存例が最も多いと思われる戦乱の際の制札は、「庇いの制札」とも呼ばれ、一般に寺社等が戦乱の当事者に発給を申請するもので、中世の武家社会になってはじめて出現すると考えられる。しかし、とくに風俗関係の禁制については、前掲の『類聚三代格』の法令のなかにも類似するものがみられ（10～12）、また九世紀末頃から始まる天皇の代替わりごとに発布される新制にも、ごく一般的なものとしてみられる。加茂遺跡牓示札の八箇条の禁制にも広い意味で風俗に関する取締りの内容が含まれているから、古代の牓示に記された法令の内容の一部は、中世の制札にも継承されていくとみてよい。

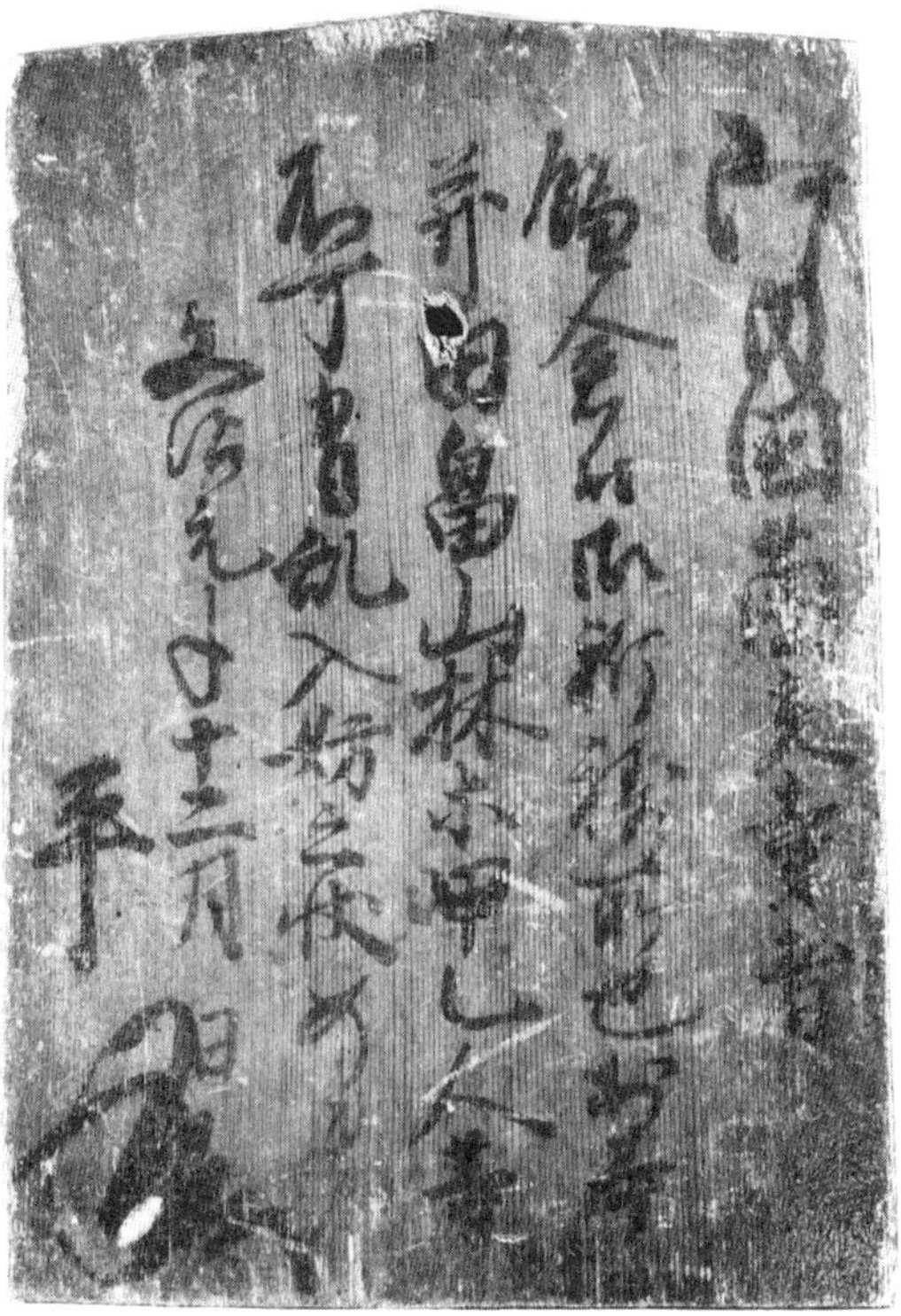

図 12　北条時政制札（玉祖神社所蔵）

一方、制札の書式・形状に注目すると、少なくとも加茂遺跡牓示札のそれとは、さまざまな点で違いがみられる。中世の制札の一般的な書式は、冒頭を「禁制」または「定」と書き出し（「庇いの制札」では、その下に宛所、すなわち制札の発給を申請した寺社等の名称が記されることが多い）、本文は多くの場合箇条書きで記され、末尾に日付と発給者の判（花押）が据えられるというものである。また形状としては、将棋の駒のように上端を山形に加工しているものがほとんどで、また長文の制札以外は、縦

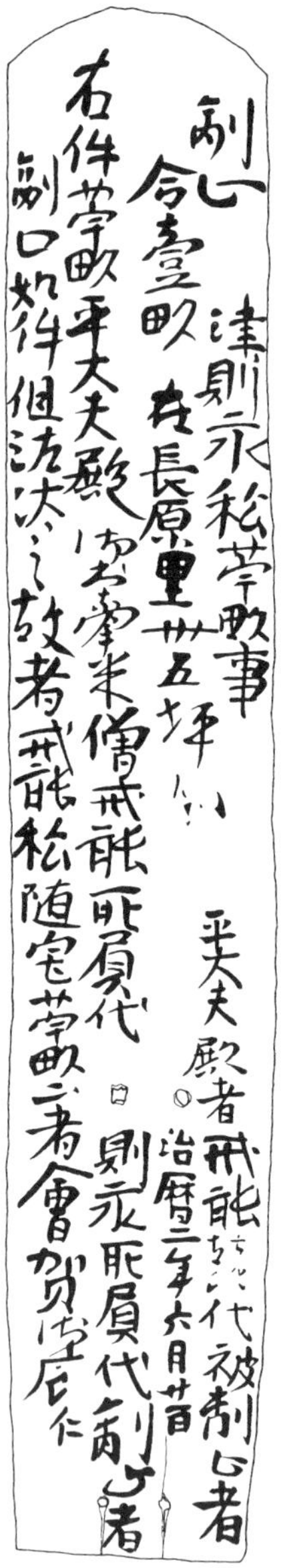

図13　長原遺跡出土木簡（木簡学会『木簡研究』一八）

長の板材を用いるのが一般的だったようである。室町幕府の文書の書式集である『室町家御内書案』[15]には、制札板の寸法を五箇条と三箇条の場合に分けて記しているが、いずれも縦長の板材となっている。このような中世の制札の書式・形状と、加茂遺跡牓示札のそれとを比較すると、以下の点が指摘できよう。それは加茂遺跡牓示札が、当時の公文書の紙のサイズを模した板材に、公式令の規定に忠実な書式で文書を記しているのに対して、制札は木札という素材を前提とした独自の書式と形状を備えているという点である。すなわち古代の牓示は、未だ一定の書式・形状が確立していなかったため、紙の文書の形を借りて、その正当性や権威を示さざるを得なかったのに対して、中世の制札は、その独自の書式・形状自体で、正当性と権威を示すことができたのである。それでは、中世の制札の書式・形状はどのような経緯で成立していったのかということになるが、「庇いの制札」の最も古い現存例である文治元年（一一八五）の北条時政制札（大阪府八尾市、玉祖神社所蔵）[16]は、箇条書き形式ではないものの、すでに中世の制札の書式・形状を備えているから、それ以前の状況が問題となる。今のところ、中世の制札に比較的近い形状を持つ木簡としては、治暦二年（一〇六六）の年紀を持つ大阪市平野区長原遺跡出土の木簡がある。[17]「制止」で書き出されている内容は錯綜してわかりにくいが、畠の差し押さえに関するもののようである。形状で注目されるのは、上端部を湾曲させていること、下端部近くに計四箇所の穿孔があり、裏側に棒を当ててこの孔に紐を通して縛り、立て札として掲示されていたらしいことである。上端部の湾曲が、中世の制札の駒形の形状につながるものかどうかは現在のところ不明だが、今後平安時代後期のこのような木簡の出土の増加により、古代の牓示と中世の制札との関係がより明らかになることを期待したい。

三　京田遺跡木簡の形状と内容

京田遺跡は、鹿児島県中北部の川内市に所在する遺跡で、古代の薩摩国高城郡に属している。高城郡には国府・国分二寺があり、この高城郡と薩摩国北端の出水郡は、肥後国からの移住者が多く、八世紀段階では律令国家による隼人支配の最前線としての役割を担っていた。遺跡は、薩摩国分寺跡に隣接する標高約四メートルの湿地にあり、現在は水田・宅地として利用されている。遺物の出土する層は、弥生時代と平安時代（二層）の計三層であるが、平安時代の層からは顕著な遺構は検出されず、当時は水田として利用されていたらしい。木簡と同時期の遺物としては土器（食膳具）・国分寺瓦・緑釉土器・銅製金具などが出土している。

問題の木簡は、現状で長さ約四〇センチ、約三センチ角の方形の断面を持つ四角柱の形をしている。木簡として使用された後、杭に転用されており、地上に出ていた部分が折損して失われ、土中に打ち込まれていた下半部が残ったもので、木簡として使用された向きと、杭として用いられた向きは、天地が逆になっているため、木簡としては文字の書かれている上半部が残ることとなった。文字は、四側面を木の樹皮をのこすような形で平らに削った部分に記されている。釈文を左に掲げる。(18)

図 14　京田遺跡出土木簡（県指定文化財、鹿児島県立埋蔵文化財センター所蔵）

（第一面）・告知諸田刀□〔禰カ〕等　勘取□田二段九条三里一曾□□

（第二面）・右件水田□□□子□〔息カ〕□□□□□□□□

（第三面）・　嘉祥三年三月十四日　大領薩麻公

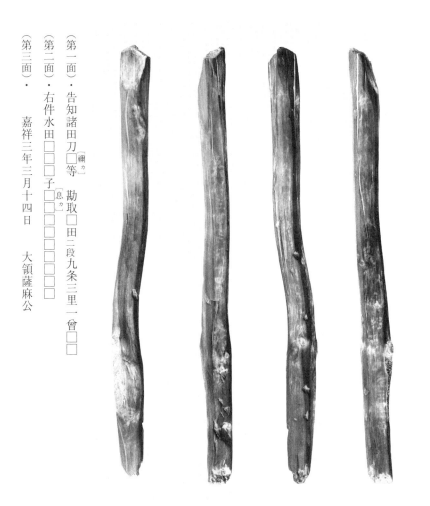

（第四面）・　　　　　　擬小領

第一面は、「告知」＋その対象者という書き出しで始まる。告知の対象者である「田刀禰」について帋尾達哉氏は、後世の田堵（公領や荘園の徴税単位である名を請作する有力農民）へと転化していく存在ではあるものの、この段階ではあくまで在地の官人（広義、識字能力を有する者）として捉えるべきであるとする。(19) 次の「勘取」は、調査の結果差し押さえるの意味で、「二段」がその面積、「九条三里一曾□□」が条里呼称法による位置を示したものである。第二面は差し押さえの理由を述べていると思われる本文だが、判読不明部分が多く、内容はわからない。第三・四面は日付と郡司の署名で、嘉祥三年は加茂遺跡牓示札の年紀の翌年で西暦八五〇年にあたる。また、大領の薩麻公は隼人の姓で、九世紀中頃になると、高城郡に隼人出身の郡司が存在したことになり、律令国家の隼人支配を考えるうえで注目されている。

本木簡は、「告知」という書き出しで始まっていること、出土した場所が平安時代には水田として利用されていたらしいこと、全体の構成から下半部（杭として転用され、折損した部分）には文字が書かれていないと思われることなどから、差し押さえの対象となった水田の場所に、地面に直接突き刺す形で立てられていたと考えられる。それにしても、棒状の材の四側面に文字を記すという使用法は特異なものであり、このことが一体何を意味しているのかを考える必要がある。そこで次節では、とくに京田遺跡木簡の形状や使用法に注目して、その系譜と展開についてみていきたい。

四　京田遺跡木簡の系譜と展開

四角柱の板材の四側面に文字を記した木簡としては、ほかに徳島市観音寺遺跡出土の木簡がある。(20)遺跡は阿波国府の所在地に想定されている場所にあり、六世紀末から約二〇〇年間にわたる遺物を含む自然流路から出土した問題の木簡は、その年代が七世紀第2四半期というかなり古いものである。長さは現状で六〇センチあまり（下端部は折損している）、幅二五ミリ、厚さ一四ミリの棒に近い板材の四面に墨書がある。その釈文を左に掲げる。

・□□依□〔還カ〕□乎□止□〔耳カ〕所中□□□
・□　□　□　□　乎
・子曰　学而習時不孤□乎自朋遠方来亦時楽乎人不□〔知カ〕亦不慍（左側面）
・□用作必□□□〔兵カ〕□□人□□□□〔刀カ〕□（右側面）

このうち左側面の文章は、現行本と若干語句の違いがあるが、『論語』学而篇に基づくものである。なお、他の三面の文字は『論語』とは無関係のもののようである。

本木簡と京田遺跡木簡とを比較すると、四角柱の四側面に文字が記されるという点では共通するが、とくに四角柱の加工のしかたにはかなり違いがある。京田遺跡木簡の場合、棒状の材の側面を、前述したように木の樹皮をのこすような形で削り取っている。すなわち、加工のしかたがやや雑で、極端にいえば棒あるいは杭そのものに文字を記しているかのようにみえる。これに対して観音寺遺跡木簡は、細長い板というべき材の四側面を丁寧に削って、扁平な四角柱を作っているのである。調査担当者の報告(21)でも触れられているように、中国では、棒状の材を三角柱・四角柱などの多面体に加工し、その各面に文字を記す「觚（こ）」と呼ばれる木簡が存在し、これらはおもに典籍の書写に用いられたらしい。[22]観音寺遺跡木簡は、『論語』が記された面と他の面との関係が不明なので、なお検討を要するが、あるいはこの「觚」の系譜を引くものと考えられるかもしれない。

それでは京田遺跡木簡の形状・使用法はどのようなものと捉えるべきであろうか。結論をさきにいえば、この木簡は、霊的・呪的な力を持つとされる境界標識、または土地占有の標識である「標の杖（しるしのつえ）」をかたどったものだと考える。「標の杖」については、民俗学の方面からの研究が数多く積み重ねられているが、ここでは赤坂憲雄氏の研究[23]を参考に、その特徴をみていきたい。

赤坂氏によれば、杖には、樹木に対する信仰と密接に関わりながら、豊饒や富を授け邪霊を鎮める呪的な力や、吉凶を問う卜占の力が認められていた。また中世の絵巻物をみると、杖は、なんらかの形で生—死、現世—他界、聖—俗などの境界に関わり、これを行き来する人々の持ち物として登場する。このような杖と境界との結びつきは、古代の神話・伝承のなかにもさまざまな形であらわれている。

『常陸国風土記』行方郡の条に記された箭括氏麻多智を主人公とする伝承は、霞ヶ浦北岸地域のいわゆる谷戸（ヤツ・ヤト）開発に関わるもので、古代の土地開発や、これを主導した首長の性格を考察する史料として大変有名なものである。そこには、継体天皇の時代に、麻多智が谷を切り開いて水田を開発したところ、夜刀神（その実体は谷に住む蛇）が妨害したので、彼はこれを追い払い、「標梲」（しるしのつえ、「梲」は大きな杖のこと）を堺の堀に立てて、

図15　観音寺遺跡出土木簡（左側面、木簡学会『木簡研究』二〇）

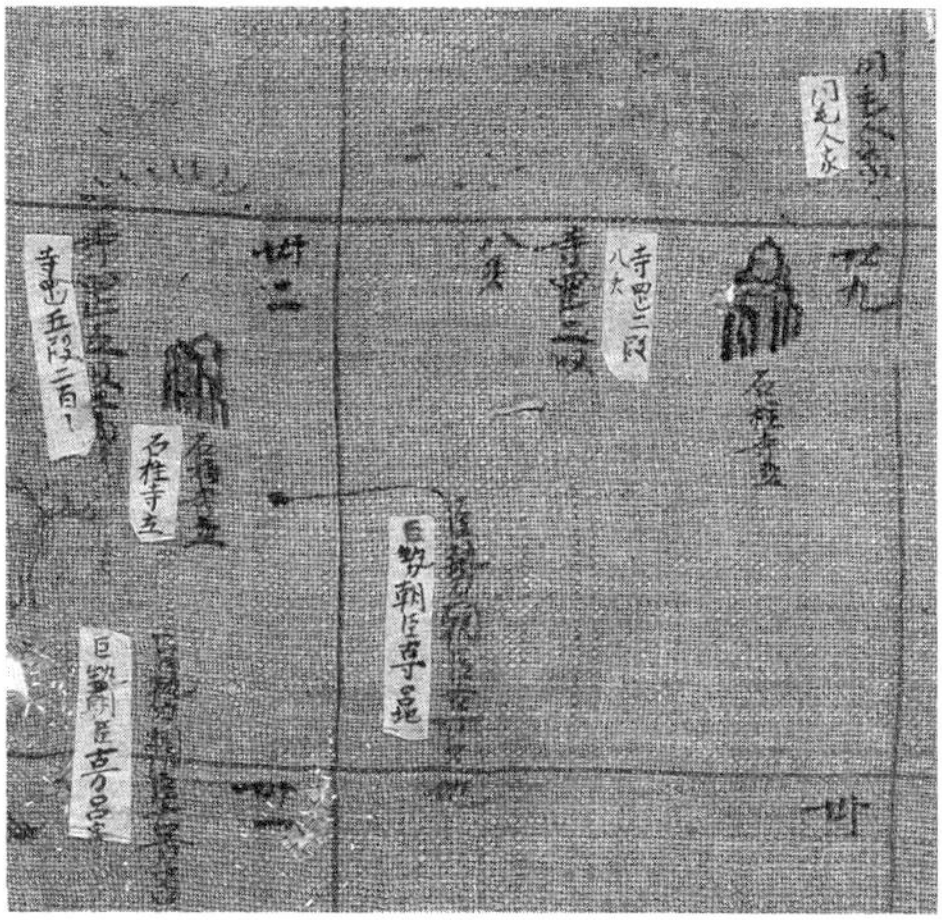
図16　額田寺伽藍並条里図（部分、国立歴史民俗博物館所蔵）

「これより上は神の地、下は人の田とし、今後自分は神の祝となって永遠に神を祭ろう」と語ったとある。すなわち「標梲」は、神の地と人の田との境界を示す標識として立てられ、神が人の世界に侵入するのを封じる役割を果たしているのである。また『出雲国風土記』意宇郡条の、八束水臣津野命による有名な国引き神話では、意宇の地名の起源を、神が新羅や越から国を引き終えた後、意宇の杜（もり、この場合小山の意味）に「御杖」を突き立て、「おゑ」（神が活動を停止して鎮座しようとするとき発する語）と言ったためと説明している。この場合、杖は神が国作りを終え、その国を占有する象徴として立てられたものであり、同様の伝承は、『播磨国風土記』揖保郡粒丘の条や、同宍禾郡御方里の条などにもみえるし、『古事記』のいわゆる神功皇后の三韓征討伝承でも、新羅征討の後、皇后が新羅王の宮殿の門に杖（『日本書紀』では矛）を立てている。

このように杖は、神話・伝承のなかに霊的・呪的な力を持つ境界標識もしくは土地占有の標識としてあらわれている。それでは現実の社会のなかではどうだろうか。ここで当然想起されるのは、荘園等の境界を示す標識としての牓示である。荘園の牓示といえば、中世の荘園絵図にみえる牓示の注記や、現存する牓示石[24]が著名だが、古代にもそのような意味での牓示は存在した。八世紀半ばの成立とされている『額田寺伽藍並条里図』（額田寺は現額安寺、奈良県大和郡山市所在）では、寺領部分と非寺領部分との間に丹線が引かれているが、その線上に三箇所、石が描かれ、これに「石柱寺立」または「石柱立」という注記がある。(25) 寺が立てたとあることから、単なる目印ではなく、境界を明示するため額田寺が立てた牓示とみてよく、また柱と表現されているので、細長い形状の石であったと考えられる。次に延暦十二年（七九三）四月十七日付播磨国坂越・神戸両郷解(26)にみえる「堺柱」がある。この「堺柱」は、天平勝宝八歳（七五六）頃、東大寺が墾生山の領有を示すために山の尾根筋に立てたものだが、延暦七年に前播磨少掾大伴某が別の場所に「堺柱」を立てて山の樹木を伐採したため、東大寺と争うことになったものである。

京田遺跡木簡より後の時代では、有名な延喜荘園整理令に、「諸国奸濫百姓為レ遁二課役一、動赴二京師一、好属二豪家一、或以二田地一詐称二寄進一、或以二舎宅一巧号二売与一、遂請レ使取レ牒立レ牓」(27) とあり、地方の農民が都の有力者に田地や舎宅を寄進または売与し、その土地に「牓」を立てて、国司の徴税を逃れるという行為が、当時一般的に行われていた様子が記されている。兵庫県出石町の袴狭遺跡で、平安時代の水田跡から出土した木簡は、延喜六年（九〇六）四月十三日付で、民部卿（藤原有穂）家の家政職員が、六条九里二十坪の田二段の所有を明示し、他人の立ち入りを禁止した内容と推測されるが、調査担当者の報告によれば、この木簡は延喜荘園整理令の「牓」に相当するものであった可能性があるという。(28) さらに、承平四年（九三四）十一月十九日付伊賀国名張郡夏見郷刀禰解案(29)には、夏見郷の刀禰が郡司の命により伊勢神宮の所領の範囲を報告したところ、すぐに神宮の使者が来て、「祓清奉幣、建二牓示一」てたとある。

このように、京田遺跡木簡の前後の時代には、土地の境界を画定したり、占有を明示して部外者の立ち入りを禁じるために、牓示を立てる慣行がかなり一般的に認められる。材料としては、木札や石の例が確認できるが、その形状が「石柱」「堺柱」などと表現されていることが注目されるし、夏見郷の場合には、牓示を立てる際に、「祓清奉幣」という儀礼を行っている点も興味深い。これらの牓示や京田遺跡木簡を、ただちに神話・伝承の世界に登場する「標の杖」と同一視することはできないが、一方でまったく無縁の存在と断じることもできないだろう。とくに京田遺跡木簡は、その形状が木材を文字の書きやすいように板状に加工するというのではなく、自然の樹木の姿をかなりのこしたものであること、これが地面に直接突き立てられていたと考えられることなどからすれば、呪的・霊的な力を持つと信じられていた杖の形状を意識して作られ、それによって木簡に記された「告知」の効力を高めようとしたと想像することも充分に可能なのではなかろうか。

　京田遺跡木簡の形状を一応以上のように理解するとして、最後に中世以後の荘園牓示等についてもみておきたい。前述したように、荘園絵図には牓示を描いたものがかなりあり、その表現は多様であるが、牓示を●で表現するものと、柱・杭状に描くものとが多い。前者は現存例から類推すれば石であった可能性が高く、ここでは京田遺跡木簡との関係から、後者の事例をみていくことにする（なお牓示石は、やはり神話・伝承に登場する境界標識としての甕との関係が考えられるが、この問題は今後の課題としたい）。室町時代の原本を戦国末期～江戸初期に写したものとされる丹波国吉冨荘絵図(30)では、上端が黒い三角屋根のように描かれており、これを中世末～近世の制札・高札に一般的にみられる屋根と同様のものとすれば、その下の文字が雨などで見えなくなるのを防ぐ工夫と考えることができる。そもそも柱状の牓示に文字が記される場合が多かったことは、鎌倉時代の『雑筆要集』(31)に、「牓示銘書」として、

　　皇太后宮職御領、糸我御庄東堺之牓示也、

　　　年月日　　　　　国吏姓ム判

という文例が載せられているところからも間違いないと思われる。吉冨荘絵図でも、牓示の傍らに「元住申牓示」などの注記があり、これがそのまま柱状の牓示に記されていたかどうかは定かでないが、やはり『雑筆要集』にあるような文言が記されていた可能性が高い。また、寛喜二年（一二三〇）の高山寺絵図や同年の主殿寮小野山与神護寺領

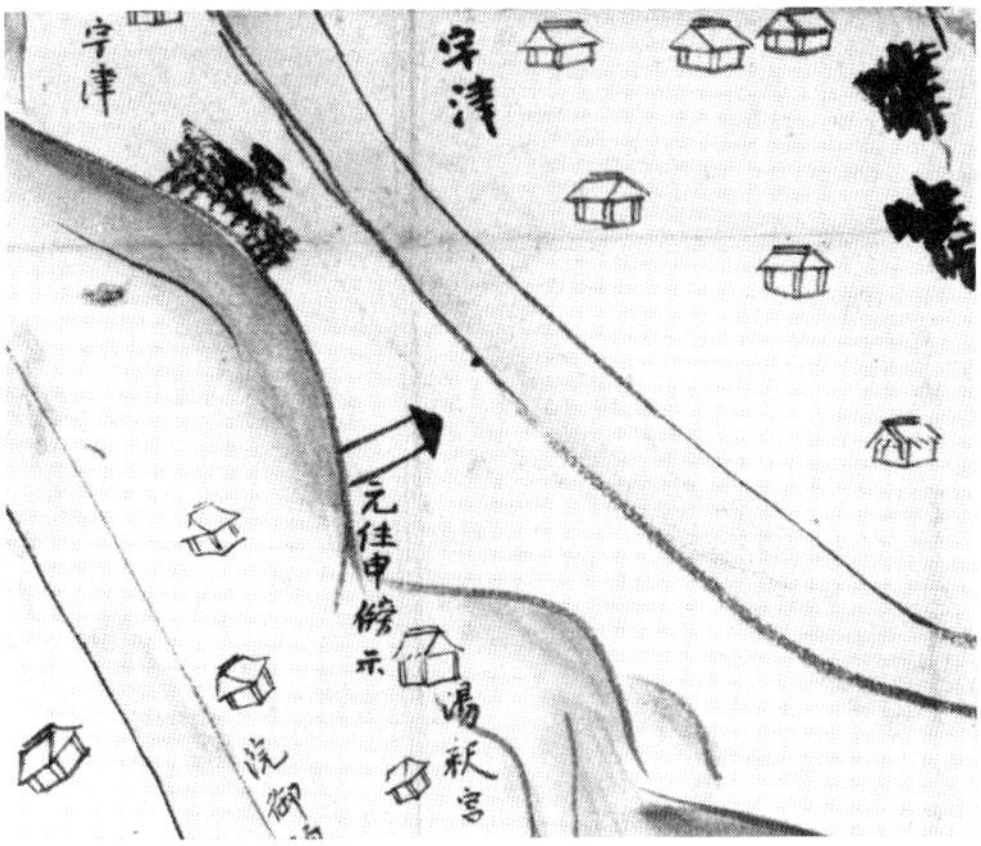

図 17　丹波国吉冨荘絵図
（部分、個人蔵）

図 18　高山寺絵図
（部分、神護寺所蔵）

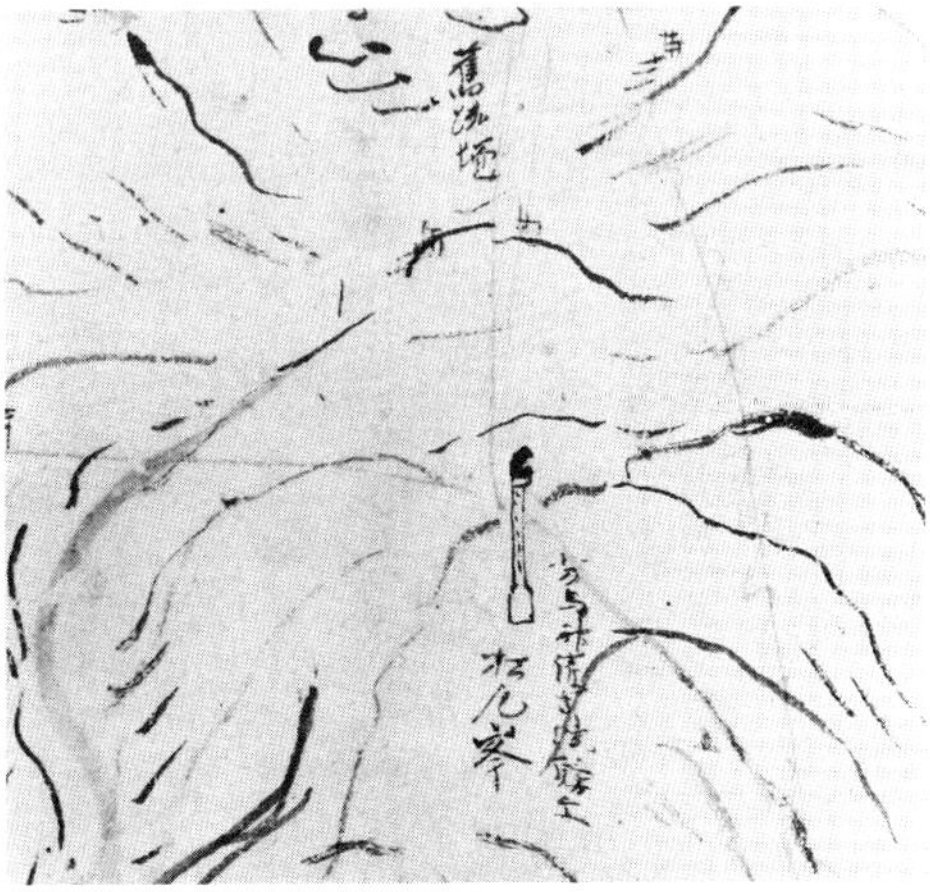

図 19　主殿寮小野山与神護寺領堺相論指図（部分、神護寺所蔵）

堺相論指図(32)のようなものがあり、この部分を黒く塗っている牓示もある。黒田日出男氏は、これを「烏帽子のような形」とされているが(33)、後者の図の牓示の一つには、黒く塗られている部分の下に、黒い点が縦に打たれ、傍らには「小乃与神護寺堺牓示」と注記があるので、文字を記すために樹木の表面を削り、それ以外の樹皮がのこった部分が烏帽子のような形として表現されているのかもしれない。もしそう考えられるとすれば、これも実用的には三角屋根と同じように、その下の文字が記されている部分を保護する役割を結果として果たすことになったと思われるが、一方で柱状の牓示が樹木をその樹皮をのこすような形に加工して立てられている点で、京田遺跡木簡との共通性がうかがわれ、興味深い。このほかにも黒田日出男氏は、正嘉二年（一二五八）の伯耆国東郷荘下地中分絵図(34)にみえる朱色の牓示に注目し、この牓示が絵図中の神社や鳥居と同じ色に塗られているのは、松尾社領である東郷荘が神領であるのを示すためであり、神領の境界にはこのような聖なる朱色の牓示が打たれる場合が多かったのではないかと推測されている(35)。このように、中世荘園の牓示においても、それは単に目印として立てられるのではなく、その領域のいわば不可侵性を保つために、宗教的あるいは呪術的な意味合いをもって立てられる場合があった。そのような意味で、「標の杖」として立てられた京田遺跡木簡と、中世荘園の牓示との間に系譜的なつながりを想定することも不可能ではないだろう。

おわりに

本稿では、近年発見された加茂遺跡牓示札と京田遺跡木簡を材料に、政府の命令・指示等が地方社会でどのように伝達されたのかを考え、またこれらの木簡を、他の地域や時代の史料と比較検討しながら、その歴史的性格を追求してきた。その結果、これらの木簡は、単にそこに記されていることを人々に伝達するために作成されたのではなく、命令・指示をより効果的に徹底するためのさまざまな工夫がなされていることが判明した。もちろんこのことは古代社会に限った問題ではなく、現代でも、文字による情報をより効果的に伝達するために、実に手のいった趣向が凝らされていることは、例えば新聞広告一つをとってみてもあまりにも明白な事実である。しかし、その工夫の具体的な方法に注目することで、それぞれの時代における人々と文字情報との関わりや、文字そのものが人々にとってどのような意味を持っていたかを垣間見ることができるのではないかと思う。

註

(1) 大修館書店、二〇〇一年。
(2) 西山良平「〈郡雑任〉の機能と性格」(『日本史研究』二三四、一九八二年)。
(3) 新井重行「郡雑任の再検討―その起源を中心に―」(『史学雑誌』一一一―二、二〇〇三年)。
(4) 高島英之「牓示木簡」(初出一九九五年、『古代出土文字資料の研究』〈東京堂出版、二〇〇〇年〉所収)。
(5) 坂尻彰宏「敦煌牓文書考」(『東方学』一〇二、二〇〇一年)。
(6) この文書については、内藤乾吉「西域発見唐代官文書の研究」(『中国法制史考證』有斐閣、一九六三年)に詳しい考証があり、本稿でもその成果を参照した。
(7) 拙稿「律令里制の特質について―日・唐の比較を中心として―」(『史学雑誌』九五―二、一九八六年)・堀敏一「唐代の郷里制と村制〔附〕社制」(『中国古代の家と集落』汲古書院、一九九六年)。
(8) 以上の唐における命令の伝達方法については、中村裕一『唐代制勅研究』(汲古書院、一九九一年)第五章に詳細な考察がある。
(9) 拙稿「国家と農民」(黛弘道編『古文書の語る日本史1』筑摩書房、一九九〇年)。
(10) この太政官符については、服部敏良『奈良時代医学の研究』(科学書院、一九八〇年)や丸山裕美子「『医心方』の世界へ―天平九年の典薬寮勘申と太政官符―」(『日本古代の医療制度』名著刊行会、一九九八年)などに詳しい考察がある。

（11）註(10)前掲論文。
（12）鐘江宏之「口頭伝達の諸相—口頭伝達と天皇・国家・民衆—」（『歴史評論』五七四、一九九八年）。
（13）郡符木簡については、平川南「郡符木簡—古代地方行政論に向けて—」（初出一九九五年、〈『律令国家の地方支配』吉川弘文館、一九九五年〉所収）・三上喜孝「文書木簡と文書行政—地方出土木簡を例として—」（初出一九九九年、『日本古代の門司と地方社会』〈吉川弘文館、二〇一三年〉所収）等を参照。
（14）『日本史大事典　4』（平凡社、一九九三年、久留島典子氏執筆）。以下、中世の制札についての記述は、同書と水藤真『木簡・木札が語る中世』（東京堂出版、一九九五年）によるところが大きい。
（15）『改訂史籍集覧』二七。
（16）『鎌倉遺文　古文書編』一—三四号。
（17）『木簡研究』一八（一九九六年）六〇～六二頁。
（18）『木簡研究』二四（二〇〇二年）一五五～一五七頁。
（19）乕尾達哉「鹿児島県京田遺跡出土木簡の「田刀□」について—田堵初見史料の出現—」（『鹿大史学』四九、二〇〇二年）。
（20）『木簡研究』二〇（一九九八年）二〇五～二一三頁。
（21）前註に同じ。
（22）大庭脩『木簡』（学生社、一九七九年）・永田英正『居延漢簡の研究』（同朋舎出版、一九八九年）。
（23）赤坂憲雄『境界の発生』（初出一九八九年、講談社学術文庫〈二〇〇二年〉所収）。
（24）『国史大辞典』の「四至牓示」の項には、荘園絵図のなかの牓示を表現した部分の写真のほか、越後国奥山荘・荒河保堺の牓示石（新潟県関川村所在）と、播磨国鵤荘の牓示石（兵庫県太子町所在）の写真が掲げられている。
（25）本図については、山口英男「額田寺伽藍並条里図」（『日本古代荘園図』東京大学出版会、一九九六年）等を参照。
（26）『平安遺文』一—九号。本文書の校訂や『平安遺文』未収録部分の補遺については、勝浦令子「「播磨国坂越・神戸両郷解」補遺」（『史学論叢』六、一九七六年）・小口雅史「延暦期「山野」占有の一事例—「播磨国坂越・神戸両郷解」続補遺—」（同上一〇、一九八二年）参照。
（27）『類聚三代格』巻十九、延喜二年（九〇二）三月十三日太政官符（新訂増補国史大系六〇七～六〇九頁）。

(28)『木簡研究』一四（一九九二年）七七〜八〇頁。（補2）
(29)『平安遺文』一―二四四号。
(30)東京大学史料編纂所『日本荘園絵図聚影四　近畿三』（東京大学出版会、一九九九年）。
(31)『続群書類従』一一輯下（公事部）。
(32)東京大学史料編纂所『日本荘園絵図聚影二　近畿一』（東京大学出版会、一九九二年）。
(33)黒田日出男「朱色の牓示」（『境界の中世　象徴の中世』東京大学出版会、一九八六年）。
(34)東京大学史料編纂所『日本荘園絵図聚影五上　西日本一』（東京大学出版会、二〇〇一年）。
(35)註(33)に同じ。

補註

（補1）近年発見された、いわゆる「天聖令」には、賦役令の「因二旧文一、以二新制一参定」した条文として、諸有二雑物科税一、皆明写二所レ須道[衍]物数及応レ出之戸一、印署、牓二[門脱カ]県及材坊[村]一、使二衆庶同知一、がある（『天一閣蔵明鈔本天聖令校證』〈中華書局、二〇〇六年〉影印五五頁、釈文二六八頁）。『新唐書』食貨志の記述と比較すると、「印署」とあるのが注目され、唐では本文で紹介した敦煌の事例のように、紙の文書を掲示することを想定していたと推測できよう。

（補2）本稿発表後、袴狭遺跡の禁制木簡について詳しく検討を加えた論考として、梅村喬「禁制と牓示木簡」（『日本古代社会経済史論考』塙書房、二〇〇六年）がある。あわせて参照されたい。

補記

本稿は、平川南・沖森卓也・栄原永遠男・山中章編『文字と古代日本1　支配と文字』（吉川弘文館、二〇〇四年十二月）の一部として執筆したものである。与えられた「牓示札・制札」というテーマは、この直前に相次いで発見された石川県津幡町加茂遺跡と鹿児島県川内市京田遺跡の木簡を念頭に置いたものと考え、本稿でもこれらの木簡を中心に述べたが、一般の読者を対象に含む書籍ということもあって、右の木簡自体の詳しい考察というよりは、幅広くこれらの木簡の系譜を探るという方法をとった。具体的には、加茂遺跡木簡についても中国の「牓」文書との比較を試み、中世の「庇いの制札」との関係などについても検討した。また京田遺跡木簡については、『風土記』などにみられる「標の杖」に相当するものではないかと推測し、また平安時代以後の文書や絵図にあらわれる「牓示」との関係について考えてみた。このうち「標の杖」については、本稿執筆時には一つの「思いつき」に過ぎなかったが、その後二〇〇七年に岩手県奥州市前沢区の道上遺跡から、京田遺跡木簡ときわめてよく似た木簡が出土したため、この「思いつき」の蓋然性はやや高まったのではないかと考えている。

以下、丸山浩治・石崎高臣「岩手・道上遺跡」（『木簡研究』三二、二〇一〇年）、岩手県県南広域振興局農林部農村整備室・（財）岩手県文化振興事業団『岩手県文化振興事業団埋蔵文化財調査報告書第五四四集　道上遺跡第3次・合野遺跡・小林繁長遺跡発掘調査報告書』（二〇〇九年）、および同書所収の平川南・石崎高臣「道上遺跡第3次調査出土木簡の概要とその意義」によって、道上遺跡出土木簡の形状や内容についてみていく。

この木簡は、十世紀代に構築された杭列の杭材に転用されており、この点ですでに京田遺跡木簡と共通している。現状で長さ四六三ミリ、長径四四ミリ、短径四二ミリのカエデ属の丸木状の木簡で、その表面を丁寧に削り、六行にわたって文字が記されていた。釈文は左記の通りである。

・　禁制田参段之事　字垂楊池□〔側カ〕
・右田公子廣守丸進田也而□□〔彼カ後カ〕酒□□［　　］
・件田由被犯行者□□役主［　　］之契状□〔幷カ〕［　　］［　　］
・　白于禁制如件
・　　□□
・　　　　　　□永□二□二□

釈読できない部分も多いが、大まかには、公子廣守丸が某人に寄進した三段の田を独占的に占有し、他人が利益を得ることを禁じるという内容である。文面としては、本章でも触れた延喜六年四月十三日の日付を持つ兵庫県出石町袴狭遺跡の禁制木簡と非常によく似ている。

一方、京田遺跡木簡は、書き出し（「告知」）は異なるが、この木簡が突き立てられた土地が差し押さえられたものであることを告知するというのは、結果的には、この土地への関係者以外の立ち入りを禁じているものと推測できるから、木簡を突き立てた意図としては共通しているといえる。そのような意図によって突き立てられた木簡が、ともに板状ではなく棒状であることは、この形状にこそ特別の意味があり、それが『風土記』に登場する「標の杖」と同様の意味を持つと考えて差し支えないのではないだろうか。

あとがき

大学・大学院時代以来ご指導をいただいている笹山晴生先生のお口添えで、吉川弘文館から研究をまとめて出版しないかとのお誘いを頂戴したのは、二〇〇一年はじめのことだった。その時には『日本古代の官司と政務運営』という題目を考え（今回「運営」をとった）、一冊の研究書とするにはまだ蓄積が足りないので、しばらく待ってほしいとお願いした記憶がある。その「しばらく」が十八年近くになってしまったのだから、我ながら呆れ果てたというしかない。

それでもこのお誘いを契機に、それ以後、自身の研究の方向性がみえてきたのはありがたかった。本書第一部が、いずれも二〇〇一年以降の論考からなっているのはこのことと関係しており、本書には収録しなかったが、二〇〇七年の「摂関期における官人昇叙の実態とその論理―『公卿補任』の調査を通して―」（『聖心女子大学論叢』第一〇八集）も、ほぼ同様の方向性にしたがって発表したものである。

とはいえ、本書に収録した論考のうち、もっとも早く発表したのは第三部第二章であり、それからすでに三十年以上が経過しているので、ここで、これまでの筆者の研究活動にとって、どのようなことに影響、刺激を受けたかについて、簡単に記しておきたい。筆者は二〇一五年の夏、名古屋大学・大学院で集中講義の機会を与えられ、その冒頭で、一九八〇年代以降の日本古代史研究のなかで、自身が直接・間接に影響を受けた動向を三点挙げて説明した。第一が日唐律令制度の比較研究の進展、第二が正倉院文書研究の飛躍的発展、そして第三が平安時代の儀式・政務に関する研究の深化である。もちろんこれ以外にも、木簡・漆紙文書など出土文字資料の研究をはじめ、重要な研究分野は数多いが、ともかく筆者が身近なところで研究が進んでいることを実感したのは、右の三つだった。

第一については、大学院在学中、笹山先生の『令集解』演習に出席していた間、当初は唐令の復原条文を『唐令拾遺』によって簡単に掲げていたのが、次第に復原がより精密となり、唐の制度や実態に関する発表も詳細にわたるようになったことで、その感を強くした。これは、当時東京大学東洋文化研究所の池田温先生が主宰されていた研究会での議論が、古瀬奈津子氏・坂上康俊氏・大津透氏らによって『令集解』演習にも導入された結果であり、その影響を受けて、筆者も不充分ながら敦煌・吐魯番出土の文書等についての勉強を進めることとなった。池田先生の研究会での成果が『唐令拾遺補』（一九九七年）の出版となって結実したことは周知の通りであり、そのすぐ後に「天聖令」が発見され（一九九九年）、二〇〇六年に公開されるにおよんで、日唐律令制度の比較研究はますます深まっている。

第二については、一九八三年にはじまった東京大学史料編纂所の皆川完一先生による正倉院文書演習の存在が大きいことはいうまでもない。この「皆川ゼミ」については、すでに多くの方が言及しておられるので（とくに栄原永遠男氏の『正倉院文書入門』〈角川学芸出版、二〇一一年〉の記述が印象深い）、詳しくは述べないが、発表者が断簡の接続関係を丹念に検討しながら、各写経事業の全体像を明らかにしていくさまに、ただただ圧倒されるばかりだった。もっともこのゼミは聴講する側にも大変な集中力が必要で、筆者などは一〜二分ボーッとしているだけで、置いていかれた経験を何度もしたが、ともかくこのゼミに参加させていただくことによって、正倉院文書研究の意義について不充分ながらも理解できたことは幸いだった。その後、一九八九年には正倉院文書研究会が発足し、毎年秋に関西で行われる研究会にはほぼ毎年出席し、多くの貴重な研究成果を吸収することができた。そうしているうちに、筆者自身が関心を持っている平安時代の官司で行われていた政務のありかたと、写経所で案主を中心に行われた業務とを比較したり、お互いに補い合うことができる部分があるのではないかと考えるようになり、これを正倉院文書研究会で発表する機会を与えられた。それぞれの「補記」でも触れたが、本書第一部第一章・第二章はそれをもとに成稿したものである。

第三の動向は、本書所収の論考にもっとも直接的に影響をおよぼしたものかもしれない。冒頭の「序」でも述べたように、強く示唆を受けた研究としては、橋本義則氏や吉川真司氏の論考があり、またとくに第一部については、玉井力氏の一連の研究が拠るべき道標となった。一方身近には、大学院時代の土田直鎮先生による『小右記』の演習と、山中裕先生が長年主宰されてきた「記録の会」での『御堂関白記』講読によって、自身が鍛えられたところが大きい。土田先生の演習では、二度にわたって外国人留学生のテューターをつとめたことによって（お二人とも日本語が堪能なのには非常に助かった）、古記録を読む力を少しずつ伸ばすことができ、山中先生の「記録の会」では、発表をもとに注解を作り、さらにはそれらを『御堂関白記全註釈』にまとめる際に、全体を調整する作業に加わらせていただいたことが貴重な経験となった。これらの経験によって、平安時代の儀式・政務を、古記録の記述から動態的に検討していくという手法を身につけることができるようになったのだと思う。

このような研究動向に刺激を受け、そのなかで自身の経験を積み重ねていくことによって、まさに細々と研究を続けてきたわけだが、その間、右にお名前を挙げさせていただいた方々に加え、大変多くの先生方から貴重なご指導を賜ったことはいうまでもない。ここでは、すでに鬼籍に入られた先生方に限って御礼を申し上げることをお許しいただきたい。

青木和夫先生、吉田孝先生、早川庄八先生には、学部時代からそのご研究を通じて多くのことを学んでいたが、新日本古典文学大系の『続日本紀』注解に加えていただいてからは、年に二回、御殿場で行われた合宿などで、直接に史料の読み方を懇切かつ厳しくご指導いただいた。益田宗先生には、大学院の古記録の演習に参加させていただき、『中右記』『小右記』などの講読を通じて、中世史の側からみた記録の読解のありかたや古記録語について貴重なご指導を賜った。また年に何回か催された懇親会で、先生の幅広い蘊蓄を拝聴したことは楽しい想い出となっている。もちろんこのほかにも、先輩、同輩や年若い気鋭の研究者にいたるまで、多くの方々からさまざまな形でご教示を頂戴し、刺激を受けてきた。今後も、それらを自分なりに生かしながら、各章の補記に記した課題を含め、少しずつ研究を進めていきたい。

最後に、長年ご指導を賜り、本書の出版にあたってお口添えをいただいた笹山晴生先生に、あらためて厚く御礼申し上げる。また、気長に成稿を待ってくださった吉川弘文館にはお詫びと御礼を申し上げたい。さらに研究のための時間と空間とを与えてくれている勤務先の聖心女子大学、そして家族にも、心より感謝したい。

二〇一八年九月

佐々木恵介

索　　引

索引は，A 主要事項，B 研究者からなる．A には，本書の内容にとってキーワードとなるような語を採録した．ただし，その語が史料の項目名（例：『大間成文抄』第一「臨時給，内給」など）や著書・論文のタイトルに含まれている場合には採録していない．また，人名，地名，史料名，官司・官職名等については，原則として採録していない．

A　主要事項

あ　行

か　行

さ　行

た 行

な 行

は 行

ま　行

や・ら・わ行

B　研　究　者

あ　行

か 行

さ 行

た 行

な 行

は　行

ま　行

や　行

ら・わ行

著者略歴

一九五六年　東京都に生まれる
一九八七年　東京大学大学院人文科学研究科国史学専門課程博士課程単位取得退学
現在　聖心女子大学文学部教授

〔主要著書・論文〕

『受領と地方社会』（山川出版社、二〇〇四年）
『天皇の歴史03　天皇と摂政・関白』（講談社、二〇一一年）
『日本古代の歴史4　平安京の時代』（吉川弘文館、二〇一四年）
「摂関期における官人昇叙の実態とその論理―『公卿補任』の調査を通して―」（『聖心女子大学論叢』一〇八、二〇〇六年）

日本古代の官司と政務

二〇一八年（平成三十）十一月二十日　第一刷発行

著　者　佐《さ》々《さ》木《き》恵《けい》介《すけ》

発行者　吉川道郎

発行所　株式会社 吉川弘文館
郵便番号一一三―〇〇三三
東京都文京区本郷七丁目二番八号
電話〇三―三八一三―九一五一〈代〉
振替口座〇〇一〇〇―五―二四四番
http://www.yoshikawa-k.co.jp/

印刷＝株式会社 精興社
製本＝株式会社 ブックアート
装幀＝山崎　登

ISBN978-4-642-04652-7